劳动教育与实践

王小华　高丽兰　杨雪琴　著

天津出版传媒集团
天津科学技术出版社

图书在版编目（CIP）数据

劳动教育与实践 / 王小华，高丽兰，杨雪琴著. -- 天津 ： 天津科学技术出版社，2022.8

ISBN 978-7-5742-0433-1

Ⅰ. ①劳… Ⅱ. ①王… ②高… ③杨… Ⅲ. ①劳动课－教学研究－中小学 Ⅳ. ①G633.932

中国版本图书馆 CIP 数据核字(2022)第 144249 号

劳动教育与实践

LAODONG JIAOYU YU SHIJIAN

责任编辑：王　冬

责任印制：兰　毅

出　　版：天津出版传媒集团
天津科学技术出版社

地　　址：天津市西康路 35 号

邮　　编：300051

电　　话：（022）23332377

网　　址：www.tjkjcbs.com.cn

发　　行：新华书店经销

印　　刷：济南新广达图文快印有限公司

开本 787×1092 1/16 印张 21.875 字数 360 000

2022 年 8 月第 1 版第 1 次印刷

定价：110.00 元

前言

我国教育方针一贯主张“德、智、体、美、劳”全面发展，然而当下不管是学校教育，还是家庭教育，在教育的五个维度中，劳动教育大有越来越淡化之势。究其原因，对于学校层面，唯分数至上的教育观，让学校为分数而战，老师为分数而教，学生为分数而学，凡是考试要考的，老师就教，学生就学，凡是对分数有可能带来影响的包括劳动教育在内的教育教学活动便成了多余的了。

然而，劳动教育却具有独特意义，牵一发而动全身。学生在接受劳动教育中一方面让自己与世界充分接触，用身体去丈量物理和心灵的世界，用其全部感官去认知和学习，既能让学生们爱上劳动，又能让他们感受到劳动在人生中的价值，明白劳动是人的本色，劳动创造一切的道理，同时培育对劳动者的足够尊重的情感，可谓益德；另一方面学生们在劳动中可以愉悦身心，强健体魄，增强意志力，涵养吃苦耐劳精神，对文化课的学习会起到促进作用，可谓益体益智；第三，学生们在参与劳动过程中还可以感知出劳动的美、创造出劳动的美、品味出劳动的美，不仅能激发他们的学习兴趣，还能够提高他们欣赏美和鉴赏美的能力，劳动教育更能益美。

那么，怎样让劳动教育在中小学教育中落地生根呢？劳动教育顾名思义，是围绕劳动这一基本形式来开展的教育活动，当然离不开劳动，但绝不能将其简单地理解成或者等同于一般意义上的劳动，而忽视其教育的功能与内涵。劳动教育其本质在于学生在参与劳动中最终树立劳动观念，增强劳动意识，提升劳动能力，激发劳动热情，并充分认识到劳动的真正价值。当然，也不能把劳动教育仅仅理解为就是让学生洗洗衣、做做饭、打扫打扫卫生。这些虽属于应有之义，然而不是全部，除此之外，劳动教育，还可以用更多的词去描述它，比如让学生参与生产劳动、参加社会实践、进行实训操作等。当下学生接受劳动教育，在很大程度上是在课堂上特别是在语文课堂上来完成的，学生们所吟诵的“谁知盘中餐，粒粒皆辛苦”“晨兴理荒秽，带月荷锄归”，算是所接受的一种最现实的课堂版劳动教育。然而，要真正体现劳动的意义，仅停留于课堂是不行的，还必须让学生走出课堂到课堂之外的社会生活中去参与历练。比如，很多农村学校或利用学农园地，或租赁农户土地，或与农业示范基地合作，有了自己的种植养殖基地。这些基地既是学生们学习劳动技能的课堂，也是他们参与农业生产实践的体验场，更是他们亲近农村农业的“开心农场”。在这里，学生们陪伴着自己栽培的作物、喂养的动物，一天天长大，既享受着自己亲手劳动收获的成果，又由此留住了乡村学校的味道，增进了与乡村的情感，并帮助学生们养成了良好的劳动习惯，这些都是常规的课堂不可替代的。

与此同时，劳动教育要真正回归，仅凭发一个文件是不行的，作为教育人还必须以应有的使命和担当，坚守教育良知，切实转变教育观念，花大力气冲破当前应试教育的束缚，把劳动教育列入议事日程。

实际上，劳动教育就是一种生活教育，而且是一种最好的生活教育，学生在劳动中获得一些生活体验，以及从劳动中获得生活的乐趣，培养一种现代新生活的态度与方式，既是今后生活的需要，也是未来生存的需要，更是让其生命更好地发展的需要。

本书由王小华、高丽兰及杨雪琴撰写，因时间比较仓促，加上作者水平有限，难免有不足之处，请读者谅解。

目 录

第一章 劳动概述

第一节 劳动形态

一、劳动形态划分

劳动在人类社会不同的历史发展阶段会呈现出不同的表现形式，即劳动形态。所谓劳动形态，是指人类作用于自然界，在创造物质财富和精神财富的生产活动中的表现形式。从不同维度和视角考察劳动的表现形式，可划分为不同的劳动形态。不同的劳动形态在创造财富和价值的过程中起着不同的作用。

（一）根据劳动工具发展阶段划分

依据人类劳动史上各阶段主要使用的劳动工具，人类劳动形态可划分为手工劳动、机器劳动、智能劳动三种。伴随着劳动工具的变迁，劳动经历了从手工劳动到机器劳动再到智能劳动的迭代变化。

1.手工劳动

手工劳动是人类劳动的初始形态。为了生存，人类必须生产自己的生活资料，起初是付出自身的体力，后来开始使用自然工具、手工工具，借助畜力、风力和水力等开展劳动。手工劳动从一开始的简单手工劳动逐渐发展到复杂、精细且带有一定创造性的手工劳动，最后再发展为半机械的简单手工劳动。手工劳动开启了人类的创造历程，将人和动物区分开来，人类开始有意识、有目的、有计划地利用和改造大自然，同时通过这种能动的活动发展人的精神能力，促进人的自我实现。

人类手工劳动的发展经历了两个阶段：第一阶段是完全依赖自身身体的自然力或简单利用自然界天然形成的工具进行劳动；第二阶段是利用其他动物不可能创造的各种工具进行的劳动。马克思依据制造工具的材料，把史前时期划分为石器时代、青铜器时代和铁器时代。手工劳动发展的第二阶段又可以分为石器劳动时代（包括旧石器劳动时代和新石器劳动时代）、金属工具劳动时代、简单机械劳动时代（技术萌芽时期）。在手工劳动时代，机器劳动技术开始萌芽，手工劳动从凭借经验和技艺逐步增加了科学的因素，为机器劳动的发展打下了基础。

2.机器劳动

18世纪60年代、19世纪60年代，人类社会进行了两次工业革命，先后进入蒸汽时代和电气时代。在农耕文明向工业文明过渡过程中，机器得到广泛运用，人类生产力由手工生产力发展为机器生产力。在这一阶段，机器劳动逐步取代手工劳动，成为主要的劳动形态。马克思给机器劳动下了一个定义：所谓简单的机器劳动，我们指的是应由看管工作机的人来完成的辅助作业。这个定义包含三层意思：一是机器劳动不是指机器的活动，而是指人的活动，因而是活劳动；二是将活劳动在生产中的作用界定为辅助作业，并且这种辅助作业是指对直接加工劳动对象的机器的“看管”；三是将此种劳动的工作性质明确为“看管工作机”。机器劳动极大地提高了生产力，科学技术是机器劳动提高生产率的关键。同时，机器劳动也极大地促进了劳动者的解放，但在生产资料私有制的资本主义条件下，劳动产生了“异化”，给劳动者带来极大的痛苦。从手工劳动到机器劳动，人类社会完成第一次劳动形态的迭代。

3.智能劳动

20世纪四五十年代，第三次科技革命兴起，其中最具划时代意义的是电子计算机的迅速发展和广泛运用，它使全球信息和资源交流变得更为迅速，人类社会开始进入信息时代。当前，以智能化为主要特征的新一轮科技革命兴起。作为新的劳动形态，智能劳动通过人与智能机器的合作共事，扩大、延伸和部分地取代了人类专家在制造过程中的脑力劳动，改变了人类生活的方方面面。所谓智能劳动，是指从劳动目标出发，由人类专家和智能机器共同组成人机一体化智能系统，通过模仿人类大脑，完成“从感觉到记忆思维的过程”与行为和语言的表达过程，实现拟人的智能化劳动，从而创造智能产品和其他产品的过程。智能劳动涉及生产劳动、生活劳动和服务性劳动的方方面面。从机器劳动到智能劳动，人类社会完成第二次劳动形态迭代。

（二）根据社会不同发展阶段划分

在人类社会的不同历史发展阶段，因生产资料所有制形式的差异、劳动者地位的不同，可把劳动形态划分为前私有制社会的自发劳动形态、私有制社会的自觉劳动形态、共产主义社会的自由劳动形态。这里主要从劳动的手段与目的以及生产资料的占有关系两个维度，分析不同社会形态下劳动形态的内涵。

第一，自由劳动与必然劳动。劳动内在地包含手段与目的双重属性。

人首先是一种自然界的存在物，人类要维持生存就必须通过劳动来实现人和自然之间的物质交换和能量交换，否则人类社会很快就会灭亡。从这个角度来说，劳动是维持人类生存所必需的手段，这是劳动的“谋生性”“功利性”。同时，人是一种对象化存在物，人只有在将主体对象化后才能在对象中直观自身。从这个意义上说，劳动本身就是人的本质需要，是人生存的目的，是人的自我实现、自我创造、自我升华。所以，劳动既是人生存的手段，也是目的。劳动的双重属性的外在表现形式就是必然劳动和自由劳动的划分。必然劳动是一种谋生性质的劳动，而自由劳动则是人以自我实现为目的的劳动，是否具有外在的“谋生性”“功利性”是区分必然劳动和自由劳动的标准。

第二，自主劳动与他主劳动。对生产资料的垄断是人类一切奴役和剥削压迫的根源，个人只有占有生产资料，才能自主地控制自身的劳动和生产，才能不被他人和社会奴役。所以，可以从是否占有生产资料的角度，将人类劳动划分为自主劳动与他主劳动。自由劳动与必然劳动是从劳动是否具有谋生性的角度来区分的，而自主劳动与他主劳动的区别则在于劳动者是否占有生产资料。他主劳动一定是必然劳动，而自主劳动却不一定是自由劳动。

（三）根据马克思主义劳动价值论划分

政治经济学意义上的劳动形态，不是以行业性或专业性横向区分的劳动形态，而是指劳动力使用过程的不同阶段上纵向表现出来的劳动形态。依据马克思主义劳动价值论，可将劳动形态划分为潜在形态的劳动、流动形态的劳动、凝固形态的劳动。

潜在形态的劳动，指未实际发挥作用的，存在于劳动者体内的劳动能力；流动形态的劳动，又叫活劳动，指在实际劳动过程中，劳动力使用和支出体力、脑力的过程；凝固形态的劳动，又叫死劳动，或物化形态的劳动，指凝结在产品中的劳动。凝固形态的劳动即通常说的劳动成果，在商品生产条件下，它是价值的实体。劳动处于潜在和流动形态时，它本身还不是价值，只有处于凝固形态（劳动成果）时才成为价值。

为了阐明价值的形成过程，马克思对劳动做了动态的分析。当劳动者与生产资料相结合时，劳动就由它的潜在形态（劳动力）转化为流动形态，最后体现在商品中，转化为凝固形态。处于流动形态的劳动形成价值，但它本身不是价值，只有在凝固形态中才成为价值。马克思把劳动分为活劳动和物化劳动、过去劳动和现在劳动。马克思指出：商品的价值既决定于为生产该商品所需要的物化的（过去的）劳动量，也决定于为生产该商品所需要的活的（现在的）劳动量。

活劳动也就是流动形态的劳动，指劳动者在物质资料生产过程中劳动力的消耗。物化劳动有两个含义：作为劳动过程的物质条件，是指生产资料中所包含的劳动，也叫过去劳动或死劳动；作为劳动过程的结果，是指凝结在产品中的人类劳动，即凝固形态的劳动，又称对象化劳动或物化劳动。劳动具有二重性，作为具体劳动，它转移和保存过去的物化劳动（生产资料）的价值，并创造出新的使用价值。作为抽象劳动，它创造出新价值。商品的价值取决于转移的生产资料的价值和新创造的价值的总和，取决于消耗了的必要的物化劳动和活劳动的多少。

（四）根据劳动构成要素与劳动关系等划分

根据劳动构成要素、劳动关系等方面的不同表现，还可以把劳动形态作以下划分。

1.物质生产劳动与非物质生产劳动

物质生产劳动是指以自然资源为劳动对象，借助于生产工具，直接从自然资源中获取所需，或对其再加工，以满足人类社会需要的活动。非物质生产劳动是指不直接创造物质财富的一切非物质生产部门的劳动者的劳动。

2.体力劳动与脑力（智力）劳动

根据劳动主体支出的物质内容，可以把劳动分为体力劳动与脑力（智力）劳动。体力劳动主要指劳动过程中以人的生理学意义上的体能耗费为主的劳动。脑力（智力）劳动主要指劳动过程中以人的脑力和智力（包括知识、智慧）耗费为主的劳动。

3.操作劳动与管理劳动

根据劳动主体在劳动过程中所执行的功能的不同，可以把劳动分为操作劳动和管理劳动。操作劳动主要指劳动者在劳动过程中操纵机器的劳动或与机器相配合的劳动。管理劳动最初只是企业内部的组织协调活动和指挥监督活动，随着市场经济的发展，这种最初的协调监督活动便发展成全面的企业管理活动。

4.创新劳动与重复劳动

根据劳动成果的唯一性或重复性，劳动可以分为创新劳动与重复劳动。创新劳动是指劳动成果具有唯一性和初始性的劳动，反之则是重复劳动。创新劳动包括创造科技产品的科技劳动，具有创新性质的管理劳动以及产品创新劳动。

5.简单劳动与复杂劳动

根据抽象劳动的“质”的不同，即在同一时间内耗费的劳动量的不同，劳动形态可划分为简单劳动与复杂劳动。从劳动的社会分工看，简单劳动往往把主要的劳动时间用于理解、掌握复杂劳动的科学理论和设计思想，并依据复杂劳动的设计要求，完成一定的生产活动和社会活动。复杂劳动则往往把主要的劳动时间用于对自然和社会的研究与分析，不断地发现、设计出更能满足社会生活需要的新型物质资料，以及不断地发现、建立起更加适应社会进步要求的新型社会组织形式。

6.典型劳动形态与非典型劳动形态

根据劳动关系的具体表现，劳动还可分为典型劳动形态与非典型劳动形态。典型劳动形态是指具有典型劳动关系或标准劳动关系的劳动形态：劳动者与雇主或用人单位的生产资料相结合，通过劳动产生利益，雇主或用人单位为劳动者发放工资，或用人单位具有较高的人身从属性。

二、劳动形态发展变化特点

近年来，随着互联网技术和人工智能的不断发展，零工经济、数字经济、平台经济、分享经济逐步兴起并迅速发展，就业形态不断演化，出现了许多非典型劳动关系，呈现出许多新的特点。

（一）知识劳动成为第一生产劳动

知识劳动本质上是一种以知识的生产和应用为核心的新的劳动形态。在农业社会和工业社会的生产中，经验和体力发挥着重要作用。但是，在信息社会，知识的重要性将变得日益突出，生产的自动化、智能化、数字化程度越高，对知识和科技的依赖程度也越高，知识劳动成为第一生产劳动。其具体表现为：一是知识和科技对经济发展起第一位的变革作用。现代科学技术已经渗透到经济活动和社会生产的各个环节，成为推动经济发展的决定性因素。二是知识和科技在生产力诸要素中已成为主要推动力量。科学技术自身不但直接体现为生产力，而且还作用于其他要素，从而成为推动社会生产力的最重要力量。三是知识和科技使管理日趋现代化、科学化、高效化。随着科学技术的迅猛发展，生产社会化程度大大提高，分工越来越专业化，其结果是使劳动过程的环节增多、链条拉长，生产商品的劳动很难在同一个独立的时间和空间完成，劳动过程成为越来越复杂的系统工程，各种相对独立的劳动职能以直接或间接的方式参与同一个商品的生产过程，从而使劳动的综合性和整体性大大加强，经营管理成为重要的劳动形态。

（二）精神生产和服务业的劳动日益重要

随着社会生产力的大幅提高，当代社会产业结构已发生巨大变化。从事生产性劳动的劳动者大量减少，服务性劳动者队伍大幅度增加。一些知识密集型、科技密集型的新兴产业迅速崛起，新型服务性劳动形态日益增多，服务业的份额不断扩大，就业结构发生巨大变化，导致劳动向其他领域转移和延伸，第三产业在国民经济中的比例已成为一个国家现代化程度的重要标志。伴随着物质生产的发展，人们的需求日益多样化，在满足物质资料需求以后，对精神方面的需求明显增多。这就要求社会除了提供满足人们物质需要的物质产品以外，还需要提供满足精神需要的精神产品和发展产品。这种发展趋势将不断推动整个社会精神生产的发展，创造出越来越多的满足人们精神需要的文化和精神财富。因此，劳动已不局限于物质生产领域，而是延伸到了社会服务领域和精神文化领域。

（三）劳动与生活休闲和消费的边界变得模糊

劳动与生活的分离，是农业生产和工业生产的突出特点。在农业社会和工业社会中，有着非常明确的上下班边界。上班意味去劳动，而下班之外的时间就是个体的生活。个体的劳动是为了更好地服务和服从于其生活品质的提升。但是，在信息社会特别是人工智能时代，个体的劳动与生活具有越来越高的统一性。一些劳动的属性融入消费过程当中，使劳动过程和消费过程的界限变得模糊。这种统一性一方面表现为上下班的边界在不断模糊；另一方面也说明由于信息社会劳动的自由度、个体性在不断增强，劳动本身也越来越多地具有娱乐的意味，很多人的职业选择是基于个体的兴趣和自我实现的需要。

此外，在人工智能时代，人们对体验或定制的需求将变得非常广泛。例如，当新产品上市后，第一批消费者需要花费精力对产品或者性能做出选择并体验，而这种体验可以给后来的消费者做参考，参考价值由此成为一种劳动形式，从而把劳动属性融入消费过程当中，使劳动过程和消费过程的界限变得模糊。

（四）过渡性的非典型劳动形态大量出现

在信息社会中，社会变革提速，社会流动加剧，劳动形态持续演化。一部分工作消失，又有新的工作形式出现，工作内容、工作方式也在不断进化，劳动的变动将成为一种常态，劳动者在受雇和自雇状态之间的转换将更普遍、更自由。以互联网技术的应用为引导，当前市场催生了零工经济的兴起，传统的封闭性典型劳动关系已不能充分应对这种市场化机制，企业的用工需求趋于弹性化，大量过渡性的非典型劳动形态，如职业中介、人事代理、劳务派遣、劳务外包等应运而生。在信息社会，社会劳动将更加柔性，生产方式将更加碎片化。个体的工作时间和空间也因此变得更富有弹性，劳动的自由度明显增强，独立、个性、创新的自主劳动将逐渐占据主导地位，成为普遍形态。例如，远程劳动使从业者享有工作场所的自由，共享劳动使从业者享有工作时间的自由。

但是，对于信息社会而言，劳动的自动化程度越高，对人力的直接使用也就越低，这就使得劳动者的准入门槛极大提高，人工智能将对低技术含量的工种带来极大冲击。同时，许多零工劳动者与雇主之间并没有建立标准形态的劳动关系，具有非典型性，面临风险。

三、劳动形态表现形式

当今社会劳动形态呈现出持续迭代、新旧交融、多元并存的特征，特别是随着人工智能的应用，自动化、智能化、数字化生产已成为基本劳动形态。在劳动过程中，劳动者、劳动对象和劳动资料等劳动要素出现了许多新的表现形式。

（一）数字劳动

在经济全球化的时代背景下，数字化已经成为不可逆转的趋势。数字劳动是伴随数字经济而产生的一种新型劳动形态。数字化时代的数字劳动代表了一种崭新的劳动方式，它是指数字劳动者在雇佣或者非雇佣的关系中，通过数字平台所进行的各种有酬或者无酬的“生产性”劳动。数字劳动与传统劳动一样具备劳动的基本构成要素。但与传统劳动要素相比，数字劳动要素具有一些新特征：从劳动者角度而言，传统的劳动者主要是指雇佣劳动者，但在数字劳动过程中，处于雇佣关系之外的普通互联网用户也成为劳动者；从劳动资料的角度来看，数字劳动的劳动资料具有了典型的非物质性；从劳动对象的角度来看，数字劳动的劳动对象是数据，数据不仅具有非物质性，而且具有非消耗性的特点（数据的使用价值不是一次性的）。

从被雇佣者和非雇佣者的角度来分析，数字劳动分为互联网专业劳动者的数字劳动和一般互联网用户的数字劳动。

互联网专业劳动者的数字劳动是指具有专业性知识的数字劳动者，运用不属于他们的生产资料来加工普通用户所生产的数据的劳动过程。它主要分为三种类型：一是互联网专业技术人员的数字劳动，包括了互联网站、网络平台的开发人员、运营人员、维护人员的数字劳动等，这些数字劳动需要比较高的专业技术要求，如程序员、工程师的数字劳动等；二是互联网数字平台中的微劳动，如刷单、发布风评等；三是借助于互联网平台的自我雇佣劳动，如网约车司机和外卖商家的数字劳动等，他们与平台并不具备严格的雇佣关系，实质上是一种自我雇佣关系。

一般互联网用户的数字劳动是指一般的互联网用户运用自己所特有的生产资料作用于数字平台的劳动过程，它不是在现实中具体的公司从事信息技术处理工作，而是互联网用户在社交平台、移动设备上日常进行的信息分享、资源上传、经营交往等免费劳动。当一个人把自己的学习心得发在微信朋友圈，或者把自己的注意力集中到某一购物网站上时，其一般认为自己是在消费、休闲和娱乐，但人们在消费的同时也在进行着生产，只不过生产的不是一般的物质产品，而是数据。这种劳动形态有时也被称为“受众”劳动和“玩乐”劳动。

（二）远程劳动

远程劳动是指从业者在传统职业场所之外，通过电信技术和设备从事弹性工作的形式。远程劳动始于全职劳动者的灵活办公需求，随着互联网技术的不断发展，兼职类型的远程劳动形态得以迅速发展。对于全职的远程劳动而言，它往往依附于标准劳动关系，但不再拘泥于指挥、监督的细节，而是更加关注远程劳动的成果。此时，劳动者对雇主的从属性有所减弱，但从属性的本质特征并未改变，它是标准劳动关系的一种弹性延伸和拓展。

同时，远程劳动并不局限于标准劳动关系，对于非典型劳动关系来说，为了促进灵活用工和提高劳动效率，同样可能采取远程劳动的方式来完成工作任务。在远程劳动中，一般由劳动者自己提供劳动工具，工作场所和工作时间都很自由，但强调完成工作的时间节点。雇主对选用哪一个远程劳动者从事哪一项工作任务具有决定权，远程劳动者一般不具有专属性。随着科技与劳动的紧密结合，远程劳动将会得到更广泛的应用。

（三）人机协同劳动

人机协同劳动是人工智能时代的一种基本的劳动形态，指通过人机交互实现人类劳动与人工智能的结合。人机协同意味着人类智能与机器融为一体，使人脑和机器成为一个完整的系统，实现劳动者与类人机器人协同工作。现阶段人机协同劳动是机器人参与到组织化生产中，人类作为主导，对机器人进行指挥和管控，而机器人协助人类来提高劳动生产率。随着人工智能的发展，劳动工具趋向“类人化”，人工智能与人的智能的相似度越来越高，智能劳动工具进入模拟人的智能的阶段，对劳动者的替代程度可能逐渐提高。

但是，应该强调的是，开发人工智能的目的并不是希望由机器人来完全取代人类，而是希望借助于人工智能的力量提高劳动生产率，完成更具创造性的工作，实现人与机器的理性协同；通过人机协同劳动促进生活品质提升，达到自我实现和心灵满足，从而更加确证自我存在的价值。

（四）多重身份劳动

多重身份劳动是指多重身份劳动的从业人员不满足于只拥有一种专业技能或者一种受雇状态，而以身份的变化和体验作为个人追求，有时甚至不以劳动的有偿对价作为条件，而是将其作为向自主劳动的过渡。多重身份劳动大大弱化了劳动关系的从属性，降低了雇主对劳动者的控制力。在人工智能时代，人们将从单一劳动的束缚中获得极大解放，一个人在一生中可以积累多个门类的专业知识。在个人兴趣的引导下，知识和技能的积累可以使其从事多种不同的工作，使传统的固定行业的工作不再是必需品。例如，某人可能白天做教师，下班后做记者，节假日又能从事艺术表演，这种多重身份的劳动形态将颠覆自由职业的传统概念。此外，劳动者的身份转换也可以发生在受雇和自雇状态之间，劳动者在被他人雇佣的同时，也可能自主创业，或同时雇佣他人从事另外工作。

（五）共享劳动和委托劳动

共享劳动是指劳动者依托互联网平台搜寻或匹配服务对象，以个人身份向许多不特定主体提供服务的劳动形态。对于雇主来说，这种模式通常被称为众包。所谓众包，是指企业或组织通过网络将工作任务以自由自愿的形式外包给大众劳动者的行为。共享劳动者的劳动工具一般由劳动者自己提供，服务报酬除了劳动本身，还包括劳动工具等生产资料的消耗。互联网平台对共享劳动过程没有具体的指挥监督，但可以通过智能软件对服务方式、内容、条件等提出建议甚至据此进行考核，劳动者的工作时间比较自由。

委托劳动是指不采取标准劳动关系进行雇佣，而是基于双方的信任，利用业务委托的方式把某项雇主事务交由个体劳动者处理，由雇主承担其处理受托事务后果的劳动形态。委托劳动可以覆盖的业务范围包括销售、独立代理人、律师、人事、财务等专业领域。对于委托劳动而言，雇主一般不允许受托人把委托事项转委托，在委托劳动过程中一般也不会进行具体的指挥监督。

四、新型劳动形态挑战

在人工智能时代，以人工智能、云计算、物联网、区块链等为代表的科学技术极大提高了劳动生产率，导致了现代生产方式的重大变革和产业结构的重大调整，推动劳动形态持续迭代。为适应新型劳动形态的新发展和新挑战，必须适时在劳动政策、劳动法律和劳动教育等方面做出积极应对。

（一）新型劳动形态对劳动者的挑战

新型劳动形态呈现出自动化、智能化、数字化的生产特征。劳动的自动化、智能化、数字化程度越高，对劳动者的劳动技能、科技素质、管理能力等要求越高，这就提高了劳动者就业的门槛，同时降低了对低技术含量岗位的需求，对低技术含量工种带来极大冲击。

应对新型劳动形态的挑战，需要赋予劳动更具历史解释力的内涵，将知识生产、科技创造、数字劳动等主动纳入劳动教育的视野和劳动保护的范围，使建立在现代劳动基础上的劳动政策既要体现对传统劳动的尊重，又要体现对新型劳动形态的保护和激励；既要保护传统生产要素，又要鼓励新的生产要素的投入。这种新的劳动政策应该是全方位的，既要体现在财富的生产领域和分配领域，又要体现在分配后财产的保护上。

（二）新型劳动形态对劳动关系的影响

新型劳动形态呈现出的劳动方式灵活化、劳动关系弹性化、劳动群体松散化等特征，也给劳动法学的理论和实践带来前所未有的挑战。其主要体现在以下方面：首先，对劳动关系从属性的影响。传统的劳动关系是劳动者与雇主或用人单位所有的生产资料相结合，通过劳动产生利益，雇主或用人单位从中支付劳动者的工资、补贴和各种福利，劳动者对于雇主或用人单位具有较高的人身从属性。在新型劳动形态下，许多劳动形态已不具备传统劳动关系的某些要件。劳动者与雇主或用人单位的人身依附性和组织从属性被削弱，而主要体现为经济从属性。其次，对劳动者主体身份的影响。新型劳动形态下的灵活就业主要利用网络平台进行劳动，其主要特点是去组织化，利用网络平台配置劳动资源，提供产品和服务。这种“对企业来说是弹性用工，对劳动者来说是灵活就业，对劳资双方来说则是非标准劳动用工”的就业方式，使越来越多的劳动者的就业身份变得不明确，导致新型劳动形态中一些应该获得劳动法律保护的劳动者没有得到保护。最后，对劳动者风险防范和救济的影响。技术进步导致的劳动力替代与转移，将进一步导致劳动力市场供求关系的失衡，加深强势资本与弱势劳动的“马太效应”。劳动力市场供求情况和市场结构的不合理会使劳动者处于相对弱势的地位，可能导致其各种安全保障和救济措施受到影响，从而使劳动关系趋于紧张。

应对以上挑战，需要从劳动法学理论和劳动法治实践层面对新型劳动形态下的劳动用工进行治理。第一，合理界定劳动关系适用范围。将部分具有劳动关系特征的新型就业形态纳入非标准的劳动关系体系，扩大非标准劳动关系的范围，并在薪酬、劳动时间、休息休假、社会保障等方面进行适度规范。第二，建立健全违法行为预警防控机制。完善多部门综合治理与监察执法联动机制，严肃查处各种违法行为，督促企业严格落实国家规定的工时制度，依法保障劳动者的休息休假，促进企业改善劳动条件，增强企业依法用工、政府依法行政的意识，将劳动关系的建立、运行、监督、调处的全过程纳入法治化轨道，从而切实维护劳动者合法权益。第三，完善新型就业形态的劳动保障机制。进一步完善相应的社会保险制度，构建多层次的冲突防范化解机制，创新发展新型就业形态劳资双方平等对话机制，按照属地化管理原则，由相关部门、工会和企业组织共同建立劳资冲突事件的应急防范联动机制，完善劳动争议调处机制。

（三）新型劳动形态对劳动教育的要求

在新型劳动形态下，劳动和生活边界的模糊使个体的闲暇生活问题在劳动教育中变得非常突出。新型劳动形态一方面极大地提高了社会生产力，由此带来了社会物质财富空前丰富和人们闲暇时间明显增多；另一方面赋予了个体较强的劳动自主性，使消费、闲暇和劳动融为一体。当前，社会普遍存在的符号消费、过度消费、攀比消费等现象。因此，如何消费、如何休闲等成为新型劳动形态下开展劳动教育必须关注的现实问题。

首先，要加强马克思主义劳动思想教育，树立正确的劳动价值观，自觉坚持人民立场，确立劳动幸福观、奋斗幸福观；其次，要加强社会主义劳动道德教育，厚植劳动情怀，自觉培养向上向善的劳动品德，尊崇诚实劳动，尊重劳动和劳动者；最后，要加强劳动素养教育，树立热爱劳动、辛勤劳动的积极劳动态度，养成善于劳动、创造性劳动的良好劳动习惯，掌握必备的劳动相关知识、技术和技能，培养可靠的劳动信用。

第二节 劳动分工

人的本性并不是单纯的自然属性，不是单纯的生物学上的人。人总是生活在一定的社会关系和群体中，总是实践着的、活生生的、现实的和他人发生联系共同劳动的人，即具有社会性的人。这种社会性就是人的集体性，是人的本质。科学社会主义学说，就是要发扬人的社会性的本性，提倡集体主义的道德。单个人是弱小的，集体的人是强大的，单个人的力量是有限的，而集体的力量是无限的。要认识人的能力的无限性，就要从劳动分工和协作的关系中来认识。

一、劳动分工效能

人的劳动是社会劳动，是人们相互分工和相互协作而进行的共同劳动。在生产劳动中，社会分工和协作就成为提高劳动生产能力，创造物质财富，推动社会发展的两大杠杆。正确认识劳动分工和协作，是树立马克思主义劳动观和共产主义劳动态度的一个重要前提。

（一）分工是劳动的需要

劳动分工是依据生产力发展的需要而产生依。劳动分工的出现又推动了生产力的发展。我们讲的劳动分上有两种形式：一是劳动自然分工，即根据人的年龄、身体状况特征而分工从事不同的劳动。另一种形式是劳动的社会分工。所谓社会分工，是指社会内部创造使用价值的各种不同性质的有用劳动发展起来的一种多支体系。它又有广义和狭义之分。广义的社会分工是指社会上出现的各行各业，从事不同行业劳动，生产不同的物质产品，或精神产品，或提供不同的服务。狭义的社会分工，是指在物质资料生产过程中，把劳动加工过程分解为不同工种，实行单项专业劳动。如机械制造厂要完成从原材料钢铁加工成机器，就要经过翻砂、车工、铣工、钳工、装配工等多项劳动才能完成。

劳动的社会分工是适应生产力发展需要而产生和发展的。原始社会产生以后，原始人在物质资料生产过程中是以自然分工从事物质资料生产的，年轻人身强力壮上山打猎；老年人有经验，少力气，就担任工具制造的工作；妇女不上山打猫就从事种植、采摘等活动。这种自然劳动分工就成为人类社会第一次社会分工，于是出现了原始畜牧业和原始农业两大行业，生产两种不同的物质产品，满足人们不同的需要。随着生产力和社会劳动需要的发展，又出现了农业和手工业的社会分工，随后又产生了体力劳动和脑力劳动的社会分工。

从社会劳动分工的产生，我们看到劳动分工不是为了标志人们地位高低，而是为了适应物质资料生产的需要。不论做什么工作，从事什么劳动，都是社会劳动不可缺少的，都是社会需要的。劳动只有分工不同，没有贵贱之分，任何看不起劳动工种的观点都是错误的。

有人把脑力劳动看得最高贵、最重要，实际不然。脑力劳动者的劳动是离不开体力劳动者的劳动的。脑力劳动要依靠体力劳动者提供物质产品，也要依靠体力劳动者把脑力劳动的精神产品如蓝图设计等变成物质产品，变成现实。脑力劳动和体力劳动是统一的，任何歧视工农体力劳动的观点都是没有道理的。大科学家爱因斯坦说过："劳动是社会供养人以粮食、衣服、住宅、劳动工具、语言、思想形式和大部分思想内容。"因此"我每天上百次提醒自己：我的精神生活和物质生活依靠别人（包括生者和死者）的劳动，我必须尽力以同样的分量来报偿我们领受了的和至今还在领受着的东西。"这说明，没有普通体力劳动者的辛勤劳动，也就没有科学家。劳动人民是我们的衣食父母。

（二）劳动分工的作用

劳动社会分工是社会发展的一个杠杆，是社会生产顺利进行的保证，对社会经济和社会发展具有重要的作用。

1.劳动社会分工，有利于培养劳动特长，提高劳动生产力

社会分工的发展，从手工劳动者一个人参加全部生产过程的劳动，转化为某一生产环节的专业劳动，使每个劳动者都能发挥自己的特长，积累生产经验，运用最有利的生产条件，从而提高生产劳动效率。比如，过去一个人做鞋，从熟皮子到做成一双皮鞋，要经过十几道工序，各个环节都需一个人掌握，效率不高。现在做皮鞋，劳动分工细致，形成生产流水线，专业化劳动。由于劳动环节明确、简单，劳动者就可提高熟练程度和技术水平，练就"一手精"，有自己的"绝活"，因而提高了劳动生产率。过去一个人参加生产全过程需 3 天做一双鞋，今天在社会分工细致的条件下，几秒钟就可以生产一双皮鞋。既提高了劳动生产效率，又增加社会物质财富。

2.劳动社会分工促使社会发展

社会分工促使私有制产生，劳动社会分工的进一步发展又促使私有制最终消灭。原始社会后期，劳动社会分工和专业生产出现，促进了生产力的发展，为私有制的产生提供了可能，特别是对商品经济的产生提供了物质前提。劳动社会分工是生产力发展的杠

杆，又是社会发展的结果。社会劳动的发展形成了社会化大生产的物质资料生产力。这种社会化大生产和资本主义生产资料私有制之间又产生了尖锐矛盾。这个矛盾是资本主义的基本矛盾，是对抗性的矛盾，在资本主义社会内部无法克服。以社会分工高度发展为基础的社会化大生产要求新的社会主义生产关系适应它，要求生产资料和生产过程在实现生产资料公有制基础上的劳动者和生产资料的直接结合，否则，它将使生产力发展受到桎梏。

3.劳动社会分工能满足人们的多种需要

有了社会分工，每个生产者就必须同其他生产者发生相互依存的经济联系。人们的生活需要和生产需要是多方面的，自己生产的单一化产品不能满足个人的全部需要。人们既需要获得别人的劳动产品，又需要让出自己的劳动产品。那种“万事不求人”的观点是可笑的。人的劳动不仅是为了自己，也是为了别人，为了社会。换句话说，只有为了别人，为了社会，才能为了自己，我们提倡“我为人人，人人为我”。在社会分工的条件下每个人的劳动都是社会劳动的一部分。那种只为自己的劳动是可悲的、可笑的，也是在现实中不可能的。

（三）劳动协作是劳动分工的纽带

劳动社会分工是协作的基础，劳动协作又是劳动分工的纽带。两者相互依存，相辅相成促使劳动生产力的提高和发展。每个劳动者必须树立集体主义的观念。

协作是指许多人同时在同一生产过程中，或者在彼此有密切联系的生产过程中，有组织地把从事各种局部性工作的劳动者联合起来，进行协同劳动，共同完成某种整体性的工作的形式。协作形式有两种：

一种为简单协作，即参加劳动的人没有实行分工，都从事同一种劳动。这种简单协作也比那种分散的个体劳动具有较大的优越性。它表现在：

（1）许多劳动者在一起劳动，可以抵销劳动者在劳动能力上的差别。他们的能力互相补充，产生一种集体力量，能完成个体劳动者无法完成的任务。比如一块一千多斤石头，单个劳动者靠体力无法移动，但集合20个人协同用力，它形成一种合力就能移走石头。

（2）许多劳动者在一起协作劳动，可激起竞争心，又能使人精神振奋，又能彼此取长补短，提高技艺。相互配合，实行流水作业，就能提高劳动生产率。

（3）简单协作也可以节省生产资料，可形成突击力量，可齐头并进加快速度。简单协作，就是把个体劳动变成集体的共同劳动。这就是协作的实质。个体劳动变集体劳动，可以创造更多的物质资料。

另一种协作是以劳动社会分工为基础的协作。现代化劳动是由若干个劳动分工的专业个体互相联系，互相作用，按一定方式组成的劳动整体。许多人协作，就是把许多劳动力量溶合成一个总的力量，用马克思的话来说，就是形成一种“新的力量”，这种合力同它的一个个分力的总和是有本质区别的。没有协作的整体就没有这整体的功能。一艘大轮船是由几万个零部件按一定方式结构和协作的整体，它具有飘浮、航行、载重的功能。而这整体中的零部件，如果离开了这个协作整体，它就失去飘浮、航行、载重的功能。这说明，每一项劳动，都是整体的一个螺丝钉。一个人尽管很有本事，力气很大，但比起协作整体合力，也是微不足道的。社会分工离不开协作，协作也离不开社会分工。

在现代化社会大生产中，特别在公有制为基础的社会化大生产中，劳动协作具有更重要的意义：

（1）协作有利于经济发展。现代化劳动生产的专业化、科学化、系统化，使得生产的各环节的分工也越来越细。分工越细，越要求不同工种之间、不同专业之间、不同部门之间密切配合、协同动作，使劳动环节环环紧扣。否则，它就有碍于整体生产目标的实现，就有碍于社会经济发展。

（2）协作有利于提高效率。社会分工使劳动产品具有社会性。产品是社会各方面劳动的共同结晶。只有协作才能保证这种生产过程的连续进行。前一工序是后一工序的基础，后一工序又是前一工序的延伸。在劳动组合中横向协作也非常多。倘无劳动的协作、步调的统一，必然引起冲突，产生阻碍，影响劳动进程、劳动质量和劳动效率。

（3）协作有利于整体功能的发挥。一个劳动岗位、劳动环节也是一个整体，也需要内部协作。只有这样，才能保证岗位与岗位、环节与环节之间的协作。一部整机上的每一部件、每个螺丝钉，必须尽职尽责，才能保证整体机器的正常运转。倘若一个螺丝失效，就可能使整体机器发生故障。因此，协作的第一要素是每个劳动者必须在每个岗位上，在各环节上尽职尽责。这就是整体上的协作。

二、劳动分工类型

生产的发展、需要引起各种社会的分化。这种分化，我们称为社会分工。这种分工包涵着层次性分工和系统性分工。层次性分工，指从国民经济整体划分，是构成国民经济各部门之间的分工。它分为农业劳动、工业劳动、商业劳动、运输劳动、建筑劳动等。各部门内部也有分工。工业内部又分为采矿劳动、冶炼劳动、机械制造劳动、纺织劳动等。而在各专业内部又有分工，这就是层层分解。所谓劳动分工的系统性，是指为实现某一产品的制造和生产而分解的劳动分工所构成的生产劳动系统。在生产劳动中，同等数量和素质的劳动力，分工和搭配不同，会形成不同的劳动生产率。

劳动分工的产生和发展是由生产力的发展决定的。劳动分工又反作用于生产力。因此，劳动的社会分工类型，可以从不同角度和出发点来分解。

（一）体力劳动与脑力劳动的分工

根据劳动的消耗，可区分为体力劳动和脑力劳动。以消耗体力为主的体力劳动，并非不消耗脑力，而是在体力劳动过程中，脑力劳动作为附属物凝结在产品中。有些劳动虽不直接创造物质财富，只通过体力消耗提供服务的劳动也称为体力劳动。所谓脑力劳动是从体力劳动中分离出来，以消耗脑力为主的劳动。这种分离是人类社会从野蛮进入文明的一个标志，是人类历史的重大进步。脑力劳动分为两种：一种是从事应用科学、工程技术、企业管理等项目的脑力劳动，这些脑力劳动是物化在产品中，成为物质生产劳动的组成部分；另一种是从事文学艺术、教育、卫生等项目的脑力劳动，这些劳动能物化在劳动力中，它是提高劳动者素质的必要条件。

体力劳动和脑力劳动本是统一的。它们的分化对立是着社会分工的发展、生产资料私有制的出现和社会阶级的划分而产生的。在原始社会后期，一部分酋长和祭司从体力劳动中分离出来。这是体力劳动和脑力劳动对立的萌芽状态。随着国家的产生和科学文化的发展，国家政权以及科学文化被居于统治地位的剥削阶级所垄断。从事这些职业的脑力劳动一般为统治阶级服务，处于与体力劳动对立的地位。在资本主义社会里这种尖锐对立达到最高程度。马克思说："生产过程中的智力与体力相分离，智力变成资本支配劳动的权力，是在以机器为基础的大工业中完成的。"体力劳动成为机器的附属品。脑力劳动与体力劳动表现为阶级对立。在社会主义条件下，劳动人民成为社会的主人，脑力劳动与体力劳动之间不再表现为阶级对立的关系。在无产阶级革命过程中，把清除旧的社会分工作为革命的任务和手段。

经过40年，现在的为社会主义服务的脑力劳动者同体力劳动者一样是劳动人民的一部分。我国明确提出构成社会主义主体的是工人、农民、知识分子。知识分子是工人阶级的一部分，劳动人民的一部分。但是我们要看到，在现阶段脑力劳动和体力劳动的本质差别仍然存在。这主要表现在文化技术水平、劳动条件和生活条件等方面。只有在生产力高度发展，劳动人民的文化科学知识普遍提高，物质财富极大丰富的条件下，这种差别才会消失。我们承认差别，并努力创造条件消灭这种差别，而不是要扩大这种差别。消灭体力劳动和脑力劳动的本质差别，是建立共产主义的标志之一。体力劳动和脑力劳动相结合是社会主义教育的要求，也是社会主义教育的原则。

（二）简单劳动和复杂劳动的分工

简单劳动是指在一定条件下不需经过任何专门的特殊训练，只要是一个健康正常的劳动者都能从事的劳动。如挑水、扫地、挖土、砍柴，都属于简单劳动。复杂劳动是指需要较多的劳动技巧和科学知识，它必须经过专门特殊的培养和训练，并具有一定专长的熟练的劳动者的劳动。如雕塑、织布、钟表修理、工程设计等。

简单劳动和复杂劳动的区分是根据不同国家、不同地区、不同生产力发展水平和不同历史时期来区分的。现在，我国从文化水平上区分，中等专业学校以上毕业生的劳动为复杂劳动，而普通高中以下的劳动为简单劳动。新中国成立前在解放区则是初中毕业以上的为复杂劳动，初中毕业以下的为简单劳动。简单和复杂的区分是个历史范畴，是个动态范畴。

复杂劳动和简单劳动在同样的时间里，创造的价值是不同的。复杂劳动比简单劳动创造的价值多。复杂劳动是倍加的简单劳动，即一个复杂的劳动日创造的价值，能等于几个甚至十几个简单劳动日。一个彩电技工的一天劳动等于一个农民几天的砍柴劳动。一个复杂劳动产品，在价值上可以与若干个简单劳动产品相等。从事复杂劳动的劳动力，“比普通劳动力需要较高的教育费用，它的生产要花费较多的劳动时间，因此它具有较高的价值。”因此，从事复杂劳动的工资要高于从事简单劳动工资，不能搞平均主义。

复杂劳动和简单劳动的比例是通过交换和竞争自发形成的。企业领导者属于复杂劳动者，他和工人工资的比例也是根据效益情况来决定的。我国目前确定企业家的工资水平是厂平均工资的2～7倍。例如厂平均工资为100元，那么企业家工资则是200～700元之间。我国当前脑力劳动和体力劳动报酬倒挂的现象是不合理的，是暂时的。例如“搞原子弹的，不如卖茶蛋”的畸形现象是要理顺的。政策上要鼓励人们掌握科技，振兴经济。只有复杂劳动占的比重大才能加快社会主义现代化的建设。

（三）生产劳动、服务劳动和公益劳动的分工

根据劳动的对象将劳动区分为生产性劳动、服务性劳动和公益劳动三种。

1.生产劳动

它是指从事物质资料生产的劳动。即劳动者运用生产工具作用于劳动对象，生产出人们需要的物质产品的劳动。它包括工业生产劳动、农业生产劳动、建筑业生产劳动、运输业劳动等。生产劳动实现着人和自然界之间的物质和能量的变换，是人类最基本的实践活动。

（1）生产性劳动是人的生命存在和全部社会生活的基础。人们的吃、穿、住等生活资料都是由此种劳动而来的。马克思说：“要想得到和各种不同的需要量相适应的产品量，

就要付出各种不同的和一定数量的社会总劳动量。”人类社会的存在与发展都依赖于物质资料生产的劳动。人类社会的政治、文化艺术、教育、卫生等活动，也是以生产性劳动为基础的。没有生产性劳动创造的物质资料满足他们的需要，他们也不能从事脑力劳动。美国的富兰克林说得好：“假如没有劳动这个压舱的货物，任何风暴都会把生活之船翻掉。”恩格斯也指出：“历史破天荒第一次被安置在它的真正基础上，一个很明显而以前被人们忽略的事实，即人们首先必须吃、喝、穿、住，就是说必须首先劳动，然后才能争取统治，从事政治和哲学等。”

（2）生产劳动又是人们全部社会关系形成和发展的基础。生产劳动，不仅生产出人类生存的必需品，同时人类社会复杂的关系之网，也是在它的基础上编织成的。劳动既结成了人与自然的关系，也建立着同此种关系相应的社会结合方式，即人们相互之间的关系。

（3）生产劳动是人类社会发展和继续的基础。马克思正是从生产劳动的研究入手，揭示出了人类社会发展的规律，揭示出了人类社会高度发展必然符合社会本性，实现共产主义。劳动是物质文明和精神文明的源泉和动力。人类历史就是劳动者创造物质生活资料的历史。没有生产劳动就没有人类现代的一切。高尔基说得好：“我们世界上最美好的东西，都是由劳动、由人的聪明的手创造出来的。”这些都是说，在生产劳动这个最基本的实践形式中已经孕育着社会有机体未来发展的一切萌芽，预示着由此展开的丰富多彩的社会物质生活和精神生活从低级到高级的发展。

2.服务性劳动

指的是服务性行业的劳动，包括服务业、旅游业、饮食业、医疗保健等以及娱乐业在内的劳动。它是第三产业的重要方面。它是体力劳动的物质产品和脑力劳动的一些精神产品（或者活动），以劳动的形式来满足社会需要和生产需要的劳动。它的最大特点就是为生活和生产服务的。每人的劳动实际上都在侍候人，又在接受人侍候。人类劳动一开始就具有与动物不同的社会性，是相互作用，相互补充的，相互服务的。著名京剧演员赵燕侠，一次在理发馆烫发。烫发师见她是名演员，很紧张，她笑着对烫发师说：“到剧院，你坐着，我演戏是为你服务；现在我坐着，你站着为我服务。我们每个人都是服务员，是一律平等的。”

服务性劳动是社会生活不可缺少的环节，而且随着生产力和商品经济的发展，以服务性为特点的第三产业在国民经济中将越来越占有更大的比例。科学技术的发展和应用，劳动生产率的提高，第一、二产业的占用人数将大量减少，而服务业人数将大量增加。他们为第一、二产业的劳动者服务，保证第一、二产业的劳动者吃好、住好、玩好，使他们用更多的时间学习，恢复精力，更好地从事物质资料生产劳动。美国五分之一的农业人口养活五分之四的城市人口。在发达国家中第三产业有的已成为支柱产业。

物质生产劳动是神圣的。服务性劳动虽不创造物质财富，但为人们提供便利，解除团难，也是神圣的。有个战士说得好："我是祖国的保卫者，医生是我们身体健康的保卫者，医生保护了我们身体健康，我们才能更好地保卫祖国。"

3.公益劳动

指的是为社会整体的公共利益而劳动。如抢险救灾的劳动，军队、警察、教育、科研、文艺等行业性的劳动。他们既不是创造物质财富，又不是为某个人服务，而是以自己的劳动为整个社会的和平安宁与繁荣做贡献。

公益劳动是为社会整体的利益和公众长远的利益而进行的劳动。它具有义务性，不计报酬。如植树造林，清扫积雪，以及校内的建校劳动、清扫劳动等。列宁特别重视学生的社会公益劳动。他指出"共产主义劳动，从比较狭窄和比较严格的意义上说，是一种为社会进行无报酬的劳动……自愿的劳动，是根据必须为公共利益劳动的自觉要求来进行的劳动，这种劳动是健康的身体的自然需要。"这就是说：①每个人都要树立为公益事业劳动的观念，养成参加公益劳动的习惯，明确为集体为社会劳动是每个劳动者的义务。②在公益劳动中要培养不讲条件，不计报酬的风格，特别是要抵制"一切向钱看"的资产阶级思想腐蚀。③在公益劳动中不仅有利于培养学生团结互相精神，而且有利于使学生自身身体素质全面发展。

公益劳动的另一特点，是祖国、人民、事业和个人相统一。个人对祖国的爱、对人民的爱、对无产阶级事业的热爱不是空洞抽象的，而是具体真实地用公益劳动联系起来的。例如"一人辛苦，万人幸福""一人脏换来万人洁"。正像"十五的月亮"中唱的那样：自己的分居，"换来万家的团圆。""我为人民扛起枪，人民解放我解放"。解放军战士、武警战士、公安战士正以他们特殊的公益劳动，维护着祖国的安宁和社会的稳定。忠于人民教育事业的人民教师，正以蜡烛的精神，燃烧自己，照亮别人。

三、协作劳动

世界新技术革命的发展，使人类劳动高度分化又高度综合。前者指劳动分工和科学分工越来越细，越来越专业化。后者指脑力劳动和体力劳动更具有综合性和整体性，即劳动协作成为物质生产和科学技术发展的内在要求和必需的条件。现代劳动生产和科学研究，更多地发挥了"合作的智慧"和"集体大脑"的作用。如：美国 40 年代初曼哈顿计划，从开始设计到原子弹研制成功，有 15 万人参加，历时 6 年之久。60 年代初开始的阿波罗载人登月工程，参加者42万人，历时11年。直接和间接参加我国第一颗通信卫星研制和发射的有十几个部委、省市，上千个单位团体共数十万人，历时多年。

现代劳动高度分化与高度综合的特点，要求每个劳动者都应将自己从事的劳动看作整体事业的一部分，不仅要善于同本专业的劳动者合作，也要善于同其他专业的劳动者协作。要做到协作，就要求劳动者做到以下几点：

（一）胸怀全局

劳动整体性要求劳动者胸怀全局，立志做好本职劳动。凡是成就一番事业的人，都是有志之士。明代理论家王守仁说："志不立，天下无可成之事。"今天，我们讲立志，就要把整体的需要和现实本职劳动统一起来。时代和祖国要求我们立振兴中华之大志，要求我们把它落实到我们每个人自己身上，本职劳动上，每个具体细节上，全心全意为人民服务，为人民着想，不要离开自己本职劳动岗位去干什么大事。这就是着眼全局，立足本职，在本职劳动中创造优异成绩。我国提出的发展经济战略，是到2000年工农业总产值在1980年的基础上翻两番，达到2.8万多亿元。这个战略目标就是要在我们每个具体劳动者的本职劳动中实现的。倘若我们自己本职劳动创造的价值不翻两番，这个目标岂不成了空谈。

（二）热爱劳动

劳动综合性要求劳动者热爱本职劳动。只有正确认识自己本职劳动的意义和作用，才能热爱自己本职劳动和工作。那些看不起自己本职劳动的人，是不能做好本职工作的。

不论你做什么工作，只要是社会需要、人民需要、生产需要的，都是高尚的、光荣的劳动。

社会主义祖国是人民当家做主的国家，为每个人的特长和志趣的发展提供了广阔天地。组织上尽可能地使每个人按社会需要发挥所长。但事物又是繁杂的，情况是多变的。特别是我国正处在社会主义初级阶段，要使每个人的爱好和特长都得到满意的发挥是不可能的。当工作需要与自己兴趣不一致时，我们要以大局为重，主动调整自己的志愿，根据社会的需要，干一行，爱一行，学一行，专一行，成为劳动协奏曲中一个和谐的音符。

（三）尊重他人劳动

劳动协调性要求劳动者尊重他人，团结协作，无私奉献。在仍然存在分工的社会主义社会里，从事每一种职业的劳动者的劳动能量总是有限的。每个人征服自然的力量也是有限的。但各种劳动，各个人协作起来就构成无限的力量。作为构成整体劳动的每个劳动者，都要充分认识自己应尽的责任，都应在自己岗位上，在人生旅途中对他人、对社会、对人民承担一定责任。没责任心的人是什么劳动、什么工作也搞不好的。只有每个人都有责任心才能和大家同心同德、排除万难，把我国建设成富强、民主、文明的社会主义现代化国家。这是社会发展向我们提出的客观要求。我们要发扬团结协作的集体主义精神。我国南极考察队征服南极的事迹就是团结协作的典范。考察队591名队员，来自全国60多个单位。他们各有各自的情况、任务以及困难，但他们为了一个共同目标，密切协作，共同战斗。他们每人在各自岗位上，都从大局出发，处处、事事讲党性、讲风格、讲友谊，不争名利、待遇，不计得失，尽量把困难留给自己，把方便让给别人，建立了一个患难相依、甘苦共尝、互勉互励、团结一致、亲密无间的同志关系。他们靠集体力量迎暴风，战恶浪，闯冰海，两渡太平洋和大西洋，挺进南极圈，航行4.8万余里，等于绕地球一圈半，终于在1985年2月20日顺利建立起中国南极长城站，为人类和平利用南极做出了贡献。

事实告诉我们：劳动的力量，来源于分工与协作的统一。在社会主义制度下，合理地组织劳动者在劳动过程中的分工与协作，正确处理劳动者之间、劳动者与劳动对象或劳动资料之间的关系，才能充分发挥劳动者的技能和专长，使单个劳动者形成集体力量。所以，每个劳动者必须树立整体意识，立足本职，做好工作，发挥主动协作精神，形成改造自然的强大的物质合力。

第三节　劳动价值观

一、劳动价值观内涵

劳动价值观是人们关于劳动、劳动者、劳动成果等的主观认识和价值倾向性观点。其具体包括：人们在劳动过程中表现出来的情感态度和价值取向，人们对劳动与自身关系的认识、如何看待个人劳动与社会劳动之间的关系等与劳动有关的认识问题。劳动价值观对人们的劳动选择和劳动行为起着引导和支配的作用。

二、马克思主义劳动价值观

在马克思主义经典著作中，关于劳动的论述很多。从某种程度上讲，马克思主义的整个思想体系是围绕劳动问题展开的。

（一）劳动与人类

正是劳动，彻底将人与猿区别开来。恩格斯在《劳动在从猿到人转变过程中的作用》

中指出，劳动和自然界一起才是一切财富的源泉，自然界为劳动提供材料，劳动把材料变为财富。但是劳动远不只如此。它是整个人类生活的第一个基本条件，在某种意义上，劳动创造了人本身。所以，参动是人类赖以生存、发展的决定力量。在劳动的直接推动下，人类经历了从早期猿人到晚期智人的发展过程。劳动促使人类的脑容量不断增大优化，使人类体态特征越来越区别于猿而近似于现代人，而且使劳动工具日益改进和多样化，人类智力得到进化，物质生活逐渐丰富起来。

（二）劳动与社会发展

在马克思看来，劳动是“一切历史的基本条件”，有了人类的劳动，有了满足人类生存必需的前提，才产生了生活和历史。马克思从唯物主义立场出发，充分肯定了劳动对于整个人类和人类历史的重要意义。他进一步强调这一简单事实：“任何一个民族，如果停止劳动，不用说一年，就是几个星期，也要灭亡，这是每一个小孩都知道的。”

（三）劳动与人的发展

人类社会的发展是前进性与曲折性的统一。实践是指人能动地改造客观世界的物质活动，是人所特有的对象性活动。人的实践活动具有自主性，人通过实践不但能够认识客观规律，而且能够利用客观规律，使客观规律为人所用。同时，实践还具有创造性，它创造出按照自然规律本身无法产生或产生的概率几乎等于零的事物。实践的自主性和创造性一起，共同体现了人的主体性特征。马克思深刻指出，生产劳动同智育和体育相结合，它不仅是提高社会生产的一种方法，而且是造就全面发展的人的唯一方法。

三、正确劳动价值观意义

（一）有助于增强主动劳动意识

部分学生的劳动态度是被动的。部分父母对孩子百般呵护、娇纵溺爱，家务活父母代劳，孩子只需要学习。少数学校也重智育轻劳育，忽视了学生的全面发展。树立正确的劳动价值观有助于增强主动劳动意识。

（二）有助于增强创造性劳动意识

学生劳动价值观的核心内容之一就是重视创造性劳动，树立创造性劳动意识。大多数学生对创造性劳动的热情不高，创造性劳动能力薄弱。树立正确的劳动价值观有助于增强创造性劳动意识。

（三）有助于克服劳动价值观功利化倾向

部分学生的劳动价值观有功利化、物质化倾向，其判断劳动价值的标准不是劳动付出的多少和对社会贡献的大小，而更多地基于金钱、权势的大小，这与马克思主义劳动思想相悖。树立正确的劳动价值观有助于克服劳动价值观功利化倾向。

（四）有助于自我完善

树立正确的劳动价值观可以让学生在生活和学习上不断完善自我，注重德智体美劳全面发展，以辛勤劳动为荣、以好逸恶劳为耻，最终成长为有理想信念、有过硬本领、有责任担当的社会主义建设者和接班人。

四、正确劳动价值观养成

（一）尊重劳动者

学生要尊重劳动者，认可劳动者存在的价值。对于劳动，学生要积极消除“劳动有高低贵贱之分”的理念，不能对劳动者进行三六九等的划分，要尊重每一位劳动者。传播科学的劳动文化，在社会上广泛传播正能量，有助于促进我国社会的和谐发展，是实现中华民族伟大复兴、全面实现共产主义事业的推进器。

（二）尊重劳动岗位

任何岗位都有其价值，在平凡的工作岗位上兢兢业业、脚踏实地，认认真真做实事，精益求精，追求完美，是所有劳动者都应当具备的正确劳动观。只有尊重劳动岗位、崇尚实干精神，才能获得他人与社会的尊重。

（三）树立正确劳动理念

劳动是人类的本质活动，劳动最光荣。学生要树立正确的劳动理念，身体力行地践行正确的劳动价值观，不断充实自我。个体获得生活幸福需要树立实干理念，而国家、民族梦想的实现，更加需要实干的支撑。

（四）增强劳动信心

劳动信心的树立可巩固正确的劳动价值观在学生思想中的地位，并为其日后就业指明方向。学生应不断参与社会实践活动，在实践中感受劳动的意义和价值，增强自身的成就感，并不断挖掘和发挥自身的潜能，最终实现目标。

第四节　学生劳动与成人劳动的差异

虽然学生和成人相互支撑、默契地生活着，但是他们有时是不协调的，因为他们不同的价值取向破坏了他们生活的基础。因此，作为学生与成人生活的重要构成要素的劳动，在各自空间显现着不同的特点，呈现着不同的方式，体现着不同的价值取向。学生劳动与成人劳动之间具有显著的差异。学生劳动具有内在性、非功利性以及享用性的特点；成人劳动则具有外在性、功利性以及利用性的特点。只有把握学生劳动与成人劳动之间的差异，才能在当前的劳动教育中，很好地引导学生投入到现实的劳动领域之中，从而，促进学生的精神全面地成长，以显现劳动教育的独特性。

一、内在性与外在性的差异

学生劳动的内在性体现为：培育学生健全的人格，充实学生完满的精神生活；成人劳动的外在性体现为：为了生产或创造劳动成果。劳动是学生的内在需求，不是外在强制的结果，但是，成人的劳动则具有被动性，有时甚至是强制的结果。成人的劳动受着规约，在一定意义上说，成人的劳动处于不自由的状态，其受着社会习俗的影响；受着文化的制约；受着利益的驱动。相对于成人，学生的劳动则更自然、更生动、更鲜活。学生的劳动本性证实了，对学生来说劳动是其内在的需求。劳动是学生内在潜能的展现，劳动是学生展现自我内心世界的方式。通过劳动，学生可以满足自我内心的需要，认识自我的世界以及塑造自我的心灵。劳动在学生的精神成长之路上不可替代，劳动对于学生的精神成长起着积极的助益。因此，成人不能按照自我的标准去要求学生进行劳动，而是要赋予学生充分的劳动时间与劳动空间，以满足学生内在的需求，推动学生健康、活泼、快乐地成长。

学生劳动具有主动性；成人劳动则相对体现被动性。在一定意义上说，成人劳动受到外在条件的约束比较大。学生作为未成熟的个体，其处在发展之中。因此，学生劳动不是真正意义上的成人化劳动。学生是生活在成人世界中的未完善者，学生完全不可能参与成人的社会活动，学生无法按照成人化的标准进行劳动，对于成人的劳动学生不可能做出任何贡献。学生劳动具有自身的特殊性，它不可能达到成人化的标准。学生劳动有时不受固定的计划限制，学生随时都有可能开始自己的劳动动作，不需要外力的推动。同时，学生劳动活动变化得也很急促，学生不自觉地会结束现在的劳动活动，从而，开始新的劳动任务。因而，学生自发的劳动具有流动性。自发的劳动凸显学生自身的特殊性，其是成人所无法替代的，二者具有各自鲜明的特点。学生在自发的劳动中，将感悟自我存在的价值与意义。我们之所以说劳动是学生的自发行为，是因为学生从事劳动的行为，不是产生于他人他物的干预，而是产生于学生的自身，并且是自己能动地、自然地、自觉地产生的。关于这一点我们可以从学生的劳动行为得到充分的证明。一个具备某种劳动能力的学生，不论他是男孩还是女孩，都不同程度地有自己的劳动行为。学生自发地展现着类似的这些劳动行为，学生喜欢自己完成劳动，不喜欢成人的干预；学生遵循着自我发展的进程，合乎内在秩序地劳动着、发展着、成长着。

学生自发地进行着劳动，通过劳动塑造着自我。而成人世界则是建筑在自然之上的人为世界。成人倾向于压制学生的活动性。学生必须从不完善开始，摆脱成人的限制，从而塑造自我完满的精神生活世界。学生只有自发地、愉悦地、自由地劳动，才能获得充分的发展。学生享受着最完全的精神安宁，他们在不自觉的状态下被自己的双手和眼睛引向丰富的劳动世界。学生不会仅仅靠休息和思辨而发展成一个成人，他经由积极的劳动而走向成人世界。学生必须劳动，否则就会枯萎。劳动是学生内在精神成长的需要，因此，在劳动教育中，教育者必须为学生创造更多的劳动机会，从而强壮学生的身体，健全学生的精神，推动学生健康、有序、全面地成长。

二、非功利性与功利性的差异

学生劳动与成人劳动存在着显著的差异。学生劳动不具有功利性，成人劳动则具有功利性；学生利用环境来改善自己，成人则通过自己来改善环境；学生劳动重在过程，成人劳动重在结果；学生在劳动上不寻求获利，他享受着劳动所带来的快乐，成人则要求有所收获与获得利益。成人通过劳动，希望以最小的努力获得最大的成果。学生以劳动自身为目的，没有外在的目的。学生全身心地投入到他的劳动之中，享受着劳动的快乐。学生把自我大量的精力投入到无限的劳动活动之中。在完成劳动的过程中，学生展示着自我的内心世界。外在的环境与学生的心灵实现着融合。学生浸染其中，获得了身心发展的养料。但是，成人更多地受着外在目的的制约，在外在目的的规约下，从事着烦琐的劳动活动。外在的环境，在成人看来，更多的是操作的对象，成人缺乏与外在环境应有的默契。成人为了外在的利益，不停地忙碌着，损耗着自我的健康，侵蚀着自我的心灵。

学生并不是为了获得某种外在的目的才劳动。学生劳动的目的就是劳动本身。当他重复一项练习，试图达到一个目的时，这个目的不受外界因素支配。就学生个人的反应而言，他停止劳动跟劳累也没有任何关系。学生只不过是为了更新劳动，在变动中，体验快乐，重蓄精力而已。学生对劳动的辛苦并不感到疲倦，通过劳动，能够促进学生的精神全面地生长。而成人的劳动则是生产性的，成人遵从效益规律，希望付出最小的精力，获得最大的生产效率。成人以劳动究竟能够获得多大的利益为出发点和归宿。相比之下，学生劳动则更纯粹，其是真实劳动意义的体现。学生劳动是自由的、愉悦的、创造性的活动，并不遵循效益规律，而且正好相反。学生参与劳动并没有明确的外在目的，却把大量的精力消耗在劳动中。为了完善每个细节，学生用尽了全力。学生快乐地劳动着，在劳动中，学生忘却了周围的纷扰，享受着劳动给自我心灵生活带来的愉悦，实现着自我内心生活的超越。学生好比一个超脱的人，他并不会被外界事物所困扰，他仅仅在适当的时间为了完善他自己的内心生活而利用它们。

劳动是学生的本性需求，是学生的潜能展现，是学生的个性张扬。它不带有任何杂质，是学生真实的表达方式。成人劳动则存在着复杂化的倾向。学生劳动虽然有一定的产品诞生，但是，学生劳动不是严格意义上的生产性的活动。我们并不否认学生劳动具有生产性，但是，强调的是学生在其中体验的过程。通过劳动体验，有助于学生感悟劳动的意义，深化对劳动的认识，从而丰富自我的精神生活世界。学生劳动的过程是一个生命能量释放与再积累的过程。通过劳动，学生能够激发内在的潜力，获得内在精神的无形成长。学生拥有不同于成人的驱动力。成人受制于外在目的而行动。因而，一个人要想真正成就某事，需要具备的力量和勇气。学生渴望独立完成劳动，没有人能够挑起学生的担子，代替他长大。学生也不可能加快他的成长速度。一个成长中的生物独有的品质之一就是，它必须遵循一种进程表，既不允许推迟也不允许加快。否则，就会被给予严厉的惩罚。学生处在一种内在的发展状态，通过平和的、不急功近利的、恰当的进程，体验着自我精神的有序成长。学生对劳动从不厌倦。劳动使他成长，劳动让他更具活力。学生从不要求减轻他的劳动量，他喜欢独自完成某件事。因此，甚至可以这样说，不劳动，学生的活力就会走向衰竭。成人若是不理解这个秘密，就不能更好地理解学生。学生应当沐浴在一种生气勃勃的劳动环境中，该环境并不会培养学生的侵略性，也不会让学生肆意玩乐。相反，学生生活在这个环境中，各项能力都会得到锻炼。当然，只有深谙学生内在需要的成人才能提供上述环境。学生预示着人类的未来，因而，教育者要在理解学生的基础上，为学生营造自由的劳动环境，以涵养学生良好的德行，化育学生甜美的心灵。

三、享用劳动与利用劳动的差异

学生享用劳动的过程，同时也创造着自我美好的生活。学生不只是一个物质享用者，同时，也是一个劳动和生产者。虽然他不能分担成人的劳动，但是，他有自己的任务，即造就人的任务。学生也终将长大成人。成人源于学生，学生是人成长的必经阶段。

学生通过享用劳动创造着自我，使自然的我走向社会，使自我成为真正意义上的人。学生通过享用劳动进行创造的过程，即是自我精神世界不断丰满；自我获得存在意义以及自我成长为自我主人的过程。在享用劳动的过程中，塑造自我是学生必须履行的神圣使命。学生与成人是不可分割的一个整体，每个成人都是学生创造性活动的产物，这个事实证明学生有一个明确、可见的终极目标。然而，尽管我们可以从多个角度细致地研究学生，但是，我们仍然无法觉察出他的终极目的，即将来的成人。

学生在享用劳动的过程中创造着自我，展现着自我的精神世界。在享用之中，学生自由地想象，呈现着自我的思想，表达着自我的独特性。学生是星火、是期待、是希望。学生享用劳动，即是展现自我内在的热情，显现自我的朝气以及昭示自我的未来的历程。学生作为劳动的主体，善于幻想、善于想象。学生的劳动是多样的，不是单一的、刻板的、模式化的。相比之下，成人的劳动则具有复杂化、僵化、固定化的倾向，缺乏应有的流动性。可以说，成人在利用劳动为自我谋利益，成人的劳动很难打破自身的定式。成人在自我的世界中，对原有的形象进行修补。学生在劳动中，则展现着多姿多彩、无比灿烂的世界。学生值得成人去学习。学生预示着未来，学生通过享用劳动，展开着想象，拓展着自我的精神生活。学生的精神成长需要想象，需要享用劳动，而不只是机械地劳作。因而，学生的劳动不仅受事实支配，而且也受希望支配。那种只注重事实而不及其余的真实性是对学生精神的桎梏。当想象成为一种刺激物时，它在体现学生理想方面，正在执行一项极其重大的使命。扼杀学生的想象就是使学生成为机械劳动的奴隶，成为拴在僵化劳动上的生灵，以致不能指望他们去创造属于自我的幸福生活。因而，想象也是一种精神的创造，想象赋予学生希望，想象给予学生力量，所以，学生通过享用劳动所展现出来的正是学生丰富的想象力。在享用劳动的过程中，通过合理的想象，学生不断地追问，不断地探询，不断地拓展自我存在的空间，最终，获得自我存在的意义。学生和成人都对他们的环境进行一种直接的、有意识的和自主的活动。学生的劳动更真实地通过行动与外部客观世界的真实物体相结合。

学生通过享用劳动创造自我，展现自我精神的过程，同时，也是创造美的过程。学生通过享用劳动创造无限的美，它统整学生的生活，展现学生的精神，确证学生的意义。在创造美的过程中，学生确立起对劳动的美感，享受着劳动的乐趣。只有这样，才能激发学生的劳动热情，坚定其劳动的信念，实现其与劳动的有机统一。因此，劳动给学生带来的感悟越多，他就越珍惜自己的荣誉，越清楚地在劳动中认清自己所做的努力。总之，学生享用劳动的过程，即是展示自我，承认自我以及充实自我精神的心路历程。

第二章　劳动教育概述

第一节　劳动教育内涵

劳动教育是一个动态、发展的概念，其内涵随着时代的变化而不断丰富、发展和完善，这是劳动改变生活、生产力，促进人类社会不断向前发展带来的历史变革的写照。学校劳动教育是教育人才培养体系的重要组成部分，是顺应劳动发展趋势，对学生进行系统的劳动思想教育、劳动技能培育与劳动实践锻炼，全面提高学生劳动素养的过程。学校劳动教育的目的是引导学生在劳动创造中追求幸福感、获得创新灵感，培养具有社会责任感、创新精神和实践能力的高级专门人才。

一、凸显社会主义办学方向

马克思主义认为，劳动创造了世界，劳动创造了历史，劳动创造了人本身。劳动教育是社会主义教育的重要内容，是我国教育体系不可缺少的一部分，是学校教育教学工作的重要一环。针对当前一些青少年不珍惜劳动成果、不想劳动、不会劳动，劳动教育正在被软化的现象，《意见》明确了劳动教育的定位，指出“劳动教育是中国特色社会主义教育制度的重要内容”，要“以习近平中国特色社会主义思想为指导”，引导学生理解和形成马克思主义劳动观。

二、坚持综合育人理念

劳动教育立足于人的整体性，融合多学科知识，对人、社会和自然进行整合，将理论知识有机地融入现实社会，对学生健全人格发展起着重要作用。但是，一段时期以来，劳动的独特育人价值在一定程度上被忽视。《意见》充分肯定劳动教育“具有树德、增智、强体、育美的综合育人价值”，要求全党全社会必须高度重视，“坚持立德树人”“把劳动教育贯穿于人才培养的全过程”。

三、强调教育与劳动相结合

教育与劳动相结合是马克思主义教育的基本思想，也是我国《教育法》规定的明确要求。然而，由于应试教育的惯性作用，教育与劳动分离，导致一些学生身心发展失衡，不能健康成长。因此，《意见》强调劳动教育重点是要让学生在系统的文化知识学习之外有目的、有计划地参加劳动实践，出力流汗，实现知行合一，获得身心全面发展。

四、兼顾传统劳动和新型劳动

当今社会，劳动仍然是人类社会赖以生存和发展的基础。掌握必备的劳动知识和技能，树立正确的劳动观念，不仅有利于促进学生的全面发展，还有利于提升学生将来的生存能力和生活质量。另外，随着时代的发展，劳动的构成更加复杂多元，现代化、信息化、智能化的劳动内容不断增加。因此，《意见》强调要以日常生活劳动、生产劳动和服务性劳动为主，特别强调要“结合产业新业态、劳动新形态，注重选择新型服务性劳动的内容”。

五、关注劳动素养的培养

传统劳动教育主要侧重教授学生与劳动有关的知识、技能、方法等，而忽视劳动价值观、劳动精神、劳动思维等更深层次素养的培养，容易导致“有劳动无教育”的现象，难以使学生养成终身热爱劳动、尊重劳动的良好品质。劳动教育突破传统劳动教育局限，着眼于学生的终身幸福和全面发展，以培养学生劳动素养为核心，对劳动精神面貌、劳动价值取向和劳动技能水平进行全面建构。

第二节　劳动教育特征

一、本质自然性

劳动是生命存在的标志。为了吃饭就必须劳动，这是普遍的自然规律。马克思的这句话揭示了劳动的本质属性，即：劳动是人类存在的形式、路径与意义所在，人类因有目的的劳动成就自身，同时因为有价值的劳动改造社会、促进社会、发展社会。为了存活，劳动是自然的，劳动教育也就是自然的，而且应当是一种由内而外、充溢于天地间的自然自觉。所以，本质自然性是劳动教育首要的特征。这一特征从本源上决定了劳动教育在人的全面发展过程中的根基性，证明了劳动教育作为学科结构的有机组成对于人的全面发展的不可或缺性。

二、目标改造性

改造社会是马克思对教育与生产劳动相结合的意义认证之一。劳动者素质对一个国家、一个民族发展至关重要。劳动者的知识和才能积累越多，创造能力就越大。提高包括广大劳动者在内的全民族文明素质，是民族发展的长远大计。基于时代的道德焦虑，人们期望通过劳动教育思考人类的存在、反思人性的养成。所以，劳动教育包括劳动知识和技能的获得，而且更强调道德习成，这种道德习成是受教育者的学习力与劳动的道德性的相遇、相知与相互作用，是一种影响和浸染，是在环境中的提升、氛围中的再造。小行动改造大观念，当今社会劳动观念转变都需要借力劳动教育，从人类发展的根源上进行厘清、纠偏、教育、改造，如此，人性才得以整全、鲜活，社会才得以有序、健康。

三、概念发展性

一部人类发展史，实际上就是人类改造自然的劳动发展史。在人类发展过程中，劳动从其原始形态逐渐过渡到现代形态。即使是在劳动高度机械化、智能化的将来，形似简单的劳动也不是以往的简单劳动的回归，而是一种更深意义上的复杂劳动。时代的发展不断改变着劳动结构，劳动结构的变化又不断更新着人们对劳动教育的理解与期待，劳动教育的概念就这样被不断发展、不断丰富。所以，不能再单纯地理解劳动教育，而是要在一个变迁、转型、过渡的意义上去理解今天的劳动和劳动教育，它是发展的，同时也是复杂的，发展中产生复杂，复杂中孕育发展。

四、内涵统领性

人世间的一切成就、一切幸福都源于劳动和创造。劳动是存在方式，也是社会氛围，更是精神传承。劳动教育在学校教育中虽然不占核心位置，更不能提供认识社会的整全知识，但在人的全面发展过程中却具有统领意义。内涵的统领性，关键不在于内容，而在于意义。统领性要求将“劳动”这一理念巧妙地“嵌入”各学科教学中，教师的教与学生的学都具备一种在场的“劳动性”，这种在场的“劳动性”可以给予人们对劳动更真实的触及和更宽泛意义上的体验。解读的关键不在于认识的正确而在于洞察的深度，如果能领会到整个教育过程中满溢的这种在场的“劳动性”，即从纯粹的“劳动力”认知走向充溢的“劳动性”体验，便能更深入地解读“劳动”与“劳动教育”，帮助人们在劳动中发现自己、发展自己、完善自己。

五、执行适度性

适度，可以梳理出美妙的格局和美丽的秩序。那种只要是劳动必然就好的看法，是一种错误的道德说教。健康的劳动教育必须也必然是适度的。适度暗示着一个目的，只有分析清了适度的目标，才能明确地界定它。这里的适度可以理解为阶段性，还可以理解为安全性，既指不同的教育阶段有不同的劳动教育任务，亦指劳动教育的内容要符合受教育者身心发展特点。所以，要根据学生年龄特征、性别差异、身体状况等特点，选择合适的劳动项目和内容，安排适度的劳动时间和强度，做好劳动保护，确保学生人身安全。

六、价值导向性

劳动是人类创造财富的唯一途径，人类因这些财富得以生存、发展、壮大，这一点应该被全人类铭记。劳动的价值、意义应该被代代相传，而不是出现断层。不劳而获、一夜暴富的思想源于对劳动的无视与轻视，是劳动意识整体失落的集中体现，劳动意识淡薄、劳动能力下降、劳动素质不高等一系列社会问题都是它的“蝴蝶效应”。劳动教育是一种聚焦、一种提醒，更是一种价值召唤：以劳动教育唤起劳动意识，以劳动意识培养劳动习惯，以劳动习惯提高劳动能力，以劳动能力增强劳动素质，这种价值召唤对于民族自尊、民族自信、民族自豪都是一种严肃的重塑，对实现中华民族伟大复兴的中国梦具有重要意义。

七、评价自发性

在参与中感知评价，以最直接的方式获得最接近真实的评价，反思、调整、适应，再反思、再调整、再适应，这种评价的自发性可以帮助个体获得不一样的评价体验。与其他教育实践不同，劳动教育的场所就是自我评价的场所。在参与劳动的过程中，受教育者获得的直接体验会让他们对自然、他人、社会、国家等一切个体之外的认知有更真切的评价，即对自身的中肯评判和对社会的整全认识。劳动教育正是借助评价自发性这一特征，实现个体对自我、对社会、对世界最为客观的认识、理解与共情。

第三节　劳动教育使命

劳动教育是中国特色社会主义教育的显著优势，是扎根中国大地办教育的本质要求。长期以来，各地区和学校坚持教育与生产劳动相结合，在实践育人方面取得了一定成效。同时也要看到，近年来一些青少年中出现了不珍惜劳动成果、不想劳动、不会劳动的现象，劳动的独特育人价值在一定程度上被忽视，劳动教育正被淡化、弱化。对此，全党全社会必须高度重视，勇担劳动教育的历史使命，采取有效措施切实加强劳动教育。

在我国，劳动教育是中华人民共和国成立以来重要教育方针、教育内容和教育目的的继承与发展。1957 年，劳动教育成为重要的教育方针，与德育、智育、体育辩证结合，旨在培养有社会主义觉悟和有文化的劳动者。改革开放后，劳动教育以培养自由全面发展的人为目的，展现其在现实关系中多面向、多层次的辩证关系，极大地丰富、发展了劳动教育理论。当前，在步入后工业社会的信息化、数字化时代后，劳动教育的内涵和形式有迅猛的变化和发展，亟待重新认识劳动教育的主体、内涵、形式、效应，积极对话人工智能教育、生态教育，正确认识德智体美劳“五育”之间的辩证关系。

劳动教育承载着建设教育发展道路的重要使命。全国教育大会明确提出，劳动教育必须坚持中国特色社会主义教育发展道路，培养德智体美劳全面发展的社会主义建设者和接班人。要弘扬劳动精神，教育引导学生崇尚劳动、尊重劳动，懂得劳动最光荣、劳动最崇高、劳动最伟大、劳动最美丽的道理，长大后能够辛勤劳动、诚实劳动、创造性劳动。劳动教育在当今背景下，吸取西方发达国家经验和教训，根据中国特色社会主义教育发展的实际需要，重视并推动劳动教育，唤醒劳动热忱，是塑造劳动文化和劳动精神的必然要求。

消解劳动教育“异化”是劳动教育的紧迫任务。虽然经济、社会和文化的发展为劳动教育的发展创造了有利条件，而且劳动教育在本质上具有消解体力劳动与脑力劳动二元对立的能力，但是，劳动教育仍主要出现两方面的“异化”。一方面是体力劳动教育中身体的“异化”，没有认识到在哲学、心理学、认知神经科学等领域对身心融合关系的研究获得重大突破的时代背景下，劳动教育的“外在化”“规训化”“去身体化”“去自然化”等问题忽视了身心统一，以及身体在创造亲知知识、个人知识、实践智慧、道德品质等方面独特而巨大的作用；另一方面是脑力劳动教育中精神的“异化”，轻视信息化、数字化时代对脑力劳动提出的更新更高的要求，忽视探究劳动教育的物化、“时空异化”“自我异化”和“社会异化”等问题，拒斥劳动及其教育的精神属性、文化属性和交往特性，以及劳动过程中劳动人民创造的大众文化的价值和数字文化创意的意义。

科学认识和发展劳动教育必须要继续坚持马克思及现当代马克思主义的唯物辩证法，根据物质生产和生活的主要矛盾，尤其是作为第一生产力的科学技术带来的社会主要矛盾的时代变化，客观地、深入现实地认识和把握劳动教育的变化和发展，探究劳动教育如何创造并实现生态文明、物质文明、精神文明和社会文明的现实、历史和具体的统一。

第四节　劳动教育意义

党和国家高度重视劳动教育，把劳动教育纳入人才培养全过程，着力培养德智体美劳全面发展的社会主义建设者和接班人，积极引导大中小学生做有理想、有本领、有担当的时代新人，科学地回答了教育要“培养什么人”“怎样培养人”“为谁培养人”的根本问题，丰富了中国特色社会主义教育目标体系，是深化教育改革、转变育人方式的重大举措。

一、培养有崇高理想的人

劳动教育作为落实立德树人根本任务的有效载体，寓理想教育于劳动实践中，引导学生通过劳动实践认清劳动的本质、理解劳动的内涵，形成正确的世界观、人生观和价值观，增强社会责任感，将个人成长与国家发展相结合，把坚定马克思主义信念、树立共产主义远大理想和中国特色社会主义共同理想作为出发点和落脚点。《意见》明确指出，劳动教育要鼓励学生通过“动手实践、出力流汗，接受锻炼、磨炼意志”来形成正确的劳动价值观和良好的劳动品质，形成马克思主义劳动观。引导学生认可劳动、主动劳动。牢固树立劳动最光荣、劳动最崇高、劳动最伟大、劳动最美丽的观念；体会劳动创造美好生活，体认劳动不分贵贱，热爱劳动，尊重普通劳动者，培养勤俭、奋斗、创新、奉献的劳动精神。加强劳动精神、劳模精神、工匠精神熏陶，为学生提供依靠劳动实现远大理想和共同理想的价值典范。努力使学生在劳动实践中树立劳动意识、培养劳动情怀，养成热爱劳动、崇尚劳动、尊重普通劳动者的习惯，在劳动体验中涵养德行、升华人格，充分发挥其价值导向和综合育人功能。

二、培养有专业本领的人

伴随生产力的发展和社会的进步，社会分工日益细化，产业门类更加多元，劳动形态发生重大变革，劳动新业态、新样态日渐增多。时代的发展和劳动力结构的变化既为大中小学生施展才华、成长成才提供了广阔的空间，也对全面提高大中小学生的劳动素质提出了更高要求。

三、培养有责任担当的人

依靠劳动为人类谋福利是马克思主义劳动观的重要思想。现代社会承载新使命，新使命呼唤新担当。在实现中华民族伟大复兴的新征程上，每位大中小学生都是书写者、创造者。《意见》为劳动教育的实施描绘了蓝图，引导大中小学生理解、认同马克思主义劳动观和中国特色社会主义劳动教育实践，鼓励学生通过辛勤劳动、诚实劳动、创造性劳动以及职业体验和各种实习实训，在实践中学习，在担当中历练，在尽责中成长，强化使命担当，增强社会责任感和历史使命感。《意见》明确要求，要“把准劳动教育价值取向，引导学生树立正确的劳动观，崇尚劳动、尊重劳动，增强对劳动人民的感情，报效国家，奉献社会”，“树立正确择业观，具有到艰苦地区和行业工作的奋斗精神，懂得空谈误国、实干兴邦的深刻道理”，做奋进者、开拓者和奉献者。

站在新的历史方位，精准把握劳动教育的内涵、特征和价值，增强劳动教育的实效性，促进大中小学生在热爱劳动、尊重劳动的社会氛围中健康成长，是顺应时代发展变化的应然之举，是培养德智体美劳全面发展的社会主义建设者和接班人的应有之义。

第五节　劳动教育方法

一、劳动教育认识方法

（一）理论教育法

理论教育法，也称理论讲授或理论学习方法，涉及教师和学生两个主体。通过教师有计划、有目标、有方法地“传道授业解惑”，学生要完成劳动教育相关理论的学习、汲取、接收和使用。不积跬步无以至千里，夯实理论基础是更好地开展劳动教育的基础，因此，理论教育法是大家开展劳动教育的根基。

1.理论教育法的经验来源

学习理论，并在理论的指导下正确开展工作是我们党延续至今的优良作风。理论教育的存在有其必然性，因为原理概念、思想观念、道德准则等有其自身的发展规律和特殊作用，体现在意识对社会存在的反作用上。这种反作用的表现，也是人的主观能动性的表现。社会实践的继续，使人们在实践中引起感觉和印象的东西反复了多次，于是在人们的脑子里生起了一个认识过程中的突变（即飞跃），产生了概念。概念这种东西已经不是事物的现象，不是事物的各个片面，不是它们的外部联系，而是抓着了事物的本质，事物的全体，事物的内部联系了。概念同感觉，不但是数量上的差别，而且有了性质上的差别。在马克思主义看来，理论是重要的，它的重要性充分地表现在列宁说过的一句话："没有革命的理论，就不会有革命的运动。"如果有了正确的理论，只是把它空谈一阵，束之高阁，并不实行，那么，这种理论再好也是没有意义的。因此，在一定的情况下，对理论或思想的学习和掌握，反过来对社会实践的发展起着决定性的作用。

从上面的追溯可以看出，人对理论、概念、观念、精神是有需求和需要的，而这也正是理论教育法存在的合理性和必然性。尽管今天的社会情况已和过去截然不同，但对原理的学习、对理论的研究永不会过时。对劳动教育理论的汲取和运用，不可能在不学、不教的情况下全面掌握，而是需要通过多种方式、多种方法、多种途径展开教育和学习。因此，教授理论、学习理论仍然是当今时代开展各种教育的重要途径。

2.理论教育法的开展方式

（1）汲取法。

汲取法是教师通过语言表述，向学生传授理论知识、传递理论观念、阐释理论概念，学生要在此过程中完成对劳动教育理论的汲取。汲取法依托讲授法得以开展，在大家日常融入劳动教育的方式方法中占据主流地位，具有高效、直接、便捷的优势，也是能够切身参与到劳动教育过程中至关重要的方式方法之一。汲取法侧重对知识的摄取，教师生动、形象、客观地向学生讲述理论观点。例如，每名同学在一开始接触劳动教育时，首先必须要明确劳动主体、劳动对象、劳动工具等基本理论知识，以此构建出完整的理论框架；汲取法侧重通过有深度、有逻辑、有内涵的讲解将所学知识融会贯通，如对劳动模范的光辉典范作用引出的劳动精神、劳动态度、劳动价值观的感悟，大家要在潜移默化中深谙其中道理，达到内化于心、外化于行的效果。

论史实、摆事实、讲道理是汲取法的基本原则，即学生在学习过程中不能空谈空论、夸大其词、不切实际，要在求真、求实、求面面俱到的标准下，直击自身心灵深处。此外，结合劳动教育开展实际，在学生能够将道理说清、说明、说透的基础上，还应构建严密的学科知识结构，保持学习的进阶性，厘清知识点间的内在联系，建立新旧知识结合点。

（2）理论学习法。

学生通过有组织、有计划、有目的的个人或集体学习，学习关于某一方面的理论、政策、方针的学习方法称为理论学习法。理论学习法是以书籍、文献、报刊、网络文摘为载体的自我学习、自我教育方法。

学生对于劳动教育及劳动教育方法的掌握，根源上离不开对劳动本质的学习，其中包括对马克思主义劳动观、中国传统劳动观、中国特色社会主义劳动观等内容的汲取，此部分内容也多从书籍及文献中获取。理论学习法为大家创造了广泛涉猎原著的机会，引导学生在读原著的过程中进行自我学习、思考和运用。理论学习法以文字阅读为主，在理论学习过程中，应遵循以下三种原则：一是围绕所学理论的主题确立阅读书籍、文献、资料等范围，列出所需书单或相应文献类目；二是在理论学习过程中，针对重点、难点、创新点向专业教师寻求必要的辅导，提升自身理论学习效果；三是积极参与理论学习交流活动，形成良好学习氛围，在学生群体间相互交流体会、交换方法、交汇经验，最大限度推动自身理论学习活动向深入发展。

在理论学习法中，理论研讨是很重要的环节。学生主要通过研究、讨论的方式对理论学习内容进行升华，由个人先总结学习心得，而后通过理论研讨会等形式互相交流成果。通过理论研讨的方式将学习、研究、讨论结合在一起，有利于大家深化理论学习，有利于酝酿出良好学习成果，有利于得到更多启发，可以将其作为开展理论教育的重要措施。

（3）宣传法。

宣传法是理论教育法中最为生动、活跃的教育方法。所谓宣传，就是学生通过传播媒介来接收正确理论、先进思想、典型范例的灌输。伴随信息时代的飞速发展，进行宣传教育的传播媒介不单单局限于宣传栏、报刊、广播等传统方式，网络作为新兴传播媒介，能够配合和辅助传统媒介，达到更好的宣传教育效果。在开展劳动教育过程中，青年学生要自主、自发地在多种多样的宣传教育方式和良好学习氛围下，不断激发自身学习动力，更好消化劳动原理、劳动观念、劳动政策等理论概念。例如可以观看和浏览相应的专题节目、网络信息，亦可采取大家喜欢的短视频、短新闻、短信息等方式，达到理论与实际相结合，学习与运用相结合，引导与示范相结合。

需要注意的是，同学们在参与宣传教育时，必须不脱离自身实际、不脱离学校要求、不背离教育需要，不能只看到形式，看不到本质。整个过程要时刻提醒自己重理论、重实际、重强化。

3.理论教育法的适用原则

理论教育法在整个劳动教育方法中具有重要地位，它是理解劳动教育理论体系和参与劳动实践的基础。学生作为参与劳动教育的主体，必须搞清楚它适用的原则和条件。

首先，从受教育主体看。学生群体作为受教育主体，要完整、准确、全面理解劳动教育相关理论内容，深刻领悟国家相关方针政策，广泛学习国外相关知识理论，注重理论联系实际。同时，还应尊重理论学习，要主动、积极、踊跃地参加到理论学习中去，配合好教师，形成良性互动，将理论教育方法的功能发挥到最大化，在学习的过程中不能断章取义、乱下定义。

其次，从所学内容看。理论教育法能在学生群体中更好发挥作用的一项重要原则是教育内容必须坚持理论与实际相结合，不能脱离实际谈理论，也不能脱离理论搞实践。在开展过程中，学生应自觉运用马克思主义的立场、观点、方法来思考和解决问题，同时，在接收理论过程中切忌照本宣科，不要形成死记、硬记的学习习惯，避免教条主义倾向。大家还应考虑到自身的思想觉悟、知识储备、成长环境，以便更融洽地融入理论教育中。

最后，从受教育方式看。在当今教育模式下，理论教育通常以寓教于乐、寓情于理的形式开展，大家要善于发掘其中的生动性和趣味性。同时，还要主动、积极、有目的地创新教学模式，使学生思维得到最大限度的开发，使理论学习变得生动活泼、有记忆点，进而对劳动教育产生浓厚的兴趣和向往。

（二）社会调查法

社会调查法是作为劳动教育主体的青年学生有目的、有计划、有系统地收集有关研究对象社会现实状况或历史材料的方法，并对调查、收集到的资料进行分析、归纳、总结，借以发现其中的问题。简单地说，就是了解情况、认识社会、发现问题、解决问题的过程。社会调查是研究社会的根本方法，是大家感受劳动教育最为直观方式方法之一。

1.社会调查法的经验来源

社会调查法是了解社会、认识社会、解决问题的具体方法，它对我们开展劳动教育具有重要的借鉴意义。

其一，以问题为导向。勇于寻找突出矛盾和亟待解决的问题，进而以问题为导向，开展大量的社会调查实践活动。

其二，以实践为导向。实践是认识的来源、动力和基础，也是检验认识是否正确的唯一标准。

其三，以群众路线为导向。人民群众是历史的创造者，群众观点是我们党的马克思主义唯物史观在现实生活中的真实体现，也是我们党开展一切工作的出发点和落脚点。只有人民，才是创造世界历史的动力。也就是说，社会调查要向群众学习，并引导群众更好地认识和改造世界。

2.社会调查法的应用要求

调查情况、获取信息、分析问题、解决问题是参与劳动教育的重要过程，需要明确的是，这个过程的良性运转需要依托社会调查方法才能得以实现。由于劳动教育的实施与开展是相对崭新的课题，所以对相关信息的调查与收集具有一定的复杂性，需要有毅力、有体系、有规划。在学科领域内，调查方法是获得思想政治教育信息的主要方法，离开科学调查，就会对思想情况做出错误的分析乃至唯心主义的估量，不仅不能正确解决思想问题，而且会导致思想混乱。开展劳动教育必须掌握科学的调查方法，坚持从实际出发，不夸大、不缩小，正确对待调查数据，合理解决其中问题。

（1）坚持求真务实。

社会调查的宗旨就是要听到真实声音、汇集真实材料、解决真实问题、反映真实情况，所以从调查起始到调查末端都要求真务实。一方面，调查者要真做、真查、真研究，用真实数据说明情况，并要发表真实情况，不能弄虚作假；另一方面，要善于考究被调查对象、材料、内容真实性，只有依据真实情况才能反映真实问题，否则只是做无用功。

（2）坚持理论与实践相统一。

掌握理论知识是更好地开展社会调查的重要保障，它在社会调查的规划、实施、总结等重要阶段均起着引领作用，使社会调查有根基、有方向、有体系。简言之，社会调查的开展不能脱离理论的指导。例如，围绕“教育引导青少年培养劳动精神”的现状展开调查，在调查实施前，参与社会调查的学生必须掌握相关历史脉络、劳动概念、文件精神等理论知识，以此作为支撑。承担调查任务的学生所具备的理论知识水平在整个社会调查的过程中起着重要的支配作用，决定着调查研究的深度和广度。更重要的是，大家所掌握的理论知识也需要通过调查研究得到检验，进而得到丰富。

（3）坚持价值倾向性与科学性相融合。

在社会调查法的具体开展中，由于每名学生的立场、观点、想法不尽相同，也可能达不到完全的一致，这种价值倾向性或多或少会对社会调查的科学性产生影响。这就要求参与社会调查的学生必须耐心倾听不同声音，正确对待不同意见，客观分析不同立场，而不是冷漠回避或是极力否定他人观点。要尽力做到价值倾向性和科学性两者的统一，善于听取不同意见，并要加以分析和讨论。

3.社会调查法的几种典型方法

社会调查的具体实施方法多种多样，一般按照调查途径、调查对象、调查范围的不同加以区分，本书结合劳动教育的特点，主要围绕访问法、问卷调查法、文献调查法展开讲解。

（1）访问法。

访问法是通过调查者与调查对象接触，以交谈、访谈的形式收集资料、获取信息的社会调查方式，特点是直接、灵活，能够较快获取信息。访问法与其他调查方法相比，学生在调查过程中可根据即时的反馈来弹性切换访谈。需要注意的是，参与社会调查的学生要合理控制访谈时间，在有限时间内捕捉到有用信息；参与社会调查的学生在访谈开始前要接受正规培训，充分了解调查对象及调查事物的基本情况，并对相关知识、理论、文件进行学习。

按照访问类型，访问法分为结构型访问和非结构型访问：按照访问人数，分为个别访问和集中访问。在访问法的学习上，我们主要探讨个别访问和集中访问两种形式。

1）个别访问。

个别访问，是调查者围绕劳动教育相关主题内容与被调查者进行单独交流、访谈，进而获得相关信息的方法。在个别访问过程中，参与调查的学生要善于捕捉有效交流信息，积极营造相对轻松和谐的交流氛围，这样能够使被调查者易于讲述事实，也有利于对调查内容展开深入讨论。学生作为参与调查研究的主体，在个别访问中可选用结构型访问和非结构型访问两种方式。结构型访问需要大家在访问前排布好谈话内容，制定好详细、标准的访谈提纲，并在访问中遵循事先制定好的提纲。这样做能够最大限度降低访谈脱离主题的情况发生，使访谈有目的、按计划进行。非结构型访问通常不依照统一标准，参与调查的学生要围绕研究的内容与被调查者进行自由交谈。这种方式容易营造轻松、自然、融洽的交流氛围，利于深入了解多方面情况，适合探索性研究，但需要承担调查任务的学生能够把控场面，及时引导偏离研究主题的谈话。

2）集体访问。

集体访问通常以座谈会、调查会的方式呈现。在召开座谈会或调查会前，需要相对有组织能力的学生对整个访问进行周密部署：一是要将调查提纲提前准备充分。调查提纲要将调查主题、大纲、细则、目的一一交代清楚，在此基础上，要做好组织引导工作，保证集体访问能够有中心、有原则、有组织地顺利进行。二是要学会合理搭配参加集体访问的人员。由于参加集体访问的人数是有限的，所以在范围之内要尽可能地搭配好人员，选择有代表性的人员参加，防止发言不充分等情况发生，并尽力消除参加集体访问同学的心理障碍，保证访问正常进行。集体访问围绕主题进行发言、讨论，对于学生群体来说相对简单易行，并且可以最大限度集中大家的智慧，听取不同意见，有利于打开思路，促进后续研究。

（2）问卷调查法。

问卷调查法是书面调查法中比较常用的形式之一，是指调查者以调查和统计为目的，采取各种类型的表格或设问的形式让调查对象参与其中，最终获得可靠研究结果的社会调查方法。通常情况下，大家制作的问卷多适用于普遍性问题、理论性问题、评价性问题等。问卷调查的派发和参与形式一般采用邮寄、个别送达、集体分发等多种方式，相较访问法，大家在开展问卷调查时可以感受到调查内容可控、调查范围广、调查结果客观等优势。

问卷调查法是基于数学方法和统计原理的综合运用，需要说明的是，参与问卷调查的同学在采用该种方式开展学习和研究时，需要将劳动教育这一抽象理论命题变为具体的经验命题，使之以数量、指标、尺度的形式具体展现出来。在此基础上，设计问卷时要尽可能注意以下原则：表述问题要具体、通俗、准确、简明、客观，答案类型可选择开放型、封闭型、混合型。如若调查问卷涉及参考答案，则设计答案要遵守相关性、完整性、互斥性、可能性原则。

调查问卷的设计绝不拘泥于常见几种形式，但无论采用何种形式，都要求问卷问题清晰、文字简明、概念准确，不能出现违背客观规律、违反纪律原则的表述。需要大家注意的是，调查问卷法这种社会调查方法也有其弊端。一方面，如果同学们选取的被调查者对问卷中内容不感兴趣、不熟悉，或设置的问题较多、文字比例大时，被调查者可能出现抵触情绪，此时这份调查问卷的结果就缺少客观性和真实性；另一方面，由于受篇幅、字数和表述能力的限制，调查问卷不能完全将大家想阐述的问题交代清楚，进而可能会造成调查主题不够明确、调查内容不够深刻、调查结果不够准确等问题产生。因此，建议将问卷调查法和其他社会调查方法结合使用。

（3）文献调查法。

文献调查法，也称文献法、文献研究法，指主要通过收集、鉴别、整理文献材料，并通过对文献材料进行研究，形成对调查对象科学认识的方法。文献调查法虽然是传统调查方法，但其具有相对的权威性、广泛性、丰富性等特质，同学们使用起来也不会受时间、空间的限制。按照调查步骤，文献调查法也有其程序和原则，在此，向同学们加以说明：一般来说，我们要根据调查主体提出问题或假设，据此进行研究设计。在此基础上，依次开展收集文献、整理文献和撰写文献综述等步骤。比如，在研究中国传统劳动观时，“中国传统劳动观”即成为调查主体，如何围绕这一主体展开文献收集，或进行哪些细目的收集工作是提出的问题和假设，进而通过查阅相关文史资料、翻阅原著书籍、考察思想观点、对比古今中外研究状况等，对有关文献进行分析整理，最终完成“中国传统劳动观”的文献调查工作。

文献调查法与其他社会调查方法相比有其自身的优越性。一是文献调查法不受时间、空间限制，我们每个人都能够在使用过程中穿越古今、跨越中外，即时即刻查阅和了解文献资料；二是文献调查法多围绕书籍、报刊、论文等文献资料展开收集，从而使学生群体获得的资料相对权威、可靠，避免出现认知上的偏差；三是文献调查法是一种间接获取调查资料的方法，它只针对文献进行调查、梳理和研究，而不与调查对象接触，保证了大家获取调查资料的客观性、规律性和科学性。在进行文献调查的过程中要注意的是，务必筛选出权威、合理、合规的文献材料，不能盲目选用所有文献资料。需要注意的是，伴随网络技术的高速发展，青年学生在使用传统文献调查方法的基础上，利用互联网平台进行文献检索和收集也非常重要。

（三）观察体验法

观察体验法，由观察和体验两部分共同组成，在具体实施过程中，观察与体验互为前提、互为辅助。结合本书主题，观察法，即通过同学们有目的、有计划地对劳动行为、劳动教育行为、弘扬劳动精神等行为进行观察，进而获取相关信息；体验法，即同学们身临其境体验、感悟、领会劳动及相关衍生行为的现象和蕴含其中的因果关系，从而得出深刻推理。观察体验法是一种发挥主观能动性的调查行为，学生的观看、听说、体察活动能够贯穿观察体验法的全过程。

1.观察体验法的应用原则

（1）客观性原则。

客观性原则要求同学们必须客观看待被观察体验的主体及他们的言行，这是保证通过观察体验得出的结论具有真实性、可靠性、科学性的关键。所谓客观性原则，一是学生群体要坚持正确反映客观事物。在开展劳动教育相关认识活动时，为消除主观可变因素，大家必须以权威、科学、精准的劳动教育理论作为武装和指导，保证从观察体验开始到结束均能维持客观性。二是要保持良好的工作作风，将尊重客观实际作为展开观察体验方法的指南。在认识劳动和劳动教育的过程中不急于求成，要持之以恒地进行长期、反复观察，最大可能避免观察体验结果的片面性。三是进行劳动教育的认识活动时要注意选择典型的观察体验对象以及不受外界因素干扰的观察体验条件，进而获得客观、可靠、真实的观察体验结论。同学作为观察主体要明晰并理解的是，观察体验法无法做到像科学实验那样能够对结果真伪进行精准的求证，所以，坚持以上三点客观性原则，是对被观察体验对象的语言、行动等各个方面进行正确判断的保证，并保证观察体验最终取得正面收效。坚持以上客观性原则，有助于避免因认识、利益、过失等主观因素对观察体验全过程带来的损失，及时修正意识偏差，保证对劳动教育的认识的科学性。

（2）全面性原则。

观察体验法的全面性原则要求广大青年学生在开展劳动教育相关认识活动的过程中要始终以唯物辩证法思想为指导，从整体出发。要学会确定具体观察体验的目的，通过培养兴趣，逐渐深刻感知被观察体验的主体，利用多种感官协调活动，最终通过分析比较、合理推敲、整理归纳，得出真实、科学、可靠的结论。全面性原则能够帮助大家明确调查目的、梳理调查思路、整合调查结果，使调查的全过程在有意识、有价值、有内容的前提下得到有效推进。

2.观察体验方式

（1）直接观察和间接观察。

直接观察是指同学们要亲临现场或与被观察者直接接触，以取得第一手资料的一种方法。在参与劳动教育活动时，学生群体作为认知和行动的主体，要善于根据发现的问题思索出相应解决办法。例如，学生干部作为学生群体中的骨干力量，在组织“第二课堂”活动时遇到如何营造劳动气氛、如何将劳动与课外实践相结合等问题时，需要采取直接、深入、公开的实地考察方法，与其他学校学生会等组织建立沟通联系并实地参观，以此达到研究目的。这种实地考察的方法即是直接观察。间接观察是指以间接手段获取研究对象信息的一种科学观察方法。围绕劳动教育主题，这里提到的获取信息的间接手段一般指学生通过声话、影像、转述等方法获取研究资料。在开展直接、间接观察时，大家需要明确的是，间接观察是直接观察的必要补充，也是对直接观察的合理验证。

（2）主题观察与转向观察。

主题观察与转向观察是帮助学生群体获取思想政治教育信息的重要方式之一，在劳动教育方法中，此方法也适用于帮助获取劳动教育信息。从字面上看，主题观察就是同学围绕已确定好的主题、中心进行有计划的观察。这种观察方法多用于采集围绕某一特定主题开展的劳动教育活动的信息，可以针对单个学生活动行为，也可针对学生集体活动行为。转向观察则是为了应对学生在观察活动开展过程中发生偏离主题中心、原定主题受干扰、观察重心发生转移等情况，进而提出新主题的一种观察方法。此方法能较好地帮助大家及时解决偶发性事件。

（3）描述性观察与分析性观察。

描述性观察是指作为劳动教育主体的学生，对观察对象（可以是人，也可以是行为）的外部形态和现象进行描述，以此获得关于观察主体的特征和功能的调查活动。青年学生对新生事物的感知能力强，在日常的学习和生活中，大家可以根据某一劳动行为、某一劳动榜样进行描述性观察，或组成学生专队走进农学基地、示范场所、典型项目等，了解其操作、运行、功能等特征。分析性观察需要大家在描述性观察的基础上对观察对象进行分析，要做到透过现象看本质。例如，通过对农学基地、示范场所、典型项目等的分析，感知崇尚劳动、热爱劳动等精神，并将其付诸实际行动。

（三）观察体验法的开展程序

观察体验活动不应该是机械的，而是思维指导观察、观察启发思维的相互作用过程，一般体现为循序和递进。循序程序一般用于相对简单现象的观察和分析上，遵循的步骤是：确定观察主题、制定观察方案、陈列实施方法、深入实地观察、分析观察材料、得出观察结论。而递进程序多用于对复杂现象的观察。对于复杂的现象，我们需要有次序、有步骤、有层次地进行细致和多次的观察。循序程序要借助充分的思考，分析观察主体各个部分之间的联系，从而获得有效成果。递进程序遵循的步骤是：从初步观察到初步判断，从深入观察到深入判断，直至抓住现象的实质。

二、劳动教育实施方法

劳动教育的实施方法，是对劳动教育从认识向实践的发展。通过开展劳动教育实施方法，学生能够更好地融入劳动教育环境、劳动教育氛围中，进而取得劳动教育成效。从重要性上看，劳动教育实施方法是劳动教育方法中的关键一环。学生能够使用的劳动教育实施方法种类繁多。

（一）实践锻炼法

在劳动教育方法的使用中，实践锻炼法在能动地改造劳动教育客观世界的过程中，也为改造学生的主观世界提供了可能性。实践锻炼法是组织、引导学生积极参加多种实践活动，并在此过程中逐步提高认识能力、升华道德觉悟的方法。

1.实践锻炼法理论根基

马克思主义认识论是实践锻炼法的理论根基。一方面，社会实践是人们思想形成与发展的来源。人的思想是外在环境和客观事物在头脑中的映射，而社会实践则是人与外在环境沟通、与客观事物联结的桥梁。人们形成正确的思想必须通过实践才得以完成。正是通过实践，人才得以透过现象掌握事物的本质和规律，并因此形成正确的世界观、人生观、价值观，树立崇高的道德理想，形成正确的思维观念。若没有社会实践作为基础，人们就只能看到事物的表象，无法掌握事物的本质和规律，也将丧失正确思想的来源。进一步说，社会实践也在一定程度上推动人思想的发展。社会实践的不断发展会持续带来新问题、新课题、新挑战，同时推动人们产生新想法、开辟新领域、形成新观念。此外，社会实践的发展也在不断为人们提高认识能力和拓宽思想边界供给新材料和工具。

另一方面，社会实践是对思想认识的检验。马克思提出：“人的思维是否具有客观的真理性，这不是一个理论的问题，而是一个实践的问题。人应该在实践中证明自己思维的真理性，即自己思维的现实性和力量。”这说明，社会实践在推动人思想、认识前进的同时，它同时也是对思想和认识的检验。劳动教育帮助人们形成正确的劳动观念、弘扬积极的劳动精神、学习先进的劳动知识，其目的是指导人们去正确劳动，并且正确看待劳动和劳动者，也是为了帮助人们在现实的劳动和劳动教育中正确分析及处理各种问题。唯有社会实践能够检验人们的观点、看法、认知是否正确，并把人的思想转变成存在的现实。

2.实践锻炼法方式

开展实践锻炼法的方式方法多种多样，其目的都是“从做中学”，更好地从“身”和“心”两个层面加深对劳动教育的体验和领悟。学生作为劳动教育主体，在其中要有意识地培养和提高自身的劳动习惯、劳动品质，帮助自身塑造热爱劳动、尊重劳动的优秀品格。在诸多实践锻炼方式方法中，本书将选取劳动教育和社会实践两种方法，并在其中融合社会考察和志愿者活动等实践锻炼方法。

（1）劳动教育。

需要说明的是，在这里所说的劳动教育是作为一种参与实践锻炼的方法，与本书劳动教育主题有所区别。劳动教育要求每名同学均要形成科学劳动价值观、树立正确劳动态度、培养优良劳动品德、掌握劳动知识技能。无论是脱离生产劳动的教学和教育，或是没有同时进行教学和教育的生产劳动，都不能达到现代技术水平和科学知识现状所要求的高度，马克思、恩格斯、列宁和毛泽东同志都非常重视教育与生产劳动的结合……这是培养理论与实际结合、学以致用、全面发展的新人的根本途径。因此，需要广大青年学生明确的是，同生产劳动相结合的教育方式是一门必修课，是促进自身全面健康发展的重要途径。

随着社会实践的发展，劳动教育的内容、方式、载体也应不断发展。生产劳动、义务劳动、家务劳动、脑力劳动等都是青年学生参与劳动教育的具体方式。所以，无论是进行哪种方式的劳动教育，青年学生都要在参与过程中明确劳动与人、劳动与社会、劳动与历史的重大关联；养成勤于创造、勇于奋斗的劳动习惯；坚定劳动是一切幸福源泉的观念；树立尊重劳动、关心劳动者的正确劳动观点；形成以勤奋劳动为荣、以不劳而获为耻的劳动态度。

要使劳动教育这一实践锻炼法充分发挥作用，大家还要明确劳动教育的要求和意义，积极、主动地投入各项劳动教育活动中去，在参与的过程中通过体验、感悟与认知，加深对正面劳动价值观的归属和认同，进而能够自觉、自主地去体验劳动和感受劳动带来的愉悦。

（2）社会实践。

教育要同生产劳动和社会实践相结合，社会实践是学生参与劳动教育至关重要的步骤。社会实践是来源于生活、服务于社会的教育方法，解决社会问题、回馈社会也是同学们参与劳动教育的意义之一。以下将向大家说明参加社会实践的原则和方式。

在开展社会实践前，进行社会考察十分关键。在社会考察阶段，首先，参与社会实践的学生要明确考察的目的、对象和范围，做好考察计划。其次，在教师的充分引导下，大家要深刻领会考察的意图和相关要求。最后，要在充分的指导下参加实践活动，在活动的过程中做好实践记录，即时整理实践资料，根据记录和资料完成实践报告。参加校外劳动教育活动是学生融入社会实践的一种方式。在社会考察环节，学校要有计划地将开展校外劳动教育活动融入学校整体教育工作规划当中。在载体上，大家可依据年级、专业、发展规划的不同选择劳动教育实践基地、综合实习基地或其他社会资源；在方式上，可选择农业劳动实践、服务业实习、研学交流等实践类活动。此外，以公益劳动和志愿服务为主的志愿者服务活动也是学生参与社会实践的重要方式之一。志愿者服务活动是有组织、有计划的实践类活动，在活动中，青年学生要主动运用自身专业、技能、知识奉献国家、社会、人民，将其升级为一种回馈社会的实践方式。例如，在国家的倡导和支持下，每年开展如“西部计划”“寒暑期社会实践”“三下乡”“社区志愿服务行动”等各类志愿服务活动。多种多样的志愿者服务活动打通了学生与学校、家庭、社会交互的壁垒，通过志愿者服务活动，学生可以加深对劳动和奋斗的体验，加深对道德和奉献的理解，进而达到丰富内心世界、强化集体意识、深化劳动教育的目标。

（二）榜样示范法

榜样示范法是通过典型的人或事进行正面示范，将抽象的理论通过真实的人物、典型的事例来呈现，从而达到内化于心、外化于行的共情效果。榜样示范法与理论教育法等认识方法相比，具有鲜明、生动、形象等特点，更富有感染性，也更容易激起同学们内心的情感共鸣。榜样发挥的示范作用包含着一定的共性，既能代表一般，又比一般突出。发现、树立、宣传榜样，向榜样学习，是学生参与劳动教育的重要途径。

1.发挥榜样示范作用对学生群体的重要意义

榜样可以是个人，也可以是集体，其示范作用在于能够体现和代表先进、正能量的思想，是人民群众中的典范。因此，榜样示范也被称为正面典型。榜样示范法是我党传统的思想政治教育方法之一，具有深厚的理论和实践根基。无论是英雄人物、革命先烈，还是为国家各个阶段建设付出辛勤努力的各行各业的时代楷模，他们的先进事迹、精神境界、卓越贡献都是宝贵的财富，其发挥的榜样作用历久弥新，永远具有新鲜的活力。

2.发挥榜样示范作用在劳动教育中的表现

习近平总书记在全国劳动模范和先进工作者表彰大会上指出，劳动模范是民族的精英、人民的楷模，是共和国的功臣，高度提倡发挥劳动模范和先进工作者的重要作用。劳动模范是榜样示范作用在劳动教育中的体现之一，大家要将劳动模范作为一面旗帜、一根标尺，通过对自身潜移默化的影响达到教育作用。

首先，大家要明确劳模精神的科学内涵，“爱岗敬业、争创一流、艰苦奋斗、勇于创新、淡泊名利、甘于奉献”。其次，在劳模精神的指引下，大家要厘清应该从榜样示范作用中看到什么、学到什么、做到什么。作为青年学生，在将劳模精神内化于心的同时，必须明确本身的职责，要涵养劳动情怀、练就过硬本领、提高思想修养，将个人理想和国家梦想相结合，并通过劳动获取满足感、幸福感和尊严。最后，要结合自身实际情况，思考如何形成弘扬劳模精神的长效机制。

榜样的力量是无穷的，充分发挥榜样的示范、引导、激励等作用是实施有效教育的终极目标。广大青年学生需要做到的是：其一，自觉坚定理想信念。要把握多种活动、多种载体、多种场合的教育机会，学习、宣讲劳动模范的先进事迹，感化自身，更加深刻地理解劳模精神。其二，积极投身实践教育。例如，在学校结合专业优势，积极联系与特色专业相关的工匠和模范集体，搭建教学实践基地后，大家可利用教学实践时间或课余时间，在真实环境中感受劳动模范的榜样力量，进而激发自身热爱劳动、奉献社会的情感。其三，深刻感受以文化人。学生党员、学生团员、学生干部群体可以向学校提出倡议，将劳模精神融入学校各场所的文化建设中，在橱窗、走廊、餐厅等公共区域实现劳模精神的显性和隐性展示，实现全体学生时时刻刻受教育、方方面面受感化。

（三）情境体验法

情境体验法是通过教师有目的地引入或创设具有一定情绪色彩的生动、具体的场景、情境、形象，使学生在身临其境中实现充分的身体体验、心灵感悟和情感交互。

1.劳动教育中对情境体验法的运用

其一，情境体验法能够在开展劳动教育中建构真实劳动环境。学生作为劳动教育的主体，要认识到建构和导人真实场域，是帮助自身参与劳动教育并实现成果最大化的关键步骤。大家常见的工厂、车间、公共服务场所和劳动实践基地等都可作为参与劳动教育的场所，这些场所在为大家提供情境的同时，也提供了目标、任务和对象。家庭、学校、社区等学生日常接触到的场所，具有生活性、学习性、普遍性特征，也是进行情境体验法的重要场所。此外，图书馆、科技馆、文化馆以及网络虚拟空间也为大家参与劳动教育提供了特别的场域，在这里，大家更容易将自身所具备的专业知识与创造型劳动教育相融合。

其二，学生通过情境体验法能够体验相关劳动活动。通过情境体验法，青年学生可以投入劳动教育、深悟劳动精神、体会劳动魅力，增强其劳动教育的体验感。学生要通过亲身体验活动，做到感官与外界相连接、情感与情境相交融、认知与实际相联通，在身体、情感、心智与环境的交互中完成劳动教育，进一步深化对劳动教育的认识，主动融入劳动教育。

其三，情境体验法能够在开展劳动教育中带来情感共通。情境体验法在建构和导人实践场所的同时，也将情感融入实践活动中。学生在全身心投入劳动体验过程中时，要使心智、情感融入进去，而不是简单、乏味、枯燥地完成劳动任务。有效地将情感融入实践活动中应遵循以下原则：一是要充分利用场域，把简单、烦琐、辛苦的劳动融入其中，使自身时刻与自然、社会紧密联系在一起，最大限度激发情感；二是要养成尊重劳动、尊重劳动者的优良品质，能够在实践活动中正确处理自己与他们的关系，建立良好的情感互动；三是通过情感与劳动实践活动的共通，在潜移默化中养成好的劳动习惯和劳动品质，从内心热爱劳动。

2.情境体验法在开展劳动教育中的重要意义

其一，情境体验法可以较好地使学生的专业知识与互动体验相互融合，使思想认识和实践活动互通，在此过程中更有助于实现能力提升、情感认同，达到知行合一的效果。情境体验法不仅提供开展劳动教育的场所和活动载体，它的深层作用也使每名同学在体验后能够有领悟、有收获、有提升。为了使情境体验法能够发挥出最大效果，大家要避免使情境体验流于形式，要真切融入情境、关注体验过程、注重体验效果。另外，要学会将情境体验法与理论教育、社会调查、实践锻炼等方法进行融合，并借助互联网、新媒体等新技术与新资源，打通自身对劳动教育的全方位、多角度的认识和感悟。

其二，情境体验法能够促进学生的全面发展。一方面，学生通过情境体验法先进教育理念和教育思想的熏陶，可以打破自身知识储备、思维观念和实践能力的局限性，使学生在不断学习过程中提高综合素质、更新思想观念及学习方法。另一方面，学生作为情境体验过程中的主角，能够在生动、灵活的教学方式中使自身实现全面发展，这也正是体验教学的独特之处。这种全面发展也能够使大家有更强的学习动力，进而激发学习兴趣，端正学习动机。

（四）自我教育法

1.自我教育法内涵

自我教育法，是同学们自主查找不足、自觉修正不当行为、主动提高思想认识的方法，即大家针对自身情况，对自己进行教育。

自我教育法与人的自主意识的发展相联系，自主意识程度越高，自我教育需求越强烈；自我意识又随着年龄、教育程度及社会阅历的不断增长而发展，也激发自我评价、自我监督、自我调适等自我教育的自觉发展。通常情况下，当人们的自我意识逐渐走向成熟，那么对自己、他人或事物的看法也会趋于客观，能够表达相对正确、独立的观点，形成个人看法。所以，自我教育法像是人们在思想、行为、道德等方面的不断升级，进而帮助人们形成正确的观念、进行正确的行为、约束不当的言行、开展深刻的反思。

来自社会、学校、家庭的教育和自我教育并不矛盾，它们互相联系、共同发展。大家从社会、学校、家庭教育中掌握生活技能，汲取知识养分，提高道德水平，而自我教育则是在不断的学习中展开自身博弈。自我教育伴随外部教育的发展而发展，进而帮助大家形成正确的价值观念与行为方式。同时，优质的自我教育又对外部教育的发展起到促进作用，推动大家更主动地接受教育，使教育的效果不断得到巩固和提高。劳动教育的目的不仅是“传道授业解惑”，更深层次是让每名学生能够实现自主劳动，自觉在劳动中查找不足，也能够自发地尊重劳动、尊重劳动者。所以说，自我教育法是外因也是载体，是方法也是目的。

2.开展自我教育的方法及原则

（1）自我修养。

开展劳动教育非常重视青年学生弘扬劳动精神和提升劳动素质。因此，自我修养是大家参与劳动教育中极其重要的一环。马克思主义倡导在实践中进行主动认识和自觉学习，在改造客观世界的同时改造主观世界，这是进行自我修养的基本原则。要真正成为有理想、有作为，德智体美劳全面发展的合格人才，就必须在不断的实践中磨砺意志、提升修养，从内而外地自觉承担起社会责任。自我修养可以通过以下几种方法进行：

第一，自省。自省是大家有对照地检视自身思想和行为的方法，也可称为反省、自查，目的是通过认识自己、审视自己、分析自己来找寻差距和不足，从而完善个人的思想和行为。做到自省是提高思想水平和道德修养的前提条件，也是能够自主追求更高目标的首要举措。参与劳动教育后，如果只停留在听、说、读、写、做等外在教育层面，那么本次教育则达不到完整的效果预期。大家要对自己进行引导，例如采用自我评价的方法，对自身的参与和学习情况进行总结；通过与其他同学进行经验交流，踊跃分享自己参与课程或实践活动的经验，在沟通中总结自身、学习他人；勇敢地进行自我批评，自我批评不是否定自我，而是自省、总结和查找不足，以此帮助大家更好地发现问题、解决问题。

第二，反思。反思，即反过来思考，它与前面提到的自省具有相同的特质，都是指大家的内心活动。需要明确的是，反思的主体除了自身，也涉及对外部客观环境或因素进行思考；除了针对当下的现实状况，也涉及思想和行为从始到末的整体过程。因此，反思是一种全面、具体、深刻的自我修养行为。和我们常说的反省不同的是，反思不是单单强调大家进行自我检讨，而是要在完整的自我认识基础上，使自己能够客观地思考和审视自身的思想、行为是否遵循客观规律，是否坚守正确原则，是否向着正确方向。结合实际，大家必须认识到自身在劳动方面，包括参与劳动教育方面的基础和能力，然后对照相关标准，汲取合理意见，摆正自身位置，在参与劳动教育的全过程开展正确的反思。

第三，自我改造。自我改造是自我教育和自我修养中最有效的方法，但也是实践起来难度比较大的方法。但如果没有自我改造的环节，那么我们所进行的自我教育就会被割裂，甚至停滞。自我改造，要求每名学生在社会实践中充分发挥主观能动性，在对照正确标准进行深刻剖析的基础上，合理调整自身的思想和行为。实际上，我们所进行的自我改造是自我完善和提高的过程。一方面，自我改造要求大家必须学习正确理论和原则，比如马克思主义和相关劳动知识，因为这是进行自我改造的思想武器。另一方面，要做到客观看待自己，认清个人的优势和不足，特别是对不足的剖析，必须要勇敢、深刻、理性。比如，在参与劳动教育过程中，要认识到自身理论知识是否扎实、行动力是否强劲、集体意识是否强烈，只有这样，才能在参与劳动教育全过程中合理改造自己。

（2）自我调控。

自我调控是比较特别的自我教育方式，它能够通过学生的自我认识、自我引导、自我调整来解决思想和心理方面的难题与障碍。在进行自我调控时，每名同学都必须关注自身思维方式和心理承受能力。那么，将自我调控融入劳动教育过程中，我们可以从以下几个方面着手。

学会从认识上加以调控。由于每个人对事物的认识都不尽相同，这就会产生不同的思想观念和心理活动。在开展劳动教育中，有的同学能够合理认识劳动与劳动教育，他们在受教育过程中能够较好地进行自我调控；也有的同学会产生片面和曲解认识，例如制定过高劳动目标、不能正面理解劳动要义，或者在受教育过程中发现有悖自己最初认识的情况，就会在一定程度上影响自我调控的正面效果。所以，提高自身的认识能力和认识水平有助于成功开展劳动教育。

学会从环境上加以调控。大家在面对崭新或陌生环境时，为避免产生片面的观点和想法，需要主动寻求专业教师的引导，针对自身可能出现的抵触、猜疑、片面的思维寻求帮助，进而在后续过程中能够更好地自我调控，逐步适应环境。同时，大家也可以在劳动教育开始前根据自身思维和心理状况，先在心里预设可能出现的教育场景，这能够起到提前预判的作用，进而提前适应环境。

学会从情绪上加以调控。个人情绪的产生和爆发都是必要的、有原因的，良好的情绪是更好地开展劳动教育的有益帮助，消极的情绪则会带来负面影响。所以，在开展劳动教育中，每名同学都有必要通过多种方式引导自己形成良好情绪。一是在受教育过程中通过对劳动、劳动者、劳动精神的形象生动的阐述，激发自身产生积极情绪，这种积极情绪是对责任的认可和对贡献的渴望；二是通过参与灵活的教学方式，与实践锻炼法、情境体验法相结合，使自己在真实、广阔、自在的环境中接受教育，无形中排解一些消极、抵触、不快的负面情绪。

三、劳动教育调节方法

调节反馈是劳动教育的一个基本方法，是对劳动教育过程的各个环节及时进行信息反馈和调控，是掌握教育动态、驾驭教育过程、调整教育方案、优化教育结构、保证教育目标实现的重要依据。劳动教育的调节方法是劳动教育方法中的“总结”环节，和认识方法、实施方法一起形成一个完整的方法体系。学生通过使用劳动教育调节方法，能够对自身认识及参与劳动教育的实际效果和价值进行科学评判，并在此基础上总结自身在经验、认识等方面的不足，进而对未来参与劳动教育进行强化和优化，使教育效果得到提高，促进学生劳动素养的提升和综合素质的全面发展。

在此，我们结合青年学生所处环境、社会阅历、实践能力等，围绕过程与结果统一法、知与行融合法、目标与真实一致法、激励与约束结合法、显性与隐性教育法进行反馈调节，帮助青年学生更好地融入劳动教育各个环节，促进劳动教育在育人、育德方面发挥作用。

（一）过程与结果统一法

过程反馈。过程反馈是在教学活动实施过程中，为了了解教学动态过程的效果，通过及时反馈信息、及时调节教学安排，不断完善教学计划和方案，以便顺利达到预期教学目的的方法。即在学生参与劳动教育的过程中，应致力于促进学生劳动价值观、劳动情感和劳动态度的形成，关注学习活动中劳动经验的积累、劳动原理的运用、劳动方法的融合、劳动设计的创新、劳动技能的迁移、劳动文化的感悟等。过程反馈贯穿劳动教育的始终，学生在学习过程中用观察、交流、测验、实际操作、作品展示、自评与互评等多种方式，考核、评价自身自主树立劳动观念、学习劳动管理、养成劳动习惯与品质等。传统的成绩导向的学业反馈使很多有价值的教育目标被忽视，削弱了反馈调节的积极作用。过程反馈则将考核目标贯穿学生的整个学习过程，认为凡是有价值的学习结果都应当得到肯定，而不管这些学习结果是否在预定的目标范围内。过程反馈可以大大提高学生的学习积极性，有利于丰富学生的学习经验。

结果反馈。劳动教育中实施的劳动活动必须是有目的、有计划的，只有经过精心设计的劳动，才能收获知识、技能、经验、情感、态度和价值观。结果反馈以学生在参与劳动教育中最终形成的劳动观念、劳动管理、劳动习惯与品质等为指标，考核劳动教育最终成果。学生通过劳动教育正确理解马克思主义劳动观，牢固树立劳动最光荣、劳动最崇高、劳动最伟大、劳动最美丽的观念；真正体会到劳动创造美好生活、劳动不分高低贵贱，热爱劳动，尊重普通劳动者，培养勤俭、奋斗、创新、奉献的劳动精神；具备满足生存发展所需要的基本劳动能力，形成良好劳动习惯。

需要注意的是，在使用过程与结果统一法时，要使过程反馈与结果反馈相互促进、相互影响、相互成就，共同发挥作用。一方面，结果反馈是过程反馈的导向和标准，过程反馈是结果反馈的手段和前提，过程反馈需要根据结果反馈做出相应的变化；另一方面，过程反馈可独立于结果反馈之外，根据实际情况进行自身劳动效果的调整，也能在一定程度上对结果反馈的设定进行优化。无论是过程反馈还是结果反馈，目的都不是对学生的学习情况给出终结性结论，而是以信息反馈为手段，调节学生思想活动状况，进而引导学生积极开展劳动实践。

（二）知与行融合法

劳动是人类最基本的实践活动，劳动的目的不仅是满足人类生存的需要，更是满足人类发展的需要。因此，劳动教育因其特殊的教育内容和教育形式，需要学生实现认识和行动的统一，建构知行融合的学习模式。苏霍姆林斯基认为，学生只有经历具有教育意义的劳动，才有可能接受真正的劳动教育。对于劳动认知的获得，至少需要三个阶段：第一，在真实情境中获得直接认知和经验；第二，在直接认知和经验的基础上增加直接经验的纵深意义；第三，进一步将直接经验拓展成科学、系统的知识。就劳动教育而言，这种知识最终需要去证明或去验证才能达成劳动教育的真正目的。劳动教育强调学生亲临劳动场域，有劳动的亲身经历、亲近劳动的情感，经过体验和实践，原来静态的知识被激活和催化，劳动教育实现从直观到抽象、从感性到理性、从教材到生活的转换。

在开展劳动教育过程中，认知和实践是相辅相成的。劳动教育是对人的全面发展的回归，不但教会学生衣食住行等的自理，更重要的是，要让他们懂得生活靠劳动创造，美好人生也靠劳动创造。不仅要关心学生是否学到相关劳动知识，更应关心学生是否能以体验、实践的方式实现对劳动在认知层面的理解。

劳动教育首先要解决认知问题。学生通过独立开设的劳动教育必修课或在学科专业中有机渗透劳动教育，学习掌握通用劳动科学知识，深刻理解马克思主义劳动观和社会主义劳动关系，充分认识劳动是人类发展和社会进步的根本力量，认识劳动创造人、创造价值、创造财富、创造美好生活的道理，尊重劳动，尊重普通劳动者，牢固树立劳动最光荣、劳动最崇高、劳动最伟大、劳动最美丽的思想观念，树立正确的择业就业创业观，具有到艰苦地区和行业工作的奋斗精神。如学生可以通过制定劳动公约、每日劳动计划、学期劳动任务单，组织与劳动教育有关的兴趣小组、社团等，结合植树节、学雷锋纪念日、五一劳动节、农民丰收节、志愿者日等，在丰富的劳动主题教育活动中形成正确劳动观。还可以通过“劳模大讲堂”“大国工匠进校园”、优秀毕业生报告会等劳动榜样人物进校园活动，劳动技能和劳动成果展示，广泛学习劳动榜样人物事迹，特别是身边的普通劳动者感人事迹，近距离接触劳动模范，聆听劳模故事，观摩精湛技艺，感受并领悟勤勉敬业的劳动精神，争做奋斗者。

劳动教育重点要解决实践问题。实施劳动教育的重点是在系统的文化知识学习之外，有目的、有计划地组织学生参加日常生活劳动、生产劳动和服务性劳动。围绕“实践”这一关键词，引导学生亲历实践、坚持实践、感悟实践、创新实践，在实践中培养劳动观念、劳动态度、劳动习惯和劳动精神，提升劳动素养。学生要落实日常劳动实践要求，以行促知，不能用其他实践活动代替劳动活动。如巩固良好日常生活劳动习惯，自觉做好宿舍卫生保洁，独立处理个人生活事务，积极参加勤工助学活动，提高劳动自立自强能力；强化服务性劳动，自觉参与教室、食堂、校园场所的卫生保洁、绿化美化和管理服务等，结合“三支一扶”“学生志愿服务西部计划”“青年红色筑梦之旅”“三下乡”等社会实践活动开展服务性劳动，强化公共服务意识和面对重大疫情、灾害等危机主动作为的奉献精神；重视生产劳动锻炼，积极参加实习实训、专业服务和创新创业活动，重视新知识、新技术、新工艺、新方法的运用，提高在生产实践中发现问题和创造性解决问题的能力，在动手实践的过程中创造有价值的物化劳动成果。

知与行融合统一，是以辩证唯物主义的认识论为理论根据的。辩证唯物主义的认识论认为，人们的思想认识是在社会实践中形成的，但劳动观念和劳动精神不可能在实践中自发形成，必须通过有意识的、系统的教育。因此，学生在劳动过程中必须把理论教育和实践锻炼结合起来。知与行融合法反映了劳动教育的目的和要求。学生只有面向真实的生活世界和职业世界，以动手实践为主要方式，在认识世界的基础上获得有积极意义的价值体验，学会建设世界、塑造自己，才能实现树德、增智、强体、育美的目的。

（三）目标与真实一致法

目标性并不是指学生要将劳动教育价值或目标夸大或不切实际，而是要有关于目标效果的标准与期待。我们要设定好预期目标和最高目标，将预期目标作为基础，将最高目标作为方向，使它们共同作用于劳动的整个过程。因此，要保证劳动效果，学生必须对目标进行有效调控，指导和帮助自己不断修正、提高自己的目标，确保劳动教育朝着特定的方向和目标前进。学生通过课堂学习掌握基本劳动知识后，必须制定明确的目标。如日常生活劳动教育要立足个人生活事务，结合开展校园爱国卫生运动，注重生活能力和良好卫生习惯培养，树立自立自强意识。生产劳动教育要在工农业生产过程中直接经历物质财富的创造过程，体验从简单劳动、原始劳动向复杂劳动、创造性劳动的发展过程，学会使用工具，掌握相关技术，感受劳动创造价值，增强产品质量意识，体会平凡劳动中的伟大。服务性劳动教育要实现利用知识、技能等为他人和社会提供服务，在服务性岗位上见习实习，树立服务意识，实践服务技能；在公益劳动、志愿服务中强化社会责任感。

同时，真实性要求学生开展劳动必须脚踏实地、从实际出发。劳动教育的目标不是单一的，而是多角度、多层次的。为了实现预定目标，学生要从实际出发，以自身成长规律为依据。这就要求每个人的劳动行为都要以客观规律、个人积淀、现实情况为基础，不能被人为因素或主观臆断影响，要客观、真实、全面地确立符合自身实际的劳动方案。比如，在开展劳动教育时，学生要结合自身的年龄、专业、阅历、经验等，对劳动教育的直接认识和间接认识进行吸收、借鉴、采纳，制定满足学生自身实际的、正常的、合理的、能够实现的劳动方案。如在一定时期内具体安排什么样的劳动内容，采取哪些劳动形式，利用什么时间，在什么场合进行劳动，等等。

目标与真实一致法是保证劳动教育结果客观、真实、有效的核心条件。两个环节互相渗透、循序渐进、逐步深入。在劳动教育中确定最优目标和最优方案需要以学习和实践方案的科学性为前提，在实践过程中，若发现目标与实际不一致，需调整方案，缩小实际效果和预定目标之间的偏差，促进劳动教育目标的顺利实现。

（四）激励与约束结合法

激励与约束相结合是帮助劳动教育取得良好成效的方法之一。使用激励与约束相结合的方法是为了在劳动教育中更好地激发学生群体的积极性和上进心，最大限度挖掘其主观能动性。在劳动教育中，激励与约束结合法有其具体的实施途径和方式，下面将围绕三种方式展开研究。

1.目标激励法

目标激励法要求每名参与劳动教育的学生都要树立明确的理想目标，这个理想目标要贴合劳动教育实际，并在对其奋斗和拼搏的过程中不断激发自身的潜力、勇气和动力。这个理想目标，学生可以将其设立为想要赶超的标准，也可以是正确的行为准则，或是某个具体的典范，例如，有些学生想要在劳动教育过程中接受锻炼、磨炼意志，进而感受劳动带来的乐趣；有些学生对参与创新创业、志愿服务、公益活动、勤工助学有强烈愿望；有些学生则想要在劳动教育过程中提升生活技能，树立劳动自立意识和主动服务他人、服务社会的情怀，以上这些都可以成为在劳动教育过程中为自身订立的理想目标。一旦理想目标被确定下来，就会从内而外地对自身的思想和行动产生强大的牵引力，帮助学生提高参与劳动教育或参与具体劳动的自觉能动性。在劳动教育过程中，目标的确立需要由自己或在教师指导下完成，需要注意的是，目标的确立具有主观性，但当每个人的目标被认同以及各自采取行动去追赶时，就会使目标变得客观且具体。因为不同的学生有着不同的经历，对劳动教育也有着不同的诉求，所以，使用目标激励法时要坚持“一切从实际出发”。例如，对于缺少劳动经验的同学，要确立增加劳动体验的目标；缺少劳动精神，意志力薄弱的同学，要选择合适的典范和榜样目标，从而使自己得到正面教育；有远大理想抱负的同学，要根据本人实际情况确立具体学习、实践、行动目标；等等。如果学生不顾及自身的实际情况，一概而论地设立目标，不但不能达到最初的理想目标，还会较大程度地带来相反效果。还需要注意的是，我们在感知劳动教育、参与劳动教育过程中很重要的一点就是帮助自己端正劳动态度，热爱劳动、尊重劳动者，这也是我们所有人都应当建立的劳动教育目标。

2.奖惩激励法

奖惩激励法，是针对每名学生的思想、行动及道德行为给予奖励和惩戒，这里所说的奖励，既包括精神层面的奖励——肯定、表扬、赞许，也包括物质层面的奖励；这里所说的惩戒主要是指批评、惩罚或处分。学生在此需要理解的是，劳动教育和思想政治教育，或其他教育形式的出发点都是育人，所以学生在参与劳动教育过程中，要在学校和教师的积极引导下挖掘自身的长处和优点，对此加以肯定，并将其发挥到劳动教育的每个环节中。例如，高尚的劳动境界、强烈的责任意识和无私的奉献精神都是可待挖掘的长处与优点，如果能将其融入劳动教育全过程，将会对自身起到很大程度的激励作用。同时，学生在接受褒奖和自我激励的同时还要注意必须保证适当的约束。在这里，约束体现为对自身错误的观点、行为和想法要及时发现，并寻求教师的帮助，及时、主动予以矫正，以此更好地规范自己在劳动教育过程中的言行和态度。此外，每名同学都要正确看待奖与惩，理解奖与惩既是从正面、反面共同激励，又是从正面、反面共同约束，两者虽然方式不同，但究其根本都是要帮助学生提高思想认识、学习能力和行动力，进而能够更好地参与到劳动教育全过程，获得来自多方面的成果和收获。从另一角度看，在使用奖惩激励法时，学生要正确理解他人给予的“表扬”与“批评”，得到表扬与肯定，不能过度纵容自己和放宽对自己的标准；要虚心接受批评、惩戒，但要明确批评和惩戒的最终目的是要帮助自己进步。

3.竞争法

竞争有比拼、比赛的含义，用在劳动教育中可以理解为学生通过评估、比较、竞赛等方式激发出力争上游、勇于拼搏的动力。在劳动教育中通过竞争法进行激励和约束有助于提高学生在劳动创造方面的韧性与技能，进而在更深层次深化对劳动教育的认识。

需要注意的是，在劳动教育中使用竞争法需要在引导的方式下进行。它可以发生于个人与个人之间，或集体与集体之间，通过开展与劳动知识、劳动技能、劳动理念相关的学习、教育、团建活动，通过比成绩、比成效、比合作等方式激发学生上进心，使学生能够在积极、活跃的氛围里感受劳动教育的效果，并在此过程中对自身进行激励与约束。教师和学生在使用竞争法开展劳动教育活动时要注意以下几项原则：一是要树立正面的、积极的竞争意识。学生以竞争的方式参与劳动教育是为了营造积极、上进的气氛，帮助学生形成关于劳动和劳动行为的正确认知和正向的思想观念，而不是通过竞争的方式制造不和谐因素或弄虚作假。所以，在学生确定正确的出发点后，也必须以正确的思想为指导，并辅以教师正确的引导。二是要制定明确的标准和要求。开展竞争的首要标准是要做到公平合理，这也是保证竞争法能够顺利开展的重要原则。在制定明确的标准和要求基础上，所有学生都要严格地遵守和执行。三是要引领良好精神风貌。将竞争法放置在劳动教育方法中，是希望在评估、比较或竞赛活动过程中帮助学生深化对劳动的认识和激发参与劳动教育的自觉性和积极性，而不是破坏教师与学生、学生与学生间的和谐氛围，所以，在使用竞争法过程中教师和学生都必须要引领良好精神风貌，使劳动教育能够取得更好成效。

（五）显性与隐性教育法

在劳动教育中，显性教育最大的特点是可以在整个教育过程中制定清晰明确的教育目标，参与劳动教育的学生可以在有目标、有计划、有步骤的直接方式引导下参与劳动教育。显性教育具有讲授与受教的明确区分，也需要系统的教育目的、教育计划和教育场所，显性教育的载体多为课堂，可以是理论课堂，也可以是实践类课堂，通常表现为专业劳育。显性教育可以帮助学生接受专业的劳动理论宣讲和劳动技能培训，通过与教师面对面的互动方式，学生能够更加透彻地理解关于劳动教育的理论、搞清参与劳动教育的缘由。

和显性教育不同，隐性教育更多的是以耳濡目染、润物无声的方式进行教育，如在专业教育中融入劳动教育，着力培养学生专业报国、治学报国的情怀；在社会实践和志愿服务中加强价值观引领，着力培养学生的公共服务意识和面对重大疫情、灾害等危机主动作为的奉献精神；在各类劳动实践活动中注重新知识、新技术、新工艺、新方法的应用，着力培养学生的创新意识、创新精神和创新能力。因此，隐性教育需要教师建立“隐性”课堂，使学生在“隐性”课堂中达到接受教育的效果。

在劳动教育过程中，显性教育和隐性教育相结合能够产生较好的教育效果。教师和学生要注意把握好两者的关系，并使它们的优势得到最大化呈现。在开展劳动教育过程中，一方面，我们可以将显性教育作为隐性教育的载体，通过劳动理论讲授、劳动技能传授等课程类项目，以及通过志愿者服务、文明团队评比、劳动精神宣讲等文化类活动，实现学生在劳动意志、劳动品质、劳动道德方面的提升。另一方面，我们可以用隐性教育促进显性教育的作用发挥。通过引入价值观教育，弘扬劳模精神、劳动精神、工匠精神，促进显性教育更好地发挥作用。

第三章 劳动教育的分类

第一节 劳动精神教育

一、劳动精神科学含义

劳动精神是建立在正确认识劳动本质基础之上，经过长期实践逐步形成的较为稳定的劳动意识、劳动态度、劳动品质、劳动习惯等的总称，也就是关于劳动的理念认知、价值追求、劳动状态、行为实践的集中体现。劳动精神在认知上表现为全社会尊重劳动、崇尚劳动、热爱劳动、敬畏劳动、追求劳动幸福；在行为实践上表现为劳动者辛勤劳动、诚实劳动、创造性劳动，以及在这些劳动过程中展现的精神状态、精神面貌、精神品质。劳动精神作为中华民族的一种宝贵财富，是中国精神的思想凝结和重要组成部分。

二、劳动精神内容与特征

（一）劳动精神内容

劳动精神是对普通劳动者工作状态的基本要求，是人们在劳动过程中所表现出来的一种积极状态。根据时代要求，对人们在劳动过程中所表现出来的这种积极状态加以科学总结、高度凝练和理论提升，就成为这个时代的劳动精神。中国特色社会主义的劳动精神包括爱岗敬业、勤奋务实、诚实守信、遵纪守法、创新创造等内容。

爱岗敬业是劳动精神的基本要求。爱岗表现为劳动者对自己的本职工作始终保持热情。敬业表现为劳动者以一种严谨踏实的态度对待自己的工作，怀着高度职业自豪感、荣誉感，不断提升工作积极性和创造性。岗位、职业是一个人赖以生存和发展的基础，也是整个社会存在和发展在个人分工上的要求。爱岗敬业是每个劳动者必备的职业素养。爱岗与敬业是辩证统一的，只有爱岗才能敬业，只有敬业才能体现爱岗。每个劳动者要爱惜工作岗位，履行工作职责，干一行、爱一行、钻一行、专一行，只有这样才能在自己的岗位上做出出色成绩，为国家和社会做出更大的贡献。

勤奋务实是劳动精神的现实要求。勤奋就是认认真真、努力干好自己的工作，不怕吃苦，踏实肯干。务实就是讲求实际，实事求是。勤奋务实是劳动精神的现实要求和具体体现。勤奋务实体现为对工作的坚持不懈和积极努力，对岗位的认真负责，能够帮助个人在自己的岗位上有所成就，这是检验劳动者是否真正具备劳动精神的试金石。

诚实守信是劳动精神的立足基点。诚实即真诚踏实，守信就是信守承诺。从劳动精神的视角讲，诚实守信就是忠实于自己的职业和事业，勇于承担自己应当承担的责任和义务。在劳动过程中，劳动者要按劳动合同和岗位职责、按工作目标要求和产品标准，保质、保量、按时完成自己的劳动任务，不能弄虚作假、偷工减料、以次充好或者随意推诿、拖延工期。要加强劳动者诚实守信职业品质建设，通过科学的、长期性的诚信机制，使诚实守信成为劳动者的共同认知和自觉行动。

遵纪守法是劳动精神的必要保证。遵纪守法是指劳动者要遵守纪律和法律，尤其要遵守职业纪律和与职业活动相关的法律法规。依法治国是治国理政的基本方略，遵纪守法是劳动者应承担的社会责任，是劳动者应尽的道德义务，是劳动者应具备的基本素质，是弘扬劳动精神的必要保证。

创新创造是劳动精神的价值取向。创新是指提出有别于常规思路的见解，利用现有的知识和物质，在特定的环境中，本着理想化需要或为满足社会需求而改进或创造新的事物、方法、元素、路径、环境，并能获得一定效果的行为。创造是指将两个以上概念或事物按一定方式联系起来，用以达到某种目的行为或想出新的办法，创建新的理论、新的成绩。劳动的价值在于创造价值，创新创造是劳动者发展的阶梯，是全社会倡导的劳动价值取向。

（二）劳动精神特征

爱岗敬业、争创一流。爱岗敬业是对劳动者的普遍性要求，争创一流是对劳动者的先进性要求。劳动精神的爱岗敬业、争创一流奋斗目标，启示当代劳动者树立正确的职业价值观并落实为行为表现。只有大力倡导爱岗敬业、争创一流的劳模精神，才能在广大劳动者中形成有奋斗目标、有扎实劳动、有较高效率的劳动风尚和社会风气。倡导爱岗敬业、争创一流的劳模精神，既要榜样引路，更要机制推动，如此才能恒久有效，推动中华民族蓬勃向上发展。

艰苦奋斗、勇于创新。艰苦奋斗是指面对困难不予畏惧、敢于挑战的斗争精神。艰苦奋斗突出表现为一种昂扬向上的生活态度，一种乐于奉献的崇高美德和高尚情操。勇于创新就是敢于创新、善于创新。创新是个人突破自我、实现自我发展的基本路径，也是对劳动者的时代要求。劳动条件有好坏之分，劳动环境有优劣之别，劳动任务有轻重之差，劳动过程有顺逆之区，任何人都不能随随便便成功，只有不畏艰苦、积极进取、敢于创新、善于创新才是成功之道。

淡泊名利、甘于奉献。淡泊名利意为轻视外在的名声与利益，甘于奉献是对自己的事业不求回报地全身心付出。淡泊名利者，并非没有功名利禄之心，而是在追求和获取的态度上不是搞急功近利、损人利己、损公肥私，要顺势而为、公平竞争、取之有道、得而无愧。甘于奉献者并非不讲求个人私利，而是轻视外在的名声与利益，在国家、集体和他人需要的时候，能够放弃个人某些所得，心甘情愿地做些力所能及的事情。劳动者要以高度的主人翁责任感、卓越的劳动创造、忘我拼搏奉献，在本职岗位上建功立业。

三、劳动精神与相关概念的关系

劳动精神是每一位劳动者为创造美好生活而在劳动过程中秉持的劳动态度、劳动理念及其展现出的劳动精神风貌，是在反映劳动者对劳动对象的能动性以及二者之间相互作用的活动过程中产生出来的。

（一）劳动精神与劳动文化

劳动文化是对历史上出现的劳动与文化的对抗性冲突的扬弃，是文化的劳动化或向劳动的回归，是劳动的“文化”化或向文化的提升，是一种强调劳动的价值和地位、劳动者的尊严和权利的文化。

从创造主体来看，劳动文化是所有劳动者共同创造，而劳动精神则由部分劳动者创造；从使用范围来看，劳动文化是所有劳动者共同享有的属于所有劳动者的文化，劳动精神是能够展现劳动精神风貌的群体身上值得其他劳动者学习的精神文化。

（二）劳动精神与劳模精神

劳模精神是劳模之所以成为劳模的精神品质，是劳模在平凡岗位上做出不平凡业绩所坚持、坚守、坚定的基本信念、价值追求、人生境界及其展现出的整体精神风貌。

劳模精神和劳动精神是部分和整体的关系。从主体上看，劳模精神的主体是劳模群体，劳动精神的主体是所有劳动者，而劳模群体是广大劳动者群体中的佼佼者和杰出代表，也是广大劳动者学习的榜样和楷模。从这个意义上讲，劳模精神也是劳动精神的一部分。劳动精神是做一名合格的劳动者应该有的精神，也是成为劳模必须有的精神。如果做劳动者不合格，做劳模就更不可能。没有劳动精神，也就很难有劳模精神。劳模精神则是所有劳动者都应该学习的精神。劳模精神是方向，劳动精神是基础。

（三）劳动精神与工匠精神

工匠精神是每一位不甘于平庸的劳动者在平凡的工作中不断对自己提出更高要求，并不断自我超越、自我提升、自我完善，始终追求做更好的自己时所表现出的工作态度、工作境界、工作习惯以及整体工作精神面貌。

劳动精神和工匠精神是共性和个性的关系。劳动精神是所有劳动者的共性，每一位劳动者都应该有劳动精神。工匠精神则揭示了不甘于平庸的劳动者的个性，是成就优秀劳动者的必要条件。

总的来说，劳动精神是基础，劳模精神是方向，工匠精神则是劳动者的个性体现。

四、劳动精神具有强大精神动力

（一）劳动精神的时代价值和历史作用

1.劳动精神的时代价值

实现中华民族伟大复兴的中国梦是伟大而艰巨的事业，需要广大德智体美劳全面发展的社会主义劳动者为之努力奋斗，培育和弘扬劳动精神具有重要的时代价值。

（1）劳动精神为实现中华民族伟大复兴中国梦提供丰富精神资源。

人们通过劳动实践不断创造丰富的文化并形成相应的心理认同。在劳动过程中，人类的物质财富得以创造，精神境界也得以提升。劳动创造了整个人类的全部历史。劳动是一切财富、价值的源泉，更是幸福的源泉。劳动者身上所承载的劳动精神是在长期实践中所凝结形成的特质，蕴含着时代元素，发挥着价值导向作用。包括劳动精神在内的中国精神，是推动中国特色社会主义现代化建设，实现中华民族伟大复兴中国梦的丰富精神资源。大力弘扬劳动精神，能够充分调动和激发劳动者劳动的积极性、主动性和创造性，促进他们将个人的梦想融入中国梦的大视野下，努力在实现中国梦的实践中展现出彩人生。

弘扬劳动精神有利于形成热爱和崇尚劳动的良好社会氛围，鼓励和带动广大劳动者形成积极和辛勤劳动的自我内驱力，进而增强内心的认同感、责任感和使命感，积极投身社会主义现代化建设事业。

（2）劳动精神为凝聚民族精神和时代精神提供思想基础。

以爱国主义为核心的民族精神是中华民族赖以生存和发展的精神纽带，是中华民族之魂魄，是中国精神之根脉。以改革开放为核心的时代精神是当代中国人民新的精神风貌和优良品格，是中国精神的时代特征。

劳动精神是民族精神、时代精神的重要组成部分，是支撑我们传承中华优秀传统文化、弘扬革命文化和社会主义先进文化的精神基石。具体而言，弘扬劳动精神有利于激发劳动人民的创造精神，助推改革开放的全面深化；有利于激发劳动人民的团结精神，凝聚现代化建设的磅礴力量；有利于激发劳动人民的奋斗精神，提升实现中华民族伟大复兴中国梦的精神动力。弘扬劳动精神可以为我国劳动人民的自由全面发展提供正确的民族观、国家观、社会观和个人价值导向，激发他们的爱国主义情怀，使他们以更加自觉的意识、更加主动的姿态、更加有效的劳动投身于社会主义现代化建设实践。

（3）劳动精神有利于在全社会营造热爱劳动的浓厚氛围。

劳动精神的培育和宣传可以对人们的劳动实践形成鼓舞、激励的反作用，继而调动劳动人民的积极性，提升劳动人民爱岗敬业的优良社会风气，汇聚起“劳动托起中国梦”的强大正能量。

弘扬劳动精神强调榜样和示范引领，可以在全社会形成一种道德感召，给劳动者一种精神激励，有利于广大劳动人民自觉认识事物，化解矛盾，形成和谐的人际关系和文明的社会风尚。当前，我国经济发展方式正在深刻转变，经济结构正在深刻调整，弘扬劳动精神，增强劳动者的思想觉悟，有利于帮助劳动者获得职业认同感，有利于激发他们建设中国特色社会主义的热情和干劲，有利于在全社会营造热爱劳动的浓厚氛围。

2.劳动精神的历史作用

在几千年的历史长河中，中华民族辛勤劳作、发明创造，正是劳动创造了华夏文明的辉煌历史，建设了气势恢宏的伟大工程。中华民族所取得的一切成就，无不是通过无数劳动者一砖一瓦、一点一滴建设起来的。正是无数劳动者的辛勤劳动、无悔付出，才成就了今日中国的一切美好。

中华优秀传统文化是劳动精神的文化基因和思想源泉，劳动精神则将几千年来的中国传统文化作为“活”的灵魂融入了时代精神之中，代表了一个时代的价值观和道德观，展示了中华民族勤劳勇敢、吃苦耐劳的崇高品格，体现了中华民族与时俱进、开拓创新的精神文化风貌，高扬了中华民族的文化自信和理论自觉。

社会主义中国不仅要高举劳动光荣的旗帜，还要对劳动者充满敬意和关怀，积极弘扬劳动精神。要通过弘扬劳动精神，使广大劳动人民感知劳动的深厚历史价值：劳动创造了整个人类的全部历史。劳动是人类的本质活动，劳动光荣、创造伟大是对人类文明进步规律的重要诠释。中华民族的勤劳、朴实不仅造就了中华五千年的文明史，更成就了今天中国特色社会主义的辉煌成就。

（二）弘扬劳动精神是劳动教育的迫切需求

习近平总书记在全国教育大会上指出，要在学生中弘扬劳动精神，教育引导学生崇尚劳动、尊重劳动，懂得劳动最光荣、劳动最崇高、劳动最伟大、劳动最美丽的道理，长大后能够辛勤劳动、诚实劳动、创造性劳动。将劳动教育与德智体美教育放到同等重要的地位，强调了弘扬劳动精神在青少年成长过程中不可或缺的作用。

勤劳勇敢一直是中华民族的传统美德，影响着一代又一代的青少年健康成长。但是，一段时间以来，随着我国经济社会发展水平的不断提升，在社会转型阶段，青少年劳动教育也存在一些问题。

一是对劳动的意义认识不够。一些青少年在成长过程中，父母和师长帮助其解决了诸多学习、生活和工作中的问题，致使部分青少年产生极强的依赖性，缺乏基本劳动意识和劳动观念，缺乏对劳动价值和意义的理解。二是劳动态度浮躁。由于受多元文化和价值观念的冲击，部分人逐渐淡忘了艰苦奋斗、辛勤劳动等中华传统美德，劳动态度消极，怕苦怕累，期望不劳而获，对待各种实践活动“应付了事”，干事浮躁、投机取巧，缺少脚踏实地的干劲。三是劳动价值取向功利化。由于社会上一些对物质利益和经济利益极致追求的现象没有及时得到制止，导致部分青少年产生功利化的劳动价值取向。利益驱动成为他们从事劳动的唯一动力，若无利可图，根本就不愿意劳动；即使参加了劳动，也是消极地对待、敷衍了事。在这种情形下，劳动的意义和价值逐渐被淡化。劳动教育迫切需要弘扬劳动精神。

要积极弘扬劳动精神，促进青少年形成正确的世界观、人生观、价值观。通过劳动教育，使学生能够理解和形成马克思主义劳动观，牢固树立劳动最光荣、劳动最崇高、劳动最伟大、劳动最美丽的观念；体会劳动创造美好生活，体认劳动不分贵贱，热爱劳动，尊重普通劳动者，培养勤俭、奋斗、创新、奉献的劳动精神；具备满足生存发展需要的基本劳动能力，形成良好劳动习惯。

（三）建设社会主义强国必须以劳动精神做支撑

现阶段，我国的发展阶段、发展环境、发展条件都发生了全面而深刻的变化。建设社会主义现代化强国，不可避免地会遇到难以预料的困难和挑战，需要攻坚克难、百折不挠的精神动力，需要共同价值追求和强大思想保证。劳模精神、劳动精神、工匠精神将成为建设富强民主文明和谐美丽的社会主义现代化强国的精神动力，成为我国经济长期稳定增长的力量源泉。

劳动精神以马克思主义劳动思想为理论根基，植根于中国特色社会主义制度和的伟大实践，凝聚着传统文化的精华，代表着先进的文化成果，是时代精神的应有之义。它激励着全国各族人民团结奋斗、勇往直前，成为鼓舞中华儿女奋力实现中华民族伟大复兴中国梦的强大精神力量。

五、弘扬劳动精神的创新方式

精神的意义在于实践。实现中华民族的伟大复兴，需要各行各业建设者辛勤和智慧的劳动。而要在全社会弘扬践行劳动精神，就必须紧跟时代步伐，顺应劳动者新变化，创新方式方法，营造系统施策、齐抓共管、多方发力的良好社会氛围。

（一）将劳动精神教育列为必修课

1.牢固树立劳动精神理念

榜样的力量是无穷的，榜样教育具有示范、激励、导向、调整、自律和矫正等多种功能。一种价值观要真正发挥作用，必须融入社会生活，让人们在实践中感知它、领悟它。劳模精神、工匠精神是劳动精神在当今时代的典型化身，要通过制度设计和安排，邀请劳动模范和工匠人才担任青少年的辅导员。通过让他们走上大中小学的讲台，走进青少年的生活，与青少年打成一片，更好地传授劳动技能，传播劳模精神、劳动精神、工匠精神，使劳动精神理念在青少年心中生根发芽。要积极发挥劳动精神的引导作用，帮助青少年树立正确的劳动价值观和良好的劳动品质。牢固树立劳动精神理念，可以从以下几方面着手。

一是牢固树立全面发展的教育理念。劳动精神的培养是实现人的全面发展的基础；是学生自我发展、自我完善的重要途径。学校必须转变传统理念，加强教学改革，从办学理念、办学体系、学科设立、专业开设、课程设置等方面积极满足学生全面发展的要求，突出劳动精神培养在整个学校教育中的重要地位。

二是深入挖掘课程中的劳动精神元素。学校要积极挖掘专业课程中包含的劳动精神元素。既要加强对马克思主义劳动价值观的解读，也要结合时代特征增加对创新劳动的介绍，借鉴国外劳动教育的精髓，对课程进行具体化、趣味化和生活化的设计，不断引得学生建立对劳动意义和价值的正确认识，培养学生热爱劳动、尊重劳动、努力向劳动人民学习的思想意识，坚持吃苦耐劳、脚踏实地、辛勤劳动的传统美德，从而提升学生对劳动情感的认同度、对劳动意志的内化度、对劳动行为的自觉度。

三是在校园文化活动中嵌入劳动精神内容。将各类校园文化活动与劳动精神培养有机结合，立足校园开展卫生保洁、绿化设计、宿舍美化、校园风貌整治等公益劳动，开展劳动主题实践体验活动，使劳动精神的培养常态化、劳动精神的树立有序化、劳动精神的宣传规范化。

2.大力推动劳动精神进课堂

课程教育在学生的成长成才过程中有着重要的导向作用，什么样的课程体系决定培养什么类型的人才。要大力推进劳动教育进入学校课程体系、培养方案。

小学低年级学生应当以个人生活起居为主要内容，开展劳动教育，注重培养劳动动手能力和劳动安全意识，使学生懂得人人都要劳动，感知劳动乐趣，爱惜劳动成果。要让学生通过学习个人物品整理、清洗，进行简单的家庭清扫和垃圾分类等，树立“自己的事情自己做”的意识，提高生活自理能力；通过积极参与班级集体劳动，主动维护教室内外环境卫生等，培养集体荣誉感；通过进行简单手工制作，照顾身边的动植物等，学会关爱生命、热爱自然。

中高年级应当开展以校园劳动和家庭劳动为主要内容的劳动教育活动，使其在劳动中体会劳动光荣，尊重普通劳动者，初步养成热爱劳动、热爱生活的态度。学生通过参与家居清洁、收纳整理、制作简单的家常餐等，增强生活自理能力和勤俭节约意识，培养家庭责任感；通过参加校园卫生保洁、垃圾分类处理、绿化美化等，增强公共服务意识；通过初步体验种植、养殖、手工制作等简单的生产劳动，学会与他人合作劳动，懂得生活用品、食品来之不易，珍惜劳动成果。

初中学生应当兼顾家政学习、校内外生产劳动、服务性劳动，在参与劳动教育内容、开展劳动启蒙教育中体会劳动创造美好生活，能够养成认真负责、吃苦耐劳的劳动品质和安全意识，增强公共服务意识和担当精神。通过定期参加校园保洁和美化以及助残、敬老、扶弱等服务性劳动，初步形成对学校、社区负责任的态度和社会公德意识；通过体验包括木工、陶艺、布艺等项目在内的劳动及传统工艺制作过程，参与种植、养殖等生产活动，学习相关技术，获得初步的职业体验，形成初步的职业生涯规划意识。

普通高中学生的劳动教育应当注重丰富职业体验，开展服务性劳动和生产劳动，使学生在参与劳动的过程中体会劳动创造价值，接受锻炼、磨炼意志，具有劳动自立意识和主动服务他人、服务社会的情怀。学生在持续开展日常生活劳动中增强生活自理能力，固化良好劳动习惯；通过选择服务性岗位、经历真实的岗位工作获得真切的职业体验，培养职业兴趣；通过参加大型赛事、社区建设、环境保护等公益活动和志愿服务，强化社会责任意识和奉献精神；统筹劳动教育与通用技术课程相关内容，经历完整的实践过程，提高创意物化能力，养成吃苦耐劳、精益求精的工匠精神品质，增强职业生涯规划的意识和能力。

职业院校学生应当重点结合专业特点，增强职业荣誉感和责任感，提高职业劳动技能水平，树立积极向上的劳动精神和认真负责的劳动态度。通过持续开展日常生活劳动、自我管理生活，提高自立自强的意识和能力；通过定期参加校内外公益服务性劳动，在维护校园环境秩序的同时运用专业技能为社会、为他人提供相关公益服务，培育社会公德，厚植爱国爱民的情怀；通过实习实训，参与真实的生产劳动和服务性劳动，增强职业认同感和劳动自豪感，树立不断探索、精益求精、追求卓越的工匠精神和爱岗敬业的劳动态度，坚信“三百六十行，行行出状元”，劳动不分贵贱，任何职业都很光荣、都能出彩。

普通高等学校学生应当强化马克思主义劳动观教育，注重围绕创新创业，结合学科专业开展生产劳动和服务性劳动，积累职业经验，培育学生创造性劳动的能力和诚实守信的合法劳动意识。要使学生在掌握通用劳动科学知识的同时深刻理解马克思主义劳动观和社会主义劳动关系，树立正确的择业就业创业观；通过养成良好日常生活劳动习惯，独立处理个人生活事务，积极参加勤工助学活动，提高劳动自立自强能力；通过参与服务性劳动，参与教室、食堂、校园场所的卫生保洁、绿化美化和管理服务等，强化公共服务意识和面对重大疫情、灾害等危机主动作为的奉献精神；通过参与生产劳动锻炼，积极参加实习实训、专业服务和创新创业活动，重视新知识、新技术、新工艺、新方法的运用，提高在生产实践中发现问题和创造性解决问题的能力，在动手实践的过程中创造有价值的物化劳动成果。

积极落实劳动精神实践，可以从以下方面着手。

第一，深化校园实践基地，发挥校园资源潜力。形式多样的劳动教育方式是推动劳动精神教育实践的有效手段，可以为青少年扣好“人生第一粒扣子”，让劳动最光荣、劳动最崇高、劳动最伟大、劳动最美丽的价值观念入脑入心。深化劳模和大国工匠进校园活动，推动将“劳模进校园”“大国工匠进校园”活动作为大中小学生的劳动教育课程，计入课时，推动大中小学选聘劳模、大国工匠担任兼职辅导员。在劳动教育师资队伍上，要设立劳模工作室、技能大师工作室、荣誉教师岗位等，聘请相关行业专业人士担任劳动实践指导老师。

第二，借助舆论导向助力，营造劳动文化氛围。提升舆论导向，营造浓厚的劳动文化氛围，对弘扬劳动精神至关重要。具体而言，学校要重视培育劳动精神的文化气息，为学生劳动价值的塑造创造良好环境，利用校园劳模雕塑、图书馆书刊、学校传媒、文化标识等，打造多元化的劳动文化实体，将劳动文化与特色专业设置、基础课程开发、校内校外实践等结合起来。利用学校媒体与社会媒体，加大劳动精神的宣传力度，拓展宣传渠道，推进时代劳模与行业匠人进校园，增强学生对榜样的学习欲望，促使其更好地施展自身才华，实现自我价值。

第三，建好劳动实践基地，加大场域资源共享。社区、企业、部队、乡村等校外场域中蕴含着丰富的劳动精神培育资源，要积极组织学生到这些校外场所开展社会调查、务农劳动、社区服务、公益劳动和勤工助学等活动，将教育同生产劳动和社会实践相结合，在实践中培养学生热爱劳动、珍惜劳动成果的思想感情、行为习惯和艰苦奋斗作风。

第四，结合创新创业，改进劳动教育方式。开展多种形式的劳动教育，将劳动精神培育与学生喜爱的创新创业活动、探究性学习、研学旅行、传统手工制作等相结合，课程、师资、专业、实践教学都要围绕学生劳动精神培养的实际需要，提高学生在思维方法和实践操作等方面的能力，鼓励教师用新理论、新知识、新技术更新教学内容，切实为学生劳动精神的建构和创新能力的增强提供保障。

第五，结合就业教育，引导学生树立正确的劳动观。学校应结合就业教育，鼓励学生积极主动地参与就业，使学生把劳动分工的正确认识转化为具体的劳动行为，这不仅有利于解决当前学生就业难问题，也是学生对自己的劳动认知、劳动情感转化为具体劳动行为的检验。

（二）家庭重视对孩子的劳动精神启蒙

发挥家庭在劳动启蒙教育中的基础作用。家庭是“劳动创造一切”观念得以形成和巩固的基地，其有异于学校和其他社会单位，是开展劳动启蒙教育最简便易行也是最有成效的地方。劳动启蒙教育是劳动精神的培养基础和关键，是“三位一体”教育任务实施主体的基点，必须重视家庭在劳动启蒙教育中的基础性和关键性作用。家庭劳动教育须做到以下两点：

第一，注重日常生活中每一次细小的劳动实践机会，鼓励孩子自觉参与、自己动手，随时随地、坚持不懈地进行劳动，要使劳动成为孩子的一种“下意识”行为。劳动启蒙教育越早进行阻力越少，效果越好。孩子的天性就是喜欢动手，要让他们把劳动当成一种有趣的游戏，而非所谓的负担。基于此，家长应该学会因势利导，鼓励孩子重复练习并习得劳动行为，增强他们的独立意识和自信心。

第二，树立爱劳动的好家风，为劳动教育创造良好的家庭氛围。家庭中深厚的劳动氛围本身就是无声的劳动教育。如果家长不热爱劳动是很难培养出爱劳动的孩子的，一个行动胜过千句语言。家长不仅自己要劳动，还应该让孩子看到、感受到，使其受到影响和熏陶。每个家庭都可以制作一些家训和家规，一代又一代地传承下去，比如自己的事情自己做、做家务劳动光荣、会劳动的人受尊重等。

要发扬家长在劳动精神培育中的关键。首先，家长要重视劳动过程，而不是劳动结果。让孩子参加劳动的目的是通过劳动促进孩子发展，比如动手动脑、遇到困难要坚持、珍惜劳动成果、与家长交流互动等，至于劳动本身的结果并不重要，重要的是，让孩子在劳动中树立劳动意识，学会坚持劳动。

其次，家长要重视劳动教育的育人功能。“培养什么人”是教育的根本问题，家长要善于挖掘劳动教育的内涵，引导孩子体会到劳动是要付出辛苦的、不劳而获是不光彩的、劳动可以创造美好生活、自己劳动所得最珍贵等。让孩子懂得劳动无比光荣、无比自豪。

再次，家长要树立劳动启蒙教育绝不只是传统的“活计”（泛指各种体力劳动）的意识教育。劳动的内涵已经随着经济社会的发展而不断变化和丰富，因此，家长要顺应时代的变化、社会的发展以及人的全面发展的需要，把家庭中的劳动启蒙教育放到更宏大的视野中去考量。如家长可以采用数字化劳动启蒙教育手段，与孩子一起观看《大国工匠》等影片或新闻采访，使其体悟劳动之重要、劳动者的光荣，这是劳动启蒙教育的重要手段。

最后，家长应当与时俱进，创新劳动教育。随着社会的发展，劳动的内容与方式也会发生变化，劳动教育必须与时俱进，适应社会发展，不断体现时代精神。比如我国的服务业发展很快，有很多劳动越来越专业化，家政服务、网上购物越来越发达便捷，家长也没有必要非让孩子用传统的方式来学习。但是，要抓住劳动教育的根本，要让孩子懂得尊重别人的劳动，要让他树立劳动最光荣的理念，要让他知道每个人都是社会的劳动者、劳动没有贵贱之分、不劳而获是可耻的等道理。

（三）社会营造有利的劳动精神氛围

增强劳动认同，营造劳动精神的社会氛围。所谓劳动认同，一方面，表现为劳动者自身在情感上、价值上对自我存在方式、自我价值实现的确证；另一方面，涵盖社会、他人对劳动个体的认知和态度。劳动认同关乎劳动精神的培育，关联社会主义核心价值观的践行，关系两个一百年奋斗目标和中华民族伟大复兴中国梦的实现。要增强劳动认同感，营造弘扬劳动精神的社会氛围。

一是要积极弘扬劳动精神。鲜明、正确的价值导向是维持一个社会和谐有序发展的重要前提，劳动认同的重构要同社会主义核心价值观的培育和践行结合起来。中华人民共和国的建立使劳动者的主体地位得以彰显，改革开放的推进使劳动者的生活更加丰富，中国特色社会主义伟大事业的建设使劳动者的生活更加全面。在这些丰厚成果的背后，还存在着重资本轻劳动、重效益轻保障等一系列现实问题，深入考察问题背后的逻辑，与现代社会多元价值观的冲击、全球资本霸权的影响以及消费主义盛行的自我迷失等因素不无关联。因此，劳动精神的培育要切实发挥社会主义核心价值观的引领作用，继承和发扬热爱劳动、辛勤劳动的优良传统，大力倡导劳动光荣、劳动伟大的价值导向，着力构建劳动最光荣、劳动最崇高、劳动最伟大、劳动最美丽的劳动意识。

二是要开展多种形式的劳动精神宣传教育。随着开放的加深、交往的扩大、信息化的推进，以资本至上为代表的消费主义、享乐主义等西方价值观念同我国集体主义、倡导奉献精神等传统美德产生激烈碰撞。劳动最光荣的时代强音和社会主旋律受到一些人的质疑。因此，劳动精神的培育要注重传统资源与网络媒体的有效整合：一方面，要主动占领宣传阵地，加强思想教育，强化弘扬劳动精神的教育引导。借助微信、微博、短视频 App

等社交平台，将劳动教育融入人们的日常生活，通过弘扬劳模精神、劳动精神、工匠精神，让更多的人意识到社会发展、生活改善离不开劳动者的奉献和付出。另一方面，及时应对变化，做好把关工作，强化应对负面舆论的监督引导，形成激浊扬清的正面舆论氛围，针对贬低、轻视、误解劳动者及劳动精神的现象和事件做出正面回应以及反击。

三是要营造崇尚劳动的良好劳动文化氛围。马克思认为，人创造环境的同时，环境也创造了人。劳动环境对劳动者的影响潜移默化、持久深远。广大劳动者在切实的劳动实践中创造着富有自身特征的劳动文化，既体现了劳动者对日常劳动行为的内在要求，又体现了劳动环境对劳动者的劳动热情和创造活力的激发与促进，劳动精神的培育可以通过对各领域劳动发展史的学习、丰富多样的劳动文化活动的开展等方式来进行，营造尊重劳动、崇尚劳动、热爱劳动的良好文化环境，从而提升劳动者的劳动情怀，使劳动者形成正确的劳动价值观。

鼓励劳动创造，推进劳动精神的实践养成。劳动不仅是自主的实践活动，而且是创造性的实践活动，蕴含着浓厚的历史意义和鲜明的时代特征。要倡导和鼓励劳动创造，必须着力做好以下三方面工作。

一是为劳动者提升创新素质提供平台。在思想文化日益进步的，我国社会正处于全面深化改革的攻坚时期，以市场为导向、以创新为动力的发展使我国企业面临着日趋激烈的产业竞争，让我们深刻感受到缺乏创新性劳动的社会是无法良好运转的，摒弃资本主义“异化劳动”，恢复自由自觉的劳动本质，要从劳动者自身素质的提高出发，知识型、技术型、创新型劳动者的培育需要学校、政府、企业和社会形成有效的联动机制，整合、优化劳动教育资源，开展多种形式的就业、创业培训，建立健全持证上岗制度、薪酬制度等，积极引导劳动者树立正确的劳动观，有效提高劳动者的职业素质与能力，从而为企业创新发展积聚人才优势。

二是为劳动者激发创新热情创造良好环境。中国特色社会主义社会稳定、经济繁荣、国力昌盛的背后，是广大劳动者的付出与贡献。随着劳动人民生活水平的提高，生产安全问题、职业病高发问题、安全卫生立法问题成为广大劳动者极为关切的现实问题，应通过提供舒适的工作环境、建立心理辅导咨询机构、建立健全劳动参与机制等方式改善劳动者工作条件，提升劳动者的待遇和地位，从而更好地激发劳动者的工作热情与创新活力，推动知识创新和技术创新，实现劳动者的素质提升向现实生产力转化。

三是为劳动者开展创造性劳动提供政策支持，在大众创业、万众创新的时代背景下，劳动者既要具有精益求精的工匠精神、艰苦奋斗的劳动精神，还要具有勇于创新、追求卓越的时代品质。创造性劳动从价值观转化成人们的自觉行动、从精神领域转化到物质领域，制度安排和规范设计是极为必要的环节。劳动者自身素质的提高、工作条件的改善，为劳动、知识、技术、管理和资本的活力竞相迸发提供了前提条件。破除制约创新驱动发展的体制机制、完善政策和法律法规、创造有利于激发创新活力的体制环境，是创造性劳动得以实现的重要保障。

劳动精神的培育要在强化劳动者创新意识和创新思维的基础上，促使劳动者在不断追求卓越、超越自我的过程中提升自身的创新能力，从而为建设社会主义现代化强国提供强劲的发展动力。

完善劳动制度，构建劳动精神的培育机制。我国作为一个拥有庞大产业工人队伍的发展中国家，建设高素质、创新性、协作性的劳动者队伍，是我国步入现代化强国的关键，是实现产业振兴的需要。建设高素质劳动者队伍不仅需要思想和理论的创新，更需要制度的完善。

劳动精神的培育，需要保护劳动者合法权益、提高劳动者积极性、强化劳动者制度保障：

一是建立高效统筹协调机制，为劳动精神培育提供顶层设计保障。劳动精神的培育作为一项系统工程，要构建政府主导、企业参与的全员化、全过程、全方位的统筹协调机制。比如，为劳动者人职提供技能培训，对保护劳动者合法权益提供有效引导；完善就业创业联动机制，为劳动者创造更多工作岗位，消除就业障碍和歧视；建立公平公正的社会保障制度，整合养老保险和医疗保险，实现城乡统筹和共享共富；健全社会救助体系和保障性住房制度，完善最低生活保障机制。

二是建立劳动产权保障机制，为劳动精神培育提供制度依据。劳动人权是劳动者真正占有劳动成果的权利，也是劳动者作为劳动主体实现体面劳动、充分就业的权利。劳动产权是劳动者的剩余索取权。随着产权明晰化推进、劳动用工制度和工资制度的变革，将从财产关系上保障劳动者的合法权益、调动劳动者的积极性和主动性。劳动产权制度作为劳动者各项合法权益的重要保障，对劳动精神的培育有着重要作用，并进一步促进劳动者从劳动走向共同富裕。

三是完善按劳分配薪资机制，为劳动精神培育提供科学合理激励支撑。分配制度事关广大劳动者的切身利益和劳动积极性的有效发挥。因此，应完善收入分配机制，提高劳动报酬在初次分配中的比重；完善再分配调节机制，建立公共资源出让收益合理共享机制；在具体政策、劳动报酬制度等方面不断提高劳动者的地位，使劳动者获得应有的劳动报酬和劳动保障，努力使劳动者的根本利益得到最大限度的实现，促进社会主义和谐劳动关系的形成。

第二节　劳动态度教育

“三百六十行，行行出状元。”青年学生要树立劳动平等观和职业平等观，尊重每一份劳动，善待每一个工作岗位。人们只有从心里尊重劳动、尊重自己所从事的工作，才能真正取得成功。

一、热爱劳动

热爱劳动是劳动者对劳动的积极心理态度，是创造众多社会奇迹的劳动者所共有的品质。只有基于对劳动的热爱，劳动者才能最大限度地发挥自己的聪明才干，提高劳动效率，进而体会到自我价值实现的满足与喜悦。反之，如果对劳动不能形成由内而外的热爱，那么劳动则会异化为外在的束缚和枷锁，人在劳动中必然就不会感到幸福。

（一）热爱劳动是一种美德

高尔基说：“我们世界上最美好的东西，都是由劳动、由人的聪明双手创造出来的。”其实我们生来就是一群劳动者，热爱劳动更是中华民族的传统美德，我们理应将它传承下去。

劳动在于创造，在于创造性的劳动。劳动是人的实践活动，劳动可以增长见识。劳动是快乐的，劳动可以培养学生良好的品质。

（二）热爱劳动要从热爱本职工作做起

热爱劳动是中华民族的优秀传统。如今，我国经济迈入高质量发展的阶段，社会分工日益精细，每一种职业都和其他职业相互依存，每一种正当合法的职业都有其存在的价值和意义。青年学生只有坚守热爱劳动的价值观念，继承和发扬热爱劳动的优良美德，才会心甘情愿地劳动，实现由“要我劳动”到“我要劳动”的转变，才会心悦诚服地认同劳动，在工作岗位上埋头苦干。

中央电视台“新春走基层”栏目报道了郑州动车段郑州东动车所一群负责维修高铁卫生间的“90 后”小伙子。正是因为有这群不嫌脏不嫌累的小伙子，列车上的卫生间故障才能得到及时解决，列车上的公共卫生才能得到维护。再如，正因为环卫工人起早贪黑地清扫马路，马路上的垃圾才不会堆积，人们才能顺利出行，环境卫生才有了保障。年除夕，快递员汪勇说服家人，义无反顾地赶到医院送护士回家，在那几个月的时间里，他每天只睡 4 小时，只为让医护人员能随时吃上免费的热饭，为了解决更多医护人员的吃饭问题，他多方联络，最终解决了问题。正是因为有这么多爱岗敬业的平凡劳动者，我们才拥有了今天的幸福生活。

二、积极劳动

积极劳动就是指以积极的态度完成劳动任务。积极劳动具有两个方面的意义，一是高质高效完成他人交代的劳动任务；二是积极主动发现并完成潜在的劳动任务。

（一）高质高效完成他人交代的劳动任务

1.欣然接受被安排的劳动任务

同一个人在不同的社会群体中需要承担不同的责任和义务，完成不同的劳动任务，比如在家庭中要做饭洗衣，在宿舍中要打扫房间；在工作中要完成工作任务，在志愿服务中要服务社会。在面对多种劳动任务时，我们是欣然接受、一口拒绝，还是婉言推辞？显然，“我没做过，不会做”“我做过很多遍了，没有挑战性”都蕴含着消极的劳动态度。我们要欣然接受被安排的劳动任务，以积极的劳动态度完成任务。

2.及时完成被安排的劳动任务

及时行动是积极主动的特点之一。然而，很多人觉得，安排给自己的劳动任务都是一些重复性任务，自己对任务不感兴趣而又不得不完成，由此产生了对劳动任务的抵触心理，在执行任务时能拖则拖。久而久之，他们面对劳动任务，就养成了消极拖延的习惯；拖延之后，又由于时间紧迫，草草应付了事，无法保证劳动质量，也体会不到劳动带来的成就感，从而更加抵触劳动任务，由此就陷入了拖延和抵触的恶性循环。要克服拖延心理，就要在接到劳动任务之后，给自己设定任务完成期限和完成标准，充分利用劳动时间，合理分解劳动任务，及时付诸行动，以高效完成任务。

3.克服劳动过程中的懒惰思想

懒惰的人遇到困难时，往往采取的是等待和拖延的应对方法。这种人不会勇敢面对困难，只会知难而退，还为自己的退却找一大堆借口。所以，在劳动过程中，我们一定要坚决克服“等靠要”思想，制订短期目标，如每天收拾屋子、打扫卫生等，让自己体验劳动后的愉悦，并放大这种愉悦，使劳动成为一种习惯。

（二）积极主动发现并完成潜在的劳动任务

人们通过积极主动的劳动能增强职业认同感和劳动自豪感，增强创意物化能力，培育不断探索、精益求精、追求卓越的工匠精神和爱岗敬业的劳动态度。

职场人需要具备的重要素质是主动思考、“眼里有活”，而不是被安排什么劳动任务就只完成什么劳动任务，认为其他的劳动任务都是分外的，不是领导安排的都不应该去做。比如你去一家公司面试，进门时发现门口有一张废纸，这时你会怎么做？又比如领导让你准备一个活动的开幕式，你应该至少准备 3 个方案供领导选择，并提供相关的人员、费用等数据。

想在人先，勇于迈步。有主动思维习惯的人会主动琢磨自己该干什么以及怎么干。养成主动出击的好习惯，让自己成为一个“眼里有活”的人。

三、辛勤劳动

辛勤劳动强调的是劳动者勤劳且肯于吃苦的劳动状态，是中华民族代代相传的优良品质。“大道至简，实干为要。”美好幸福生活是用辛勤劳动创造的，劳动教育要在学生中弘扬劳动精神，引导学生崇尚劳动、尊重劳动，让学生知荣明耻，为创造美好幸福生活而劳动。

（一）辛勤劳动是一种脚踏实地的状态

“天上不会掉馅饼。”广大学生要树立辛勤劳动的精神，弘扬奋斗精神，坚持苦干实干，把个人的“小我”和国家的“大我”统一起来，把个人成长和时代进步结合起来；牢固树立“一分耕耘，一分收获”的劳动认识，自觉抵制一切不劳而获、投机取巧的错误思想；尊重他人劳动成果，杜绝坐享其成、贪图享乐和无功受禄的现象。

（二）辛勤劳动是一种艰苦奋斗的作风

辛勤劳动折射出的是艰苦奋斗的作风、脚踏实地的道德品质和真抓实干的工作作风。无论外在环境如何变化，辛勤劳动都是个人追求美好生活、实现人生价值的内在要求和可靠抓手。奋斗就是使命，中国特色社会主义事业正是通过艰苦奋斗实干才有了今日举世瞩目的辉煌成就。

（三）辛勤劳动是不凡成就的基石

爱因斯坦说过：“在天才和勤奋之间，我毫不迟疑地选择勤奋，它几乎是世界上一切成就的催生婆。”治学立业离不开勤奋。通过辛勤劳动，人人都可以在平凡的岗位上创造不平凡的成绩。

四、诚实劳动

诚实劳动作为劳动者在生产生活中的一种工作要求，体现为遵从工作标准、遵循职业要求、遵守法律法规等，强调在合法劳动的基础上，不偷懒耍滑，不投机取巧。无论是位于平凡岗位的一线劳动者，还是身处高精尖技术岗位或管理岗位的高素质高技能型人才，无论投身于哪个行业、从事什么职业，我们都应该牢牢守住诚实守信的底线，以诚实劳动为基本准则，践行“诚信”价值观，把诚实守信作为安身立命之本，始终以诚为先、以诚为重、以诚为美，让诚实劳动成为自己的价值自觉、道德品行和行动操守。

诚实劳动要求我们做到以下几点。

（一）实事求是地承诺

所谓“言必信”，就是指我们在劳动中绝不能把诺言当成戏言，必须经过慎重考虑，做出实事求是的承诺。要想做到实事求是地承诺，首先要正确地认识自己，客观评价自己的能力和外在条件，切忌未经思考就轻易承诺。其次要适度承诺，承诺的内容要具有可行性和可操作性。最后要讲究承诺的策略，眼光长远，要给自己留有余地。

（二）不折不扣地履行承诺

在生产劳动中履行承诺是指严格遵守企业规范和标准，不折不扣地履行岗位职责。工作中任何的马虎或疏忽都会成为自己的短板，影响整体的劳动进程、产品质量、个人声誉和职业发展。我们在劳动过程中要讲诚信，包括在劳动材料的选用、操作工序的遵守和操作技能的掌握等方面杜绝偷工减料、欺诈等失信行为。

（三）追求高质量的劳动成果

诚实劳动并不是嘴上说说而已，关键要看实效，这体现在劳动中，即追求高质量的劳动成果。高质量的劳动成果既能彰显个人的能力，又能体现出个体的劳动态度和素质。在劳动成果上，应执着追求产品的尽善尽美、质量的精益求精。在追求高质量劳动成果的过程中可能会出现各种各样的难题和阻力，这时我们不能轻言放弃，否则就会前功尽弃，违背诚实劳动的原则。

第三节 劳动伦理教育

一、劳动伦理本质

中国古代的伦理道德思想高度发达、源远流长，其发端最早可追溯到上古时代，《尚书·尧典》中便论述了孝的伦理规范。成书于西汉的《乐记》总结了先秦时期儒家的音乐美学思想，其中明确提到了伦理，目的在于使音乐与伦理教育相配合，为统治者的文治武功服务。与先秦大致处于同一时期的西方社会也在进行对伦理道德的研究，大约在公元前 330 年，古希腊哲学家亚里士多德的著作《尼各马可伦理学》成书，这是人类思想历史上关于伦理学体系的奠基作。这个体系既构成了西方关于人的生命、生活，即所谓人生问题的伦理学思考的大传统，也构成了整个人类的伦理学和道德哲学理论的主要基础。《现代汉语词典》（第 7 版）中对伦理的定义如下：人与人相处的各种道德准则。因此，劳动伦理就是将这些道德准则运用到劳动领域中去。关于劳动伦理的本质，可以从以下三个方面来论述。

首先，从劳动主体来看，每一个劳动者都有着自己的主体意识，其从事的劳动活动也都是基于自身的价值判断和选择。因此，劳动伦理关系必然是发生在人与人之间的。在劳动过程中，人与人之间形成了各种各样的关系，才会产生相应的伦理道德规范来对这些关系进行调节。一般而言，劳动伦理所调节的范围主要包括劳动者的劳动过程以及劳动者劳动成果的分配等。也正是因为劳动者在劳动过程中占据着主体地位，所以说劳动所带有的伦理性质是内含其中的。

其次，从劳动过程来看，也能够体现劳动所具备的伦理性。劳动过程是劳动者运用劳动资料对劳动对象进行加工，生产使用价值的过程，它是人类生活永恒的自然条件。从劳动过程的定义来看，劳动过程包含至关重要的三个因素，那就是劳动者、劳动资料以及劳动对象。劳动者就是上述所提到的劳动主体，因此，在劳动过程中一定有作为劳动主体的个人的价值判断蕴含其中，而且由于各个主体的价值判断与伦理道德要求不尽相同，导致劳动结果也受到影响。

最后，从劳动结果来看，劳动者通过劳动过程，最后不仅仅创造出了许许多多的劳动产品，而且留下了在劳动过程中逐渐形成的伦理关系规范，这对后人来说是一笔宝贵的精神财富。当然，这种伦理关系规范并不是一成不变的，随着时代的进步以及劳动者主体意识的不断发展，这种劳动伦理关系也在相应地发生变化。

我们从上面三个维度的分析能够看出，劳动中深深蕴含着伦理本性。在进一步探究劳动伦理的本质方面，我国学术界主要有两派观点，一为道德原则说，二为道德关系说。道德原则说认为，劳动伦理是对劳动关系中道德现象的概括，主要是指在劳动中人与其他诸要素之间应当遵守的道德准则，主张劳动伦理是劳动中诸关系的原则协调。道德关系说认为，劳动伦理是对劳动中各种道德关系的反映，是以善恶评价为标准，依靠社会舆论、传统习俗和人的内心信念的力量来调整劳动关系的行为规范；劳动伦理以平衡劳动关系、保护劳动者权益为主要特点，贯穿于劳动关系的各个方面。

其实，无论对劳动伦理如何表述，核心就在于立足人的自由存在、人的全面发展和社会全面进步的本质。对社会生产活动和社会劳动关系进行伦理检审与伦理价值层面的考量，旨在守护劳动中人的价值，维护人的生命尊严，实现人的自由和全面发展。对此，马克思在《1844 年经济学哲学手稿》中已有阐发。马克思说：劳动这种生命活动、这种生产生活本身对人来说不过是满足一种需要即维持肉体生存的需要的一种手段……而自由的有意识的活动恰恰就是人的类特征。

二、劳动伦理意义

劳动作为人类生存发展的第一需要，在人们的日常生活中占据着重要的地位。正如马克思所说，整个所谓世界历史不外是人通过人的劳动而诞生的过程，是自然界对人来说的生成过程。因此，解决好劳动过程中必然会涉及的劳动伦理关系，对于推动人类社会的发展有着重大的意义。

（一）劳动伦理是人类道德体系中的重要一环

劳动是人类所特有的，为满足自身的物质和精神需要，有目的地调整和控制人和自然界之间的物质变换过程的一种改变自然物的社会实践活动。与蜜蜂筑巢、蜘蛛织网捕食不同，这些动物的行为都出于它们自身的本能，而人类的劳动行为都是在自觉意识支配下的能动的活动。正如马克思所指出的那样，蜘蛛的活动与织工的活动相似，蜜蜂建筑蜂房的本领使人间的许多建筑师感到惭愧。但是，最蹩脚的建筑师从一开始就比最灵巧的蜜蜂高明的地方，是他在用蜂蜡建筑蜂房以前，已经在自己的头脑中把它建成了。因此，人类的劳动行为中必然蕴含着他们自身的个人价值判断，也正是在这种最基本的实践活动——劳动过程中，劳动者不断调整自身与他人之间的关系，渐渐形成了劳动中的伦理道德。劳动者通过劳动改造着世界，因此他们是社会历史实践的主体，同时他们也是道德活动的主体。没有劳动，人类就无法成为人类，伦理道德等与人相关的概念自然也不会产生了。所以说，劳动伦理是伴随劳动这种人类最基本的实践活动而产生的，这种与劳动相关的伦理道德规范与人类社会道德体系中的其他方面之间有着千丝万缕的联系。

（二）劳动伦理是劳动中道德职能的需要

劳动过程作为最基本的实践活动，往往有着一定的组织形式。在封建社会，很多劳动者都是以家庭为单位进行劳动生产的。随着生产力的发展以及工业的进步，现在的劳动大多以集体的形式而存在。马克思指出，劳动首先是人和自然之间的过程，是人以自身的活动来中介、调整、控制人和自然之间的物质变换的过程……当他通过这种运动作用于他身外的自然并改变自然时，也就同时改变他自身的自然……他不仅使自然物发生形式变化，同时他还在自然物中实现自己的目的，这个目的是他所知道的，是作为规律决定着他的活动的方式和方法的，他必须使他的意志服从这个目的。但是这种服从不是孤立的行为。除了从事劳动的那些器官紧张之外，在整个劳动时间内还需要有作为注意力表现出来的有目的的意志，而且，劳动的内容及其方式和方法越是不能吸引劳动者，劳动者越是不能把劳动当作他自己体力和智力的活动来享受，就越需要这种意志。通过马克思的论述能够看出，劳动使人类产生了道德上的需要。应用到今天的劳动实践过程中，这种起初产生于劳动者个人的劳动道德已经更多地以劳动集体的道德表现出来了。在这样的劳动集体中，劳动者个人会与他人形成一定的社会联系，此时这种关系已经不仅仅局限在劳动过程中了，对职业选择、职业规划等各方面都有影响。因此，在当前这种劳动集体中，形成良好的劳动伦理道德规范有着十分重要的意义，集体的道德水平的高低对集体中个人的道德发展水平有着深远持久的影响。如果忽视劳动集体伦理道德的建设，那么无论是对劳动者个人，还是对整个社会而言，都会造成不良的影响，不利于建设和谐社会。

劳动伦理不仅仅是当下劳动集体所需，同样也是劳动产品分配中所需的重要道德规范。在劳动过程中，每个劳动者都付出了自己的劳动。当最后预先设定的劳动目标完成之后，对于所得的劳动产品的分配就成了一个关键的问题。在这个分配过程中可能会造成劳动者之间的对立和冲突，在对立过程中，劳动产品分配的规则也就慢慢形成了。所有进入集体中的人都默认遵守这一规则，于是劳动分配中的问题也就减少了。这种分配中所形成的规则，就是劳动道德。劳动产品分配在劳动领域中有着重要的影响，我们要在不断发展的基础上尽量把促进社会公平正义的事情做好，既尽力而为又量力而行，努力使全体人民在学有所教、劳有所得、病有所医、老有所养、住有所居上持续取得新进展。

（三）劳动伦理是促进个人全面发展的需要

研究人类的发展史可以发现，正是因为劳动这种实践活动，人类才与动物逐渐区别开来，并且在漫长的人类发展历史中，不断改进生产工具，提高生产力，从而创造更好的物质生活条件。在这个过程中应该看到，不仅仅是人类生存于其中的客观物质世界在变得更好，同时人类自身的认知能力、知识水平以及专业技能等都在不断地提高。所以说，人类是在劳动的过程中不断地发展着自身的。而劳动伦理在产生之后，就会不断调节和订正劳动过程中人与人之间的关系，从而使这样的关系发展更加和谐，这对充分发挥劳动对个人全面发展的促进作用有着巨大的帮助。例如，在劳动伦理规范中，要求劳动者对待工作认真负责。如果劳动者没有做到的话，很可能就面临着被辞退的风险，从而失去获取物质生活资料的手段。因此，在这种劳动伦理道德的作用下，很多劳动者都会尽职尽责地将工作做好，面对工作中遇到的新问题，也都会积极主动地寻找办法去解决。这样下去，在潜移默化之中，劳动者的个人能力也就得到了发展，综合素质获得了提高。所以说，劳动伦理对于促进个人的全面发展起着一定的推动作用。

马克思针对劳动对个人的促进作用提出了劳动本体论。这一理论以及其中所蕴含的辩证法的思想，对其整个劳动伦理思想体系的形成有着重要的奠基作用。马克思的劳动本体论思想指出，从劳动最基础的属性来看，只有人类才能进行劳动，因此劳动是人类所特有的一种活动，而且这种活动是人类自身最本质的活动，是人类维持自己生存状态而必须进行的。只有出于人的内在生命活动的展开及其需要的满足，才是真正意义上的属于人类的劳动。劳动是人的创造性活动，劳动是人的展开的对象性活动。在马克思看来，人的劳动是“人在外化范围内或者作为外化的人的自为的生成”。从上述的分析中可以看出，正是通过劳动这种活动，人类才证明了自身的存在，同时也实现了自身更好地发展。所以对于人来说，劳动具有一种本体的意义。劳动对人的生存发展具备重要的意义。可以说，人正是通过劳动证明了自身的存在，同时，人也正是以自身的劳动创造性地实现了自身的发展变化。这一点也凸显了劳动于人的本体意义。劳动和生命展开的深度契合，说明人的劳动生产的重要性。对此，马克思进一步指出，劳动不单单是源自人的肉体需要，甚至摆脱了这种需要时也要进行生产，并且只有在他摆脱了肉体需要时才真正地进行生产。这里马克思将精神生产的重要性体现了出来。所以，马克思为了广大无产阶级劳动者的解放所创立的一整套劳动伦理的思想反映了当时社会中存在的劳资关系之间的问题，为劳动者打破这种固化的壁垒提供了途径和方法。

（四）劳动伦理是我国伦理学学科发展的需要

在中华文明的发展进程中，封建社会形态占据了相当长的一段时期。小农经济是封建社会最基本的经济形态，小农经济以家庭为生产单位。

（五）劳动伦理对社会的建设发展具有指导意义

除了作用于个人之外，劳动对整个社会的发展同样也起着积极的指导和推动作用。人们在劳动过程中结成了各种各样的关系。但是，人的本质不是单个人所固有的抽象物，在其现实性上，它是一切社会关系的总和。也正是因为劳动，人才成为社会的人。因此可以看出，劳动对于整个社会的进步都具备非常重要的作用。人民创造历史，劳动开创未来。劳动是推动人类社会进步的根本力量。

人民一方面是社会劳动实践的主人，另一方面也是劳动活动的主人。劳动道德的形成，对于改造整个社会的道德面貌都有着重要的影响。

人类历史发展中经历过多种社会意识形态，不同的社会意识形态往往有着不同的适用于其社会形态的劳动伦理道德思想。一般意义上而言，新的社会形态下的劳动伦理往往比前一个社会形态的劳动伦理具有更加进步的意义。

以资本主义社会为例，资本主义社会代替封建社会是人类发展史上的重要进步，对于生产力的解放有着巨大的推动作用。劳动者与资本家之间不再是过去的人身依附关系，劳动者对自己的劳动力有着一定的支配自由，可以与资本家在市场上进行自由的交易，通过自己的劳动力来换取生活资料，维持个人生命的再生产。随着时代的发展，资本主义社会也在不断调整着劳资关系，通过增加劳动者的福利待遇、给予劳动者股权、规定劳动时间等方式来缓和劳资关系，从而提高劳动者的生产效率。同时，资本主义社会大工业生产的方式用严明的纪律来要求劳动者，这在客观上也促进了劳动者个人品德的进步。经济上的进步带来了思想上的进步，资本主义社会与过去的封建社会相比，生产力有了大幅提高，这就促进了思想文化的繁荣发展，其中也包括伦理道德科学的发展。资本主义社会的劳动伦理道德科学，对社会主义伦理道德的发展也起到了一定的推动作用。除此之外，在现代的西方资本主义社会中，许多企业内部都有工会组织，代表广大工人的利益同资本家进行抗争。马克思劳动伦理思想中所蕴含的劳动辩证法的精髓，强调要实事求是，用发展的眼光看问题。资本主义国家的工会组织也坚持这样的方法和原则，从广大工人的实际利益出发，坚持同资产阶级政府和资本主义企业家进行斗争，推动了资产阶级社会内部工人运动的发展。因此，与落后的封建社会相比，在进入资本主义社会之后，劳动伦理关系有了较为明显的进步。

从人类社会发展形态的角度来看，社会主义社会与资本主义社会相比，在劳动伦理方面又有了更大的进步。

马克思的劳动伦理思想为社会主义建设提供了价值导向。马克思的劳动伦理思想强调，劳动是自由的，是个人生存和发展所必需的，劳动者是神圣的。因此在社会主义社会处理劳动关系时，就要坚持这一核心原则。要建立完善的法制来充分保证劳动者的权益，要引导社会形成崇尚劳动、尊重劳动者的社会氛围，让劳动者感到劳动光荣。马克思的劳动伦理思想强调，应该注重弱势劳动群体的利益。以我国社会主义建设为例，中国共产党是中国工人阶级的先锋队，始终代表的是广大无产阶级劳动者的利益，所以党在执政的过程中就非常注意保护无产阶级劳动者的利益。面对社会资源分布不平衡的问题，党和政府及时调整政策，在再分配领域中更加注重公平，通过累进制的个人所得税等方式来对社会财富进行调节。同时，政府通过转移支付等办法来进行有针对性的扶贫工作，帮助贫困群体改善生活。由此可以看出，劳动伦理在我国社会主义建设中发挥着中流砥柱的作用。

三、劳动伦理特点

劳动伦理是一般伦理规则深入劳动领域的应用和阐发。一般伦理规则是在处理人与人、人与社会、人与自然相互关系时应遵循的道理和准则，是一系列指导行为的规范，而劳动伦理就是将这些道德准则运用到劳动领域中。

回顾我国历史可以发现，在相当长一段时期内，劳动伦理作为一种道德规范，在实际工作领域中发挥着重要的调节作用。从国内来看，对劳动伦理问题较早开始研究的是陈振鹭，他在1934年所著的《劳动问题大纲》中以一定的篇幅介绍了劳动问题与伦理学的关系。陈振鹭认为，伦理学的发展都是以道德为标准的，然而随着时代发展的不同，道德的标准也在相应地发生变化，因此劳动行为在任何时候都要紧跟时代步伐，以时代的道德标准来对劳动领域中的行为进行规范，这样的劳动行为对整个社会的道德发展也是有益处的。1989年，王昕杰、乔法容的《劳动伦理学》一书从改革开放后中国劳动关系和道德关系出发，对理论进行修补完善，指出“劳动伦理学是以人们劳动活动、劳动过程中的道德问题为其研究对象的一门新的学科”，对劳动伦理学进行了较为规范的定义。1994年，刘进才所著的《劳动伦理学》一书从不同社会形态中劳动伦理具有的不同要求讲起，对劳动伦理的起源进行探究，并介绍了我国现代劳动伦理学的产生和发展过程。他指出，自从有了社会劳动，就产生了劳动关系，也就有了规范和调节这种劳动关系的道德。劳动伦理是对劳动中道德现象的概括，主要是指在劳动中人与其他诸要素之间应当遵守的劳动道德准则。作者在对劳动伦理的起源进行清晰的介绍之后，从劳动者个人在劳动中应具备的劳动道德要求，劳动管理者在管理劳动者过程中的道德要求，对劳动资料、劳动对象以及劳动产品的道德控制等方面对劳动伦理的发展提出了一些建议。

进入21世纪之后，随着改革开放进程的不断推进以及社会主义市场经济的蓬勃发展，劳动领域中的问题越来越受到人们的关注。问题催生理论，劳动伦理领域的相关研究也以较快的速度发展起来。马唯杰在《劳动伦理研究》中指出，劳动伦理是以人性需要为价值导向，规范、协调和发展“劳动者—生产要素”关系的一系列价值观念和道德准则。作者对当代中国的劳动伦理问题进行了探究，并对劳动伦理概念进行了辨析，然后从劳动要素伦理、劳动过程伦理和劳动价值伦理三个角度对劳动伦理进行了介绍和分析，最终提出解决劳动伦理问题的方法就是建立走向共享发展的体面劳动。

在中国，很多学者都从马克思劳动伦理思想的角度出发，研究劳动伦理的发展过程。马克思并没有给劳动伦理一个明确的定义，但是他在很多著作中都对劳动伦理的思想进行了论述。从马克思的著作中能够看出，他认为劳动伦理关系其实就是因为劳动而产生的伦理关系。马克思的劳动伦理思想在其整个思想体系中有着清晰的发展轨迹，这一思想最初产生于1843—1848年。在这个阶段，马克思从人本主义的角度出发，为广大大众的权利进行了辩护。19世纪50年代后，马克思的劳动伦理思想就进入了第二个阶段。在这个时期，马克思从所能观察到的经济社会现象的表面深入其背后隐藏的各种关系中去，开始从生产关系的角度形成他自己的劳动伦理体系。19世纪60—80年代，是马克思劳动伦理思想形成的第三个阶段。在这一阶段，马克思通过多本著作对资本主义社会的劳动伦理关系进行了分析，并指出了未来社会劳动伦理关系的形态。马克思在劳动伦理关系中的突出观点是，因为劳动者的劳动行为，才产生了劳动伦理关系，而不同的劳动行为，也会产生不同的劳动伦理关系。这里讲的不同的劳动行为，主要是从意识形态领域来划分的。

通过以上的梳理能够看出，劳动伦理不但关注解决劳动领域内出现的各种各样的问题，而且更加深入地对在劳动中结成的人与人之间的关系进行研究。因此，我们可以对劳动伦理进行如下的定义：劳动伦理是劳动者在劳动过程中形成的处理人与人、人与自然、人与社会等关系的道德准则。劳动者作为劳动主体，在劳动伦理的形成和发展变化过程中占据着重要的地位。因此，我们可以思考这样的问题：为什么劳动者需要劳动伦理的产生？其基本可以从以下四个方面进行定义。

第一，尊严的劳动。

尊严这个概念从本质上说是人自身所产生的一种主观感受，但是这种主观感受同时又来源并体现在现实生活当中。从马克思主义的视角来看，人作为一种实践主体，通过劳动这种方式改变客观世界，同时也不断地改造自身的主观世界。因此，劳动不仅是单纯的实践活动，其中还包含着丰富的伦理秩序。

从劳动本身来说，作为人生存的基本方式，劳动在人类发展过程中占据着重要的地位。通过劳动，人类创造了自己生存于其中的客观世界，同时在劳动过程中不断追求更高的精神境界。因此，劳动本身就是一种有尊严的活动，继而从事劳动的劳动者也应该是有尊严的。这种尊严感的获得并不取决于劳动者从事的行业，也不取决于劳动者社会地位的高低，它应该是每一个依靠自身的体力和智力从事劳动的人都应该得到的。

如果想要劳动者将自身的价值更加充分地挖掘和发挥出来，那么让他们在劳动过程中感受到尊严是必不可少的一个条件。当劳动者在劳动中感受到尊严的时候，能对他们心理上形成一种正向的激励，从而使他们感受到劳动的美好，以更大的热情投入劳动中去。当在这种状态下劳动时，劳动者将不再感觉是为了获取生活资料而机械地重复自身劳动，相反，他们能够感觉到对自身价值的一种追求，在这个过程中也能够创造出更大的社会价值。

第二，公平的劳动。

劳动者的劳动应该是公平的劳动。我们可以将其概括为劳动公平原则。人类社会在发展过程中，总是在不断追求着公平。中国古代社会中就有了“不患寡而患不均”的思想，因此对于劳动者来说，在劳动过程中所要追求的重要原则之一就是公平。从人类社会发展历史来看，在资本主义社会之前的劳动伦理道德中，对于公平的原则涉及很少；从资本主义社会开始，劳动者在劳动过程中获得了一定的“公平”。

与封建社会相比，在资本主义社会中，劳动者与管理者之间不再是一种人身依附的关系，资本通过构建一种自由买卖的体系，使劳动者将其自身的劳动力作为一种商品放置到市场中进行交换，从而换取生活所需的物质资料。这种买卖并不像过去那样对劳动者起到终身的约束作用，相反它只能维持一段时间。这样看来，劳动者在这个过程中获得了自身地位的提升。对于这种现象，马克思评价道，这种市场上的交换“对卖者也绝不是不公平”。可以看出，马克思对资本主义社会劳动力可以在市场上进行自由交换的行为给予了肯定，也认可了其中蕴含的一定的公平性原则。

除此之外，在资本主义市场上，资本家以工资这种形式购买劳动者的劳动力，支付给劳动者货币用以维持劳动者的生存及发展所需，客观上说，这样的过程对于劳动者是一种进步。因为在封建社会中，劳动者的劳动力价值被以签订契约的形式一次性地出卖了。在资本主义社会，劳动者能够根据自身脑力和体力的耗费来换取自身劳动力的价值。除此之外，为了获得更多的价值回报，广大劳动者也会不断学习，增加自身的技能，从而提高自己的劳动力价值，在劳动力市场上换取更高的工资。资本家招募劳动者从事资本主义生产的过程，在客观上蕴含着一定的公平因素。在这个过程中，资本家获得了劳动者创造的全部价值，劳动者也得到了维持生存所需的工资作为回报。

与资本主义社会相比，社会主义社会在劳动公平这方面有了更大的进步。用马克思的观点来说，“劳动生产了宫殿，但是给工人生产了棚舍”“劳动生产了智慧，但是给工人生产了愚钝和痴呆”。这些观点是马克思对资本主义社会中存在的劳动不公平现象的抨击。在马克思设想的生产中，劳动者的劳动应该是让他们能够感觉到公平的劳动，这种公平性体现在方方面面。例如，劳动者应该拥有平等的机会去选择工作，同时在工作中所得到的回报也应该是公平的，是根据自己劳动价值而得到的，这种回报的获得不应该是由除了劳动者自身劳动能力之外的其他因素所决定的。

劳动公平原则是劳动者在劳动过程中永恒追求的一个话题，它会随着时代的发展而不断地变化，这也是劳动伦理要解决的核心问题。无论是在何种社会形态之下，劳动者所追求的劳动公平大致都有同样的要求。例如，在进行劳动之前的阶段，劳动者应该有自由选择劳动岗位的权利，用人单位不能因为性别、种族等因素而歧视劳动作者，剥夺他们的劳动权利。在进行劳动的过程中，用人单位应该为所有劳动者提供一视同仁的劳动权利方面的保护，比如对于高危工作岗位上的人群，相应的保护设施、保险等都应配备齐全，不能因为其他因素而降低一些劳动者的防护标准。在劳动结束之后，对劳动成果的分配是贯彻劳动公平原则最为明显的一个环节。劳动者理应得到与个人劳动力价值相匹配的劳动报酬，管理者不能以不正当理由克扣劳动者的合理报酬，要让公平的原则在分配领域贯彻执行。

第三，自由的劳动。

劳动伦理思想中另一个重要的原则就是劳动自由原则。所谓劳动自由原则，是指劳动者无论是在劳动前还是在劳动过程中，都应该是受自己的主观意识所支配的。也就是说，在自由的劳动状态下，人们并不是因为外在的因素而不得不劳动，相反，每个人都是出于自身内在的需要而选择去劳动的。这种自由的原则是人作为劳动主体，逐渐探寻自己类本质的过程，因此也是一个漫长的过程。从社会历史发展的角度来看，在漫长的人类历史发展过程中，劳动者在劳动过程中不断进步，并向着这种自由的劳动状态前进。在原始社会，原始人在共同劳动的过程中已经形成一些勇敢、团结、互助等习惯，通过这些习惯来对当时简单的劳动关系进行调节。在这一时期，劳动者的劳动是拥有一定自由的，因为他们的这种劳动是为了满足本身的生存所需，并不存在来自他人的强迫，此时的劳动情景有着一种淳朴的气息，同时也具有一定的自由。在随后的奴隶社会和封建社会，劳动者在劳动过程中所追求的自由原则在很大程度上就丧失了，由于私有制的出现，奴隶主和封建主将劳动者当作自己的私有财产，强迫劳动者进行劳动，对于劳动成果分配也是完全利己的，所以在这两种社会形态中，劳动者失去了在劳动过程中的自由。

进入资本主义社会后，劳动者在劳动过程中不自由的状况有了较为明显的改善。首先，劳动者从过去对封建主的人身依附关系中挣脱了出来，对自己的身体和劳动力有了自主的支配权。劳动者能够将自己的劳动力置于资本市场之上进行自由的交换，并在资本市场上有一定的选择自由。所以说，资本主义社会中体现出了一定的劳动自由原则。其次，随着资本主义生产方式的确立，资本在其逐利性的影响下在各个行业中流动。随着资本的流动，广大劳动者也相应地在供求关系的影响下在各个行业中流动。除了在行业间流动，在同一行业的不同部门之间，劳动者也有较为频繁的流动，劳动者具备一定的选择自己工作的自由。最后，从历史发展的长河中看，资本主义生产制度大大推动了生产力的发展。正如马克思和恩格斯在《共产党宣言》中所说，资产阶级在它的不到一百年的阶级统治中所创造的生产力，比过去一切世代创造的全部生产力还要多、还要大。在生产力大幅发展的情况下，科技在生产中所占的比重越来越高，在一定程度上解放了劳动者，劳动者有了更多的时间来发展自身，因此也可以说劳动者拥有了更多发展自身的机会和自由。

第四，幸福的劳动。

劳动伦理中不可忽视的另一个原则就是劳动者应该在劳动中感觉到幸福。这里所说的劳动幸福，就是指劳动者在劳动过程中，不断实现自己作为人的类本质，从而使劳动者自身产生一种愉快的感受。这种幸福的劳动的感觉可以从多个方面来获得，最直接体现在劳动过程中。在这个过程中，劳动者因为劳动环境、劳动制度、劳动回报等因素，感觉到他的劳动是幸福的，这种外在的劳动幸福是比较容易得到和观察到的。但是除此之外，还存在着更深层次的劳动幸福，那就是劳动者在劳动过程中不断发挥自己的类本质，创造出了自己的价值，从内心最深处确证了自己存在的意义，这对劳动者而言更是一种在劳动中获得的幸福感。

（一）阶级性

劳动伦理思想具有阶级性。不同的阶级代表着不同的利益，因此在这个阶级中所形成的劳动伦理思想往往是为这个阶级的利益而服务的。任何一种理论的提出和发展都是从现实的需要中产生的，因此在不同的社会实际状况下，劳动伦理的内涵也会有所不同。劳动伦理属于道德的范畴，而道德作为上层建筑又是由经济基础所决定的，因此劳动伦理天然就带有其深刻的阶级性特点。关于劳动伦理的阶级性特点，可以从其在资本主义社会与社会主义社会的不同形态对比中进行探究。

一方面，对资本主义社会的劳动伦理思想进行探究可以发现，在资本主义社会中，劳动伦理关系的发展曲折前行。在资本主义社会基本经济制度中，资本好像具有一种魔力，仿佛通过资本的运作就可以创造出更多的财富来。这就促使资本主义社会的资本家都在追求拥有更多的资本，资本家在完成资本积累的过程中，不断扩大自己的生产规模，而资本主义社会的劳动伦理关系也随着资本生产规模的扩大而不断地发生变化。在资本主义扩大再生产的过程中，它不仅是物质资料的再生产，同时也是生产关系的再生产。资本家在劳动生产过程中希望劳动者能够保证劳动生产率，而劳动生产率高低又受劳动伦理道德的影响，于是资本家和劳动者之间的劳动伦理规范就在不断地调整，并且随着生产力的进步以及生产规模的扩大，这个调整的范围也相应地扩大了。伴随资本主义的发展，越来越多的劳动者都进入了这个调整的领域之中。这种资本主义劳动伦理关系建立在劳动者人身自由的前提下，劳动者追求的是工资，资本家追求的是劳动者所能创造出来的剩余价值。资本主义的劳动伦理关系是从资产阶级出发而不断进行调整的，其阶级性体现得非常明显。

另一方面，对社会主义社会中的劳动伦理思想进行研究可以发现，马克思的劳动伦理思想是站在无产阶级的利益上提出的，包含着对广大无产阶级劳动者的关怀。马克思指出，“异化劳动”从人那里夺取了他的生产对象，也就从人那里夺走了他的类生活，即他的现实的类对象性，把人对动物所具有的优点变成缺点，因为人的无机的身体即自然界被夺走了。通过这段描述能够看出，马克思认为，在正常的劳动伦理关系中，工人生产出来的产品应该是属于工人的，但是最后却被资本家占有了，这是对资产阶级劳动伦理关系的批判，也是对广大无产阶级劳动者的关怀。从这一意义上说，马克思劳动伦理思想的阶级性与马克思的人民性是相一致的。

因此，我们可以得出这样的结论，劳动伦理作为人类的伦理道德原则在劳动领域的体现，具有一定的阶级性，在不同的社会形态中代表着不同阶级的利益。

（二）历史性

劳动伦理除了具备阶级性之外，还具有历史性。这种历史性主要体现在不同时代的劳动伦理有着不同的内涵，即使放到现在来看其中的一些思想已经不适用了，但是在当时的历史背景之下，却具备一定的积极意义。

例如，在资本主义社会刚刚代替封建社会，资本主义生产关系初步形成的时代，那时的资本家雇佣劳动者从事资本主义生产活动，这种基于劳动者人身自由的雇佣劳动是非常明显的进步，它帮助广大劳动者通过自己的劳动换取一定的物质生活资料来维持自己的生存，同时劳动者也能够不断地学习，提高自身的技能，从而在劳动力市场上换取更大的价值。这些在那个时代形成的劳动伦理规范在当时很好地保障了劳动者的权益，对于他们适应资本主义生产方式，推动资本主义社会生产力的发展起到了积极的作用。

19 世纪，资本主义社会在劳动领域中出现了很多问题，劳动者和资本家之间的关系比较紧张。正是在这种背景下，一种具备人道主义思想价值的劳动伦理规范出现了，这就是马克思的劳动伦理思想。在他的观点中，独立劳动被称为自主活动，这种独立自由的劳动伦理规范，体现了马克思对人的类本质划分的定义。在这种情况下，人是劳动的主人，人在劳动中也不会感到压迫了。

从劳动伦理的这种发展变化中我们能够看到，随着社会实际状况的不断变化，蕴含着进步意义的劳动伦理也会随之出现。在这种情况下，过去旧的劳动伦理体系就会遭到挑战，最后被新的劳动伦理体系所代替。劳动伦理是具备历史性的，是一直向前发展的。

（三）实践性

劳动伦理的实践性主要体现在其产生于实践中，同时又应用于实践之中。也就是我们通常所说的，理论来源于实践，同时理论又指导着实践的发展。劳动伦理作为人类伦理规范在劳动领域的体现，也是作为一种理论登场的，这种理论无疑来源于人与人之间的关系实践中，同时当它形成之后，又反过来影响人们之间的这种关系。

无论在何种社会形态之中，劳动伦理关系都是从社会劳动领域所面临的问题中产生的。因为人是劳动的主体，同时又是道德的主体，所以劳动过程中一定会涉及人与人之间的各种道德关系。劳动者和管理者各自都有自己的道德意识和道德水平，这些水平也是不尽相同的，因此劳动者和管理者之间可能就会出现各种各样的矛盾。只有解决或者缓和这些矛盾，才能确保劳动生产活动的正常进行，这时就需要劳动伦理关系发挥作用了。劳动伦理的内容主要来源于长期劳动实践过程中形成的道德规范，并用这些道德规范来调节劳动者和管理者之间的关系。所以说，劳动伦理关系是从劳动者的劳动实践中产生的，具备深刻的实践性。

与此同时，这种劳动伦理关系在形成之后也在不断地改变着实践，推动着实践向前发展。马克思说，哲学家只是用不同的方式解释世界，而问题在于改变世界。实践才是最终的目的。马克思从当时社会的实际情况出发，通过自己的调查实践，提出了劳动伦理思想。这一思想在形成之后就对过去旧的劳动伦理观念形成了巨大的冲击，推动着实践不断地做出改变。例如，很多企业家开始对劳动者的合法权益给予更多的重视，通过改革生产、管理等制度，让劳动者在参与劳动的过程中拥有了更多的话语权，劳动者拥有了更好的物质生活条件。所以说，劳动伦理的调整对实践的反作用是不可忽视的，劳动伦理具有很强的实践性。

四、劳动伦理现实表现

随着时代的发展，劳动伦理在当今社会有新的发展，具体表现为国际社会、国家和政府及其企业对劳动伦理要求的变化，也反映在劳动者个体的伦理道德、其所处的劳动关系伦理等的现状及其存在的问题与对策。面对未来，劳动伦理同样会面临很多挑战，尤其是人工智能若作为劳动主体，会给人类带来一定的伦理风险，对此我们要有科学的认识和分析。

（一）劳动领域的新变化

随着科学技术的发展和广泛应用，现代生产方式也在不断变革，与过去相比，劳动领域内也发生了许多新变化。现代科技的进步大大解放了人类的劳动，机械化程度的不断提高将许多劳动者从单调机械的工作状态中解放了出来。同时，整个社会的劳动生产率也大大提高，创造了巨大的物质财富，人类整体的生活水平都在向着更高质量的方向发展。但是，在看到劳动领域出现的这些进步的同时，我们也应该看到，社会发展同样也给这个领域带来了许多新的问题，而如何解决这些问题就是劳动伦理在当今时代需要面临的新的课题。

1.劳动领域中的契约精神匮乏

契约一词源于拉丁文，原义为交易，其本质是一种契约自由的理念。所谓契约精神，是指商品经济社会派生的契约关系及内在的原则，是一种自由、平等、守信的精神。在劳动领域，这种契约精神是双向约定的，企业家和劳动者都应该具备这种精神。

企业家具备的契约精神主要体现在两个方面：一方面，在招聘市场上，企业家要坚持平等的原则，不能因为性别、年龄等因素对劳动者进行歧视，对劳动者工作能力的要求应该在招聘启事上予以清楚的说明：按照招聘启事的要求招聘合格的劳动者，如果在招聘过程中存在隐性的歧视，那企业家的契约精神就受到了损害。在经营过程中，企业家的契约精神体现在按照合同组织生产，严格遵循生产标准，不偷工减料等。

另一方面，劳动者同样也应该具有契约精神。在进入劳动领域时，劳动者与用人单位之间通过合同的方式确立了双方的权利和义务，劳动者应该按照合同的原则从事工作。

但是，目前劳动领域中出现了一些企业家和劳动者不遵守契约精神的现象。科技的发展大大拓宽了人们获取信息的渠道，很多劳动者拥有了更多的选择工作的机会。这既给劳动者带来了选择的自由，也使一部分劳动者丧失了契约精神。例如，一些劳动者与用人单位签订合同进入劳动单位，工作几天之后觉得自己不想从事该工作了，就直接从单位离开，然后销声匿迹寻找新的工作，原劳动单位的工作人员都无法与他取得联系。这种行为会给劳动单位造成很大的损失，对用人单位来说，前期对劳动者培训的成本因此损失掉了。同时，在今天这种大工业生产的时代，劳动者个人的缺席，很可能会影响整个生产线的正常运转。同样，企业家也有不遵守契约精神的行为，例如以各种理由克扣劳动者的工资，不按规定给予劳动者相关的劳动保护，等等。所以，在目前的劳动领域中，仍然存在着这些不遵守契约的行为，需要形成新的劳动伦理规范来解决。

2.劳动关系不和谐

劳动的主体是人，在劳动过程中，人与人之间一定会结成各种各样的关系。这些劳动关系是否和谐直接影响到劳动者的劳动状况，影响到劳动生产率的高低，也会影响到整个社会的和谐状况。因此，应当用劳动伦理来调节人与人之间的劳动关系，以期达到一种和谐的状态。

和谐劳动关系可以从狭义和广义两个方面来理解。狭义的和谐劳动关系是指劳动者和管理者之间的一种和谐的关系。在这种状态下，劳动者和用人单位可以就劳动进行的过程、劳动成果的分配等达成一致，实现劳动关系的健康发展。广义的和谐劳动关系主要包括四个方面的内容，分别是人与自然的和谐、人与自己的劳动过程的和谐、人与自己的劳动产品的和谐、人与人的关系的和谐。从人与自然的和谐来看，劳动者在从事劳动生产的过程中，需要通过自身的劳动将生产资料转化为劳动产品，这些生产资料又是来自自然的，所以人与自然应该就物质的交换达到一种和谐的状态。从人与自己的劳动过程的和谐来看，这一点主要是从人的本质来谈的。《共产党宣言》中提到，“每个人的自由发展是一切人的自由发展的条件”。每个人在自己的生命中都在不断追求着自由发展，这一点同样也会体现到劳动领域中。在劳动过程中，劳动者们会希望自己的劳动是自由的，每个人都是自愿参加劳动的，而不是被其他外在的因素强迫参加的，这就是劳动领域中应该追求的人与自己的劳动过程的和谐。人与自己的劳动产品之间的和谐，主要是从对劳动产品的分配上来说的。劳动者在劳动过程中通过自己的劳动创造出巨大的物质财富，那么劳动者就应该拥有对这些财富的支配权。他们创造的劳动产品越多，他们自身的物质生活条件也应该越好。从人与人的关系的和谐来看，要求每一个劳动者都是平等的，不会因为工作岗位的不同而受到任何歧视。同时，劳动者和管理者之间也是一种平等关系。每个人的人格都是独立的，不受其他任何人的支配。当劳动领域中每一个人都是以平等的关系进行互动沟通时，整个劳动领域中的和谐劳动关系才能形成。

但是，从目前我国劳动领域的实际情况来看，还存在许多劳动关系不和谐的现象。例如，一些企业为了追求经济利益，过度向自然索取，造成了生态环境的破坏；一些企业形成了“加班文化”，通过各种各样的方式减少劳动者的休息时间，使劳动者在劳动过程中渐渐失去了作为劳动主体的能动性和创造性；一些企业无故拖欠甚至克扣劳动者的薪资，造成了劳动者和用人单位之间劳动关系恶化；等等。诸如此类的问题都需要我们结合时代发展的背景，应用新的劳动伦理来予以解决。

（二）劳动伦理面对新问题时的新应用

社会实践的发展往往会产生新问题，面对这些新问题和新变化，理论也应该不断更新自己的内容，以便能够继续指导实践的发展。劳动伦理的发展同样如此。当面对劳动领域出现的这些新问题时，劳动伦理体系可以从以下角度对劳动领域中的种种行为进行规范。

1.鼓励诚实劳动

“人民创造历史，劳动开创未来。劳动是推动人类社会进步的根本力量。”“劳动是财富的源泉，也是幸福的源泉。人世间的美好梦想，只有通过诚实劳动才能实现；发展中的各种难题，只有通过诚实劳动才能破解；生命里的一切辉煌，只有通过诚实劳动才能铸就。”目前劳动领域中存在的缺乏契约精神等问题，可以通过鼓励诚实劳动的方式来解决。在习近平中国特色社会主义思想中，诚实劳动是一个重要的概念。贯彻诚实劳动的理念，要求劳动者在劳动过程中要以踏实、认真的态度对待工作。目前，一些劳动者对待工作敷衍了事，在工作中只追求工作量的完成，对工作的质却忽略不管。劳动者在劳动过程中应该贯彻诚实劳动的原则，要热爱劳动，遇到困难时要敢于面对，积极寻找办法解决问题，对待工作要一丝不苟，不能得过且过，要以认真负责的态度完成自己的工作。诚实劳动还要求劳动者在劳动过程中要充分发挥自己的体力和智力，运用自己的创造力在工作中做出自己的贡献。要锐意进取，积极分析当下形势的变化，紧跟时代的发展不断学习，不断丰富提高自身的技能，提高自己的工作能力。

从企业的角度而言，也要将诚实守信的原则贯彻落实到日常的劳动过程和管理过程当中。企业应该严格遵守国家相关法律法规的要求，自觉保护劳动者的合法权益。对待劳动者一视同仁，给予劳动者应得的合理报酬。

2.多方合作丰富劳动伦理的内容

首先，从企业自身的角度来看。各个企业要从问题意识出发，找到当前企业生产经营过程中存在的影响劳动关系的问题，然后有针对性地做出改变。对当前企业劳动关系进行研究可以发现，目前对劳动关系影响最大的因素主要集中在分配环节。劳动者从事劳动之后，对于劳动产品的分配是很关注的。企业应该严格遵守国家的法律法规，根据劳动者所付出的劳动，给予他们合理的报酬，努力推动分配的公平。这种公平不能仅靠企业自身的道德责任感来实现，也需要完善的法律体系的支撑。

其次，从政府的角度来看。政府应当从实际出发，深入劳动领域考察影响劳动关系的因素。在制定相关劳动法律或者劳动政策时，要将这些因素充分考虑进去，提出有针对性的对策。实现劳动领域的公平和实现社会的公平是同样的道理，要想实现这种公平，应该以保护弱势群体的利益为目标。政府应该充分考虑他们的诉求，从道德的高度出发，从法律的层面予以确定。除此之外，政府还应该加强劳动教育。要通过劳动教育，让全社会养成对劳动价值的正确认识，让劳动作为一种关键要素在分配体系中得到合理的价值认同。

最后，从工会的角度来看。工会始终代表着广大劳动者的利益，反映广大劳动者的诉求，因此工会在劳动领域中的作用是不可忽视的。面对新形势新变化，工会应该对自己的工作进行创新。例如，在用法律武器维护劳动者合法权益的同时，注重从思想上增加对劳动者的关怀。这种伦理道德上的关怀能让劳动者更好地解决自己在工作过程中遇到的问题，推动劳动关系的和谐发展。

五、劳动伦理未来发展

进入现代社会，生产力的不断发展使科技在创造物质财富的过程中发挥的作用越来越大。越来越多的科技成果被应用到物质财富的生产领域，这一方面大大提高了人类的工作效率，推动了生产力的进步，另一方面也给人类未来的发展带来了一定的挑战。尤其是随着人工智能越来越广泛的应用，引起了许多人对社会伦理道德的担忧。“智能机器人是否会成为劳动伦理的主体？这对人类社会的伦理道德又会带来哪些风险和挑战？”诸如此类的问题在社会上不绝于耳。

一些观点指出，当机器人的功能越发完善之后可能会取代人类的劳动主体地位，那么到那时劳动伦理规范又该如何适用于劳动生产领域呢？对于这个问题的争论，伴随着人工智能技术的不断成熟而越发激烈。一部分学者认为，机器人不论功能多么完善，始终都是处于人的操控之下的，因此也不用担心其发展会给人类的劳动伦理造成冲击。但是，另一部分学者持不同的意见。他们指出，随着越来越多的工作岗位被机器人所替代，就会有更多的人丢掉工作岗位，而且即使留在工作岗位上的人也不过是重复毫无营养的劳动内容。劳动者自身的创造性和主动性都会被机器所压抑，科技的发展会对人类的劳动伦理造成严重影响。

我们应该认识到，科技的发展是不可逆的潮流。人类在不断追求更高质量的生活的过程中，对科学技术的水平也会提出越来越高的要求，我们不能因为科技可能给人类社会带来一定的伦理风险就将科技发展束之高阁。我们可以在大力发展科学技术的同时，注重在道德上加强对科技的控制。无论是技术还是机器，其本身并不存在对错之分，对与错的评价完全取决于人们对它的认识以及采取何种方式去利用它。面对未来科技的发展，我们应该以谨慎的态度加以对待，注意分辨和消解科技进步给人类主体性带来的消极影响，将关注点放在人自身的解放和全面发展上，在合理的劳动伦理道德规范下，使科学技术能够造福全人类。

第四节　劳动关系教育

一、劳动关系与和谐劳动关系

劳动关系是最基本的社会关系之一。劳动关系和谐与否，不仅关乎劳动者的合法权益与企业的长足发展，更关乎社会主义和谐社会的构建以及中国特色社会主义各项事业的顺利推进。要最大限度增加和谐因素、最大限度减少不和谐因素，构建和发展和谐劳动关系，促进社会和谐。依法保障职工基本权益，健全劳动关系协调机制，及时正确处理劳动关系矛盾纠纷，积极推进和谐劳动关系建设。

和谐劳动关系为我国经济发展提供了良好的舆论氛围，构建和谐劳动关系是转变经济发展方式、促进经济持续健康发展的当务之急：对于劳动者来说，劳动关系和谐与否直接影响个人的身心健康，和谐劳动关系能够充分调动劳动者的责任心、创造力与工作热情；对于企业来说，和谐劳动关系将会提高企业的生产效率，对企业的长远发展大有裨益；对于社会来说，劳动关系影响就业及社会财富的创造，建立和谐劳动关系是保障和改善民生的重要内容，是创新社会治理的重要手段，是维护社会公平正义的重要保证，也是构建和谐社会的重要支撑。必须高度重视和谐劳动关系的构建。

二、构建和谐劳动关系的途径

推动构建中国特色和谐劳动关系，要健全党委领导、政府负责、社会协同、企业和职工参与、法治保障的工作机制，在多方主体的共同努力下妥善处理好劳动关系，建立规范有序、公正合理、互利共赢、和谐稳定的劳动关系。

（一）坚持以人民为中心的根本立场

1.必须紧紧依靠劳动

劳动是人类的本质活动，是人类社会存在和发展的基础，也是促进人类社会进步的根本力量。构建中国特色社会主义劳动关系，实现劳动关系和谐稳定，必须要紧紧依靠劳动，在全社会营造尊重劳动、尊重知识、尊重人才、尊重创造的氛围，引导广大人民群众树立辛勤劳动、诚实劳动、创造性劳动的理念，让劳动光荣、创造伟大成为铿锵的时代强音，让劳动最光荣、劳动最崇高、劳动最伟大、劳动最美丽蔚然成风。

2.必须紧紧依靠广大劳动群众

工人阶级和广大劳动群众始终是推动我国经济社会发展、维护社会安定团结的根本力量。构建和谐劳动关系要坚决捍卫劳动者的主体地位，充分发挥我国工人阶级的主力军作用，始终坚持人民主体地位，充分调动工人阶级和广大劳动群众的积极性、主动性、创造性，把蕴藏于工人阶级和广大劳动群众中的无穷创造活力激发出来，把工人阶级和广大劳动群众的智慧和力量凝聚到推动社会主义建设的各项事业上来。

3.必须大力弘扬劳模精神

爱岗敬业、争创一流、勇于创新、淡泊名利、甘于奉献的劳模精神不仅是民族精神的体现，也是时代精神的重要体现。构建和谐劳动关系不仅要有切实的行动，也要有精神力量的支撑、劳动情怀的浇灌。面对新形势新任务新挑战，要勤于创造、勇于奋斗，大力弘扬劳模精神，加大对劳动模范和先进工作者的宣传力度，通过宣传劳动模范的先进行为，为广大企业和职工树立榜样，形成全社会崇尚劳动的良好氛围，努力在全面建设社会主义现代化国家新征程上创造新的时代辉煌、铸就新的历史伟业。

（二）加强政府组织领导与统筹协调

1.加强立法工作

各级党委和政府要通过立法手段加强对劳动关系的调控，进一步完善相关配套法律法规和政策。补齐法律短板，完善灵活就业人员劳动权益保护制度，创新劳动关系认定标准，健全劳动关系法律法规体系，实现劳动关系治理有法可依。把有关法律法规贯彻落实到构建和谐劳动关系的各项工作中，加强政策法规宣传，创新监察执法方式，规范执法行为，加强对企业用工制度的监督管理，对于劳动违法案件发现一起处理一起，实现劳动关系治理有法必依、执法必严。

2.建立健全相关领导协调机制

各级党委和政府要积极完善符合我国国情的三方协商机制，改革创新三方协商机制组织建设，在保证政府、工会和企业三方主体独立、权利平等的基础上进行民主协商，达成共识，进而实现充分合作。健全劳动争议调解仲裁机制，及时解决重大劳动关系问题，完善劳动关系群体性事件的预防和应急机制，有效预防和解决劳动领域的各种矛盾。

3.加强和创新社会治理

政府要转变观念，提高服务职能，优化企业发展环境，稳定就业市场，实施就业优先战略，保证劳动者拥有平等的就业机会。把广大职工的经济权益、政治权益、文化权益放在重要位置，切实保障劳动者的各项社会保险，尤其注重灵活就业劳动者的权益保护。对于就业弱势群体给予一定的政策与制度保障，坚决排除阻碍劳动者共享劳动成果的体制机制障碍。开展普法教育，提高劳动者的维权意识，深入推进和谐劳动关系创建活动。

4.加大构建和谐劳动关系宣传力度

充分利用新闻媒体和网站，大力宣传构建和谐劳动关系的重大意义，宣传党和政府的方针政策和劳动保障法律法规，宣传构建和谐劳动关系取得的实际成效和工作经验，宣传企业关爱职工和职工奉献企业的先进典型，形成正确舆论导向和强大舆论声势，营造全社会共同关心、支持和参与构建和谐劳动关系的良好氛围。

（三）营造构建和谐劳动关系的良好环境

1.积极承担社会责任

企业是社会经济发展的细胞，和谐劳动关系是企业长久发展的生命线。企业应切实承担报效国家、服务社会、造福职工的社会责任，自觉关心爱护职工，主动拉近同职工之间的距离，努力改善职工的工作、学习和生活条件，为他们排忧解难，加大对困难职工的帮扶力度，维护劳动者的合法权益。

2.依法保障职工的基本权益

企业应自觉遵守劳动法律法规，切实保障职工获得劳动报酬、休息休假、劳动安全卫生保护、享受社会保险和接受职业技能培训的权利。要加强企业民主管理制度建设，完善以职工代表大会为基本形式的企业民主管理制度，依法保障职工的知情权、参与权、表达权、监督权。要秉持共享理念，让广大职工共享企业发展成果，确保职工薪酬和企业效益同步增长。

3.营造健康和谐的企业文化

要注重员工的精神需求和心理健康，及时了解掌握职工思想动态，有针对性地做好思想引导和心理疏导工作，建立心理危机干预预警机制。企业应树立人文关怀理念，关心爱护广大职工，以职工为本，营造良好的工作氛围，积极组织开展形式多样、丰富多彩的文化体育活动，丰富职工的文化生活，增进职工对企业的认同感与归属感。

（四）充分发挥劳动者的作用

1.加强自身思想道德建设

劳动者要自觉加强思想政治教育，积极践行社会主义核心价值观，树立正确的世界观、人生观和价值观，追求崇高的职业理想，立足本职、敬业奉献，自觉遵守职业道德与劳动纪律。要热爱自己的本职工作，增强主人翁意识，处理好个人利益与企业利益之间的关系，始终做构建和谐劳动关系的参与者与推进者。

2.加强自身管理建设

劳动者要自觉加强专业管理的学习，加强文化学习，拓宽知识面。紧跟时代发展，着眼行业新需求，学习新技术，掌握新技能，提高职业素养。

（五）拓展工会服务功能

1.加强工会组织建设

各级工会要积极加强组织建设，扩大工会组织覆盖面，推进企业普遍建立职工代表大会制度等企业民主管理制度并切实发挥作用，推进各大企业厂务公开制度化、规范化。进一步拓展工会帮扶（服务）中心、基层帮扶服务站点功能，聚焦新就业形态劳动者需求，创新开展新就业形态劳动者关爱服务项目，精准服务新就业形态劳动者，依法保障职工基本权益。

2.发挥工会平等协商作用

工会应畅通职工与企业沟通渠道，构建职工维权体系，健全劳动关系矛盾调处机制。积极协调和增进劳资双方之间相互了解，实现协商共事、机制共建、利益共享，充分发挥工会在促进企业发展、团结职工中的作用，助力企业健康发展。

第五节 劳动成果教育

一、劳动成果含义

劳动成果就是人们通过创造物质财富或精神财富而形成的一种收获。人类社会的一切财富都来源于劳动创造。从微观的角度看，医生做的每一台手术，导演和演员制作的每一部电视剧和电影，设计师和建筑工人建造的每一座大楼，厨师做的每一道菜肴，都是劳动成果。

二、劳动成果分类

（一）简单劳动成果和复杂劳动成果

按照复杂程度，劳动成果分为简单的劳动成果和复杂的劳动成果。简单的劳动成果，一般劳动者通过简单的劳动就能获得，无须专门训练。复杂的劳动成果，劳动者必须经过专门培养和训练，在具有一定技术专长的情况下才能获得。在社会化大生产条件下，人力资源的作用日益突出，劳动者所受的教育和技能训练的程度越来越高，复杂的劳动成果越来越多。

（二）脑力劳动成果和体力劳动成果

按照表现的形式，劳动成果分为脑力劳动成果和体力劳动成果。脑力劳动成果是劳动者依靠脑力劳动创造的劳动成果，比如科学技术、发明创造、文学艺术作品等。体力劳动成果是靠人力创造的劳动成果，一般我们认为脑力劳动成果以外的劳动成果都是体力劳动成果。

在社会主义社会中，随着经济和教育事业的发展，单纯的体力劳动的范围越来越小，脑力劳动和脑体结合的劳动的范围越来越大。在知识经济时代，脑力劳动已占有越来越突出的支配性地位。

三、尊重劳动成果的内容

劳动不仅是伟大的，还是神圣的。劳动创造了物质生活，也创新了精神生活。劳动没有高低贵贱之分，不论是体力劳动还是脑力劳动，不论是简单劳动还是复杂劳动，一切为社会主义现代化建设做出贡献的劳动，都是光荣的，也都是必需的，都应得到承认和尊重。“尊重劳动、尊重知识、尊重人才、尊重创造”是党和国家的重大方针。

（一）尊重体力劳动成果

每一个劳动者都要劳动，不停地运转，同时每个劳动者也都是不可替代的。社会是人类共同辛勤劳动而产生劳动成果的场所。

1.尊重农民的劳动成果

“一粥一饭，当思来之不易；半丝半缕，恒念物力维艰。”我国的广大农民，除了少部分成了农业工人，大部分农民仍承担着十分艰辛的体力劳动，他们辛勤劳动的成果解决了 14 亿人口的吃饭问题。我国自古以来就对农民的劳动成果充满敬意：“锄禾日当午，汗滴禾下土。谁知盘中餐，粒粒皆辛苦！”时至今日，我们的物质生活虽然已得到了极大的丰富，但仍需尊重农民的劳动成果，节约每一粒粮食。尊重农民的劳动成果应以刚性的制度约束、严格的制度执行、强有力的监督检查、严厉的机制惩戒，切实遏制各种浪费粮食的现象。少数学校存在食物浪费和学生节俭意识缺乏的问题，学校应切实加强对学生的引导和管理，培养学生勤俭节约的良好美德。

2.尊重工人的劳动成果

我们的生活离不开农民，同样也离不开工人。如果没有焊工、电工、安装工、木工等制造出飞机、汽车、轮船及日用品，我们将如何生活？每天披星戴月的筑路工人，不怕脏、不怕苦的环卫工人，我们的美丽城市就是他们辛勤劳动的成果。因此，我们要尊重工人的劳动成果。

（二）尊重脑力劳动成果

随着科技和社会的发展，脑力劳动这一劳动形态出现了。“天问一号”探测器成功着陆于火星乌托邦平原南部预选着陆区，我国首次火星探测任务着陆火星取得圆满成功，我国成为世界上第二个独立掌握火星着陆巡视探测技术的国家。“天问一号”探测器的成功发射、持续飞行以及后续的环绕、降落和巡视的背后是深空探测，它是当今世界高科技领域中极具挑战性的一个领域，是众多高科技的高度综合，也是一个国家综合国力和创新能力的重要标志，同时也是科技水平大飞跃的表现。

1.有知识产权意识

知识产权通常包括著作权、专利权和商标权、反不正当竞争中的商业秘密等。我国宪法规定，要平等地保护每一个公民的智力成果。打击知识产权犯罪行为在实质上就是尊重创造者的脑力劳动成果。因此，要尊重脑力劳动成果，首先就要有知识产权意识。

2.体现在具体行动中

我们在生活中看到的文章、听到的音乐、看到的电影，都是创造者的脑力劳动成果。因此，我们在看到一篇非常不错的文章想要引用时，一定要注明出处；我们听歌或者看电影也要通过合法的渠道，拒绝盗版。

（三）尊重他人和团队劳动成果

未来社会，无论是脑力劳动还是体力劳动，都需要更多的团队合作。团队合作能力也是青年学生必须具备的一项能力。要想构建和谐的团队关系，就要学会尊重他人和团队的劳动成果。合作性劳动不能一味地肯定自己，还要学会感恩他人、尊重他人和欣赏他人。

1.换位思考

青年学生要有同理心，学会换位思考，站在他人的角度考虑，这样才能明白自己看到的事物并不一定是正确的，才能真正理解他人的所作所为。

2.宽容大度

团队成员的任务量各不相同是十分常见的，计较任务量的多少是没有任何意义的。青年学生在团队中要宽容大度、不斤斤计较，及时肯定他人付出的努力和汗水，尊重他人的劳动成果。尊重他人就是尊重自己。

3.欣赏他人

每个人都渴望被人欣赏。真诚地欣赏他人能使其获得存在感、产生愉悦感、充满自信心。在合作性劳动中，我们不妨试着欣赏他人，这样他人也许会倾注更多精力，表现得更加出色，从而使合作更为和谐、默契。

四、如何尊重劳动成果

（一）树立劳动平等观和职业平等观

无论劳动者从事何种形式的劳动，只要是正当的、合乎道德和法律的，都是光荣的，没有高低贵贱之分。

（二）尊重劳动者

劳动者是劳动承载者，尊重劳动成果就要尊重劳动者。劳动是光荣而艰辛的，是平凡又温暖的，如在抗击新型冠状病毒性肺炎疫情的过程中，广大医护工作者、解放军战士、社区工作者等，他们不求名利，冲在一线，为疫情防控工作做出了贡献，使我们可以安心地学习和生活。

劳动者不应被歧视、侮辱，这需要社会各界齐心协力，让尊重劳动者成为一种社会责任。

（三）积极参加劳动实践

积极参加劳动实践不仅可以促进我们对社会的了解，还可以帮助我们更好地树立正确的世界观、人生观、价值观。青年学生要通过积极参加劳动实践增强社会责任感，明确自己的历史使命，真正实现思想转变、开阔视野。

第四章　劳动教育的教学方式

第一节　劳动教育的课堂教学

课堂教学是学校教育的基本组织形式，学校教育的目的、任务，特别是教学目的、任务绝大部分是通过课堂教学来完成。劳动教育课课堂教学还有它自身的特点，这是由劳动教育课教学目的、任务决定的。

素质教育是为实现教育方针规定的目标，着眼于受教育者的群体和社会长远的发展要求，以面向全体学生、全面提高学生的基本素质为根本目的，以注重开发受教育者的潜能、促进受教育者德智体美劳诸方面生动活泼地发展为基本特征的教育。小学生应具备的基本素质为：思想道德素质、文化科学素质、身心素质、审美素质和劳动技能素质。而所有这些素质的培养绝大多数是在课堂教学中完成的。劳动技能素质也要通过劳动教育课课堂教学来完成，其他各种素质的培养也离不开劳动教育。劳动教育有它自身的特点和规律，其他形式的教育如德育、智育、体育、美育都不能代替劳动教育，它理应成为素质教育的重要阵地，在实施素质教育中具有重要地位。

马克思认为，教育与生产劳动相结合，不仅是增加社会财富的手段，同时也是实现人的个性全面发展的唯一方法。这一思想给我们一个重要启示：劳动教育能促进学生全面地发展，它是素质教育的基本途径。而落实劳动素质教育的主渠道是课堂教学。

（一）劳动教育课课堂教学体现素质教育的两全性

素质教育“两全性”，即全体性、全面性。全体性要求：一方面必须使每个学生在原有基础上都能得到应有的发展；另一方面必须使每个学生在社会所要求的基本素质方面达到规定的合格标准，使每个学生都能成为合格的毕业生。全面性要求：受教育者的基本素质必须得到全面的和谐的发展。劳动教育课教学最能体现素质教育的这一性质。因为其他学科如语文、数学、社会等学科的教学不能保证每节课都让学生动手，至于学生的思维活动是看不见、摸不着的。而劳动教育课堂则是每节课让每个同学都动手，学生在动手过程中，就发展了他们的思维，学到了劳动知识，磨炼了克服困难的坚强意志，同时通过劳动教育，可培养其良好的思想品德和行为习惯。

（二）劳动教育课课堂教学体现素质教育的发展性

素质教育不仅重视学生知识和技能的掌握，更重视学生潜能和个性发展。教师要相信每个学生的发展潜能，要创造条件引发学生的无限创造力，使每个学生都有机会在他天赋所属一切领域最充分地展示并发展自己的才能。劳动教育课课堂教学正体现了素质教育的这一特点，每节课在教给学生一项劳动项目上的操作方法后，都能要求在熟练掌握本课所学的劳动技能基础上，各自发展自己的才能，进行创造性的劳动，如可以搞创作或鼓励学生“看谁制作得又快又漂亮，又新颖别致”。以此来挖掘学生的潜能，突出学生的个性发展，培养他们的创造能力，这也是劳动教育课的教学特点。

（三）劳动教育课课堂教学体现了素质教育的主体性

教师要尊重学生在教育过程中的自觉性、自主性和创造性，要尊重学生的独立人格，尊重学生人格的价值和独特的品质。教师要把学习的主动权交给学生，要善于激发和调动学生的学习积极性，要让学生有自主的学习时间和空间。根据这一特点，在劳动教育课教学中，要树立学生主体观念。学生的发展必须依赖其自身的主观努力，一切外在的影响因素，只有转化为学生的内在需要，引起强烈的追求欲望，才能引起极大的驱动作用，因此，在教学中，必须调动学生的主体积极性，千方百计地引导学生独立主动地学习，积极思考，不断实践。劳动教育课教学内容要求也决定了其教学特点，必须是调动全体学生的一切积极因素，独立实践，独立操作，训练其劳动技能。

（四）劳动教育课教学体现素质教育的开放性

素质教育涉及学生的全面发展，教育内容拓宽，也有相应宽广的教育空间和多样化的教育渠道与之相适应。

素质教育不再局限于校内、课内和课本，它要求建立起学校教育、家庭教育和社会教育相结合的教育网络，建立学科课程、活动课程和潜在课程相结合的课程体系，具有开放性。劳动教育课教学正应了素质教育的这一特点。劳动教育课教学内容包括自我服务劳动、家务劳动、公益劳动和简单的生产劳动等。在教学时，除了搞好课堂内的教学，还要求加强与社会和学生家长的联系，有计划、有目的地组织学生到工厂、商店、农村参观，开阔学生视野，有些劳动项目可以让学生回家实践，在家长的指导下学会操作技术，还有些项目需到工厂、街道、农村去实践，并请当地有经验的工人、农民、科技人员对学生参加劳动进行指导。同时，还要积极开展课外活动，做到课内外相结合。在课外组织劳动项目的兴趣小组，如编织、烹饪、种植、饲养、缝纫、科技制作等。农村小学可以和农忙假结合，安排一定的劳动项目。通过这些活动，使学生善动脑、勤动手，培养他们的劳动兴趣，发展他们的创造才能，体现了素质教育的开放性。

一、劳动教育课课堂教学设计

劳动教育课是一门实践性、思想性较强的课程，要想搞好劳动教育课教学，必须先搞好劳动教育课课堂教学设计。若要想搞好课堂教学设计，必须先学习劳动教育课教学大纲，钻研教材，明确劳动教育课的教学目的，掌握小学劳动知识、技能、思想教育等方面的教学要求，这就是所谓的备课。备课要在学期初备全册教材，掌握教材的编写意图、编排体系、知识结构，明确教材重点、难点，排查示范操作的要点，把握突破难点的关键，集体通研和个人备课相结合。

备课必须做到先周备课：一备场地、工具材料；二备示范操作，做到规范、准确、熟练；三备指导学生实践，明确目的、内容、方式和安全措施；四备制作教具。在通盘考虑的基础上再进行课堂教学设计。“课堂讲授，课堂实践”形式的劳动教育课一般有这样几个教学环节：①讲清意义，激兴导课；②学习新知，讲解示范；③指导实践，培养技能；④成果评价，鼓励创新；⑤概括总结，注重养成。下面以小学劳动第七册《制作泥鸭》为例，具体谈谈劳动教育课的教学设计方法。

【案例】

制作泥鸭

（一）教学目的要求

1.通过实物制作，进一步练习挎、搓、捏合、接合、撤扁、压窝、拉长等泥工技法。

2.通过观察水鸭的形态，制作一只泥鸭。

3.培养学生想象能力，渗透审美意识。

（二）课前准备

1.每人备泥工板 1 块，小刀一把和足够的橡皮泥。如果受条件限制，学生不能自备橡皮泥时，可由教师统一准备黏土，提前和成泥，分发给学生。

2.教师备水鸭挂图一张，或准备关于水鸭游泳及重点制作步骤的录像带、录像机、投影仪等。另外自制泥鸭一只，以作为课堂教学示范用。

（三）教学过程

1.讲清意义，激兴导课。

（1）回顾以前学过哪些泥工技法，让学生说说各种技法的特点，并讲明本节课的学习任务：“这节课我们来学习新的泥工技法，制作泥鸭，进一步锻炼我们的小手，准备为社会贡献，你准备好了吗？”

（2）引出课题，进行板书。

（设计本环节目的：让学生明确学习任务、意义，集中学生的注意力，激发学习欲望和情思，调动学生学习积极性和主动性，适当渗透思想教育。）

2.学习新知，示范讲解。

（1）学生看录像或挂图。观察水鸭的形态，以及水上部分的大体轮廓像什么形状，然后让学生口头表述。

（设计意义：水鸭虽然经常见到，但作为四年级学生要凭借平日的无意观察，通过想象捏一只泥鸭，困难较大。所以，在导入新课后，先通过挂图或录像让学生观察，并让他们想象什么形状，这样既培养了学生的观察能力、想象力，又为制作泥鸭打下了良好基础。）

（2）感知教材，讨论方法。让学生看书后讨论泥鸭的制作方法步骤，即：①捏卵形体；②捏出鸭尾；③拉长鸭颈；④捏出鸭嘴；⑤割开鸭嘴；⑥捏肚弯颈；⑦勒出鸭眼。

（设计意义：学生根据教师的提示、要求，感知教材内容，明确教材要求，做到制作泥鸭胸有成竹。）

（3）教师示范讲解，学生随做（录像演示重、难点步骤）。

（设计意义：教师抓住重点、录像突出难点，条理清楚地讲解点拨，突出操作过程，将知识的基本点展示给学生。同时配有重点制作部分的录像，让学生反复观察，使学生的认识更深刻。）

（4）说说做法，质疑问难。教师简单评价学生随做泥鸭情况，肯定优点，指出不足，并进一步说说方法，指出努力方向。

（设计意义：这一节教师评价及时，能及时反馈学生的制作情况，及时订正，为学生独立实践做准备。）

3.指导实践，培养技能。

（1）提出实践要求，强调注意事项。教师进一步提出具体的操作要求，强调注意安全，加强劳动保护教育，进一步明确操作要领，争取制作出美观，优良的成品。

（2）学生实践，教师巡视，个别纠正。

（设计意义：实践是劳动教育课教学的主要环节，也是劳动教育课区别于其他学科的重要特征。在教师系统讲解和具体示范后，让学生独立操作，鼓励学生充分发挥自己想象能力和创造能力，用自己灵巧的双手去制作精美的劳动作品，促使学到的劳动知识当堂理解、消化，掌握基本的劳动技能技巧，培养学生的实际操作能力。教师巡视，目的是寻找动手能力差的同学，以便给予直接指导，使其赶上全班同学，这也体现了面向全体学生的原则。）

（3）进行劳动竞赛，激发劳动热情。可分组竞赛，也可同桌竞赛。

（设计意义：爱好竞赛是小学生的特点，设计比赛这个小环节，也迎合他们的心理。同时，学生近一节课紧张的学习，有点疲劳，注意力不集中，这时，让他们比赛，增强了输入信息，以相对延长最佳思维时间，大大激发其学习的积极性。）

4.成果评价，鼓励创新。

（1）展示成果，师生共评。让学生把各自制作的泥鸭放在投影仪上的“池塘里”。师生要本着一分为二的原则，对学生劳动成果做客观公正的评价，肯定成绩，指出不足与今后的努力方向。

（2）相互学习，鼓励创新。教师如果发现有的泥鸭做得比较新颖，可让做得好的同学表演展示给大家看，以鼓励创新。

（设计意义：这环节的设计将给学生今后学习新的知识带来了新的动力。当学生亲手制作的泥鸭受到老师正确的评价时，在他心中就会产生巨大的良性影响。同时，让学生把泥鸭放在池塘里从而渗透了审美意识。所以这一环节是非常重要的。）

5.概括总结、注重养成。

（1）总结知能，条理系统。教师要对学生所学的劳动知识和应掌握的技能进行恰如其分的总结，并使之条理化，系统化。

（2）课外深化，养成习惯，在总结条理的基础上，布置课后作业。如课后可观察兔，试着制作泥兔，以养成课后继续实践的习惯。

（设计意义：这一环节能使学生系统掌握本课的知识技能，在此基础上要求学生继续实践，能巩固劳动技能，增强劳动观点，培养创造精神，养成劳动习惯，使知识转化为自己的能力。）

劳动教育课堂教学运用以上这“五步教学法”能出现以下这几种效果：

（1）能激发学生的学习兴趣。教师运用各种方式如：看图、听音乐、看投影（或录像）、做演示观察等方式，既能激发学生的思维，又能激发学习兴趣。

（2）能培养学生的综合能力。在劳动教育课教学中，运用“五步教学法”不仅能使学生较好地掌握劳动知识、劳动技能，而且能培养学生的观察能力、思维能力、想象能力、创造能力、分析问题和语言表达能力。如《制作泥鸭》一课，教师揭示本课内容时，抓住学生好奇心强的心理特点，将自己课下捏制好的各种形态的泥鸭展示出来，提高了学生的兴趣，接着教师引导学生观察图片（或录像），分析泥鸭的形状，然后示范讲解，引导学生观察，并讲述如何捏尾、拉颈、做眼等，学生的注意力很快集中到仔细观察泥鸭的特征上来。学生通过思维、想象，不仅很快在课堂上制作出形态各异的泥鸭，而且通过放泥鸭进池塘，培养了学生的审美能力。

（3）能有机地渗透思想教育。在劳动教育课教学中运用“五步教学法”，能一环套一环地对学生进行思想教育，培养学生形成正确的劳动观点、良好的劳动习惯，培养他们热爱劳动和热爱劳动人民的思想感情，遵守纪律、认真负责、耐心细致、不怕困难的劳动态度和勤劳俭朴、珍惜劳动成果等优良品质，初步树立质量观念，培养学生的审美情趣。

二、劳动教育课课堂教学结构及整体优化

（一）劳动教育课课堂教学结构

结构就是某一系统中各种要素的相互联系和相互关系的方式。劳动教育课课堂结构是指劳动教育课教学过程的基本组成部分（即各要素）、各部分进行的顺序和时间分配及其相互关系。劳动教育课的基本结构与其他课程有着根本的区别。劳动教育课是以训练学生的劳动技能为主线，以学生实践技能为主体的实践性很强的一门课程。这门课程的基本结构大致可分为讲解、示范、练习、评价、总结五个组成部分。

1.讲解

具体内容包括以下几方面：

（1）揭示课题，讲明学习的目的、意义。首先要向学生讲清本节课所要学习的内容及学习该项劳动技能的目的意义，以引起学生的学习动机，激发学习兴趣，从而提高学习自觉性和积极性。

（2）讲清劳动技能的操作顺序，具体方法和要求，以及相关的知识，以使学生在操作时不至于发生顺序上的混乱。

（3）讲解工具的正确使用方法及操作中的注意事项，如卫生、安全要求、劳动纪律教育等，以保证操作的正常进行。

教师的讲解既要严密，又要通俗易懂，同时注意寓思想教育于劳动教育课教学中。讲解时可配合必要的板书，出示挂图和实物等。

2.示范

要求做到以下几点：

（1）课前做好充分准备，备齐所需要的工具和材料，了解学生的实际情况，以使示范操作更有针对性。

（2）示范操作的方法和顺序一定要正确、规范，步骤要清楚，动作要娴熟，操作的方位要有利于学生观察。

（3）在示范操作的同时要辅之以讲解，要边做边讲，告诉学生观察什么、注意什么，特别是对操作难点，要强调动作要领，反复示范。

3.练习

要求教师做好以下几点：

（1）要认真检查准备工作的落实情况，练习前要检查学生操作时所需的原料及工具是否带齐，是否符合练习的要求（如卫生、安全等），这是练习得以顺利进行的保证。

（2）要在教师的指导下有序地进行练习。学生练习要自始至终在教师的指导下进行。根据技能的差异、练习的形式和方法不同，简单的可让学生连续完成，复杂的可分步指导，分步练习。学习练习时，教师要巡回检查，做出评价，提示学生注意存在的问题，加强对个别学生的指导，使学生学会技能。

（3）注意培养良好的劳动习惯。习惯是一种动力定型，是条件反射长期积累和强化的结果。如果小学生在小学几年的劳动教育课实践中，经过反复训练，养成了良好的生活和劳动习惯，会使其受益终身。

4.评价

要注意做到以下几点：

（1）因每个学生动手能力的差异而导致各自的劳动成果有优劣之分，教师要本着一分为二的原则，做出客观公正的评价，肯定其成绩，指出不足及努力方向。

（2）要鼓励学生相互学习、借鉴，敢于创新，渗透创新意识。

5.总结

总结是在完成了以上几个环节的基础上进行的。总结绝不是一节劳动教育课内容的简单重复，而是对思想、劳动技能等方面的全面概括和深化。总结不宜过长，形式应多种多样，可由教师亲自总结，也可在教师的启发下师生共同总结。

（二）劳动教育课课堂结构的整体优化

由于课堂教学总是在一定的时空中进行的，课堂结构必须具备课堂教学系统的空间结构和教学过程的时间结构（过程是指系统中各个组成部分的相互作用和整体的发展变化）。课堂结构愈合理，结构中各要素之间相互作用就愈协调，课堂教学就会进入最优境界。因此，我们在研究优化课堂教学结构的时候，必须首先研究这些结构要素的优化。

1.目标要素的优化

具体的、明确的、可测的课堂教学目标，包括认知的容量、思想教育的要点和技能训练的重点。

目标要素是课堂教学的重要组成部分，是课堂教学的灵魂。它包括理解掌握知识目标、应用操作目标和情感目标，劳动教育课教学中还包括创新创造目标。在教学实践中，必须先将这些目标列入课的结构，然后通过具体的教育教学活动为学生所接受。如果将知识体系中的知识点、技能训练点及情感因素有机地结合并有计划地列入课堂结构中去，通过教学实践使之全部实现，那么，劳动教育课堂教学效益就会大大提高。

优化目标要素要从教学的实际出发，考虑到劳动教育课的特点和教师、学生、教材、环境、设备等方面的情况确定目标要求，做到容量适当，难易适度，重点突出，详略得当。如果处理好这几个问题，那么这堂课的目标要素就是优化的。

2.时间要素的优化

既然课堂教学在一定的时空中进行，那么，反映教学过程的时间无疑是课堂教学中的因素之一。实践证明，正确分配时间，合理使用时间，是一堂课成功的重要保证。因此，优化课堂的时间要素是十分必要的。

优化课堂的时间，首先要明确方向，摆正位置。在明确课的主攻方向，摆正教与学，教师与学生，讲解与练习，重点与一般关系的基础上合理分配时间，保证教学任务完成。在实际教学中常出现教师忙活了一节课还没有让学生动手实践，完不成训练学生技能的任务，关键原因是时间分配不合理，主要由于教学目标不明确，各种关系处理不够恰当。或重教轻学，教师独占讲坛，学生没有发言的机会；或重讲轻练，教师一讲到底，把教学过程变成向学生“灌”知识的过程，忽视智能、技能训练；或轻重倒置，详略不当，因而 40 分钟时间分配不合理。只有方向明确，摆正位置，精讲多练，把多余的、琐碎的谈话，一连串平、浅、淡的提问时间省下来还给学生，保证他们有充分的时间在课堂里启动思维，积极主动地练习，扎实地训练他们的劳动技能，才能使时间分配合理，教学层次清晰，才能保证教学指标落到实处。

优化课的时间要素，还必须使时间安排符合教学实际。时间要素不是固定不变的时间常量，它必须根据学科特点、教学内容和要求做出安排，根据学生的年龄特点、知识基础、认知习惯进行分配，根据教学的环境、知识的手段、教学的风格以及这堂课的重点、难点做相应的调整。劳动教育课是实践课，用在学生训练上的时间自然要多些，学生知识基础好，有良好自学习惯，可讲粗些、简些，用在讲上的时间可少些；学生知识水平低、理解能力不强的班则宜讲得多些、细些，花在讲上的时间相对来说就要多些；教学环境好，教学手段先进，可缩短认知过程；教学环境差，教学手段简陋会延长认知过程。总之，要从实际出发，合理分配时间，以提高时间利用率，提高教学质量为原则，对一堂课的各个教学环节做出周密的安排，切不可心中无数，更不可本末倒置。

3.认知要素的优化

按照人的认知规律安排教学过程，组织学生认知活动。

优化认知要素必须使教学过程符合学生的认知规律。辩证唯物主义的认识论全面总结了人类认识发展历史，揭示了认识过程的普遍规律，认为人类社会实践是认识的源泉和目的，人类的认识是主体对客观世界能动的反映，是由感性认识能动地向理性逐步上升和转化的过程；认识反过来又能动地指导和推动实践发展。实践和认识是相互作用，循环上升的过程，这一认识规律为教学过程提供了科学的方法论基础。在教学过程中，学生认识总是从已知到未知，从具体到抽象，由易到难，由浅入深，循序渐进的。虽然整个认识过程是十分复杂的，但只要我们从整体上遵循这一认知规律，就为认知要素的优化创造了根本的前提。

优化认知要素还必须使教师教的思路与学生学的思路合拍。在教学实践中发现，有些教师的课堂设计是合理的，施教过程也符合学生的认知规律，但由于思路不合拍，教学效果大减；有的老师速度太快，学生跟不上他的思维；有的教师语言不准确，举例不当，导致学生思维处于呆滞状态。要使学生的思维与教师教学的思路合拍，除了按严格的思维逻辑安排教学进程，还要考虑学生的知识水平、接受能力、学习习惯，考虑学生的年龄特征、心理特点，并且在教学语言、教学方法、教学手段上下功夫，使“教”适应于“学”；同时，还要注意激发学生学习兴趣，使他们精力集中，大脑处于兴奋状态，加强思维训练，帮助学生养成良好的思维品质，使“学”适应于“教”。只有“教”与“学”相互适应，才有师生思维同步，才会出现最佳的认知效果。

优化认知要素，教师还必须想方设法为学生创造良好的认知条件，学生认识事物，接受知识总是有条件的。在劳动教学过程中，有的学生对操作的顺序掌握不住，动手实践就显得丢三落四，有的没有掌握住动作要领，劳动时就达不到应有的质量要求，有的在动手时“笨手笨脚”，操作的动作就显得不规范、不准确，因此教师要在课前注重“备学生”，摸清学生的“底”，了解学生的认识水平，然后创设认知条件，实现教学目标。所谓创设良好的认知条件，主要指：

（1）填漏补缺，扫除思维障碍，达到“温故而知新”的目的。

（2）选用先进的教学手段，如录像、幻灯、图表、实验等，使抽象的内容具体形象、浅显易懂，帮助学生跨越思维上的障碍，奔向知识的彼岸。

（3）采用恰当的教学方法，化整为零，化难为易，或由此及彼，注重沟通，或循循善诱，步步深入……总之，千方百计使教学目标为学生所理解、接受，帮助学生认识和掌握新知识。

4.信息要素的优化

充分发挥教师的主导作用，确保学生的主体地位。使教学信息传递迅速、反馈及时，师生活动积极，配合默契。

教学过程，说到底是教学信息的传播、反馈、再生和升华的过程。信息要素是否优化直接关系到一堂课的成败。优化信息要素，先要摆正三大信息源的关系。教师、学生、教材是课堂中三大信息源。对学生来说，教师、教材是信息源，学生根据教师发出的信息，学习教材并把信息处理情况反馈给教师；对教师来说，教材和学生是信息源，是教师确定教学目标，从事教学活动的依据，也是教师调整教学程序的依据。教材是人类超地域、超时间传递和交换信息的第二载体，是师生教学活动的主要凭据，师生都对教材进行加工处理，并把信息反馈给对方。在教学活动中，弄清三大信息源的地位、作用和相互关系，摆正它们的位置是十分必要的。在整个教学活动中，教师是教学的领导者与组织者，他根据国家规定的教育教学计划，选择适当的教学方法，使学生掌握系统的科学知识技能，他始终起着主导的作用。学生是教学的对象和接受教育的客体，同时又是学习和自我教育的主体，必须确保学生的主体地位，教材是教学活动的主要依据，在整个教学活动中，师生的信息活动必须围绕它展开，必须保证它的中心位置。摆正了三个信息源的关系，就为优化信息要素创造了必要条件。优化信息要素，还要正确处理信息，及时反馈信息。反馈原理是课堂教学的基本原理。认知活动的发生、发展，一开始就是同信息反馈连在一起的，课堂上的师生活动实际上是教与学双方围绕一定的教学目标而进行的信息获取、处理输出的流动过程。有了教师发出的信息，才有学生的读书、思考、讨论、实践操作……并把信息处理情况反馈给教师；教师对反馈过来的信息加以处理，掌握教学状况与目标之间的差距，调整自己的教学活动，再生教学信息，传播给学生，以实现教学目标。如：《做小风车》一课，当学生独立实践时，教师巡视发现有些同学没有按同一扭曲方向把纸条粘贴在铁丝圈上，立即让学生停止操作，教师将粘贴不标准的纸风车举起向全体学生进一步演示、讲解、启迪，从而使学生用正确的方法制作小风车。

事实上，课堂上的信息反馈是复杂的，除师生间的相互即时反馈，还有学生群体间的相互反馈，学生个体的自我反馈等形成课堂教学中多层次、多渠道、多方向的反馈形式。也正是这些信息的传播、反馈、调动了教学双方的积极性，使教学活动向着预定的目标前进。然而，师生之间的信息活动不是任意展开的，任何教学活动都包含引起、调整、控制三个因素，它反映了事物发展各个阶段彼此间有规律的、连接的、不断交替的过程，师生间的信息活动亦是如此，既然课堂上的信息活动呈现多向性和复杂性，那么，教师就要善于驾驭和控制信息活动，采取适当导向措施，控制信息活动的方向与范围，保证教学目标的实现。

5.训练要素的优化

优化训练要素，就是规定训练内容、训练方式、训练步骤，以至达到巩固知识、培养能力、发展智力的目的。

训练是课堂教学的重要组成部分，它是巩固知识，培养能力、发展智力的重要途径，许多有远见的教育家都把训练放在很突出的位置上。劳动教育课教学，训练尤其重要，优化训练要素是劳动教育课教学的关键。首先，要有较强的训练意识，教师在备课时不仅要考虑讲的内容，而且要考虑练的内容和方式，在设计训练上下功夫。学生也懂得训练的作用，积极配合教师搞好每一项训练。要抓准训练内容，围绕教学目标，有的放矢地练，真正做到练在根本上，练在关键处。同时注意训练容量适当，难易适度，使教学目标落到实处。再次，要精心选择训练方式，周密安排训练步骤，提高训练质量，使学生在训练中掌握知识，发展智力，甚至在思想情操方面也在训练中得到陶冶。

总之，课堂教学结构是个整体，它的五个基本要素不是孤立的，而是相互联系、相互影响、相互渗透的。因此，我们在研究课堂教学结构优化的时候，不但要考虑每个要素的优化，而且要考虑课堂教学系统中各个要素如何组成最佳结构，以发挥课堂教学的整体效应。

【案例】

做小风车

（一）教学目标

1.通过本课学习，使学生学会使用工具制作、装配小风车的方法。

2.培养学生的动手操作能力。

3.通过组织学生独立操作，渗透创新意识。

（说明：以上三大目标，即知识点、技能训练点及科学劳动态度，是相互协调一致的。）

（二）教学重点

小风车的制作方法与步骤。

（三）教学难点

风车中纸条的扭曲方向。

（四）教学准备

1.制作工具：小刀、剪刀。

2.材料工具：胶水或糨糊，配套材料。

（五）教学过程

1.讲解、揭课

（1）揭示课题，讲明学习的目的和意义。可向学生讲清“风力是取之不尽，用之不竭的自然能源。从古代起，人们就利用风力扬场行船，提水浇田，现在还利用风力发电等。我们来学习制作一个利用风力的小玩具——小风车，你们喜欢吗？”以此引起学生的学习动机，激发兴趣，提高学习自觉性。

（2）引出课题，进行板书，并出示小风车成品。

（说明：讲解这一环节，只是向学生讲清意义，揭示课题，明确学习目的，以激发学生的学习动机，故不必花费大量的时间，用1～2分钟即可。）

2.示范、讲解

（1）了解学生的课前准备情况，备齐所需的工具和材料，了解学生的实际水平。强调注意卫生、安全要求。

（2）边示范边讲解小风车的制作方法步骤，并概括为6个步骤，即：①按尺寸剪纸条；②用塑料轴心夹纸条；③剪断轴套，套在材料轴心开缝的一端；④将铁丝弯钩做成圆圈，并按同一扭曲方向把其中4根纸条均匀地粘贴在另一个铁丝圈上；⑤做风车架；⑥安装风车。

（3）示范操作的方位要可见度大，并配以投影。讲解要强调处理好④与⑤中纸条的扭曲方向，以突破难点。示范讲解速度快慢适中，以利于学生模仿操作。

（说明：这一环节是指导学生动手操作的关键。教学时间分配，要根据学生的知识水平、理解能力、动手能力的实际情况而定，一般以5～10分钟为宜，示范并讲解方法步骤时要遵循学生的认识规律，由易到难、由浅入深、化整为零，同时要考虑学生的年龄特征、心理特点，选用先进的教学手段，如录像、投影，使抽象的内容具体形象化，做到了使“教”适应于“学”，达到教的思路与学的思路合拍。）

3.练习、指导

（1）提出练习要求，强调卫生安全等注意事项。

（2）学生独立练习制作另一个风轮，教师巡视指导。

（3）教师提示，学生练习做风车架时，教师巡视，发现操作能力差的学生要及时给予帮助。

（4）组装小风车。

（说明：这一环节，是劳动教育课教学的重点，只有加强训练，优化训练要素，才能使学生熟练掌握劳动技能，更好地落实教学目标。同时，教师在巡视时，要注意捕获学生反馈的信息，即：发现有些学生没有按同一扭曲方向把纸条粘贴在铁丝圈上，教师及时对这一信息加以处理，掌握教学状况与目标之间的差距，调整自己的教学活动，即：让学生停止操作，将粘贴不标准的纸风车举起向全体学生进一步演示、讲解、启迪，从而使学生运用正确的方法制作小风车，实现教学目标。）

4.展评、创新

（1）让每个小组推选一名到台前展示，其他同学评价。

（2）学生比赛“看谁的风车转得快”，教师可这样评价：这几位同学的风车做得都很漂亮，但是有的转得快、有的转得慢，说明还有个别部件做得不太符合标准，还须自己查找原因。

（3）要求在掌握制作小风车技能的基础上，看谁能做出新异的小风车。

（说明：这一环节不是可有可无的，展示自己的劳动成果并得到别人的赞许，这是儿童的心理需要。教师给以客观公正的评价，肯定成绩，指出不足及努力方向，符合儿童的心理特点。同时，鼓励创新，能激发学生的求异思维。所用教学时间在5分钟内。）

5.总结、教育

进一步强调做小风车的方法步骤，针对学生学习做风车的情况进行全面概括的总结。并要求学生课后继续实践，创作出新颖的小风车来。

（说明：提纲挈领地总结全课，提出知识要点，技能训练重点，能使学生进一步明确本课的学习重点，并为课后实践提出学习目标。）

第二节　劳动教育的课外教学

劳动教育课要对学生进行劳动观点的教育，劳动态度的培养，劳动知识、能力的训练，进而培养良好的劳动习惯，这是一项细致复杂的工作。为了完成这些任务，通过课内的劳动教学固然是十分重要和必要的，但是，光有这条途径是不够的，应当同时利用多种形式的劳动教育课外教学活动来进行劳动素质的培养。

在课外劳动教学中，学生扩展了视野，学习了更多的劳动知识，通过实践，锻炼了自己的动手操作能力，并且发展了自己对劳动的兴趣。参加公益劳动，可以培养他们热爱劳动及劳动人民的感情，增强社会责任感。参加动手制作的劳动，可以培养他们的创造能力和审美能力。参加一些参观活动，可以丰富他们的知识，加深对劳动意义的认识，树立正确的劳动观念。

苏霍姆林斯基认为，若把教育中人的活动从机能上进行分析，可分为两个方面，一为认识和理解客观世界，一为主体的自我表现和发展。他指出，提高教育的效能应是使这两方面的机能互相协调和保持平衡。由于学生获得自我表现、自我发展的领域远远超于课堂上学习活动之外，因此，应该让学生课内、课外结合，利用课内学的方法，指导课外的实践，利用在劳动教育课上引起的兴趣，在课外继续进行劳动实践。

课堂教学虽有其优越性，但它本身又有其难以完全避免的局限性，主要是难以进行实际锻炼，难以发展学生的实际劳动能力，难以照顾个性差异，发展学生特长。开展劳动教育课外教学，正好可以弥补课堂教学的这些局限性。学生参加劳动教育课外活动，都是以亲自实践为主，以自学、自理为主，这样学生可以经受各种劳动锻炼，培养创造精神，训练劳动技能，发展爱好特长。课外活动就成了劳动教育课堂的继续、补充、扩展，它可以打破课堂教学时间、空间的限制，在活动中满足学生个人爱好和兴趣方面的需要，使学生学得生动、活泼。

由于劳动教育课外活动特有的组织形式和灵活的教学目标，以及能更好地贯彻因材施教的原则，可以自如地运用各种教学方法和手段，满足了不同层次、不同个性学生向不同目标发展，也进一步激发了学生参与的兴趣，使劳动教育活动成为学生个体自我发展的内在需要，自觉去选择发挥自己特长的劳动实践活动，在参与过程中“各得其所”。

一、劳动教育课课外教学的基本要求

劳动教育课课内教学是训练学生劳动素质的基本途径，与此同时，劳动教育课课外教学也是训练学生劳动素质的重要途径，二者缺一不可。因此，对劳动教育课课外教学要有总体计划，并与社会、家庭等方面密切联系和配合，还要依据主客观条件确定活动的内容和形式，使课外教育活动尽可能丰富多彩，并保证质量。为此，组织劳动教育课课外教学时必须注意以下几点：

（一）有明确的目的性、计划性

组织劳动教育课课外教学要有利于贯彻全面发展的教育方针，每一项劳动活动都应明确具体的教学目的，不能为活动而活动。学生参加课外劳动活动虽是自愿选择，但自愿不等于自流，要善于对学生进行正确的引导和指导，制定出切实可行的计划。

（二）照顾学生的兴趣和特长

每次劳动活动的内容和形式要为学生所能理解、所能胜任，要考虑学生的个别特点、个人的兴趣爱好，不可强求一律。与课内教学相比，更应承认差别，更应鼓励各人发挥专长。对于动手能力强，善于钻研，富有创造精神的学生，教师要注意指导，培养他们课外劳动的兴趣，使他们的才能得到进一步发展。

（三）有吸引力

为了吸引更多的学生参加课外劳动活动，这就要求活动的内容能丰富多彩，形式力求多样，能使学生乐意参加，以满足他们各自的兴趣、爱好和要求。

（四）发挥学生的主动性、创造性

劳动教育课课外教学活动在很大程度上要依靠学生的自觉性、主动性，以学生自治、自理为主，引导学生以主人翁的姿态来组织和参加活动，从中培养独立思考、独立操作、独立生活的能力。要鼓励学生在劳动中动脑、动手，进行创造性劳动，鼓励和培养他们克服困难，坚持完成劳动任务的心理品质，培养他们的集体主义观念，通过互相帮助、互相讨论，自己解决问题。

二、劳动教育课课外教学的形式

劳动教育课外教学的形式和方法比之课内教学具有更大的灵活性、机动性和多样性。主要组织形式有三种：全员活动、小组活动、个人活动。这三种形式是有内在联系的。在全员性活动中引起一些学生研究某一问题的愿望，就成为小组活动的基础。小组活动中有些项目是分配给其成员单独完成的，这就形成个人活动。小组和个人活动的提高又成为推动全员性活动的积极力量，促进全员性活动的开展。

（一）全员性活动

1.参观

组织学生参观工矿企业、农场、科技展览、饲养场等生产劳动场地，是劳动教育课课外教学的重要组织形式。它能开阔学生的眼界，学习现代化生产和技术的基本原理、基本技能以及工人、农民的优秀品质，提高学生对劳动的正确认识，逐步形成正确的劳动观念。

组织学生的生产参观应做到以下几点：

（1）精心选择现场。生产参观不是额外附加的，也不是让学生换换环境，轻松轻松，而是劳动教育教学的重要环节。因此，选择被参观的对象必须严格以劳动教学目的、内容为依据。

例如：劳动教学中学习了植物的种植、栽培，可参观农场；学习了木工制作，可参观木器厂。在参观目的上，如以开阔学生的眼界为目的，可参观拥有先进设备的工矿企业；以巩固学生劳动知识、技能为目的，可参观机械化程度较低的，甚至以手工劳动为技术手段的工厂企业等。精心选择参观现场，是实现参观目的的前提。

（2）周密安排参观活动。确定好参观现场之后，应与该单位负责人一起商定参观计划。计划订得越具体、越详细越好。如参观的日期、所用时长、具体内容、参观路线、何人介绍、注意事项等，所有这些都应做出周密安排，以免浪费时间，不能突出重点，达不到参观的目的。

（3）引导学生观察思考。参观之前，应向学生讲明本次参观的内容及要求；参观过程中，要引导学生认真观察，边听边记边想；参观之后，要做好反馈总结，让学生谈参观的体会和收获，教师根据参观目的做指导性总结。

北京市房山区周口店中心校瓦井小学，利用当地条件开展参观活动，当学习了“认识几种农业机械”一课后，学校组织学生参观了村农机站，让学生亲自去看一看，用手摸一摸各种农业机械。通过参观，学生分清了履带式和轮式拖拉机，知道了拖拉机本身不耕作，只起牵引作用，配上犁铧可以耕翻土地，配上圆盘耙、平耙可以平整土地……平时，轮式拖拉机可以挂上挂斗车，运输货物。还认清了小麦、玉米联合收割机等几种主要的农业机械，原来在头脑中模糊不清的认识变得清晰了。

2.公益劳动

搞好环境卫生、美化绿化、植树造林等集体公益性劳动是课外公益劳动的重要内容。学校各年级都要安排一定数量的社会公益劳动和校内公益劳动，根据学生年龄特点，制定总体计划，在每次活动中，要有要求、有计划、有指导、有检查、有总结，确保劳动的效果，使学生在公益劳动中增强社会责任感。

【活动设计】

植树

（一）制订劳动计划

明确本次义务植树劳动的任务，做好劳动计划。

计划主要包括：共植多少树？树苗有多大？需几个人合作进行？树穴、株行距的要求是怎样的规格？在明确任务的基础上，对全班学生进行分组，分组时要根据学生年龄、体力状况合理搭配。

（二）做好工具准备

要提前一天向学生宣布劳动任务和植树计划，提出具体要求，宣布劳动分组，规定每组所要准备的铁锹、镰、铲及水桶的数量，带工具的时间，由各小组长直接落实到人。

（三）加强现场指导

植树之前，教师要给学生讲明植树的意义，提高学生劳动的积极性。做好现场示范，讲解示范植树的过程，讲解各环节要求，使学生明确植树的程序、要领。学生明确后，教师再提出明确的任务要求，然后分组进行活动。

在学生植树过程中，教师要巡回指导，对树穴的规格，浇水的多少、踩压固本的程度等方面严格检查，明确要求，保证植树的质量。

（四）全面检查总结

各组植树任务完成后，教师要组织学生进行评价总结，看哪个组任务完成得好，哪个组植树的质量最高，通过师生共同评价、总结，鼓励先进，鞭策后进。劳动结束，要求学生收集好工具，将工具及时拿回家。

3.采集、复收、基地劳动

在收获季节里组织学生进行复收、采集活动，可以使学生受到锻炼，学到劳动技能，通过劳动养成勤劳节俭的良好习惯。

组织学生到学工基地、学农基地进行劳动，直接参加工农业生产劳动，可以培养学生热爱劳动及劳动人民的感情。

【活动设计】

采集树种

（一）组织准备

选好地点，提前划分采集小组。

（二）工具准备

长杆、钩子、书包、布袋或塑料袋。

（三）现场讲解

现场示范采摘过程，并讲清以下要求：

1.上树采摘，要系好保险带，不要爬上小枝条。

2.用杆打落，不要让枝条打伤或被掉落的灰尘、树种迷了眼睛。

3.采下的树种带回晾干、扬净，放在通风处保存。

（四）现场采摘

1.按划分的小组进行，注意安全保护，并按分工进行。

2.固定棵数，集中采摘。

3.教师巡视指导，防止意外事故发生。

4.各小组把采摘的树种集中在一起。

（五）劳动总结

1.根据采集的数量和质量，进行总结评价。

2.要求把树种带回后，分组保存。

3.劳动技能比赛。

适当组织劳动技能比赛，是激发小学生学习劳动技术的积极性，从而提高劳动教学质量的一条重要途径。通过集体劳动技能比赛，为每个学生提供一个充分展示自己的劳动才能的机会，能进一步增强其劳动的主动性。通过集体劳动技能比赛，还可以培养学生热爱集体、团结友爱等良好的思想品德。

组织小学生劳动技能比赛，应注意以下几点：

（1）讲明比赛的目的、内容和要求，引导小学生赛前进行积极、充分的准备。比赛评出优胜予以表扬和奖励，但这不是最终目的。最终目的是提高劳动教育、教学的质量，因此，比赛本身不是目的，而是一条途径、一种方法。这一点，每一位劳动教师都应当牢牢记住。同时，还应借助各种教育契机和艺术，使小学生正确地对待劳动技术比赛。对每项比赛的具体内容（如劳动技术知识的范围，实际操作的对象、时间，所需要的技能及其结果等）和程序、方法，则应在比赛之前相当长的一段时间内就告诉学生，最好能结合劳动教育课的内容，讲明何时何地要以该课的内容进行比赛。这种提前较长时间的“预备通知”，会使小学生形成渴望参赛、盼望参赛的“期望心理”，而这种心理是激励小学生上好劳动教育课、做好参赛准备的强大而持久的动力。

（2）比赛的前提条件应大体一致。只有水平相当、各种条件基本相同的比赛才有意思、有价值。因此，集体的劳动技术比赛，在参赛者的年龄、年级、劳动技术知识和技能的水平等方面，都应以劳动教学大纲为准绳。此外，实际操作所用的工具、场地、原材料等方面也应完全一样或大体相仿。这样，才能体现合理、平等比赛的原则。在此基础上，再对比赛的程序、方法、注意事项、取胜的标准等做出详细计划和安排，并当众宣布，要求参赛者严加遵守。

（3）评比要公正、合理、民主。评比是劳动技术比赛中极为重要的一个环节。小学生的争胜心理强，情感又极易外露，且评比的结果是他们翘首以待多时的。只有评比的结果合理、公正，即使“失败”了，他们也口服心服；如果评比者有偏有向或者因一时疏忽使评比的结果稍有不公，他们都会暗中抱怨，直接影响劳动积极性。比赛可充分发扬民主，由学生公推评委，或者组织学生互评。例如，可让学生公推某方面的“小行家”来评比剪纸、泥塑或飞机模型制品。再如，在小学一年级组织洗脸比赛，可以“看谁洗得快、洗得干净、节约水”为标准，组织学生互评，等等。

（4）其他注意事项：评比之后应酌情给优胜者以表扬或奖励。表扬或奖励的分寸应得当，并作为评定劳动教育课成绩的一个因素；劳动技术比赛的组织形式应灵活多样，既可在劳动教育课上或在课外科技小组中进行，也可与班会或少先队的活动联合组织；

组织实际操作比赛时，应注意劳动卫生防护，并严格控制学生的劳动负荷，等等。

（二）小组活动

小组活动是劳动教育课外教学中的重要形式，是根据部分学生的兴趣、爱好和要求，就某一项劳动内容组成小组，进行有计划、有目的、经常性的活动。这种小组以自愿结合为主，灵活方便，更有利于因材施教。

劳动技术小组，可以有制作小组、种植小组、饲养小组、科技小组等。

组织劳动教育课外小组活动，应注意以下几点：

1.按学生自愿和志趣相同的原则组建小组

在劳动教学过程中，教师应细心观察每个学生的兴趣、爱好、特长，并为他们参加何种小组提出建议，然后指定一名能力比较强的同学担任组长，由他（她）来组建小组。

2.小组活动内容要系列化

小组组建后，对一年内的活动应有具体计划，此项计划由劳动教育课教师协助制订。计划中应包括活动时间、活动内容、活动分工及任务要求等，以保证课外小组活动的正常进行。

3.让学生在小组活动中自我教育、自我管理

组织学生参加课外兴趣小组，不仅在于充分发挥学生的聪明才智，提高他们从事创造性劳动的能力等，还在于培养学生的劳动观点、劳动习惯和正确的劳动态度。课外小组作为一个小集体，有独立活动的时间和空间，教师应充分发挥课外小组的教育功能，放手让学生自己教育自己，自己管理自己，让他们在课外劳动小组的学习、实践中，培养自己的劳动能力、协作能力和创造能力。

（三）个人活动

学生劳动教育课课外教学的个人活动，往往与小组活动或全员性活动相结合，由小组或班级分配任务，个人单独去进行。如家庭饲养活动，是由学生个人在家庭中独立进行，把个人饲养过程中的问题向老师请教，或同其他人交流，不断改进饲养方法，积累饲养经验，摸索饲养规律。学生在这样的个别活动中，使自己的生活丰富多采，充实愉快，培养了自己不怕脏、不怕累、坚持劳动的可贵品质，从中也锻炼和提高了自己的劳动能力。

三、劳动教育课课外教学与课堂教学的关系

劳动教育课课外教学与课堂教学既有密切的联系，又有区别。两者都是培养全面发展的社会主义建设者，教育目的是统一的，两者在教学形式、方法、内容等方面有所区

别，但又有着紧密联系。

（一）课外教学弥补了课堂教学的不足

劳动教育课课堂教学是教师根据劳动教学大纲所规定的内容和教学计划中所规定的教学时数，按照学校课程表进行劳动教学，系统地传授劳动知识，培养技能，在劳动教学中对学生进行教育的一种组织形式。它具有固定的班级，要严格按照课程表的安排进行，以“课堂讲授、课堂实践”为主要方法。课外教学则是通过多种形式的活动，引导学生进一步巩固课堂上所学的劳动知识，有机地进行劳动实践训练，在有些教学内容上弥补了课堂上无法实践的不足。如复收、采集、饲养、公益劳动的有些内容，都要通过课外教学的形式进行，特别是自我服务劳动和家务劳动的内容，以学生在家庭中的实践为主，他们在课堂上学到的劳动知识和方法，需要在家庭的劳动实践中得以巩固和训练，而且学生劳动技能的形成和劳动习惯的培养，不是一两次劳动实践就能完成的，需要学生在反复的劳动实践中训练形成。这样，劳动教育课外教学就成了劳动教育课课内教学的延伸，是课内教学的必要补充，唯有如此，才能真正完成劳动教学的任务，实现劳动素质教育的目标和劳动教育课的教学目的。

例如，有的学校设立“校外劳动作业”，规定一、二年级学生每天不超过半小时，三至五年级学生每天不超过 1 小时，学校设立“校外劳动登记卡”，每周由家长填写学生校外劳动内容、劳动时间、劳动效果、家长意见等。教师在“教师评语”栏内批阅学生的劳动作业，对学生在劳动方面的进步及时予以表扬鼓励，并以此作为评选三好学生和优秀少先队员的重要依据。通过“课外劳动作业”的形式，弥补了课堂实践时间少、训练不落实的缺陷，学生在课外劳动中，巩固了所学劳动知识，提高了实践能力，逐步形成了良好的劳动习惯。

（二）课外教学促进了课堂教学质量的提高

一方面，学生在课外劳动中，能动手操作，接触生产、生活和社会实际，获得了一定的感性经验和直接经验，为进行劳动教育课学习做了理论知识的准备，有利于促进学生劳动知识的学习和掌握，提高课堂教学的效率。

另一方面，学生在课外劳动活动中，能把课堂上所学的知识在实践中转化为劳动技能、技巧，促进了学生智力的发展，能力的提高，也相应地提高了劳动教育课教学质量。

例如，学生在劳动教育课上学习了《折五角星》，在课堂上只能是基本掌握了方法、步骤，但要做得美观、漂亮，达到熟练掌握，形成技巧，在课堂教学的时间内，全体学生就很难达到这个要求。老师就要布置学生进行课外劳动，让学生在课下练习折叠，逐步总结经验，特别是把“折角”和“插接组合”这些难点达到熟练掌握，通过多次练习，使课堂上所学的劳动知识转化为技能，进而转化为技巧，既培养了学生动手能力，又使课堂上所学的知识得以强化和提高，保证了课堂教学质量的提高。

（三）课外教学丰富了课堂教学目标

课外教学在活动方法上，是在教师、辅导员或家长的指导下，由学生独立自主地进行，鼓励学生自己开动脑筋，自己主动实践，学生在“依靠教师—相对独立—基本独立—完全独立”这一过程中，充分地发挥了自我教育、自我管理、自我调整的作用，培养了自己独立实践的能力。

课外教学在组织形式上，是根据学生年龄特征、兴趣爱好、实际需要而决定的。形式上是多样的、灵活的，学生可以根据自己的爱好，选择自己课外劳动的项目，也可根据共同的爱好组建兴趣小组，在课外活动中，使每个学生的才能得到了发挥，使他们的特长得以发展。

课外教学在活动内容上，主要是学生把所学知识用于实践，通过实际操作，锻炼自己的动手能力，并根据自己的爱好，在动手的同时，动脑思考，进行创造性劳动，或进行工艺品的制作，或美化生活环境……通过这些劳动，逐步培养学生的创造精神。

（四）课外教学完善了课堂教学的教育功能

劳动教育课的特点是实践性和教育性相结合。教育要以实践为基础，但思想教育的任务和效果，课堂教学并不能全部承担和完成，还要通过课外劳动活动进行教育和培养。

家庭是学生课外劳动实践的重要场所，也是学生生活、学习的重要场所，特别是劳动教育课的特点所致，学生大量的劳动实践要在家庭中进行。这样，就完善了对学生的教育体系，即课堂上教师对学生的教育和家庭中家长对孩子的教育有机结合，相互促进，完善了教育目标一致性的整合功能。

第五章　劳动教育的教师素质

第一节　教师素质与素质教育的关系

素质教育要求使受教育者全面发展，受教育者应具备哪些素质呢？即包括思想道德素质、文化科学素质、身心素质、审美素质和劳动技能素质。而所谓劳动技能素质包括劳动教育和技术教育，包括培养正确的劳动观念、良好的劳动习惯以及热爱劳动和劳动人民、珍惜劳动成果的思想感情，初步掌握一些基本的劳动知识和技能，为适应现代社会的工作和生活需要初步奠定基础，这正是素质教育所要求的。学生劳动技能素质的培养和提高，主要通过劳动教育来实现，而组织并向学生进行劳动教育，主要由劳动教师来完成。可见，教师是实施素质教育的组织者、指挥者和执行者。

一、教师敬业品质是劳动教育的前提

学校教育的任务是培养全面发展的人才，也就是必须全面提高学生的素质。学生在学校生活中，接触最多的是他们的老师，通过老师了解学校的教学思想和治学要求，最容易被学生模仿和最能影响学生的也是教师。因此，教师的一言一行对学生的健康成长，起着潜移默化的作用。试想，一位劳动教育课教师要求学生热爱劳动，而自己对学校的公益劳动不参加；要求学生坚持搞好自我服务劳动，而自己衣冠不整，可想而知其教育效果如何。因此，每一位劳动教育课教师正是身教的载体，而这载体所能发挥的影响和作用，是社会、家庭中其他人员所不能替代的。

二、教师应具备符合素质教育要求的各种素质

教师是实施素质教育的关键。第一，素质教育是面向全体学生的教育，不是面向大多数或“英才教育”。每一个学生都需要教师的教育、指导、帮助和培养。第二，素质教育是面向学生的每个方面的教育，不仅仅是课本知识的传授，而是包括心理素质、身体素质、思想品德、劳动技能、学习能力、实践能力、交往能力等方面的素质、能力和技能的培养和锻炼。这就要求劳动教育课教师不仅具备一定的劳动知识、劳动技能，具备劳动教育课的全部知识，还要注意各种知识的学习和提高，而且具有良好的

心理素质，并在劳动教学中培养学生主动学习的能力，渗透思想品德教育，注重学生的全面发展。

三、教师应教学生学会劳动

21世纪呼唤高素质的人才，而知识更新的频率加快，使学生在学校所学到的知识，远远跟不上时代的步伐。新的教育学习理论，是终身接受教育、终身学习，教师在素质教育过程中，要注意培养和提高学生的自学能力，要因材施教，帮助学生找到适于自己的学习方法，要授之以渔，使学生学会学习、学会求知、学会劳动、学会创造，使每个学生都能够持续学习，持续发展，持续提高。

总之，劳动教育是素质教育的重要组成部分，想搞好劳动教育课教学，教师必须具备素质教育要求的各种素质。只有这样，才能保证素质教育在劳动教学过程中的实施。

第二节　劳动教育教师素质构成要素

教师的自身素质如何是做好教学教育工作的基础和条件，是一种长期起作用，并能决定今后发展方向的潜在因素。小学劳动教育课是对小学生进行劳动教育，培养劳动技能的基本素质教育的基础学科。要提高劳动教育课的教学质量，完成教学任务，教师的业务素质就显得尤为重要。那么小学劳动教育课教师的素质由哪些因素构成呢？

一、超强的心理素质结构

提高教育质量，关键在于建设一支高素质的教师队伍，而教师职业心理素质又是教师素质的核心，教师的职业心理素质和教育心理学素养是两个密切联系、互相影响的方面。教师良好的心理素质，是提高教育心理素养的基础，学校对教师的管理中，一方面应当加强集体的建设，优化教师之间，领导与教师之间，党群之间的人际关系，让每个教师成为参与学校教育和管理的主体，发挥每个教师的自主创造精神；另一方面需要不断引导教师在教改实践中，加强对教育学、心理学理论的学习，更新教育观念，切实提高教师教育心理学素质，使教育心理科学不仅成为教师提高教育水平，进行创造性劳动的有力武器，也成为教师不断认识自己，进行自我教育，提高自身素质，创造充满精神乐趣和有价值人生的工具。

二、强烈的责任感品质结构

教师的政治思想和道德品质集中体现在他的职业道德上。教师责任感的强弱是衡量教师素质的第一要求。强烈的责任感应表现在以下几方面：

（一）对全体学生负责

教师的任务就是面向全体学生，教书育人，这也是素质教育的要求。自从学生踏进校门的那天起，教师便对每一位学生负有责任。教师必须关心、爱护全体学生，尊重学生人格，促进学生在品德、智力、体质等方面全面发展。古人云“贤俊者自可赏爱，顽鲁者亦当矜怜”，就是指对儿童不能感情用事，不能厚此薄彼，学校教育中不应存在“被遗忘的角落”。

（二）对学生的未来负责

教育价值的实现是滞后的。所谓“百年树人”是指教育过程的长期性。“效益”要在受教育者以后接受教育的过程中或是在他参与社会生活之后才能显现出来。因此，教师的责任是立足现今而着眼于未来的，学校不允许有“短期行为”存在。

（三）对所传授的知识负责

教师所传授的对于学生来说都是新知识，对知识的第一印象会给学生产生根深蒂固的影响。教师的教授内容必须准确、科学，不允许含混不清和错误的概念出现；对所传授的知识负责还表现在要保证学生对知识的接受上，只知照本宣科，满堂灌输知识的教师是不负责的教师，尤其是劳动技术知识，更不能灌输，只有被学生接受、理解，内化为学生的知识结构，并转化为学生解决问题的能力、劳动实践的能力时，才算完成了知识传授过程。

教师的强烈责任感的意义不仅表现在教学上，更重要的是它能直接激发学生的责任意识。在劳动教学中，通过生产劳动和公益劳动培养学生的社会责任感，也是劳动教育课教学的一个重要任务。因此，只有具有强烈责任感的劳动教育课教师，才能培养出对自己劳动及成果高度负责的学生。

三、深广的知识结构

（一）有深广的专业知识

教师的专业基础要深厚，这是完成教学任务的需要。基础教育所传授的都是各专业的基础知识，表面看来，似乎容易，但是要想熟练地驾驭这些知识，非有深厚的专业知识不可。专业知识越深厚，越对基础知识有深刻的理解，只有在深刻理解的基础上，才能使教学深入浅出、得心应手。另外，劳动教育课教师在教学过程中仅熟知本课程的教学内容是不够的，应贯通本课程的前后内容，贯通同年级其他课程的教学内容。这样，教师才能对学生的知识结构有明晰的了解，才能引导学生融会贯通本门课程，同时利用“学习迁移”理论，将各门课程知识融会贯通，这既有利于教师教学，又有利于学生综合利用知识的能力的培养。劳动教育课教师不仅要熟悉大纲、计划和教材，还要学习马克思主义关于教育与劳动相结合的理论，学习现代技术知识和通用的实用技术。

（二）厚积薄发的教育科学知识

教育科学是在总结前人丰富的教育实践经验的基础上，经过了哲学的提炼，经过了自然科学的实证研究而形成的。只有具备一定的哲学、自然科学知识基础的人才，才能真正理解和掌握其深邃的理论内涵。教育科学是一门新兴学科，每天都有新的研究成果在丰富着这一理论体系。作为一名劳动教育课教师应密切关注教育理论研究的新动向，学习和研究新的理论成果，学习和掌握劳动教育的特殊规律和方法，并在劳动教学实践中加以应用。有位哲人曾经这样说：一位合格的教师知道教什么，一位优秀教师知道怎样教，而教育科学实实在在就是在研究怎样教的理论。因此在教学实践中就要做一名知道怎样教的教师。

（三）丰富的生产劳动知识和现代科技知识

劳动教育课教学内容十分广泛，包括种植、饲养、烹饪、编织、小木工、缝纫、科技制作等，要想把这些知识准确地传授给学生，教师首先要精通与劳动教育课教学内容有关的生产劳动知识，尤其要掌握现代科技知识。只有这样，指导学生的劳动实践活动，解答学生在劳动教育课学习中遇到的疑难问题时才能得心应手。

四、以善学、善教、善研、善动为中心的能力结构

学、教、研、动构成了劳动教育课教师能力的四维结构。只强调教学能力是片面的。因为，如果没有学、研能力的支撑，教学能力便是无源之水，无本之木。

（一）善学

我国的先哲孔子，对于教师的必需条件只讲了一句话：“温故而知新，可以为师。”这句看似简单的话，道出了教师能力的真谛。“温故”是对教学内容的钻研，“知新”是发现其中的新意蕴。

能“温故而知新”是教师能力的体现，同时也是教师创造力的集中反映。在教学过程中，教师应随着科学文化的发展。经过学习不断更新自己的知识结构，并且能用新的知识结构去审视教学内容，那么，他就会不断发现教学内容的新含义，就能不断产生新的教学思路，这是素质教育对教师的要求。

（二）善教

教学是师生的双边活动，教师实际上处在知识和学生的中介位置上。所以教师的教学能力集中反映在他对教学内容有深刻的理解力和对学生接受能力的明晰洞察上。在教学中，教师不仅要深入钻研教材，而且要了解学生的心理状况、知识水平、接受能力等，即所谓既备教材，又备学生。只有这样，才能教好学生。

（三）善研

教师在教学过程中，要用先进的教学理论武装头脑，同时要注重教学方法的改革，针对自己教学中存在的问题，提出教改实践课题，并付诸实践，加强教学方法研究。如果说经济建设领域“科学技术是第一生产力”的话，那么在教育教学领域，科学的教学方法应是教师的第一教学能力。

（四）善动

劳动教学内容具有实践性，要求劳动教育课教师除了具有比较渊博的知识外，更重要的是必须具备较强的动手能力和多种娴熟的劳动实践操作技能。要求学生动手实践的项目，教师首先动手，只有掌握了娴熟的劳动技能，总结出动手操作的方法、规律、技巧，才能在课堂上操作时得心应手。如教学《维修课桌凳》，教师必须会使用木工各种工具，并做到操作熟练。只有这样才能更好地指导学生维修课桌凳。再如教学《录音机的使用》，教师必须掌握录音机的性能、原理、操作程序，懂得有关录音机的维修常识，并做到操作熟练，使教师的操作技巧吸引学生，给学生留下深刻的印象，才能有的放矢地指导学生操作，抓住关键进行有针对性的指导。

总之，“组织教学”“课堂表达技巧”等能力是一般教师应该具备的教学能力，而“善学”“善研”“善教”“善动”，则是劳动教师的真正能力。

五、宽严相济的情感结构

教师的教育教学是“晓之以理”“动之以情”的。合理的情感结构是影响教育教学效果的重要因素。

（一）满怀“爱心”是基础

只有对学生有一颗纯真“爱心”的人才有资格当教师。许多教师也爱学生，但他们爱的是那些聪慧机敏、活泼灵秀的学生，而对那些所谓“差生”则往往漠然置之。这种有“条件”的爱与教师的职责是不协调的。如果在劳动教育课上，教师只顾指导那些动手操作快的同学，而不理睬动手能力差的学生，久而久之，这些“差生”将更差，也不喜欢上劳动教育课，这样也不符合素质教育“面向全体学生”的要求。

（二）严以正身心

所谓“严师出高徒”是指教育教学必须“严”字当先。无论教书还是育人，教师对学生都要严格要求。在劳动知识的学习上要培养学生严格的科学态度，在思想道德教育上要培养学生严格的人生态度。在劳动教育课上，如学生在制作立体纸雕前，教师要提出严格的方法步骤，让学生制作出高质量的成品，同时要求学生保持劳动环境的清洁，以渗透讲究卫生的教育，进一步向学生进行质量观教育和良好的行为习惯教育。

（三）宽以展个性

教师应把培养学生良好的个性发展作为育人的重要内容。教师要善于明辨哪些是学生的个性特征，哪些是学生的不良倾向。在教育过程中，许多教师错把学生的个性特征当作不良倾向加以制止，这就违背了教育原则。我国社会主义市场经济的繁荣发展需要具有各种个性品质的人才“就位”。基础教育时期是学生个性形成和发展的关键期，教师应以长者的胸怀“宽容”地看待学生的个性特征，并注意加以善意的引导。只有这样，才能发展学生的个性，为社会培养出不同规格的人才。

六、谨严开阔的个性特征

没有个性的教师培养不出有个性的学生，教师的个性特征，应符合教育教学工作的特点。教师良好的个性特征应体现在如下几方面：

（一）一丝不苟的教学态度

教师谨严的人生态度，首先体现在教学上，教师的课堂教学应是经过认真准备的，每一句话应经得起推敲；对学生劳动操作要领的指导应是认真细致的；教师对教学活动的组织应是经过缜密分析和周到安排的，不应有任何的疏漏。教师举止言行，待人接物无时不在影响着学生。可以说，学生严谨的学风，来自教师一丝不苟的教风；学生严谨的人生态度，来自教师一丝不苟的生活风范。

（二）勤奋务实的工作作风

教师要有自己的理想，要有人生奋斗目标，更要有脚踏实地的实干精神。教师不应崇尚虚谈，要求学生所做的每一件事都应是落到实处的。只有勤奋务实的教师，才能培养出勤奋务实的学生。

总之，教师良好的个性特征对学生是无声的“感召”，此时的教师虽未展开“道德说教”，但学生却已闻“令”而行了。

第三节　劳动教育教师素质培养方法

一、教师思维形式素质培养

思维是劳动实践的基础之一，要开展劳动教育活动，掌握必要的逻辑思维方法很重要。在劳动教育活动中，保证思维逻辑的严谨十分关键，下面将分析逻辑思维及其在劳动教育活动中的表现，为提高劳动教育教师的教育能力服务。

世界上任何事物都有其内容和形式，内容是构成事物的一切内在要素的总和，形式是把内容诸多要素联系起来的结构和表现内容的形式。思维也是这样，既有内容也有形式。思维内容就是思维所反映的特定对象及其属性，思维形式就是指思维对特定对象及其属性的反映方式，如概念、命题、推理等，这些思维形式又具有一般的形式结构，我们称其为思维的逻辑形式。

（一）逻辑思维

1.“逻辑”思维的含义

“逻辑”一词是由希腊文音译过来的。其原意是指思想、言辞、理性规律性。“逻辑”是一个充满歧义的词，几乎每一个逻辑学家、哲学家以及自然科学家都有他们各自所理解的“逻辑”，对逻辑的定义众说纷纭，没有共识。总体上看，逻辑研究的是理性思维，即人们通过大脑的抽象作用对客观内在规定性的认识，是认识发展的高级阶段。人们对逻辑有广义和狭义上的不同理解。

广义的逻辑泛指与人的思维和论辩有关的形式规律和方法。逻辑思维与形象思维相对，通常是指人们思考问题时，从某些已知条件出发，借助概念、判断、推理这些思维形式，推出合理的结论的规律。广义上的逻辑可包括以下几个层次：

第一层次，指客观事物发展的规律性。

第二层次，指思维的规律性。

第三层次，指某种理论、观点或说法。

第四层次，逻辑就是方法论，就是处理人生中许多事情的方法，就是基于已知的事实或条件运用科学的思维过程，利用最合理的技巧，做出最接近于真实的判断方法。

第五层次，逻辑学是研究思维及其规律的科学。

狭义的逻辑主要研究推理，是关于推理有效性的科学，形式上表现为用特制的人工符号语言和公理化方法构造的形式系统。逻辑思维也叫抽象思维。所谓抽象就是在思维过程中撇开事物的具体形象而取其本质，逻辑思维的抽象特征与形象思维整体性特征正好相对。因此可以说，逻辑思维是一种比较简单的直逼事物本质的“线型性”思维。逻辑思维通常分为形式逻辑思维和辩证逻辑思维。形式逻辑思维又分为归纳思维以及演绎思维。

2.逻辑思维的基本形式

逻辑思维的基本形式是概念、判断和推理。概念、判断和推理这几个思维形式是互相联系的。概念的形成往往要通过一定的判断和推理过程，判断是肯定或否定概念之间的联系，而判断的结论是通过推理获得的。

（1）概念。

概念是人脑对事物的一般特征和本质属性的反映，是在抽象概括的基础上形成的。概念不反映事物的非本质属性，例如人这一概念只反映人是有思维能力的高等动物，有五官、四肢、直立行走等本质属性，而不反映是黑人还是白人，是男人还是女人等非本质属性。概念和词有不可分割的联系。每一个概念都是由于词的抽象性和概括性的刺激作用而在人脑中产生和存在着，并以词的意义或含义的形态在人脑中形成表象和巩固（记忆）下来，也就是说，概括是用词来标志的，每一个词都代表着一个概念。

（2）判断。

判断是指人脑凭借语言的作用，反映事物的情况或事物之间的关系，并通过判断的过程达到某种结果（或结论）。可见判断一词具有两种含义，一种是指人脑产生判断的思维过程；另一种是人脑经过判断过程产生的思想形式。判断是通过肯定或否定来断定事物的。肯定或否定是判断的特殊本质。事物的存在、价值或事物之间的关系，都是通过肯定或否定做出判断的。人在判断的独立性和机敏性方面会表现出很大的个体差异，差异性取决于判断主体的性格、相关知识和经验等。判断可以分为简单判断和复合判断。

（3）推理。

推理就是人脑凭借语言的作用，通过某些判断的分析和综合，以引出新的判断的过程。所引出的新的判断叫做结论。在进行推理的过程中所依据的已有的判断称为“前提”，也就是说已有的概括性认识和有关材料或事实是人在头脑中进行推理时所必须依据的前提，对过去的推断或对未来的预测是人在头脑中经过推理所得到的结论。很多判断都是推理的结果，所以，推理是思维最基本的形式之一。推理可以分为归纳推理和演绎推理。归纳推理是从特殊事例到一般原理，演绎性推理是从一般原理到特殊事例。

3.逻辑思维在创新活动中的作用

逻辑思维是人类揭示客观世界的本质和规律的极其重要的思维活动形式。逻辑思维包括形式逻辑思维和辩证逻辑思维。随着科学技术的发展，机械论自然观已为辩证论自然观所取代，辩证逻辑思维，使人们对自然界有了更为深刻的了解。创造、创新活动中，“紧张—松弛—紧张”的循环，也标示了“灵感—顿悟”的心理机制。顿悟是紧张思索，“能量”积蓄在松弛期间，潜意识活动中的突发。因此，其简单的模式可以归结为“积累—突发”。积累的过程，正是人们面对问题用已有知识和经验冥思苦想的过程。这一过程不仅有过去的记忆，也有大量针对问题和占有资料的分析、预演、判断、归纳，形成新的形象的过程，因此我们断言，在创造、创新过程中的中间阶段，同样有逻辑思维的不可取代的作用。联系逻辑思维在创造、创新过程中，前期和后期的作用我们可以清楚地认识到，逻辑思维几乎渗透到人类获取所有新理论和新知识的每一个过程。具体说来，逻辑思维在创新活动中的作用有以下几点。

（1）发现问题。

发现问题是创新过程的起点，发现问题的方法很多，通过逻辑思维来发现问题是一条重要途径。在现实生活和社会科学领域中，矛盾就是问题，问题本身也蕴涵着矛盾，在某种意义上讲，矛盾与问题是同一的。矛盾在现实中是无处不在、无时不有的，如理论与理论的矛盾、理论与检验的矛盾、理论与实践的矛盾、需求与现实的矛盾等。要发现矛盾就要对现实进行考察，考察中又会发现新的矛盾。

（2）直接实现创造创新。

并非逻辑思维根本就不能创新，有些问题的创造性解决就是直接用逻辑思维的结果。

（3）筛选设想。

不管采用哪些新思维的方法，都可能提出两种以上的新设想或创新途径，这就需要根据可行性、价值和社会效益等进行筛选。筛选的过程，主要用的就是逻辑思维。对每种设想进行分析、比较，做出判断、决定取舍，这都是逻辑思维的任务。

（4）评价成果或验证结论。

创新成果完成之后要进行鉴定或验证，给出正确的评价，评价过程一般要进行逻辑比较，判断其水平；验证也要符合逻辑常规的程序。

（二）归纳思维

人们对客观事物的认识，一般多是从认识个别事物开始的，即先认识一个个单独的对象，然后才能进一步把握其一般规律。归纳思维是一种从若干个同类个别事物或经验知识，概括出一般性认识或结论的思维方法。这种概括常常由部分推论到全体，它能够扩大人们的认识范围，并对已有理论提供一定程度的支持。

归纳思维是根据个别知识概括出一般性知识的思维。这种思维的方法称之为归纳法，这种思维的形式称之为归纳推理。其主要特点是：

1.从个别到一般

从个别到一般就是人类由事物的个别知识概括出一般认识的过程。归纳思维所依据的个别性知识可分为两种类型。一类是人们通过观察或实验所获得的关于思维对象自身属性的经验知识；另一类是人们在思维过程中积累起来的关于“方法”的若干次使用情况的经验认识。

归纳思维之所以能被人们大量运用，是因为人们的认识总是离不开从若干分散的实际情形到一般性概括的过程。

2.从部分到整体

在归纳思维中，从个别性知识得出一般性结论，除了极为有限的完全归纳概括外，一般的归纳思维过程都拓展了认识范围，也就是说，结论所断定的范围超出了前提所涉及的范围，即由部分扩展到了全体。正是由于归纳思维突破了前提所断定的范围，人们的思维才能够突破当前情境的局限而扩大了认识领域，并获得新的知识。需要指出的是，归纳思维从部分推论至全体，虽然扩大了认识范围，但其结论不具有必然性。

从上述分析中可以看出，归纳思维是容易发生“以偏概全”的错误的，也就是说，把部分对象所特有的属性，推广到其他对象上，而其他对象又不具有这种属性。因此，在归纳思维中应尽量扩大考察的对象数量及考察范围，注意分析被考察的属性是否为部分对象所特有的，以提高概括的结论的可靠性。

3.扩展认识范围

归纳思维根据对部分对象的认识推论到该类事物的全体对象，所得出的结论不具有逻辑必然性；但它能弥补人的认识能力的有限性，扩大人的认识范围，拓展知识。应用归纳思维来扩大认识范围、升华知识层次，不仅有其必要性，也有其客观可能性。归纳思维是以同类事物为基础的，是在同类事物范围内的扩大。客观世界中，同类的若干事物，尽管有其特殊性和差异性，但都存在着共性和普遍性，而且共性中还包含有本质属性。如果我们在经验中反映出该类事物的共性，那么所做的推广就有了可靠的基础；如果已知的关于部分对象的经验认识中反映了该类事物的本质属性，那么所做的推广就更可靠。

4.支持理论原理

理论正确与否是要靠实践活动来检验的。一个理论是怎样得到支持的呢？一般来说，当一个理论（或观点）提出来以后，首先要以该理论为出发点推导出大量可以进行实践检验的事实，这些事实包括该理论所能解释的已知事实以及所能预测的未知事实，然后根据这些事实来支持该理论，说明该理论成立。

归纳思维因其注重个别性事实，它能够利用事实给理论提出支持；同时，因其结论不必具有必然性，因而其理论支持不是充分的，只能是一定程度的支持，即不足以完全证明一个理论。

（三）演绎思维

演绎思维是一种从一般性知识推演到个别性知识，得出新结论的思维方法。在演绎思维中，一般性知识（如理论性知识、规律性知识等）起着重要作用，它既为人们的思维推演提供依据，也为人们的行为提供规范。思维推演活动既不同于归纳概括，也不同于横向类推，它借助于一般性的理论知识，来推论某类个别性事物所具有的属性。

思维推演中所依据的理论知识，是相对于经验而言的，它是以全称命题形式表述的关于概括经验事实共性的经验定律和反映事物间普遍性的理论原理。理论性知识概括了一类事物的普遍性特征或普遍性规律，它涵盖了该类所有个体的共同性，因而适用于所有个体事物。理论性知识为人们推断它所涉及的具体经验事实提供了依据。

理论性知识具有普遍性特征，因而具有规范和指导作用。在一切政治、经济活动中，政策法则为人们提供了规范和指导性政策，是创新活动中必须遵守的原则。

1.演绎思维的特点

（1）从普遍性到特殊性。

演绎一词来自拉丁文 deductio（引申），后来它泛指从一般到个别的指论，即以某些一般性（普遍性）的知识为前提，推出个别性（特殊性）知识的结论。

（2）结论受到前提的严格限制。

所谓结论受到前提的严格限制，就是演绎思维从一类事物理论到该类的部分对象，结论所断定的范围绝不会超出前提所断定的范围。

（3）推断的必然性。

演绎思维从一般到特殊，结论所断定的范围不超出前提所断定的范围，结论也就被前提所蕴含，即前提与结论有必然性联系。真前提必然能推出真结论。前提与结论这种必然联系或称作结论的必然性是就其逻辑形式而言的，而不是指结论的真实性。结论真实性，既依赖逻辑形式的正确又依靠于前提的真实。

（4）深化认知领域。

演绎思维因从一般到特殊，可以依据客观事物联系的普遍性和层次性，做出层层递进，连锁推导，从而不断深化认知领域，也为创造扩展了途径。

2.演绎思维的方法

从一般推导特殊的演绎思维，有多种具体方法和形式，大致可分为直接推理、三段论选言推理、假言推理等。演绎思维结合科学探索活动的思维实际，还有演绎解释法、演绎预测法、演绎论证法和公理证明法。下面仅就几种常用的基本方法介绍如下：

（1）三段论法。

三段论法是指从两个含有一个共同性质（概念）的判断推出一个新的性质（结论）判断的演绎推理方法。三段论可用以下形式表示：

所有 M 是 P，S 是 M

所以，S 是 P

应用三段论方法时应遵守以下几项原则：

首先，两项前提中的共同项应是同一个概念，防止同一词语不是表达同一概念，而引起判断模糊或错误，例如群众是真正的英雄，某人是群众，某人是真正的英雄；这里的两个群众就不是同一概念，因而也就不能判断某人一定是真正的英雄。

其次，两前提中的共同项（中项）至少周延一次。

再次，前提中尚未断定一类事物全部对象的项，在结论中不得扩大。

最后，结论否定，当且仅当两前提有一否定。

（2）假言推理。

假言推理是根据假言判断所断定的前后条件的逻辑关系而进行的推理。这里的假言判断是断定一事物情况（称为前件或大前提）是另一事物情况（称为后件或小前提）的条件的判断。而前件与后件的条件关系，有充分条件、必要条件和充分必要条件三种。假言推理就是根据不同前后件的逻辑关系（条件关系）来进行的。假言推理也是确实可靠的推理。

（3）选言推理。

选言推理是以断定若干个可能情况的选言判断作为前提，并依据选言判断的逻辑特征来进行的推理。常见的选言推理是前提中断定了若干事物可能情况并且排除了其中部分情况，结论中断定未被排除的其他情况的存在。在实际运用中，假言推理与选言推理也常常结合在一起使用。

选言推理，可用以下公式表示：

或者 A，或者 B 或者 C，非 C

所以，AB。

运用选言推理应注意以下问题：

第一，前提应穷尽有关事物的所有可能情况，以确保至少有一种情况存在，否则推出的结论不一定是存在的，如“二人对弈，甲未赢”，就不能推出甲输了的结论。因为可能弈成平局。

第二，运用选言推理，还要注意前提中选言判断所反映的若干可能是否可兼容。如果它们是可兼容的，那么不能肯定一部分而否定另一部分。例如，某案件有两个嫌疑人甲与乙，现已查明甲作了案，但不能必然推出乙一定没作案。

（四）分析与综合思维方法

分析思维与综合思维是形式逻辑和辩证逻辑思维共同研究的方法。在形式逻辑思维中只是作为处理一般经验材料的方法进行探讨的，矛盾分析思维法则是辩证逻辑思维中研究的重要问题。

1.分析思维

分析就是人们在思维活动中，把研究对象由统一整体分解为各个组成部分、各个方面或独立特征的要素，并对它的各个组成部分或各种要素分别进行研究，揭示出它们的属性和本质，也即从未知追溯至已知的思维方法和研究方法，简称分析，也称分析思维或分析方法。

任何一个客观事物都是由各个部分或各种要素组成的复杂的有机整体，同时任何事物都构成一个独立系统，它们通过自身的运动、变化和发展过程中所表现出来的各种各样的现象表现出来。同时，任何一个客观事物或现象又与其他事物或现象处于相互联系之中。对于呈现在人们面前的复杂的、有机整体的自然事物或现象，仅凭直观是无法认识它们的各种特殊的属性和本质的，也更无法认识它们的根本属性和规律。因此，为了从总体上揭示和把握研究对象的性质及其规律性，首先必须了解复杂事物的各个部分或各种要素的性质和特点，也就是分析各种矛盾及矛盾的各个方面的特殊性。

运用分析的思维方法研究事物，必须把被考察的事物的各个组成部分或组成要素在思维过程中暂时从总体中抽取出来，抛开无关紧要的因素和相关影响，以对各部分或要素的单独作用进行深入的研究。

分析的任务就是对事物的各个部分或要素进行研究，了解研究对象的属性和本质，并使人们对事物有比较清晰的认识，为进一步把握揭示事物总体的性质与规律奠定基础。分析的初期目标是要考察研究对象的各组成部分或要素，在运动变化中的各自的地位、所起的作用以及它们之间的相关联系与制约关系，为进一步寻求判断事物的各种属性的基础“情报资源”提供前提条件。

分析方法的基本特点有以下两点：

第一，暂时的分割，孤立地进行研究，变整体为部分、变复杂为简单、化难为易，加深对事物的理解和掌握。

第二，深入事物或现象的内部，了解和掌握各个细节，揭示内部的各个方面、各个因素的本质。

从不同的角度看分析的种类，有多种形式，其侧重点也各不相同，具体说来有以下几种分类方法。

第一种，从分析要达到的目的来看，可分为定性分析与定量分析。定性分析是择取对象的某种特定性质，确定对象的某种特征，使之与其他事物区别开来，也可以说，定性分析主要解决有没有的问题；定量分析则是为了确定对象各种要素，成分的数量、规模、大小、速度等。也就是说，定量分析要解决的是有多少的问题。

第二种，从分析方向来看，可分为单向分析、双向分析及矛盾分析。单向分析，即分析一事物的影响和作用，研究单向因果联系。双向分析，即不仅分析单向因果联系，而且分析作为结果的现象是否反过来对于原因产生作用，是研究双向因果联系。矛盾分析，则是专门研究具有对立统一关系的事物，对其矛盾的各个方面加以对比，以便把握对立双方的性质、数量和相互关系。

第三种，从分析的客观对象来看，可分为要素分析和结构分析。要素分析即分析构成对象整体的各个要素成分或方面。结构分析主要是分析各要素间的关系，如因果关系、互动关系、反馈关系等，是把握构成对象的基本手段。

分析方法着眼于研究对象内部的各个细节，因此有助于分辨真相和“假象”，以及哪些是无关的因素，从而可以摆脱假象和无关因素的影响。使用分析方法可以透过事物的现象去研究其组成部分的结构、特点和属性，掌握它们的相互关系及作用方式，进一步认识研究对象的性质与规律。

应当指出，分析方法主要着眼于局部的研究和分割孤立的考察，容易忽视事物间的有机联系，因此，在工作中必须对此问题予以充分注意。

2.综合方法

（1）概述。

综合一词有多种解释。从创造性思维角度出发，综合可以被理解为是一种以问题为中心的按一定的规律和模式有序地组织材料和整合材料的思维方法。

综合方法就是在分析的基础上，通过科学的概括或总结，在思维中把研究对象的各个组成部分或各种要素，再组合成有机整体。它是从整体上揭示和把握事物性质和根本规律的科学思维方法和研究方法，从已知引导到未知、从局部引导到全局。

综合思维是通过对所得到的与某个问题、任务、计划相关的全部认识加以比较、分析、组合、归纳、类比，从总体上、宏观上透视找出各要素、各部分、各层次之间的内在联系，按一定的方式和要求予以整合，使之形成整体性、系统性的认识。

综合的任务和目的在于它不是局部创新的叠加，而是对局部创新的扬弃，是从有机整体上揭示和把握研究对象的根本性质和根本规律，变局部的合理性为总体或全局的合理性，以解决生产实践、科学实验或人们日常生活中所提出的急需解决的问题。

对于复杂的事物对象，综合思维还必须注意到综合的多元性、层次性和复杂性，综合是一个复杂的历史过程，也是一个不断更新的过程。

（2）综合的作用。

第一，综合是研究领域贯穿始终的基本思维方式或方法。

随着研究工作的发展，每个学科领域都形成自身完备的系统，系统内部的各个组成部分（分支）是彼此联系、相互制约的，具有历史性、现实性和未来发展的内在联系。随着横断科学的发展，一个学科领域或一个学科又与多个学科领域产生更为广泛的联系，而构成更大的系统。因此，对这些学科的研究必须以系统综合的观点为指导，用综合的方法解决问题。

第二，综合是对多种思维结果的扬弃。

在创新活动中，广泛运用发散思维、类比思维、直觉、想象等思维形式和方法进行思考，思考过程多半是以具体问题为诱导，所产生的思想观念往往是局部的、分立的、“就事论事”的，由于缺少系统的、全局的指导，因而可能是不完全的、不精确的，是针对特殊矛盾而产生的，有时彼此是对立的，这一切都必须以整体观念用综合方法去粗取精、去伪存真进行合理的有机合成。

第三，运用综合方法有助于克服分析方法的局限性。

分析方法是对局部认识，而非最终的目的，它是探索自然奥秘过程中所采取的一种手段和环节，是为综合做准备的；综合则是对分析结果进一步的理性认识，是在分析基础上的科学组合和扬弃。

第四，运用综合方法弥补演绎法的不足。

演绎法在从一般推理导出个别事物的属性时，无法反映具体事物属性的多样性。综合是在分析研究具体实践而积累起来丰富而真实经验材料的基础上进行的，它得出的一般性结论能够反映出研究对象的多样性本质，因而，所得出的一般性结论比较全面，也更可靠，从而弥补了演绎法的不足之处。

（3）分析与综合的辩证关系。

分析综合就是对立统一，既区别又相联系，不可分割。

分析与综合的区别是：分析是理论思维把研究对象分解为各个部分并加以研究的方

法，它是化整体为部分，化整体为单元，由未知追溯到已知；而综合则是理论思维变部分为有机联系的统一整体，化单元为整体，由已知引导到未知。分析与综合又是统一的、相互联系、相互依存的，两者有着不可分割的切实联系。主要表现在以下几个方面：

1）分析是综合的基础。

要使研究的结果能够正确地反映事物多样性的统一，就必须以客观事物多样性的统一为基础。人们研究事物，一般是先分析、后综合，这就是说，正确的综合必须是先分析研究对象多样性同内部各个方面的本质及各种因素的特点，而后进行综合。问题是一种表象，而问题的实质是事物内部的矛盾；解决矛盾才是解决问题的根本。矛盾是由事物内部各个方面本质和特点在事物内部各个部分相互联系与作用的内因，因而只有了解事物内部的联系进行周密的分析，才能使问题的"面貌"明晰地呈现出来，才能做综合工作，全面地了解整体的特性与规律，从而达到解决问题的目的。从以上分析可看出，分析是综合的基础，没有分析也就没有综合的前提。恩格斯精辟地指出："思维既把相互联系的要素联合为一个统一体，同样也把意识的对象分解为它们的要素。没有分析就没有综合。"上述论断也反映了分析是综合的基础这一辩证关系。

2）综合是分析的完善和发展。

分析本身不是科学研究的最终目的，而只是认识事物的一种手段，分析本身也有一定的局限性。因此，对事物或现象的研究和认识，还必须进一步深入，通过综合，以便揭示出研究对象最根本的性质和规律。

3）分析与综合矛盾双方在一定条件下可以相互转化。

分析与综合在统一认识过程中，各自行使与这一总的认识过程一定阶段相适应的职能。在认识过程前期，分析是矛盾的主要方面；在认识过程的后期，当对研究对象的分析已达到一定程度，对研究各个方面的本质有了充分的认识，积累了一定的经验和科学事实之后，分析便转化为综合而成为主要矛盾。当综合得到一般原理、结论，并以此去分析未知的客观事物或现象，则分析又转化为主要矛盾方面，而综合又降为次要矛盾。这种螺旋式的循环往复，使人们对客观事物的认识不断地扩大和加深。

在自然科学中，人们对客观事物的认识，就是一个不断分析和不断综合的辩证发展过程，可以概括为"分析—综合—再分析—再综合……"的不断深化的发展程式。

综上所述，分析与综合是对立统一关系，是相辅相成的两种思维和研究方法。只有从对立统一关系去认识分析方法，才能深刻理解把两者结合起来的重要意义。

二、教师创新方法素质培养

创新是劳动实践发展的重要推动力量，因此，掌握适合在教育实践活动中使用的创新方法十分必要。

伟大的古代科学家阿基米德曾经说了一句令人振奋并被广为传颂的名言：“给我一个支点，我将撑起整个地球！”千百年来，人们在学习杠杆原理的同时，都被阿基米德的豪气所感动。而我们仔细分析阿基米德的观点就会发现，这只能是对某种理论观点的形象而夸张的描述而已。因为，即便阿基米德是他所在的那个时代的举重冠军，他的力气仍然是十分有限；支点能否找到暂且不论，就算找到了支点，如何制造和生产一支足够长且足够坚固的供阿基米德使用的杠杆却是更大的难题。而现实生活中，人们要解决实际问题，关注的只能是解决问题的结果，而不是那些理论上可行，而现实中无法实现的理论方法。

按照美国加利福尼亚州立大学教授吉尔福特（J.P.Guilford）提出的思维分类法，思维可分为“发散思维”（Divergent Thinking）和“收敛思维”（Convergent Thinking）。因此，我们就沿着这一思路把创造技法分为扩散发现技法和综合集中技法。

扩散发现技法的主要作用是寻找问题所在，然后提出设想。部分技法要求使用者掌握工程技术知识，中小学生虽然没有这些知识，但是，掌握一些对于技术知识要求不高的技法还是很有意义的。

适合于包括中小学教师在内所有劳动教育教师掌握的扩散发现技法主要有如下几类：思维激励技法、联想技法、类比法。综合集中技法的主要作用是收集情报，或者用于按照顺序来解决问题。比较典型的综合集中技法主要有如下两类：收集资料和依靠预测能力解决问题的技法。由于收集资料方法教师都已经熟练掌握，下面将分别介绍劳动教育教师需要掌握的其他几种创新教育方法。

（一）思维激励技法

人是创造主体，也是有血有肉有感情的认识主体，许多细微的心理活动影响着主体的创造活动的结果。创造是外部心理环境与主体心理体验相互影响的过程。好的心理环境使碰撞产生新的火花，不好的心理环境使创造的火花熄灭，这就是创造心理场效应问题。创造技法中除了含有促进思维创造的机制，还存在促进创造心理环境优化的机制。典型的改变创造心理环境的技法就是思维激励法。

思维激励法，主要通过类比、相似和相反这三种联想来提出设想，实现激励思考者、促进思维开阔的作用。比较典型的思维激励技法是头脑风暴法。

1.头脑风暴法的基本技法

最典型的思维激励法，就是头脑风暴法。

（1）头脑风暴法的概述。

“头脑风暴”（Brainstorming）原意是“突发性的精神错乱”。该技法的发明者 A.F.奥斯本（Alex.F.Osborn）是美国大型广告公司 BBDO（Batten Barton Durstineand Osborn）的创始人，他在介绍该技法的命名过程时写道：“1939 年，当时在我担任经理的公司里，首先采用了有组织地提建议的方法。最初的参加者把它叫作闪电构思会议。这一名称相当确切。因为，在这种场合所说的闪电构思是针对突击解决独创性问题需要开动脑筋而言的。这就是说，每一个人都要像突击队员那样勇敢地向共同的目标突进。”

“头脑风暴法”这个名称最初是为集体举行献计献策会议而制定的。其后，由于人们发现，应用相同的原则和规则，即使是在单独发想的时候，它也十分有效。于是，在集体发想以外的场合，也使用“头脑风暴”这个名称。奥斯本从广告界隐退后，在美国纽约州的布法罗创立了“创造教育基金会”（Creative Education Foundation），并成为该会的理事长，献身于创造教育事业，把“头脑风暴”当作创造教育体系中的一个部分，并且对创造技法的本质进行了研究。奥斯本去世后，布法罗大学的 S.帕内斯伯教授继续进行研究和教育实践活动。他对“头脑风暴”阐述如下：“为避免语义上的混乱，应提出延迟判断（在解决问题的设想探索阶段要延迟判断）这一基本原则。集体遵循这一原则时的过程就叫作智力激励。”

（2）“头脑风暴法”的基本特征。

“头脑风暴法”有两个基本特征：

第一，延迟判断（defer redjudgment）。所谓延迟判断，是指在提出设想阶段，只专心提出设想而不进行评价。

第二，量变引起质变。据奥斯本在他的论述中指出：在同一时间内思考出多达两倍的设想的人，可以产生两倍以上的好设想，并且，即使是在同一献计献策会议中，后半期也可以产生多达 78%的好设想。由此可见，该原则不仅是概率论方面的问题，还显示出量变产生质变的问题。

（3）“头脑风暴法”的基本规则。

在进行“头脑风暴”时，还必须遵循四条基本规则。这四条基本规则是两条基本特征的具体化，其他附加的规则可以根据具体情况而相应地发生变化。正因为这四条规则是基本原则的具体化，所以，违反这些规则的就不能称为“头脑风暴”，并且，也无法得到“头脑风暴”所能产生的效果。这四条规则是：

第一，不做任何有关优缺点的评价。如果对自己的设想提出疑问，那么，这个人往往会保持自己的设想，而不去考虑新的更好的设想。

第二，欢迎“自由奔放”。这样可以开拓通往有独创性的独特设想的道路，同时要进行自我控制，不要说废话，以免浪费过多的时间。贯彻这一原则，一方面要防止会上出现那些束缚人思考的扼杀句，如“这不可能”“这根本行不通”“真是异想天开”等。同时，也要禁止赞扬溢美之词的出现，如“妙极了”“你这个想法简直绝了”；另一方面，一些自我扼杀的，即自谦的语言也要避免，如“我的想法不一定对，请大家指正”“我提一个不成熟的想法，目的在于抛砖引玉”，这种自谦之语虽然没有直接压制别人的意思，但与会议活跃、热情、畅所欲言的气氛不谐调，会影响别人敢想敢说的情绪。此外，主持人对每个人所提设想的评价，如“挺好”“不错”，以及他的目的、神情所流露的肯定或否定的态度，都会不同程度地起到扼杀设想的作用。

第三，追求设想的数量。这是基本原则的直接应用。

第四，鼓励巧妙地利用或改善他人的设想，对已经产生的设想进行综合和修正，可以不断地引申出好设想来。

（4）“头脑风暴”的原因。

第一，根据禁止批评的规则，消除了过去妨碍自由想象的各种清规戒律，这一点在四条基本规则的1和2项中得到了双重的保障。

第二，让过去从各自的专业角度参加献计献策会议的成员，站在怀有共同目标的同一立场上提出设想。这一点可以由基本规则的3、4项来体现。

第三，在开会时增添一些余兴，使会议有轻松愉快的气氛。

第四，把他人的设想加以综合和修正，造成敢于打破清规戒律的局面，因此，通过综合而进行设想就变得轻而易举了。

第五，如能理解规则（排除心里的障碍自当别论），那么，在技术上就不会感到太难。

（5）“头脑风暴”的注意事项。

“头脑风暴”会议的成败在很大程度上取决于领导者掌握会议的方法。领导者应当特别注意的是：

第一，必须彻底地实行四项规定。

第二，必须注意保持会上的活跃气氛。

第三，必须注意让全体成员都能很好地参加，等等。既要深化头脑风暴的经验，又要充分掌握问题的性质。要事先准备好问题性质的检核表，当会议将要偏离方向的时候，主持人要委婉地示意引导。

（6）“头脑风暴”的步骤。

第一阶段，准备阶段。准备阶段要选择主持人，理想的主持人应对此法的运用和要解决的问题熟悉，能在必要时恰当地启发和引导大家。

第二阶段，会议人员的遴选。参加头脑风暴法会议的人数以5～10人为宜，一般包括主持人和记录人员在内，以六七人效果为最好。可根据待解决问题的性质确定人员。人选的原则是：专业构成合理，但不宜有很多专家。专家过多容易在头脑风暴过程中发生评论的现象，影响自由思考。多数是熟悉专业和有经验的内行，少数是来自其他专业的“外行”；成员之间的知识水平和“职务”不应相差太悬殊；成员之间年龄差异不宜过大；注意选择对问题有实践经验的人，这对提高会议的效果有益。

指定人员负责做会议记录，记录人员要把会上提出的设想全部写下来。会议的记录最好有两名记录人员同时记，以保障会议的顺利进行。主持人自己也可以承担记录工作。

因为，会议参加者提出的设想是供改进的素材，必须放在全体参加者都能看得到的地方。所以要把纸张挂在大画架上，或者将质地较好的纸贴在壁上，也可以写在黑板上，不过这要另外有人同时做记录，当然还可以用录像机录像。记录时一定要对提出的设想标好序号。

应选择安静的开会地点，要讨论的题目由主持人在头脑风暴会议的两三天前通知参加人员。同时要加以必要说明，以便于参加人员有搜集相关资料和把握正确方向的思想准备。指定课题的范围不宜过宽，使参加人员能够朝着同一目标集中努力。

如会议主题为“新颖电扇的构思”。则可做如下提示：从外观上考虑，赋以奇特、典雅或豪华的新设计。从方便上考虑，使装拆、收藏、维修等简便，能控制或自动控制；从价廉物美上考虑，如节电、采用新材料、工艺上的改进。从增加辅助功能上考虑，能否更富装饰性，兼有照明功能，能产生香味等；从保健角度考虑，模拟自然风，使风的方向、速度均可自动变化，让人体更感舒服。

如果由委托人直接向头脑风暴的参加者解释题目时，在解释完了后应当离席，完全听凭头脑风暴小组自行处理。

第三阶段，热身活动。

为了让与会者尽快进入“角色”，减少会议中僵局冷场的时间，制造轻松的气氛很重要。可播放音乐或放些糖果、茶水等，使与会者放松心情。之后，主持人便可提出一个与讨论课题对象无关的简单而有趣的问题，以激活与会者大脑的思维。比如讨论“如何纠正孩子迷恋上网的习惯？”“如果出差到了一个陌生的城市丢了钱怎么办？”之类的既与会议议题无关又需发挥想象力的问题。待与会者全都积极地投入进来，气氛亦活跃起来了，主持人便可调转话题，切入正题。

第四阶段，明确问题。

首先主持人向与会者简明扼要地介绍所要解决的问题，之后，可让与会者简单讨论一下，以取得对问题的一致理解。在这一过程中，把准备好的设想提完，再进一步地把来自经验和记忆中的想法也全部提出。从这个阶段开始就要按照适用、调整等提出新的设想。

其次是重新叙述问题，即改变对问题的表述方式。目的是加深对问题实质的了解，使问题的重要方面不致被遗漏。同时，启发多种解题思路，为提出设想做准备。在此要鼓励与会者从多方面、多角度去审视问题，然后对每一方面都用“怎样……”的语句来表述。如，假定要解决的问题是如何增加某商场的营业额，则可重新叙述如下：怎样降低成本？怎样扩大货源？怎样战胜竞争者？怎样做广告宣传？怎样完善售后服务？怎样推销高档或滞销商品？等等。这些新的提问方式，要由记录员记下，按顺序编号，并置于醒目的地方，让与会者随时从中受到启发，全面思考。

在这一阶段，要注意两点：一是不要急于提出设想，二是应鼓动与会者尽可能多地对问题提出重新叙述形式。

第五阶段，自由畅谈。

这是头脑风暴法的核心步骤。要求与会者突破种种思维羁绊，克服种种心理障碍，任思维自由驰骋。应借助与会者之间的知识互补、信息刺激和热情感染，并通过联想和想象等思维形式提出大量创造性设想。

第六阶段，加工整理。

会议提出的解题设想大都未经仔细斟酌，也未做出认真评价，尚须加工整理使之完善才有实用价值。

首先，设想的增加。会议的第二天，主持人应及时收集与会者在会后产生的新设想。因为通过会后的休息，思路往往会有新的转换或发展，又能提出一些有价值的设想。有的会议提出了百余条设想，第二天又增补了20余条，其中有4条设想比头一天提出的所有设想都更有实用价值。

其次，评价筛选。首先提出评价标准，诸如新颖性要求、实施条件要求、经济条件限制、市场需求等，然后可把设想分为三类：实用性设想（目前技术手段可实现的设想）、幻想性设想（目前技术手段无法实现的设想）、平凡及重复的设想。

最后，形成最佳方案。将被筛选出来的少数方案逐一进行推敲斟酌，发展完善，分析比较，选出最佳方案，或将几个方案的优点组合成最佳方案。

当然，头脑风暴法的程序不是一成不变的，实施时可根据具体情况而有所变化。

2.头脑风暴法的改进技法

头脑风暴在解决问题方面被广泛应用于各领域。在不同的国家和地区，头脑风暴被因地制宜地改造，形成了如下几种技法：

（1）"菲利浦斯66法"。

这个技法是美国密歇根州希尔斯代尔大学校长菲利浦斯研究出来的。由于这个方法是把大团体分成每6人一个小组，只讨论（智力激励）6分钟的时间，所以就冠以他的名字被叫成了"菲利浦斯66法"。

有一次，菲利浦斯在德特罗伊特某制造公司演讲，听众有80人，讲题是"独创性的思考方法"。正在演讲时，他突然灵机一动，提出了"黑板擦应当怎样改进"的问题，把听众分为6个小组，进行了6分钟的智力激励会。结果是令人感到吃惊的。有的组提出把黑板擦底部改用海绵橡胶来制作，以防粉笔末飞扬。有的组提出把黑板擦芯子设法改换一下。还有的组提出疑问说："为什么不能在黑板擦上安个像熨斗那样的把手呢？"另一个组受到这个疑问的启发，便提出了"制造熨斗形黑板擦"的创造性设想。

菲利浦斯由于一瞬间的主意而举行的智力激励会，仅在6分钟后，就出现了大量的具有实用价值的改进黑板擦的方案。据说那些方案已被具体实行，在那不久，市场上就出现了改进后的黑板擦。

这种分组讨论的做法还产生了其他有利条件。由于各小组在一个大会场上同时实行智力激励，在小组之间产生出一种抗衡意识，使参加者的积极性提高了，人人热烈发言，各自闪现思想火花，会议能够收到良好的效果。

菲利浦斯66法，主要按以下步骤进行：①首先确定课题。②把大团体分为6～10人左右的小组。③各组设一主持人（兼记录），分别举行智力激励会议。④时间约6～10分钟。⑤各组做出结论，汇报结果。⑥全体参加人员根据汇报进行讨论，或评价设想。

（2）"635法"。

"635法"是智力激励法被前联邦德国引进后研究改变了形态的一种技法。德国人的国民性决定了他们习惯于逻辑性的有步骤的思维方法，而对于许多人吵吵嚷嚷地开展自由联想的智力激励会议，似乎稍有抵触。因此，635法既不妨碍别人发言，自己也不需要发言，是一种吸取了智力激励法长处的设想法。它的命名来源于以下过程的重复，即：6人参加，每人提3条设想，在5分钟内完成。

"635法"，主要按以下步骤进行：

参加者为6人（6人比较理想，但也可以不是6人）。

每人面前放一张专用于填写设想的纸。纸张是八开横格，上面标有 1、2、3 号码，并留有较大空白。每条设想写 3 行。这当然也可用其他纸张代替。

A—F，6 人，每人必须在自己面前的纸上写出 3 条设想，而且在 5 分钟内完成。但事前出题人必须把课题告诉大家，把所有疑问都弄清楚。

5 分钟后，每人把自己面前的纸按顺时针顺序传给邻座，在下一个 5 分钟内，也是每人在传到自己面前的纸上填写 3 条设想。这样 30 分钟 6 次为一个循环，可产生 108 条设想。

与智力激励法类似之点是同样要遵守四项规定。严禁批评，由于都不作声所以完全不存在这个问题。自由奔放也是同样。从提出的设想越多越好这点来说，30 分钟 108 条设想是不算少的。与其在智力激励会议上不可能几个人同时发言的情形相比，这种 6 人同时作业的方式，也许可以说是一种密度更大的设想法。在结合与改进他人意见这一点上，由于传到自己面前的纸上就写有他人意见供做参考，同样的可以进行结合与改进。

与智力激励法不同之点，最主要的是默不作声。这种方式，可以改变一些人因为地位不同或性格懦弱不敢发言的现状，对于性格内向的人，以及更关注秩序的东方民族更有意义。

（3）是、否、也许法。

新产生的设想，有的很粗糙，有的考虑不周，而最后下判断时，往往是最年长、最具权威的人。久而久之，大家就形成了一个误解，即提出设想不如下判断。为了避免在产生设想时过早下判断，我们可采用“是、否、也许法”。

是：同意。

否：不同意。

也许：对事物暂不判断，并创造性地对待它。

是、否、也许法，即对任何陈述都暂不做“是”和“否”的判断，并以创造性的态度对待它。这一方法，就是头脑风暴法中延迟判断观点的体现。

每一种审慎的创造技巧，都要求我们对一开始提出的初步设想推迟做最后的判断。没有批评和判断，我们就不可能挑选出最佳的设想，我们的聪明才智就会被挥霍浪费掉，无法用在刀刃上。在解决问题的过程中，是应该给批评留出余地的。但更重要的是，应该给任何一种意见留有申辩的机会。一边鼓励畅所欲言，一边又横加批评指责，就等于原地踏步，等于一边加大油门，一边踩住脚闸，那样我们就永远别想赶超先进水平。

创造性方法的关键在于，当你试图产生新思想、新起点时，应推迟判断。在没有充分考虑你所能想出的尽可能多的观念之前，切莫阻塞向各种观念开放的道路，切莫随意将某种观念拒之于千里之外，切莫把宝押在某一种观念上。

某苹果商人在报上看到这样一个笑话。一群小孩在比谁爬树快。一个说，我光着脚丫爬得快；另一个说，我坐直升机从云梯往下落；还有一个说，在树小的时候，我就直接坐在上面，等树长大后，自然我就坐在上面了。这个商人对此并未觉得可笑，而是采取了“也许”的态度。他在苹果还是青的时候，就在苹果上贴上各种各样的吉祥字。待苹果成熟后揭去这些字，字迹自然留在了苹果上。结果，他生产的苹果身价倍增。“也许”是有意不加判断，而不是无力进行判断。因此，在解决问题的初期，有意使用“也许”是很有用的。

用“是、否”的态度判断“有电灯就得有开关”，只能得到一个“是”的结论就结束了。因为这几乎是常识。但是，如果用“也许”的态度，不急于判断会怎样呢？普罗克特—甘布尔销售公司的一个排除小组成员，就对在一个待建仓库中安装电灯开关的计划提出异议，主张取消电灯开关。他们的思路中：如果让电灯一直亮着，一年的电费约需支出 300 美元。如果安装开关，随手关灯，从节电的角度来看，一年可以省下 150 美元，但开关本身得花去 7200 美元。就是说，50 年节省下来的电费才能抵得上开关的成本。就这样，他们从兴建仓库的计划中排除了电灯开关的支出，从而节约了开支。如果再考虑维修的方便性和平衡开支的方法，所有的灯可以只用一个开关，也可以收到另一个意想不到的效果。

（4）快速思考法。

快速思考法是一种用于会议上的集体思考法。美国 ATT 公司（美国电信电话公司）的营业负责董事麦克因基，不满意过去会议的开法，觉得既花费时间，又得不到有效的提案和措施，因而研究出这个技法。

它的特点是选出参加成员的办法。

一是规定参加成员必须是实际业务经验丰富的企业中层管理人员。

二是规定成员人数 5～6 人，但其中不得包含上级与部下，以免因上下级关系而影响自由发言。

三是参加成员必须对讨论的课题不具备专门知识，其目的是不受任何限制地进行设想。因为从专家的固定观念中很难产生最佳的创造设想。

从上述选拔成员条件的特点中可以看出，这个技法是要使会议处于一种非常融洽的自由气氛之中，参加成员不为固定观念所束缚，而又具有丰富的实际业务经验，这样的会议其结果必然是成功的。

为实现这个目的，做好周密准备、创造良好气氛是十分必要的，同时也是这个技法的一个特点。对开会日期和时间的安排上也应当充分注意。要排除那种心理上不安定的日子，在星期天或节假日的前一天和第二天都不宜开会。会议时间最好定在一天中情绪比较安定的上午，不要超过两小时。要趁着头脑清晰的时候迅速进行，这是最要紧的。

会议不设主席或领导人，只有 1 名工作人员掌握会议的进行和负责记录，以不妨碍成员毫无拘束地进行设想。

使用快速思考法的要求是：

第一，无论是什么样的设想都可按照自己所想的那样去讲。

第二，所想到的设想，用什么方法去实现（解决问题的方法），可以不必考虑。

第三，对提出的设想不需要做细节上的说明。

第四，对提出的设想一律不得批评。

第五，对最后结论不需要负责。

（二）提高联想能力的方法

某一位老板在国道边开了一个饭店，但开业以后生意并不景气，眼看着众多车辆过去，却很少有人光顾饭店。他就思考为什么自己物美价廉的经营却并不能招揽顾客呢？后来他换了一个方位和着眼点，在饭店旁建起一个很好的厕所，并做了一个很醒目的标志。这样，许多司机为了方便而停下车，也同时就光顾了饭店。

从这个看起来像笑话的案例中，我们可以发现，正是饭店老板在转换思维角度的基础上大胆地展开了联想，才解决了问题。因此，提高人的联想能力是十分重要的，典型的联想技法有如下几种：

1.检核表法

当思考某一问题时，为了不漏掉要点便于逐项检查核对而做成的表，就是检核表。例如出外长期旅行时，事先准备一个携带物品明细表，临出发前进行一番检查核对。使用“检核表”同样可以提出创造设想和解决问题。在进行创造性设想时，检核表法是个很有效的方法。典型的检核表法有奥斯本检核表法、特性列举法和扩大功能法。

（1）奥斯本检核表法。

迄今为止所有的检核表中最著名的是奥斯本最早使用的方法，即“奥斯本检核表法”，这种方法对于指导学生开展课外活动进行“小发明”很有效。“奥斯本检核表法”主要选择 9 个项目作为检核表的核心。这 9 个项目是：

1）有无其他用途？

按原有现状有无新的用途？改革后有无其他用途？

2）能否应用？

有无与此相似的其他东西？能否启发出其他创造性设想？有无与过去相似的东西？能否仿效什么？能否应用他人的成功经验？

3）能否修改？

有什么新主意？意义、颜色、活动、音响、香味、式样、形状等能否改变？能否做其他改变？

4）能否扩大？

能否增加什么？时间、频度、强度、高度、长度、厚度、附加价值、材料等能否增加？能否复制？扩张？

5）能否缩小？

能否减少什么？再小点？浓缩？微型化？再低些？再短些？再轻些？省略？改流线型？能否分割化小？能否采取内装？

6）能否代用？

谁能代？什么能够代用？其他材料？其他原料？其他制造工艺？其他动力？其他场所？其他方法？其他颜色？

7）能否重新调整？

可否改换元件？用其他的型号？用其他设计方案？用其他顺序？可否倒置因果？能否改变速度？能否改变程序？

8）能否颠倒过来？

可否变换正负？颠倒会怎样？使它向后？上下翻转？反向的作用？更换瓦形块？转动工作台？同其他的相向？

9）能否组合？

混成品、合金、成套东西是否统一协调？单位、部分能否组合？目的能否综合？主张能否综合？创造设想能否综合？

（2）特性列举法。

特性列举法是美国内布拉斯加大学克拉福德教授所提倡的捕捉问题的分析方法。特性列举法是把"问题愈缩小愈容易产生创造性设想"，以及各种物件（产品部件）中都有它自己的特性，这两个观点加以组合而研究出来的创造技法。

运用特性列举法，首先要按照名词特性、动词特性、形容词特性对物体的特性进行分类。

如想要改进一辆汽车时，就可以用特性列举法把汽车分成各种部件，发动机怎样？

底盘怎样？轮胎怎样？车身怎样？设计怎样？速度怎样？这样把问题中心尽量地集中到很小的一点上，然后再去分别逐个地研究改进办法，这是一种非常有效的思考方法。

下面以改进烟灰缸为例。

第一步，把烟灰缸特性，分名词特性、形容词特性、动词特性三类连续列举出来。当特性列举到一定程度时，按以下两个观点进行整理。第一，内容重复的合成一个。第二，互相矛盾的意见统一到某一个方面。这样，烟灰缸的性质就体现出来了：坚固的、小的、轻的、可作纪念品、容易损坏、烧不燃的、材料为金属（玻璃、木、纸、陶瓷等）、不一定用烟灰缸、用纸烟盒也可以作烟灰缸（代用）、烟蒂容易丢出、有凹处放未吸完的烟、可用作装饰、底部未开孔、易倒、易引起火灾、烟灰缸上放烟的地方容易出水珠。

第二步，在此基础上，按各种特性分类。

名词特性：材料是金属（玻璃、木、纸、陶瓷等）。

形容词特性：坚固的、有凹处、小的、底部无孔、轻的、易倒、容易损坏、易引起火灾、烧不燃、容易出水珠、容易丢掉烟蒂。

动词特性：当纪念品、有代替性、能做装饰用。

经过如上分类整理之后，再想想每种特性有无遗漏。如有新的，就追加上去。例如，动词特性方面，熄灭烟火、处理烟蒂……

第三步，对每个分类中所列举项目的性质，或者加以利用，或者改变为其他性质，这样去探索最佳烟灰缸的创造性设想。

根据特性处理烟蒂，可以产生如下设想：不采取密闭状态熄灭，相反的制作一个易燃部分来处理烟蒂。例如能否在烟灰缸上装一个乙烷气体的小型筒装容器，把烟蒂完全烧掉。

根据特性底部无孔，可以产生如下设想：相反的在底部开个孔，装进一个搅拌器，把丢进的烟蒂完全搅碎。

根据特性有失火危险，可以产生如下设想：把燃着的烟蒂丢进时，烟灰缸自动出水熄灭。

最后，对各种特性可以想出这样的种种设想，再经过仔细推敲，就可设计出能够实际利用的新的烟灰缸。比如关于使烟灰缸自动出水的设想怎样实现的问题，可以考虑利用电动吸水管使烟灰缸中的水不断循环，于是这个改革方案就形成了。

（3）扩大功能法。

扩大功能法是麻省理工学院教授约翰·阿诺德研究出来的一种面向设计技术工作者的设想检核表。

这种方法以待开发产品原有特性为基础，必需思考四个典型外展条件为范围，并且把这四个典型外展条件看作是研究产品的总的需要，以扩大功能方式提出新设想。

这四个典型外展条件是：

1）增加功能。

一个产品应当不止于一种功能，而要使它具有多种功能。例如，在煮咖啡器具上面加上一个咖啡磨之类的设想。现在的产品可以说必然地要多功能化，因为这种想法已成为产品开发的基础。在一袋速溶咖啡中，连砂糖、牛奶都包装一起，把它倒在杯里用开水一冲马上就可以饮用，像这类商品想必也是出于这种设想的。

2）提高性能。

产品要坚固、小型化，要改进它的安全性、准确性和便捷性。此外，其还要容易修理和保管。对于产品开发来说，提高产品性能是理所当然的。如果研制一个咖啡磨，要它能磨得又快又细，必须是这样的设想才行。

3）降低成本。

要考虑能否改变原材料，使零件标准化，减少制造工序，实行自动化，使生产费用进一步降低。

4）增加对顾客的吸引力。

要研究产品的设计、色彩、包装等如何使消费者更加喜爱。目前每个公司的产品都十分相似，要突出差别，就是我们所要研究的范围。

按上述四个范围，分别提出创造性设想，或者用于教育训练，或者用于产品的开发实践。

2.强制联想法

强制联想法，就是通过媒介，把关系不大的两事物通过联想进行连接。强制联想法主要有两种表现形式：商品目录法和焦点法。

（1）商品目录法。

商品目录法是在思索某一问题的解决办法时，一面迅速翻阅作为资料的目录性质的素材，一面把偶然出现在眼前的情报同正在思考的主题强制结合（强制联想），以期获得创造性设想。由于使用的目录性质的素材像商品目录一样，因此，该方法被称为“商品目录法”。

使用商品目录法，要根据解决的课题性质，准备好适当的商品目录（为适应临时需要，平常就要准备妥当），这是一件很重要的事情。这个所谓“商品目录类”最好具有以下条件：

1）常有许多照片、插图等容易产生联想的东西。

2）主题要面宽些，避免偏颇。

3）翻阅下去，每页都有主题的飞跃。

（2）焦点法。

焦点法是指当研究某种特定事物时，以一个特定事物作焦点，把任意选出的要素同它强制结合，由此产生出新的创造性设想的方法。

使用焦点法，以强制联想法为重点把强制联想法与自由联想法合并起来进行联想。如果要为某商品写广告词，只依靠对那个商品的形象和联想，很难出现突然的思想飞跃和产生新颖的设想。使用焦点法，就可以想人们最感兴趣的是什么，把联想到的内容一个一个地作为“由头”，然后全部同商品相联结，就可能写出引人注意的广告词来。

在新产品开发时，也是从多方面任意选择一些和产品无关的东西，把它们同产品强制地联结一起。就是说，把选出的要素特性，由这些特性产生的联想联结下去就可以了。如果这样也无法联结起来，那就要从那个联想再进一步地继续联想，不断地引申下去，同输出相联结。

使用焦点法的要领是：继续不断地自由联想，巧妙地与输出相结合。作为结合，最好是选择那种能够引起人们兴趣的东西。

第一步，确定应成为焦点的商品或课题，这就是输出。

第二步，任意寻找可能成为输入的启迪。

第三步，把商品或课题同输入用联想结合起来，诱发创造性设想。

第四步，如果离得太远不能顺利进行联结时，就再进一步地扩大自由联想试行联结。

第五步，归纳成一目了然的思考表，提出结果。

如果想使用焦点法设计一把新式的椅子，就可以采取如下步骤：选择“灯泡”作为输入的要素。

首先是从灯泡具有的特性想起，由此产生了下列的设想：①玻璃的椅子；②薄椅子；③球形椅子；④螺旋式插入组装的椅子；⑤电气保温椅子；⑥电动椅子。

其次，联想进一步发展下去，就会从这个“球形椅子”产生出“球形”之类的联想来。从“球”产生的联想，会发展到“球根”，联想到“玫瑰红”之类的椅子。再从关于“形”的联想可以产生出适合人体的椅子、带有星的标志的椅子等各种各样的设想。

这样就不仅仅是从椅子这个角度进行思考，而是从“灯泡”这个要素想起，并通过这些从根本想不到的角度产生出创造性思维的飞跃。

3.形态分析法

形态分析法本来是产生于机械工程学领域的一种方法，发明人是加利福尼亚大学宇宙学教授韦克博士。这个方法是把要解决的问题作为几个独立的构成要素的组合加以捕捉，然后使之图表化。韦克把这种构成要素叫作“独立参数”。每个“独立参数”都成为形态图的轴。假如有几个独立参数，就成为几维图。例如，要解决如下问题：“使用有动力装置的运载工具将某一物体从某地方移到另外地方。”

这个问题的独立参数有3个。

（1）使用运载工具的类型。这一类参数如果再细分，又可以分为：①运货车；②椅子；③吊车；④床等。

（2）运载工具移动时的媒介物。这方面有：①空气；②水；③油；④坚硬地面；⑤无坚固摩擦的表面；⑥滚轮；⑦轨道。

（3）动力。可细分为：①利用压缩空气在轨道上移动；②利用电力在空中移动；③利用电缆在水中移动等。

在立方体模型中，可能的解决方案就在该模型的“抽屉”里，设计者可以通过对“抽屉”的内容进行分析从而找到最佳解决方案。

在该例子中，如果将各种目标要求设计的设计要素及其关系一一列举必然建立多个体系，三个变量就需要建立七种关系。七种关系如果分别考虑思考的内容是较多的、思考的工作量也是较大的。而“形态分析法”可以在保证问题目标不变的条件下将七种关系组合成一种关系，大大减少思考问题的量。

检查“抽屉”会发现，在这些“抽屉”中有些组合被已经存在的机械所占用。比如使用内燃机的、在坚硬的表面上移动的、运货车式的运载工具，就是汽车。吊车式的、靠电缆在空中移动的运载工具，使人想起滑雪场的上山缆车。当然也有在现实中不大可能存在的那种“抽屉”，但是在空“抽屉”当中，也许有的乍看似乎很愚蠢无聊，而那里就有至今还未被任何人所想到的具有可能性的组合。

使用形态分析法，要注意以下几点：

（1）当解决问题时，要尽量克服先入为主的观念和事前评价的影响。

（2）如果我们要建造一个合理的世界，需要消除一定能够克服的人类意识重大错误。

（3）在支配相互作用的一切事物中，无论它们是物质的也好，是精神的也好，需要看清楚真正的相互关系。

（4）要明确理解人的思想、概念及行动的真实性质与相互作用。运用形态分析法时的一条原则就是，任何事情除非已确实证明为不可能者外，都不应该认为是不可能的。

使用形态分析法的工作步骤如下：

（1）必须正确记述想要解决的问题。记述时面要尽量宽些，而且要用一般化的形式。

（2）要查出可能参与解决问题的全部独立变数，赋予其性格。

（3）做成形态图，即能够包含一切解决问题措施的矩阵。

（4）对形态“抽屉”中所包含的全部解决方案按需要的目的进行分析和评价。

（5）选择最佳解决方案。

（三）类比法

东汉时期，公元2世纪，我国有个大医学家张仲景。他不仅精通医术，博学多才，而且在行医过程中还勇于实践，敢于创新。有一次，他看到一个上吊的人已经断气了，围观的人们都认为这人死了。张仲景心想：“这人也许是憋昏过去了，小猪掉进水里憋了气，老农不是有一种急救的办法吗？憋气是一个理，我们不妨试一试，看能不能把他救活。”张仲景请了几位年轻小伙子来帮忙，把上吊的人轻轻地放在床板上，叫两个人站在他的头旁，把他的两只胳膊一会儿往上抬，一会儿放在胸前。张仲景又叉开双腿，蹲在床板上，用两只手抵住他的胸部和上腹部，压一下再松一下，反复地和那两个年轻人配合着动作。连续做了二三十分钟，那个人终于慢慢地嘘气了，不一会儿，眼皮也睁开了，最后完全清醒过来。

张仲景不仅救活了这个上吊的人，还为以后的抢救工作开辟了道路。张仲景的成功，就在于他能从猪溺水憋气和人上吊憋气两个外表不相同的事务想到了它们是同一个原理，由此提出了救上吊人的办法，这就是典型的类比方法。

所谓类比法，就是把本质上相似的因素当作提示来考虑问题，从而提出解决问题方案。典型的类比思考法，有综摄法、仿生法、康顿法三种。

1.综摄法

综摄法是指在进行创造活动时，注意观察前意识心理结构的运用情形，并对此做出解释，做到有意识地运用它为目的。

这个技法同智力激励法相反，不是以自由联想为基础，而是以类比作为它的基本方法。就是在思考问题时，找出与课题“本质上相似的是什么”，用这个作为启示，诱发出创造性的设想。

1609年，伽利略发明了天文望远镜，使当时的天文学有了长足的进步。月球的山谷、木星的四个卫星、太阳黑子，以及金星的盈亏现象等都是在随后的一段时间里发现的。但是，望远镜的色差问题始终困扰着人们：在望远镜中物体的像总会出现颜色干扰，使像模糊不清，越是镜的边缘就越严重。

白光是由七种不同颜色的光线组成的，这些光线的折射程度各不相同，因此，一束白光通过透镜后就成了一条色带。望远镜是由一系列透镜所组成，所以星光经过透镜到达人眼就会有色差。牛顿经过研究后，断言透镜的色差不能消除。于是，他本人转向研制反射式望远镜，另外一些人继续改进由透镜组成的望远镜。为了使白光经过透镜时色散得不太厉害，发明家们就采用了折射率较小的透镜。这样一来，望远镜的尺寸必须加长，有的竟长达 3.66 米。

数学教授格雷戈里把望远镜与人的眼睛做对比：光线在眼睛里反复折射，人眼看到的物体没有色差。所以，如果处理得当，望远镜也应该能够达到色差为零的效果。人眼由角膜物质、水晶体、玻璃体等几种不同折射率的物质组成，望远镜也应该用折射率不同的几种玻璃透镜搭配起来。

在这样的思想指导下，发明者进行了多次计算，提出了用两种折射率不同的玻璃适当配合，以制成无色差望远镜的方案。又过了一些年，业余科学家霍尔于 1733 年第一个制成了无色差的折射望远镜。

从天文望远镜的改进过程看，发明者不仅从结构组成方面把望远镜和眼睛做了类比，而且从眼内各部分的不同折射率得到启发，证明只要各部件的折射率搭配适当，就可以制作出无色差的望远镜来。这一思维过程，正是综摄法思维的典型表现。

2.仿生法

在漆黑的夜晚，无论田鼠怎样轻手轻脚地爬出洞口，远处的响尾蛇都能准确无误地一口吞掉它。是响尾蛇的眼力特别尖锐吗？不。根据试验，响尾蛇眼睛的视力并不太好，能够准确判断田鼠位置的不是它的眼睛，而是它眼睛下面颊窝地方的那两只“热眼”。热眼其实并不是眼，而是一个灵敏的红外线接收器。远处的动物如果有一定温度，随之而生的红外线就会在蛇的热眼中得到反应。热眼把信息传给大脑，蛇便根据热眼传来的信息准确无误地捕食那个猎物。

军事科学家们根据响尾蛇热眼的启示，给导弹装上了人工制造的“热眼”——红外线自动跟踪制导系统。导弹一旦发射升空，它专门寻找喷气式飞机喷出的热气流的红外线，顺着红外线射来的方向前进。飞机拐弯，热气流也拐弯，导弹就自动朝着热气流拐弯后的方向前进，直到撞上目标爆炸。这就是人们常说的“响尾蛇导弹”。

人工制造的响尾蛇导弹“热眼”要比实际的响尾蛇热眼灵敏得多。它不仅能接收飞机喷出的热气流红外辐射，还能接收到喷出的二氧化碳废气的红外辐射。

人类长时间以来，就一直这样有意识或无意识地把从自然界得到的启示应用于人工制造的原理。仿生法，就是利用仿生学原理，从生物的行为得到启发，进而拓展思路，实现发明创造设想的思维方法。

仿生学是从生物学这个词汇中派生出来的一门新的科学。从它的命名可以理解，它是从生物界获得启示而为人工制造服务这个观点出发的。仿生学是一门系统的科学。这个系统以生命系统作为基础，具有生命系统的特征，与生命系统相似。

对于仿生学的研究者来说，具备生物学、动物形态学，特别是植物学等方面的知识，当然是必要的。为了使仿生学发展下去，仿生学的研究者和理解这一研究目的并表示兴趣的生物学者之间的合作已成为重要问题。

因此，利用仿生法实现发明创造主要有动物仿生法和植物仿生法两种。

第一次世界大战期间，德军在比利时的伊普雷战役中，使用了180吨的液态氮气攻击对方阵地，致使英法联军的150000人中毒，5000多人丧命。同样，大量野生动物也相继中毒而亡。但令人吃惊的是，唯有野猪安然无恙。这一现象引起了英法联军的重视。他们派出了最优秀的化学家深入实地考察研究。通过反复调查，化学家们发现野猪特别喜欢用嘴巴拱地，当它们嗅到强烈的刺激气味时，常用拱地来躲避刺激。后经进一步分析发现，正是因为野猪拱地时，松软的土壤颗粒吸附和过滤了毒气，才使得它们幸免遭难。这使化学家们受到了很大启发。

根据这一原理，化学家们想到让人们所吸的空气也先经过松软物质的吸附和过滤。于是他们设计了头盔，把人的面部与外界空气隔开，只留一个呼吸空气的通道，并且在通道口放上既有吸附、过滤功能，又能保持空气流畅的木炭。这就是世界上第一批防毒面具。

公元前500年左右，在我国春秋时期的鲁国有一个著名的能工巧匠，姓公输，名般，即鲁班。

有一次，鲁班受命去建造一座大宫殿，这在当时是一个非常大的工程，需要很多木料，由于工期很紧，鲁班每天都派人上山砍伐大树以获取木料。但当时的砍伐工具十分落后，除了斧子，几乎没有其他砍伐树木的工具，用斧子来对付一棵棵大树，效率之低是可以想象的。一大群人每天起早摸黑地砍树，累得筋疲力尽，可是砍下的木料还是远远不能满足工程的需要，严重地影响了工程的进展。在当时的奴隶社会中，完不成或没按时完成国家的工程，将受到严厉的惩罚甚至处死。看着因木料不继而拖了工程的后腿，鲁班心急火燎，寝食难安。一天，工程又因木料短缺而停工了，鲁班在工地实在待不住了，就想上山亲自督促伐木工作并寻求良策。在上山的路上，他为了攀上一处山岩，就顺手抓住一把长在石缝中的野草，因草上有水发滑没有抓紧，使手与草相对滑动了一下。上了山岩后，他感到手有点痛，一看原来是手被草划破了。鲁班很奇怪：一把小草竟如此锋利！要知道，鲁班的手经过长期劳动的磨炼，结下了又硬又韧的老茧，一般的硬物是划不破的。于是鲁班就停了下来，把那野草折下来仔细观察。他发现这种草与别的草差别不大，只是两边都长着许多尖利的小齿，他的手就是被这些小齿划破的。鲁班想：既然弱小的小草有齿就足以划破我的手，那么若在一根铁条上也做上很多小齿，用它来锯断大树应该没有问题吧？有了它，不是就可以加快伐木进度，解决工程木材供应不上的问题了吗？

想到这里，鲁班非常兴奋，立即向山下跑去。到了山下，他马上找来了加工金属工具的工匠。在他们的帮助下，鲁班先做成一根片状铁条，又在这根铁条上制作了许多齿。做好后，试着用它伐木，果然既快又省力。世界上第一把实用的锯子就这样诞生了。随后，他们又做成了很多这样的锯子，并立即将它们送到山上的伐木现场，并指导伐木工用这种简陋的锯子来锯树，果然，比用斧子伐树效率高多了，从而保证了工程的按期完工。锯子就这样被发明并迅速普及开来了。后来又经过鲁班及后人的不断改进，锯子越来越好用，品种也越来越多。但万变不离其宗，其原理都与鲁班发明的锯子一样，都有与那小草类似的齿。

防毒面具的发明，正是动物仿生法的成果；锯子的发明，正是植物仿生法的成果。不仅如此，通过模仿蝙蝠，人类研制了“超声眼镜”；通过研究苍蝇，人类开发了“复眼相机”；由于受到鬼针草种子的启发，人类研制出了“尼龙搭扣”。这些产品都是利用仿生法产生的发明成果。

3.康顿法

康顿法是从智力激励法派生出来的一种使用自由联想的技法。它与智力激励法有所不同，智力激励法明确提示课题，并要求课题尽量具体化。康顿法与此相反，它不明示课题，而是提出抽象性的课题，寻求根本性的解决办法。

譬如要谋求一个关于烤面包器的方案时，如果用智力激励法，那就会是“新的烤面包器的设想”之类的课题。可是康顿法认为这样的课题拘于一般形式，不易产生出新奇的设想。所以只用一个“烤”字做课题，寻求各种各样有关烤的方法的设想。使用这个技法时，先不让成员们知道真正的课题是什么，只有主持人自己了解和掌握课题，他从成员的发言中去获得启示。

下面引用一个创造学界熟知的开发新产品——“割草机”的实例，来说明康顿法的工作过程。

主持人：这次会议的议题是个分离的观念。请考虑能够把某种东西从外部分离开来的所有方法。有没有什么疑问？如果没有，现在就开始。

参加人甲：用离子或电解可以把盐从盐水中分离。主持人：这是利用电化学反应使它分离的意思啊。

参加人乙：利用化学反应也可以做到的。

参加人丙：筛子能把大小不同的东西分离。

参加人丁：利用离心力能把各种固体从液体中分离。

主持人：换句话说，就是让它滴溜滴溜转的意思，就像把奶油从牛奶中分离时那样。

这时主持人抓住利用离心力这个设想，形成这样一种想法——使用一种利用离心力旋转的带有冲孔的滚筒。

主持人：赶紧把这个记录下来。让会议继续开下去，要得到第二个启示。

参加人丙：离开船坞的船是分离的一种形式。

参加人丁：做糕饼时，从蛋白中取出蛋黄来。

主持人：棒球投手在投球时是怎样地分离呢？球离开球手的手时，是发生一种什么现象呢？能用的力是……

参加人丙：那时会有两种力量啊，一种是投的力量，再一种是分离的力量。如果不松开手指，即使用最大的力气，球也不会从手中离去。

参加人丁：如果不是地滚球的话，那投球的人恐怕会跟着球走吧。（笑声）

参加人甲：假若是雪球的话会怎样呢？握久了就融化了。（笑声）

参加人乙：那可是真的分离啊！

主持人：那是由于热或温度的分离。利用热使东西分离还有别的方法吗？

参加人甲：电焊工用高温的方法使金属分离为二。

这时主持人已经得到了利用乙炔火和利用红外线把草烧割掉的设想。

主持人就是这样引导着把会开下去，到最后阶段才说出真正问题。然后就以会上提到的启示为基础，同成员们一起思考如何实现的具体对策。

康顿法实质就是从待研究的事物中抽象出一些符号来，这样更便于类比，实现创造性解决问题的目标。

牛黄是一种贵重药材，由于牛黄是牛的胆结石，只能从屠宰场上偶然得到，获得的数量很少，因此价格很高，比鹿茸还贵。有关科研人员想提高牛黄的产量。他们查阅资料，了解到牛胆石的形成与胆囊受到刺激后引起胆汁成分异常有关。但应如何恰当地刺激胆囊呢？他们百思不得其解。查阅资料时，科研人员又发现了河蚌育珠方法，将少量异物塞入河蚌内，在异物的刺激下蚌内会慢慢地形成珍珠。这使科研人员联想到，如果在牛的胆囊中埋入异物，也许也能形成胆石——牛黄。科研人员给牛施行外科手术，在牛胆里放进一段异物。一年后，剖开牛胆，果然发现牛黄。增产牛黄的方法找到了。这一创举是在河蚌育珠启发下进行类比做出的尝试，启发过程是从育珠联想到形成胆石，产生类比的原因是猜测到异物对河蚌和牛胆有类似的刺激作用。

在这一过程中，“异物”这一类比的概念，就是从“将少量异物塞入河蚌内，在异物的刺激下蚌内会慢慢地形成珍珠”这一现象抽象出的可供类比的概念。

康顿法大多用于解决科学和艺术问题。在科学、技术、艺术的创造性工作中，人们常常无意识地使用着康顿法。应用好康顿法的关键就是选择可供类比的概念。下面两个例子就是比较典型的证明。

19 世纪 20 年代，巴黎的一所盲童学校请来了法国海军，为孩子们介绍夜间战地通信的情况。舰长巴比尔介绍说：在伸手不见五指的夜晚，要秘密地把信息传出去，不暴露目标，就不能靠眼睛看信号了。他们是把上级命令先翻成电报码，再在厚纸上找出各种凸出来的圆点子表示这种电码。接到厚纸的战士凭着手摸凸点子来接受命令，像用眼睛看电报文一样。

介绍完了之后，巴比尔舰长离开了学校。可是听这场报告的盲童学生布莱叶却久久不能忘怀。他想，这真是个好办法。无论是在厚纸上戳出凸点子，还是用手摸点子，都可以不用眼睛。盲人用这种办法不就能写字、读书了吗？！

接着，他就考虑用凸点子表示文字的方案。巴比尔的每个字母是用 12 个位置来表示的。布莱叶把它简化成用横 2 竖 3 的 6 个位置来表示，且口在 6 个位置中，用凸点子的不同数量和不同位置代表不同的字母或符号。例如，在图的几组位置中，以实心点代表凸点，空心点代表空位，那么，该图就代表几个不同的字母或符号。用手抚摸着一连串的字母，就知道了它们所组成的单词、句子以至整篇的文章。这就是人们所说的“点子盲文”。

盲人读书的问题解决了，怎样用这种文字去写字呢？

布莱叶又进行研究，发明了盲人书写的模板。在这种模板上，预先按照每组 6 个位置排着许多打好的小孔。写字时，把模板压在厚纸上，用一种像锥子一样的尖笔插进小孔，在不同的位置上戳出凸点子。这样，自己想写的话就能用点子盲文写出来了。

1854 年，布莱叶发明的盲文被法国确认为法定盲文。1887 年，（布莱叶逝世的 35 年之后）该盲文得到国际公认。

盲文的发明，正是布莱叶从电报码中抽象出“凸点子”这一概念，才取得了成功。不仅如此，应用康顿法不仅需要抽象概念，更需要进行概念整合。2008 年北京第 29 届奥运会的会徽——中国印，就是用中国印和“京”字这两个代表中国文化的概念，进行了整合形成的成果。这两个事例都说明了通过抽象符号可以引发更高层次思考，进而产生创造性成果。

（四）借助预测能力解决问题

思考者提出问题、分析问题、解决问题的过程中，要借助人的直观、飞跃的设想、逻辑的展开等方法作辅助。在此基础上，利用问题之间的关联性对所研究的问题进行整理；经过对问题进行合理的整理，就可以对问题进行有效的预测。要更好地进行预测，主要按照如下步骤思考问题：第一步，提出并界定待解决的问题。第二步，对待解决的问题的重要性、紧急性、互相关联性进行初步分析。第三步，以对问题的初步分析为依据对课题的若干问题进行分析，到专家和有识之士那里去请教，进行测验调查。第四步，根据测验调查的结果进行问题间的关联分析，归纳课题。典型的预测方法很多，一般来说可以分为定性分析预测方法和定量分析预测方法。

在计算机专业领域中，对数据的处理是以成对互相对应的逻辑关系来实现的，这在该领域中被称为离散型变量。而要把这些离散型变量形象地表现出来，研究人员根据树木的特点，以树根、树枝、树叶的关系设计了一种树型结构，在实际的应用中，比较典型的结构的“树木”往往由“树根”开始逐步被分成两“枝”（专业术语中被称为“二叉树”），“树根”往往被称为“根节点”，与“树根”相连的两个元素分别被称为“根节点”的“左孩子节点”和“右孩子节点”；而由两个节点作为“根节点”形成的相对小的“树”分别被称为“根节点”的“左子树”和“右子树”。当然，树木的叉也可以更多，专业术语中被称为“多叉树”。

利用这一方法，人们借助这一类结构形式，用它来辅助定性分析预测；因此，这种方法又称关联树木法。使用关联树木法进行分析预测时，一般选用的是“多叉树”。

关联树木法有很多种类，比较典型的有如下几种：

第一种，决策树木法。当企业要对产品开发、销售战略、技术引进等各方面做出决策时，就可以应用由关联树木法派生出来的决策树木法。使用决策树木法进行决策时，通常按照如下步骤操作：首先，把问题界定清楚，确定一个待解的目标；其次，提出与原有的解决问题方案所不同的代替方案；然后，对提出的代替方案进行评价。通过上述三个阶段的工作，决策树木法对互相关联的若干问题，拥有了各种各样的解题方案，进而根据不同外界环境，选出最适合的方案付诸实施。

第二种，目标树木法。当要解决的问题确定之后，可以以问题的目标为出发点，分析为了达到这种目标必须考虑什么样的战略，而为了实现这种战略必须有什么样的战术，按顺序把目标分解，分开的同时制成的东西就是目标树。同时评价各个级别之间的相对重要程度，根据这种评价得出的关系，确定它们在整个项目中的地位，并且假定在各个级别中总和（即整个项目的重要性）为1，确定每一个问题在整个项目中的重要性，这一量化指标称为它的“权”，将一个子项目涉及的每一个问题“权”的值相乘，就可以计算这个子项目在全体中所占的值。

第三种，远景树木法。企业在开发新产品时，有必要预测这种产品销售时的环境。这种方法就称为远景树木法。

第四种，森林法。对于大型的项目，可以将小问题建成树木，再将这些树木转化成更大树木的“枝叶”，这样，树木就变成了森林。

第五种，定量化关联树木法。使用这一方法，就是在定性分析的基础上，把相关参数细化、量化。进行相关的计算、推导，提出解决问题的方案。

第六章　家庭视角下的劳动教育

第一节　日常家务劳动教育

一、日常家务劳动内涵

（一）基本概念

日常家务劳动是指家庭成员在日常的家庭生活中必须从事的一种无报酬的劳动，包括洗衣做饭、照看孩子、购买日用品、清洁卫生、照顾老人或病人等。在不同的文化和不同的社会中，日常家务劳动的分工情况有所不同。

（二）主要内容

一般情况下，日常家务劳动主要有以下内容。

（1）清洗清洁，包括扫地拖地、清洗衣物被褥、清洁卫生间、擦洗窗户窗帘、日用家居设施设备除灰清洁、打扫院落等。

（2）生活物资采购，包括家居设施设备的采购更新、洗护用品的采购、衣物被褥的采购、厨房用品的采购。

（3）准备一日三餐，包括买菜、洗菜、做饭、清洗餐具、收拾厨房等。

（4）照顾家人，包括照顾并接送小孩上学、照顾关心老人、照顾生病的家人等。

（5）整理杂物，包括定期清理杂物、适当地装饰家居环境、整理生活用品。

（三）主要特点

相较于外出工作劳动，日常家务劳动主要具有以下 3 个特点。

1.琐碎繁杂

在生活中，我们会有这样一个认知：家务活，虽然想做，但是怎么做也做不完。为什么会这样呢？这是因为日常家务劳动的内容无法清楚地逐条列出，不是做一件就能少一件，而是会随着每日家庭生活的进行反复出现。

2.长期持续

只要我们处在家庭生活中，就会有日常家务劳动的需要。日常家务劳动并不因现代化生活而消失，它伴随着家庭建立、发展而存在。

3.主动担当

家庭成员应该主动担当，参与到日常家务劳动中，增强动手能力，这是对家庭负责任、尽义务的一种表现。

二、日常家务劳动意义

家庭是命运相关的共同体，是同甘共苦的社会生活组织，更是“劳动创造一切”观念得以形成和巩固的基础。日常家务劳动是家庭生活的重要内容，对家庭成员和整个家庭而言都具有重要意义。

（一）对家庭成员的重要意义

1.有助于家庭成员掌握必要的家务劳动技能

家庭成员参与家庭中围绕吃、穿、住等的日常家务劳动，可以掌握基本的家务劳动技能，避免出现基本的家务活“不会做”的现象。

2.有助于家庭成员形成正确的劳动观念

马克思主义认为，劳动创造了人本身。所有的人类劳动只要不违法犯罪都应该受到尊重。只有靠自己的劳动付出而活着，才会有踏实的人生，才会有真正幸福的生活。所以，无论处于何种家庭背景和经济条件下，用自己的勤劳创造美好生活，才值得骄傲的基本价值观念应该在家庭生活中的日常家务劳动中树立。

（二）对家庭整体的重要意义

1.有助于家庭成员沟通交流

家庭成员通过参与日常家务劳动，不仅可以让家庭环境整洁、有序，更重要的是在分工合作、共同劳动的过程中，夫妻之间、父母与孩子之间可以有较多沟通交流的机会，也能通过沟通交流增进对彼此的理解，增强家庭责任感。

2.有助于形成良好家风

家庭是社会的基本细胞、是人一生中的第一所学校。无论时代发生多大的变化，生活格局发生多大的变化，家庭建设都离不开家务劳动，良好家风、家教的形成离不开父母或长辈在承担日常家务劳动时对孩子的耳濡目染。诸葛亮的诫子格言、颜氏家训、朱子家训等无不是以参与日常家务劳动为载体，正家风、兴家道，从而让家庭和顺美满、幸福和谐。

三、日常家务劳动要求

日常家务劳动的内容和类别较多，在了解其基本原则的基础上，我们主要从家庭清洁、家庭照护两个方面来了解日常家务劳动的基本要求。

（一）日常家务劳动的基本原则

一般来说，承担日常家务劳动需要具备“三心”。

1.责任心

缔造和顺美满、幸福和谐的家庭，每个家庭成员都有义不容辞的责任。青年学生要在寒暑假期居家生活的过程中主动承担日常家务劳动。

2.爱心

对家庭的爱、对家庭成员的爱，要以行为为载体。有人说，一个人对家庭的爱，可以从家庭卫生反映出来，也可以从餐桌上体现出来。

3.耐心

面对琐碎繁杂且需要长期持续的日常家务劳动，仅凭三分钟热度是做不好的，需要有耐心和恒心。只有长期坚持下去，才能养成良好的家务劳动习惯，并将其内化为一种劳动素养。

（二）家庭清洁的基本要求

（1）玻璃：先用毛巾擦拭玻璃框，着重处理有污渍的部位和框缝，再用涂水器蘸稀释后的玻璃水溶液，均匀地从上到下涂抹，然后用刮子从上到下将玻璃水溶液刮干净，最后用干毛巾擦净玻璃框上留下的水痕，玻璃上的水痕用机皮擦拭干净。

（2）卫生间：先用湿毛巾从上到下擦拭一遍，着重处理死角、洁具及不锈钢管件等，然后用干毛巾全方位擦拭一遍，注意不锈钢管件要擦抹不锈钢养护液。

（3）厨房：先用湿毛巾全方位地擦拭一遍，着重处理地面的边角、厨具及各种不锈钢管件，然后用干毛巾重复擦拭一次，用不锈钢养护液擦拭各种不锈钢管件。

（4）卧室及客厅：用掸子清除墙面上的尘土，用毛巾擦拭开关盒、排风口、空调口、排烟口等。

（5）门及门框：把毛巾叠成方块，从上到下擦拭，去掉胶点等污渍；擦拭门框，着重擦框边、门角等易被忽视的地方。

（6）地角线：先用湿毛巾全面擦拭，再用干毛巾擦拭。

（三）家庭照护的基本要求

1.生命体征测量

生命体征包括体温、脉搏、呼吸、血压，它是标志生命活动存在与质量的重要特征，是评估身体健康状况的重要项目之一。掌握基础的生命体征测量方法，有助于我们及时观察、发现家人或自己的身体变化。其主要包括以下内容。

（1）测量体温。协助被测家人解开衣物，若有汗则应擦干腋下，将体温计水银端放置于其腋窝深处，5 分钟以后取出体温计，读取数据。

（2）测量脉搏。协助被测家人放松手臂，要求其掌朝上，然后将自己的食指、中指、无名指的指端放在其桡动脉上方，计时 30 秒。正常成人的脉搏为 60～100 次 / 分钟，老年人可慢至 55～75 次 / 分钟。

（3）测量呼吸。将手按在被测家人的手腕上，观察其腹部或胸部的起伏，一呼一吸为一次，计时 30 秒。

2.家庭生活急救小常识

在家庭生活中，意外伤害很难避免且难以预料，如果我们处置不当或不及时送医院救治，很可能会对家人造成伤害。因此，了解、掌握一些家庭生活急救小常识非常有必要，主要包括以下内容。

（1）异物入眼。首先用力且频繁地眨眼，用泪水将异物冲刷出去。如果不奏效，则将眼皮捏起，在水龙头下冲洗眼睛，禁止揉眼睛。如果没有好转，务必立即就医。

（2）扭伤。一般情况下，在扭伤发生的 24 小时内，可每隔一小时用冰袋冷敷一次，每次敷半小时；扭伤 24 小时之后，可热敷，以促进受伤部位的血液流通。若在冷敷、热敷期间仍感疼痛且行动不便，则应及时就医。

（3）流鼻血。身体微微前倾，并用手指捏住鼻梁下方的软骨部位，持续 5～15 分钟，可以放一个小冰袋在鼻梁上。若持续流血不止，则应及时就医。

（4）烫伤。一旦发生烫伤，应立即将被烫部位放置在流动的水下冲洗或用毛巾冷敷。若非极其轻微烫伤且面积很小的情况，则应及时就医。

（5）中毒。迅速呼叫救护车，并准备回答关于摄入或吸入什么物质、吸入量、患者体重、年龄及中毒时间等问题。在等待救助的过程中，不能给患者吃、喝任何东西。

（6）手指切伤。如果出血少且伤势并不严重，可在清洗之后使用创可贴覆于伤口处。若伤且出血不止，应采用捏住受伤手指根部两侧且将手指高举过心脏的方法进行止血，并立刻就医。

注意：在使用上述家庭生活急救小常识处理突发情况时，一定要根据实际情况及时前往医院检查救治，以免病情加重。

3.照料老年人

（1）满足老年人的基本需要。老年人的基本需要包括如下内容。

食物的需要：注意老人的膳食营养，为不能自理的家中老人喂食和喂水。

排泄的需要：帮助不能自理的老人进行排便、排尿，及时清理排泄物。

舒适的需要：营造安静、清洁、温度适宜的休养环境。

活动和休息的需要：帮助老人适当活动，并尽可能使老人保持正常睡眠。

安全的需要：防止老年人跌倒、噎食、误吸、损伤，保持皮肤的完整性。

爱和归属的需要：营造良好的休养环境和人际环境，促进老人的人际交往，帮助老人及时与他人联系与沟通，并给予其精神上的关心。

尊重的需要：运用沟通技巧，维护老人的自尊，保护老人的隐私。

审美的需要：协助老人进行容貌、衣着修饰，使其保持良好的精神状态。

（2）提供生活照料服务。生活照料服务主要包括以下内容。

个人清洁卫生服务，包括洗脸、洗手、洗头（包括床上洗头）、洗脚，协助其整理个人物品、清洁平整床铺、更换床单等。

衣着服务，包括协助其穿脱衣裤、扣纽扣、更换衣裤、整理衣物等。

修饰服务，包括梳头、化妆、剪指甲和协助其理发、修面等。

饮食服务，包括协助用膳、饮水，或喂饭、喂水、管饲等。

如厕服务，包括定时提醒老人上厕所，协助其使用便盆、尿壶等。

口腔清洁护理服务，包括刷牙、漱口，协助其清洁口腔、清洁保养假牙等。

皮肤清洁护理服务，包括擦浴、沐浴等。

压疮预防服务，包括保持床单干燥、清洁、平整；定时助其翻身更换卧位，防局部受压过久，为受压部位按摩增进血液循环；保持皮肤干燥、清洁，预防皮肤受伤等。

便溺护理服务，包括清洗、更换尿布等。

4.陪护病患

家人生病需要住院时，已是成年人的家庭成员可以提供一些力所能及的服务为家人分忧解难。

（1）准备生活用品：衣物、水杯、洗漱用品（肥皂、牙刷、牙膏、脸盆、毛巾）、日常餐具、纸巾、拖鞋。

（2）按照医院“入院须知”，办理好入院手续，比如办住院证、缴纳预付款、到护士站办理住院病历等。

（3）了解家人所住科室，熟悉住院药房、交费处、查账处、盥洗间、开水房、消防通道等的位置。同时，要与家人的管床医生、护士及主治医生主动沟通、建立联系。

（4）医院属于公共场所，人员较复杂，应妥善保管好贵重物品和金钱。

（5）了解住院治疗检查项目，及时和主治医生沟通。

（6）详细了解医院病区对陪伴、探视人员有哪些要求，病人住院期间有哪些权益，有哪些安全管理，住院费用如何查询、缴纳，住院治疗期间如果感到不满意怎么办。

第二节　自我服务劳动教育

一、自我服务劳动教育内涵

自我服务劳动就是学生为整理自己的生活所进行的各种劳动。青年学生在奋斗的征程中，首先要有“一屋不扫，何以扫天下”的思想觉悟，并在自我服务劳动中学会生存、学会生活、学会发展、学会沟通。

（一）自我服务劳动的基本概念

自我服务劳动是一种最基础的生存技能。洗衣做饭、打扫卫生、整理衣物等都是自我服务劳动。学生在家庭生活中要树立“自己的事情自己做”的自我服务意识。学生在家庭生活中对自理能力的锻炼，有助于培养学生的责任感、自信心及处理问题的能力，对学生今后的生活也会产生深远影响。

（二）自我服务劳动的主要内容

自我服务劳动主要包括以下几个方面的内容。

（1）个人卫生清洁类，如洗手、洗脸、刷牙、洗脚、剪指甲、洗头、梳头、洗澡等。

（2）个人衣物清洗整理类，如清洗衣服鞋袜、被褥等。

（3）个人日常用品整理类，如图书及学习用品整理、生活用具清洁整理等。

（三）自我服务劳动的主要特点

自我服务劳动的特点主要体现在以下 3 个方面。

1.事情小

无论是个人卫生清洁、衣物清洗整理，还是个人日常用品的整理，皆是生活中的小事情。但它们是学生养成卫生习惯和培养生活自理能力的起点。

2.完成难度小

相较于读书学习，这些自我服务劳动只会消耗较少的体力和脑力，是“只要你肯做”

就一定能学会、做好的事情，长期坚持，就会形成一种良好的、自觉的生活习惯。

3.重要性大

“一屋不扫，何以扫天下？”扫一屋，首先就要扫自己的“屋”，清洁整理自己的“屋”。因为良好的外在形象塑造、较强的独立生活能力培养，无一不是从家庭劳动，特别是自我服务劳动开始的。

二、自我服务劳动意义

自我服务劳动无论是对家庭而言，还是对个体而言，都具有重要意义。其主要体现在以下3个方面。

第一，自我服务劳动是培养生活自理能力的重要途径，有利于劳动意识、劳动能力的培养。

在家庭生活中，以自己整理床铺、打扫房间、洗涤缝补衣袜、做饭洗碗等为主要内容的自我服务劳动，对培养生活自理能力，形成劳动意识、独立意识、责任感等有着深远的影响。

第二，自我服务劳动是家庭美德的重要载体，有利于提高个人觉悟，促进学生德智体美劳全面发展。

家庭劳动，特别是家庭成员主动进行的自我服务劳动，是家庭美德形成的重要载体。“十指不沾阳春水”“饭来张口衣来伸手”的“不劳动教育”，必然无法在家庭中形成良好的家风家教，也必然无法促进学生德智体美劳全面发展。

第三，自我服务劳动是个人品德形成的实践内容，有助于个人意志品质的形成。

良好个人品德的形成离不开知行合一、慎独自律。学生在自我服务劳动中将所接受的教育融入自我管理、自我服务的日常生活劳动中，自觉地坚持“自己的事自己做”，这正是知行合一、慎独自律的重要内容。

三、自我服务劳动技能

（一）养成劳动意识

养成劳动意识、掌握家务劳动技能是学生成长、成才的基本内容。家庭劳动实践，特别是自我服务劳动，是培养劳动意识和劳动技能的必要手段和基本途径。

1.养成劳动意识的重要性

劳动意识是当代学生发展核心素养的一个不可或缺的部分，是学生全面发展、成人成长的必要条件和必然要求。自主地料理自己的生活，避免滋生懒惰思想，是学生将来走进社会从事其他劳动的基础。

2.养成劳动意识的方法

（1）在由全国妇联老龄工作协调办、全国老龄工作委员会办公室、全国心系系列活动组委会于 2012 年 8 月 13 日共同发布的“新二十四孝”行动标准中，“亲自给父母做饭，以及扫地、洗碗等基础性家务劳动被看作体验父母生活艰辛、感恩父母的集中体现。”

（2）注重在“自己的事情自己干”“家里的事情主动干、抢着干”“不会的事情学着干”3 个方面的劳动实践中培养劳动意识。

（二）自我服务劳动的基本技能

在家庭劳动中，自我服务劳动内容的技术性要求一般不高。我们从个人卫生清洁、个人衣物清洗、个人日常用品整理 3 个方面举例说明。

1.个人卫生清洁要求

干净、整洁往往是我们对他人外在形象的首要评价标准。因此，在个人卫生清洁上，要满足以下要求。

（1）头发要常洗，可根据长短不同及时清洗。

（2）脸部要保持干净。

（3）指甲要保持清洁。

（4）鞋袜勤换、勤洗、勤晾晒，尽量做到鞋袜无味道。

（5）要勤刷牙，避免不良的就餐行为。

2.个人衣物清洗要求

个人衣物清洗的基本要求是勤换勤洗。尽管大多数家庭的生活条件有了很大程度的改善，但是“半丝半缕，恒念物力维艰”。因此，在根据自身的经济能力及时添置新衣物的同时，还要做好衣物的勤换洗，杜绝脏衣物的长期堆放。衣物在清洗过程中要分门别类，选用合适的洗涤产品。

3.个人日常用品整理要求

个人在进行学习用品整理、衣物鞋袜整理、家居生活用品整理时，要做到整洁、有序、规范。我们应按以下 3 个要求整理日常生活用品。

（1）定期清理。被褥、衣物鞋袜要及时清洗，学习用品要定期扫灰清理，家居生活物品如书桌、床头柜、衣柜、沙发桌椅等要摆放有序。

（2）分类归整。学习用品、被褥、衣物鞋袜以及家居生活物品要分类清楚、存放妥当，这可以让我们在日常生活中节约查找时间、提高效率。

（3）妥善处理废弃不用的日常生活用品。我们要贯彻绿色发展理念，积极响应并实施垃圾分类，本着绿色生活、节约资源、循环利用等原则，妥善处理废弃不用的日常生活用品。

四、增强自我服务劳动能力的方法

自我服务劳动能力的增强，不是一次“洒扫庭除”或一次“洗衣洗碗”就能完成的，它需要在情感上认同、在观察中学习、在行动上坚持，做到循序渐进、持之以恒。

（一）情感认同

“劳动”不仅仅是指社会生活劳动，也包含了每个人从事社会劳动的起点——家庭劳动。“做大事者，不拘小节”的观点不是要我们舍弃平凡琐碎的家庭劳动、自我服务劳动，而是要我们在做好家庭劳动、做好自我服务劳动的基础上谋划“大事”。所以，我们要在自我服务劳动、家庭劳动中建立起个人对家人、对社会中广大劳动者辛勤付出的情感认同。

（二）观察学习

家务劳动本身的技术含量不高，也并没有一个统一的标准。因此，在家庭劳动实践中的自我服务劳动能力的培养，并不需要在指定的时间、指定的地点进行，只需要在日常生活中用我们的双眼去观察父母或长辈是如何做的。家庭劳动实践随时可学以及随时可做。

（三）坚持行动

一次两次的家庭劳动并不足以让我们在家庭劳动实践中得到充分的锻炼。我们需要坚持行动，方能如“种下一个行为，收获一种习惯”所言，养成良好的劳动意识和劳动习惯。

第三节　其他生活劳动教育

一、其他生活劳动教育内涵

在家庭劳动实践中，在自我服务劳动、日常家务劳动之外，还有其他基本日常生活劳动。

在百度百科对“基本日常生活活动”的注解（即满足日常生活中衣食住行和个人卫生所需要的一种最基本的、最具有共同性的活动）的基础上，我们认为：在家庭劳动实践中，自我服务劳动的服务对象是劳动者本人；日常家务劳动的服务对象是家庭中的所有成员，包括自己在内；其他生活劳动的服务对象则是在常规意义上的自我服务劳动和日常家务劳动之外的家庭劳动对象。

二、其他生活劳动教育内容

（一）生活创意劳动

（1）变废为宝类的创意活动，如对废弃饮料瓶、啤酒罐、牛奶箱进行再利用，将其变成实用的收纳罐、梳妆盒、筷子架等。

（2）自制家庭礼物类的创意活动，如在家人生日、节假日自制创意礼物等。

（3）厨房花式烹饪类的创意活动，如构思特色菜品等。

（4）打造绿色节能家居空间类的创意活动，如种植并照料绿色植物等。

（二）生活技巧类劳动

例如，检验鸡蛋是否新鲜、炒出鲜嫩的鸡蛋、煮鸡肉加黄豆、加水爆炒肉丝、炒藕丝不变黑、让土豆不发芽等。

（三）技术服务性劳动

这类劳动包括机械维修、电机维修、电工活、木工活、泥瓦工活、手工艺劳动、缝纫等。

（四）农业生产技术性劳动

例如，疏松土壤、播撒肥料、育种、栽培作物及果树、饲养家禽家畜等。当然，这类劳动也包括锄地、种菜、插秧、收割庄稼、照看鱼塘、晾晒谷物等常规农活。若家中没有农田，则可以与家人一道前往农业种植体验场所进行生活体验。

（五）运用专业知识开展的有利于家庭生活的活动

例如，会计专业的学生可以尝试协助父母做好家庭财务核算及规划；机电专业的学生可以尝试维修家用小电器等；汽车工程专业的学生可以尝试清洗、检测家用汽车等。

三、其他生活劳动教育要求

（一）主动思考

一般情况下，相较于自我服务劳动、日常家务劳动，其他生活劳动并不是家庭劳动实践的必要内容，但是，它能使我们经历细致观察—实际操作—总结经验—指导操作的思维训练过程。

（二）主动担当

结合家庭生活实际，参与有益于改善家庭环境、营造良好家庭氛围以及切实地将专业所学应用到家庭生活中的其他生活劳动，实质上是对家庭责任的主动担当。同时，它也能让我们认识到自己在家庭中的存在价值，增强家庭成员对自己的认可。

（三）敢于尝试

其他生活劳动没有固定的范式，不同的家庭有不同的劳动内容和劳动形式。因此，我们要敢于试验，在试验过程中养成正确的劳动价值观和良好的劳动品质。

第七章　学校视角下的劳动教育

第一节　学校清洁卫生及环保劳动教育

一、学校清洁卫生

学校是学生获得知识和技能、培养情感和形成价值观、塑造品德和养成行为的重要场所。学生一天中大部分的时间都在校园内度过，干净、整洁、文明、有序的校园环境是学校育人的重要组成部分，潜移默化地影响着学生的行为与修养。校园清洁包括师生教学与办公场所、生活与住宿场所等的清洁，需要全体师生从学习、生活中的细节做起，共同维护干净、整洁的校园环境，营造最美校园。

（一）公共场所和环境卫生规范

一般来说，校园公共场所的清洁工作由专门的环境卫生保洁部门及保洁人员负责，而作为校园公共场所的使用主体，全校师生都应该养成良好的卫生习惯，讲究公共卫生道德，从“四不二响应”等6个方面努力，共同维护公共场所的清洁卫生。“四不二响应”的具体内容如下。

一是不乱扔垃圾，师生应主动收拾好自己的垃圾，并按照垃圾分类指示分类丢弃。

二是不带食物，特别是严禁带早餐进入教室。教室是师生开展教学活动的重要场所，教室环境的好坏直接影响师生的教学活动效果。

三是不乱写乱画。爱护教室墙面、门窗、桌椅等教学设施设备和环卫设施，不在课桌、墙面、门窗等设施设备上乱写乱画乱贴，避免出现“课桌文化”“墙面文化”等破坏教室整洁的不文明现象。

四是不浪费水电。节约水电，做到教学区域内“人走关灯、关电”“及时关水”，避免“长明灯”“水长流”、多媒体教学设备长时间待机等资源浪费现象的发生。

五是响应“无烟校园”创建活动，不在学校内吸烟。

六是响应校园“厕所革命”活动，注重公共卫生间的清洁维护，营造良好厕所文化。

（二）个人卫生和宿舍内务规范

习惯贯穿生活的方方面面，学生应从宿舍集体生活的清洁卫生着手，建立健康的生活方式，提升个人生活品质。这对学生的身心健康、人际关系等会产生直接或间接的积极影响。学生可以从“三勤三不四要”等方面展开。

1.“三勤”

勤洗衣、勤洗澡、勤整理，提升个人生活品质。

2.“三不”

不要随地吐痰，不要乱扔垃圾，不要乱放个人物品。

3.“四要”

一是要主动承担宿舍内务，响应爱国卫生运动号召，保持宿舍地面、墙壁、门窗及空调等干净、整洁、有序。

二是要做好宿舍垃圾的及时清理、分类存放，增强垃圾分类意识。

三是要积极营造宿舍文化，开展以“宿舍是我家”为主题的寝室文化活动和星级寝室创建活动。

四是要配合学校防疫工作安排，定期做好宿舍消毒消杀工作，保持空气新鲜、无异味。

（三）文明就餐

大学校园食堂是师生校园生活必须“打卡”之地，食堂就餐环境是否清洁舒适不仅关系着师生一日三餐的生活质量，而且直接体现了师生个体的文明素养，也体现了学校的整体形象。食堂就餐环境是校园文明的风向标，不仅需要学校方面重视与投入，还需要全校师生文明就餐。我们可以从以下几个方面做到文明就餐。

1 坚决落实“光盘行动”

要坚决制止餐饮浪费行为，坚决落实“光盘行动”，杜绝“舌尖上的浪费”，具体可以做到以下几点。

（1）要有粮食安全危机意识。主动了解国家粮食安全的形势，充分认识“光盘行动”与粮食安全甚至是国家安全之间的重要关系。

（2）要有勤俭节约意识。要摒弃“生活条件好了，不需要再节约”的非理性认知，形成“三餐之盘一干二净”的适度、健康、有责任感的消费观念。

（3）要尊重劳动，杜绝浪费行为。看起来毫不起眼的一粒米、一滴油却事关个人温饱、家庭温馨乃至国计民生。爱惜粮食不仅是对无数农业生产者、加工者辛勤劳动的尊重，也是对自己所在家庭的收入创造者即父母劳动的尊重，更是对自己的尊重，是人格魅力的体现。

2.遵守文明就餐行为要求

（1）遵守文明礼貌的社会公德。杜绝插队等不文明行为，使用文明用语。

（2）自觉回收餐具。用餐后主动自觉回收餐具，共创文明就餐环境。

（3）注重就餐仪表仪态，不大声喧哗、打闹。

（4）爱护餐厅设施，不乱涂乱画，不蹬踏桌椅设备。

（四）校园清洁的基本操作流程

1.在校学生参与校园清洁的基本要求

（1）应注意个人卫生防护，佩戴防尘口罩。

（2）应注意个人人身安全防护，避免高空清洁工作等危险行为。

（3）应注重将学校劳动教育、班集体志愿活动和个体学习生活活动结合。

2.室内清洁的基本操作流程

（1）检查。进入室内，查看是否有异常、是否有损坏的物品。如有异常，应先报告再作业。

（2）推尘。按照先里后外、先上后下、先窗后门、先桌面后地面的顺序进行推尘，物品、设备挪动后记得复原。

（3）擦抹。从门口由左至右或由右至左依次擦抹室内的桌椅、柜子、讲台和墙壁等。

（4）整理。将讲台、桌面、实验台上的主要用品擦净后按照原位摆放整齐。

（5）清倒。按照垃圾分类要求清倒垃圾，并及时更换垃圾袋。

（6）关闭。退至门口，确认清扫质量，然后关窗、关电、锁门。

3.休闲空间清洁的基本操作流程

（1）检查。进入休闲空间，查看是否有异常、是否有损坏的物品。如有异常，应先报告再作业。

（2）清扫。用扫把对地面进行清洁。

（3）擦抹。擦抹物品时，应先拧干抹布，顺序为由高到低、先里后外。

（4）整理。将桌椅、柜子等设施擦净后，按照原位摆放整齐。

（5）清倒。按照垃圾分类要求清倒垃圾，垃圾袋需及时更换。

（6）推尘。按照先边角、桌下后地面的顺序用拖把进行推尘。清洁完成后把桌椅、柜子等恢复原位。

4.公共卫生间清洁的基本操作流程

（1）清理天花板。用长柄扫把清扫天花板、墙面、墙角等处的蜘蛛网和灰尘。

（2）清理玻璃门面及墙面。用湿抹布配合刷子清洁玻璃门面和墙面上的污迹。

（3）清理蹲便池及小便池。用夹子夹出纸屑等杂物，冲水，倒入洁厕剂，稍微浸泡后，利用便池刷刷洗蹲便池和小便池内表面及外表面，清洗后冲水，检查使用是否正常。

（4）清理洗手盆。利用清洁剂及百洁布擦洗洗手盆；从左至右擦拭台面，从上至下擦拭镜子；清洗水龙头，使其保持光亮。

（5）更换垃圾袋。按照垃圾分类要求清倒垃圾并及时更换垃圾袋。

5.机动车道和人行道清洁的基本操作流程

清扫各种垃圾、树叶，清扫枯树枝和废弃物，清拔路石缝杂草，清除绿化带的树叶、杂草，清扫机动车道和人行道上的灰尘等。

（1）分组、分路段、分区域明确清扫范围，合理安排清理垃圾、树叶等任务。

（2）每天分时段收集沿路垃圾，做到定时清扫、及时堆放、及时运送，做到不慢收、不漏收。

（3）利用竹扫把对机动车道和人行道进行全面清扫。

（4）及时收集垃圾，严禁将垃圾倒在绿化带里或者随意倾倒，严禁焚烧垃圾。

6.广场、操场、停车场、台阶、水沟等清洁的基本操作流程

清扫各类垃圾、树叶，清除各种杂草、树枝，清扫或者清洗灰尘，清理水沟内的各种垃圾和杂草。

（1）对广场、操场、停车场、台阶和水沟进行检查，先用扫把或垃圾夹清理垃圾、树枝、树叶等。

（2）对广场、操场、台阶周边的杂草进行清除。

（3）用小扫把对广场、操场、台阶进行清尘处理。

（4）分类清理垃圾，将垃圾运送到学校的垃圾中转站。不能把垃圾和树叶倒到道路两边的绿化带中，更不能就地焚烧。

（五）学生参与校园清洁的途径

一是参与校园环境清洁义务督查队，定期巡查责任区的卫生和绿化情况，及时制止不文明行为，主动清理绿化带和道路上的垃圾等。

二是参与学校环境清洁和绿化维护的志愿活动，如进行教学区域轮值，劝导同学不要将早餐带入教室，维护教学区域的良好秩序等。

三是参与校园环境卫生大整治、义务植树、拔草除废等义务劳动。

四是参与以班集体、宿舍或学生个体为单位，由学校、二级教学部门或后勤部门组织的“我的教室我设计”“我的宿舍我设计”及针对公共教学区、生活区、活动区等的室内外景观设计大赛，以及星级文明寝室评定活动、“清洁校园，绿色接力爱国卫生运动”

等形式多样的主题活动。

五是做好个人卫生工作，养成文明健康的学习和生活习惯。

二、校园环保行动

发展是人类社会进步过程中的永恒主题。城市化进程在不断加速，人口迅速膨胀、资源更加短缺、环境逐渐恶化等问题成为城市可持续发展的重大阻碍。

当前，我国的重大战略任务是建设资源节约型、环境友好型社会，以实现节约发展、清洁发展、安全发展和可持续发展。身处大学校园的学生应该如何开展并参与资源节约型、环境友好型的绿色校园建设中呢？

（一）绿色校园建设的要求

资源节约型、环境友好型社会的建设包含了校园环境与资源的建设，“空气清新、环境整洁、绿树环抱、资源节约”的良好校园环境是我们的共同目标。《全国环境宣传教育行动纲要（2016—2020年）》明确提出，要实现社会公众“自觉履行环境保护义务，力戒奢侈消费和不合理消费，使绿色生活方式深入人心”的目标，学校要“推进学校环境教育”，要“积极支持学生开展环保社会实践活动”。良好的生态环境是民生福祉。具备良好生态环境的校园是广大师生的福祉，也是辐射社会的示范标杆。良好的校园生态环境是无言之教，也是学生素质教育的有机载体。

1.节能要求

要对校园用水、用电、用气等实现全程监控管理，最大限度地减少浪费，助力资源节约型校园建设。

2.高效利用资源的要求

对校园内非常规水源进行合理利用，建设“海绵校园”；注重校园的美化，适宜、适度、科学、合理地开展绿化。

3.垃圾分类的要求

要对校园垃圾开展分类处理，促进可再生资源的重复利用，形成资源的有效循环。

4.新技术运用的要求

要大力推广5G、区块链、人工智能、物联网等新基建、新技术在节能环保领域应用。

5.师生绿色环保行为的要求

鼓励绿色环保行为，反对奢侈浪费及不合理消费，倡导绿色学习、绿色工作、绿色生活的风尚。

（二）学生参与校园环保行动

1.垃圾分类背景分析

据中国城市环境卫生协会统计，我国每年产生近10亿吨垃圾，其中生活垃圾约4亿吨，建设垃圾5亿吨左右，此外，还有餐厨垃圾1000万吨左右。随着我国城镇化进程的加快及人民生活水平的提高，城镇生活垃圾还在以每年5%～8%的速度增加。日益增多的垃圾给城市绿化敲响了警钟。

垃圾分类一般是指按一定规定或标准对垃圾进行分类储存、分类投放和分类搬运，从而将其转变为公共资源的一系列活动的总称。2000年，联合国环境规划署首席专家拉斯基提出："垃圾是放错了地方的资源。"垃圾分类能起到减少占地、减少污染、变废为宝的作用，对理性消费、文明建设等也有着深远的影响。

2.垃圾分类的基本常识

一般来说，我们根据垃圾的成分构成、产生量，结合资源利用及处理方式进行垃圾分类。

（1）可回收物。可回收物主要包括废纸、塑料、玻璃、金属和布料5个大类。其中废纸主要包括报纸、期刊及各种包装纸等；塑料主要包括各种塑料袋、塑料泡沫及矿泉水瓶等；玻璃主要包括各种玻璃瓶、碎玻璃片等；金属主要包括易拉罐、罐头盒等；布料主要包括废弃衣服、洗脸巾及书包等。综合处理并回收利用可回收物，可减少污染、节省资源。

（2）厨余垃圾。厨余垃圾属于有机垃圾，包括剩菜、剩饭等，一般是指生活饮食所需的生料及成品（熟食）或残留物。经过生物技术就地处理堆肥，每吨厨余垃圾可生产0.6～0.7吨有机肥料。

（3）其他垃圾。其他垃圾主要包括砖瓦陶瓷、渣土等难以回收的废弃物。一般来说，这些物品的危害较小，无再次利用价值，一般采取填埋、焚烧、卫生分解等方法将其解决，部分还可以进行生物降解。

（4）有害垃圾。有害垃圾是指含有对人体有害的重金属、有毒的物质或会对环境造成现实危害或者潜在危害的废弃物，包括电池、荧光灯管及过期化妆品等。有害垃圾需单独回收或填埋处理。

3.校园垃圾分类

据教育部2020年发布的《2019年全国教育事业发展统计公报》，全国各类教育在学总规模达4002万人，按照平均每人每日产生的垃圾量为1千克计算，学生群体每天产生的垃圾量约为4万吨。而且，学生产生的垃圾大多是书本、纸张等可回收垃圾，如果可以有效回收，那么其在垃圾资源化方面贡献巨大。

因此，《生活垃圾分类制度实施方案》《城市生活垃圾分类工作考核暂行办法》等政策的颁布，既是践行绿色生活方式的需要，也是培养新发展理念下高素质人才的需要，更是建设绿色节约型校园的需要。

（1）分类模式。学校应结合实际情况，根据所在地的规定，对生活垃圾按照可回收物、厨余垃圾、其他垃圾、有害垃圾 4 种类别进行分类，同时对校园内部施工过程中产生的建筑垃圾、绿化垃圾及实验室危险废弃物等按规定进行分类处理，严禁将其混入生活垃圾。

（2）分类与收集流程。学校和个人应当按照规定的时间、地点，使用符合要求的垃圾袋或容器对生活垃圾进行分类投放，不得随意抛弃、倾倒以及堆放生活垃圾。

1）学生公寓/宿舍垃圾分类与收集流程。将宿舍的厨余垃圾滤干水分后装袋投放至室外的厨余垃圾桶，注意不得混入贝壳类等不利于后期处理的杂质；其他类别的垃圾分类装入相应垃圾袋中，就近投放到室外相对应的垃圾桶内。

2）食堂厨余垃圾分类与收集流程。后勤部门负责将厨余垃圾桶内的垃圾在规定时间运至固定的垃圾集中装运点，对接市政厨余垃圾收运车以收集清运。其他种类的垃圾由后勤部门安排车辆分类收集清运。

3）教学办公等公共区域的垃圾分类与收集流程。公共区域建议按区域划分，由负责打扫的学生收集垃圾，并让保洁员将果皮箱中的其他垃圾、可回收物及有害垃圾通过分类收集车进行分类收集，并运送到固定的垃圾堆放点进行分类投放，后勤部门安排车辆分类清运。

第二节 学校勤工助学及义务劳动教育

一、学校勤工助学

（一）勤工助学的内涵

勤工助学是指学生在学校的组织下利用课余时间，通过劳动取得合法报酬，用于改善学习和生活条件的实践活动。在我国，勤工助学是与生产劳动相结合的一种教育经济活动，对于提升学生素质、构建新的人才培养模式、促进学生成长成才具有重要意义，有助于培养学生自立自强、创新创业的精神，增强学生的社会实践能力，是实现全员育人、全程育人、全方位育人的有效平台。

（二）勤工助学的变化

1.由单纯“解困”向“助困育人”转变

勤工助学活动最初主要是为帮助家庭经济困难的学生缓解经济压力而进行的。当下，在校学生所在家庭的经济条件有了较大改善，勤工助学工作已由以“解困”为主的阶段过渡到“助困育人”的社会实践阶段，越来越多的学生把参与勤工助学活动作为主动适应社会、参与社会实践、提升自身综合素质和能力的有效手段。

2.由面向个体向面向全体转变

以往，在校学生多是由于家庭贫困才参与勤工助学活动。随着社会经济的发展及勤工助学活动的深入开展，学校师生对勤工助学活动的多重功能有了更深层次的理解，勤工助学活动逐渐被学校思想政治教育工作者接受和重视，被学生群体广泛认同。更多学生从实践锻炼的角度出发，主动参与勤工助学活动，勤工助学活动已逐渐由面向个体转变为面向全体。

3.由普通型向专业型转变

勤工助学由偏向劳务型、服务型、事务型工作（如教室清洁、校园区域卫生清扫、图书馆书目整理、校园安全巡逻等）逐渐向专业型、技术型、管理型工作（如教学信息化设备维护、行政办公、学生公寓或食堂卫生质量管理、学生创业园区管理等）转变，实现了专业学习、技能提升和经济资助三者的有机统一，更有利于发挥学生的专业优势或爱好特长，促进学生成长。

4.由个体自发向集体规范组织转变

以往，在校学生参加勤工助学活动往往呈现自发性、分散性、组织性较弱等特点，学生的合法权益不容易得到保障。根据《高等学校勤工助学管理办法（2018 年修订）》的要求，学校的勤工助学活动要由学校统一组织和管理。学校不仅要有勤工助学管理服务组织，还要在学校资助工作领导小组的全面领导下开展勤工助学的日常管理工作，包括勤工助学宣传、活动场地、资金落实、岗位设置等对勤工助学活动的指导、服务和保障工作，做到职责明确、管理规范，为学生提供有序、规范、权益有保障的勤工助学组织服务。

（三）勤工助学的意义

1.缓解经济压力

随着从中学到大学的学习阶段的变化，学生在校期间的非课堂学习时间增多了，对家庭经济条件较差的学生而言，结合自身实际充分利用课余时间勤工助学，能够获取一定的经济报酬，减轻家庭负担，缓解经济压力。

当然，在参与勤工助学活动的群体中，我们也能看到部分学生并非是因为“困”于家庭经济才申请勤工助学，而是想通过勤工助学获取的经济报酬来满足自己的非基础性生活需要，比如技能证书报名考试费用、拓展学习费用等，从而让自己拥有更强的经济自主性。

2.锤炼思想品格

当下，在校学生普遍为“95后”“00后”，他们成长于国家经济社会飞速发展的时期，部分人缺乏吃苦耐劳的品质、服务精神和团队意识，责任意识不够。因此，参与勤工助学活动有利于加深学生对家庭、对父母的认识和理解，正确理解社会中不同行业和岗位。

3.增强社会适应性

勤工助学活动对在校学生而言，可以说是一份工作。它需要学生在工作中对与人交往沟通、对处理事情的方法或办法进行独立选择、判断并采取行动，直至独当一面。因此，勤工助学的意义远不止“济困”或改善经济条件，更重要的是它可以让学生以勤工助学工作为载体，培养动手能力、分析和解决问题的能力、与人沟通交往的能力以及主动展示爱好、特长、个性魅力的能力，进而接触社会、认识社会、适应社会，并在适应的过程中逐渐根据自身的发展实际调整学习发展方向或就业择业预期，改进自身的不足，提升从思维意识到专业能力、交往能力、处事能力等多方面的素养。

4.搭建发展平台

勤工助学是让学生实现从“学生”向“职员”角色转变的平台，是让学生从“理论课堂”到“课外实践”的锻炼平台，是让学生从“兼职”到“就业创业摸索”的实践平台。因此，在校学生可以通过勤工助学平台体验非学生身份的职员生活、社会生活，并将在课堂上所学的感性认识经实践活动形成理性认识，从而对“我要做什么”“我能够做什么”“我还可以做什么”等个人职业发展规划有更深层次的思考，最终使自己形成正确的职业生涯发展观，并用以指导当下的学业发展和未来的就业择业。

（四）勤工助学的要求

1.道德规范要求

（1）爱岗敬业。由于勤工助学岗位并不是《大典》中的职业或工种，而是学校结合自身实际和学生实际开设的寒暑假连续性或者临时性的岗位。因此，它在工作时间、工作待遇上均有别于社会上的职业或岗位。但是，相较于在校学生的学业，学校所提供的勤工助学岗位也是学生在学业之外自主选择申请的职业或岗位。所以，对勤工助学，学生应本着“干一岗爱一岗”“爱一岗钻一岗”的态度和精神，精益求精、尽职尽责。

（2）诚实守信。学生在勤工助学岗位上讲诚实守信用，不仅可以树立良好的自身形象，提升人格魅力，而且可以更好地展示学校形象、服务师生。所以，作为职业道德基本规范的诚实守信也是勤工助学者的“通行证”，是其应坚守的道德操守和人格力量，是其在以后的职业生活中扎根立足的基础。

（3）注重服务。今天学校的勤工助学岗位设置与要求，在体力劳动型岗位的基础上更强调智力和知识技术。体力劳动型的勤工助学岗位，如教学区域、办公区域等的清洁，是以创造环境的整洁、有序来为全校师生服务的。智力知识技术服务型的勤工助学岗位，如教学楼的信息化技术服务、实验室或学生公寓管理助理、“三下乡”活动等，是以知识、技术、专长、爱好特长来为全校师生或校外社区等服务的。

2.劳动纪律要求

各学校在《学校勤工助学管理办法》的规定和指导下形成了符合自身实际的勤工助学管理规定。勤工助学岗位设置有设岗原则要求，对岗位工作时间和勤工助学酬金也有基本的规定。因此，勤工助学活动不是随意、任意的，它有组织纪律、劳动纪律，甚至个别岗位还有安全纪律、保密纪律等。所以，学生申请参与勤工助学活动要严格遵守岗位的组织纪律、劳动纪律及其他纪律，以负责任的态度对待自己的“工作”。

（五）申请勤工助学的注意事项

1.对自己的评估

（1）课余时间。勤工助学需要有充足的课余时间，不能以勤工助学为由荒废学业。

（2）岗位酬金。学生要有正确的酬金观，要避免产生通过勤工助学“赚钱”的错误认识，不能以社会正常职业或岗位的酬金待遇为由，误解勤工助学的酬金管理规定。

（3）结合专长爱好。学生选择学校提供的勤工助学岗位时，若能结合专业学习、爱好特长或兴趣是最好的，这样能为自己创造成长的空间；若岗位与专业学习、爱好特长或兴趣的结合度不高，则可以多尝试、多接触，拓展认识和视野。

2.对岗位劳动的评估

由学校勤工助学管理服务组织设置的勤工助学岗位上的工作是合法劳动，不能将网络或社会上的以“赢利”为目的的活动与勤工助学相提并论，要以学校勤工助学管理服务组织提供的岗位信息为准来评估和参加校内外勤工助学活动。

3.申请应聘技巧

（1）申请材料。根据学校勤工助学岗位说明书准备书面申请书及支撑材料。书面申请书要工整规范，态度要诚恳、内容要诚实。支撑材料主要包括专长、特长类的证明或说明。比如，申请教学信息化技术服务岗位的，可准备计算机等级证书或专业教师给予的专业能力的证明等；申请社区支教岗位的，可准备教师资格证或自学师范类专业学科的证明材料，甚至包括提前编写的学科教案等；申请艺体类下乡或社区服务岗位的，可准备才艺证明等。

（2）面试。勤工助学岗位面试时常见的问题如下。

一是学校期间的专业课排名、获奖学金等情况，主要考察申请者是否“学有余力”。

二是参加校内外活动的情况，如文体活动、专业服务活动等，主要考察申请者对校内外活动的认识和思考。

三是对应聘岗位的认识，主要考察申请者对勤工助学及某一具体岗位是否有清楚的认识。对于上述问题，申请者要有充分的准备和认识，要抱着参加就业面试的心态慎重地准备。

（3）着装礼仪和文明礼貌。要注重衣着整洁、得体，夸张、不符合学生身份的着装容易引起面试人员的误解或偏见。同时，言语行为要文明礼貌。校内外的勤工助学岗位本质上具有服务校内师生和校外社区居民的性质。通过申请者在面试中的言语行为，面试人员可以考察申请者的基本文明素养。

二、义务劳动

（一）义务劳动的内涵

义务劳动指自觉自愿为社会劳动，具有自愿性、无偿性、公益性的特征。《现代汉语词典》对“义务劳动”一词的解释是“不要报酬的劳动”。《劳动法》第六条指出“国家提倡劳动者参加社会义务劳动”，从国家层面提倡和鼓励社会义务劳动。

“社会义务劳动”是指社会公益活动，主要是指在公共场所中开展的环境清洁、植树造林护林、抢险救灾、帮贫扶弱以及参与突发事件应急处置等具有公益性的劳动。其建立在劳动者的主动性、自觉性和自愿的基础上，体现了超越劳动的经济功能，彰显了劳动的道德价值和伦理意义。

（二）义务劳动的意义

在新的时代背景下，以义务劳动或志愿活动为载体的奉献精神已经成为广大人民群众为实现中华民族伟大复兴的中国梦而奋斗的精神支撑。我们每个人既是参与义务劳动的主体，也是义务劳动的服务对象。

1.义务劳动对参与义务劳动的个体的意义

（1）丰富生活体验。个体在利用业余时间参与义务劳动或志愿工作的过程中，除了可以帮助别人，还可以培养沟通交流能力，学习新知识、掌握新技能，增强自信心、同理心，学会与人相处和更好地适应社会、融入社会，从而增加阅历、丰富生活体验。

（2）增加社会认知。个体参与义务劳动既可以扩大生活圈，还可以以义务劳动作为载体拥有社会经历，增加社会认知。

（3）奉献社会。个体通过义务劳动这个平台，以形式多样的义务劳动为他人、为社会提供帮助，履行公民的责任和义务。

2.义务劳动对义务劳动的服务对象的意义

（1）接受更个体化的服务。义务劳动除了提供大量的人力资源服务，还具有服务的个性化、个人化及全面化等特征，可以使服务对象受益。

（2）更好地融入社会、增强归属感。义务劳动能有效帮助服务对象扩大生活圈，增强服务对象对他人、对社会的信心。志愿者同时也能以亲切的关怀和鼓励帮助服务对象减轻自卑感和疏离感，使其建立自尊心和自信心。

3.义务劳动对社会的积极意义

（1）传递爱心，传播文明。志愿者在把关怀带给别人的同时，也传递了爱心、传播了文明。这种爱心和文明从一个人身上传到另一个人身上，最终汇聚成一股强大的暖流。

（2）促进社会和谐。义务劳动提供了社会交往和互相帮助的机会与平台，加强了人与人之间的交往，减轻了彼此的疏离感，促进了社会和谐。

（3）促进社会进步。社会进步需要全社会的共同参与和努力。只有越来越多的人参与到帮助他人、服务社会的义务劳动中来，社会才能向着更好的方向前进。

（三）义务劳动的类型

依据义务劳动的参与主体，我们可以对义务劳动做如下分类。

1.群体行为的义务劳动

群体行为的义务劳动的主要特点是组织性强。一般情况下，群体行为的义务劳动由义务劳动者所在的单位、学校、社区等有计划地组织实施。比如，大中小学校根据学生实际情况，组织学生开展校内校外的环境卫生清扫、协助地方交通执勤、关爱老人和留守儿童及地方艺体类赛事志愿者等活动；企业或其他单位根据单位、岗位实际情况，组织职员开展关爱老人、法律宣传或救助、义务指导等社会公益活动。

2.个体行为的义务劳动

个体行为的义务劳动的主要特点是自主性强。一般情况下，个体行为的义务劳动主要由义务劳动者根据自身实际情况（思想认识、能力范围、时间等），自主选择服务对象、服务内容。比如，自主照顾和服务社区里的孤寡老人、义务植树、辅导留守儿童、做地方艺体赛事活动的志愿者、做地方或社区的义务宣讲员等。

依据义务劳动的内容，我们可以对义务劳动做如下分类。

1.环境卫生保护类的义务劳动

此类义务劳动主要指围绕生活的校园、社区等地方的环境问题开展的义务劳动，比如，清理废旧杂物、清扫公共设施、植树、开展环境卫生保护宣传活动等。

2.知识技术教育类的义务劳动

此类义务劳动主要指医疗知识科普宣传、金融防诈骗宣传、支教、信息技术服务、学生暑期“三下乡”实践、国家政策方针的宣传及调研等公益性活动。

3.突发事件或大型活动中的志愿活动

此类义务劳动主要包括两种。一是针对社会中出现的如地震、洪水等突发事件，社会群众积极参与捐赠物资、运输物资等志愿活动。二是针对国家承办的包括奥运会、亚运会、世界学生运动会等在内的国际性大规模运动赛事以及地方承办的较大规模的马拉松、艺术节等艺体类赛事活动，社会群众积极参与赛事活动组织等志愿活动。

第三节　学校专业服务及创新劳动教育

一、学校专业服务

（一）专业服务的概念

专业服务是指某个组织或个人应用某一领域的专业知识和专门知识，根据客户的需求，为客户在某一领域内提供特殊服务。专业服务的知识含量和科技含量都很高。

（二）学校组织开展的专业服务

学校组织开展的专业服务主要是指学校各专业利用专业资源优势为社会不同群体提供的专项服务，包括知识宣传、教育、技术指导帮扶或生产工艺改进提升等。

（三）专业服务的特征

一般意义上的专业服务，具有以下 3 个特征。

1.知识、科技含量较高

提供专业服务需要某一领域的专业知识、专业技能及实践经验，因此，专业服务往往具有较高的知识、科技含量。

2.内容有针对性

专业服务的内容涉及知识、科学、技术，因此，专业服务的内容往往都比较有针对性。比如，法律事务所提供法律服务，生产企业提供生产技术服务等。

3.注重社会、经济效益

专业服务是在服务主体与服务对象之间发生的，往往具有服务交易性质，以契约或签订服务协议的形式固定下来，双方在服务过程中均可以受益。比如，在法律事务所或者司法机关对社会群众开展普法宣传、专项诉讼帮扶等专业服务活动中，社会群众会得到法律援助，法律事务所或司法机关进行了法制教育；农林种植专家或技术人员指导农民开展农作物种植，提供技术指导服务，农民因成功种植农作物而在经济上受益，农林种植专家或技术人员进行了专业技术应用，提高了专业技术水平。

学校组织在校学生参与的专业服务，在具有一般意义上专业服务的 3 个特征的同时，还具有其自身的特点，这体现在以下几个方面。

1.专业服务的内容层次差异较大

学校师生，特别是在校学生参与的专业服务，由于其专业知识、技能水平及运用能力均有所不同，在专业服务过程中会出现低年级侧重于专业基础知识类的宣传服务，高年级则侧重于专业技术类的指导帮扶服务的情况。

2.专业服务的对象具有不确定性

一般情况下，学校组织的专业服务的对象可能包括对校内服务有需要的师生，或学校所在区域内的社区群众，其服务对象并不固定为特定群体。例如，计算机专业的学生在校内开展的针对非专业师生群体的信息技术服务活动，法律专业的学生在社区内开展的法律宣传服务活动，艺术设计专业的学生在校内外开展的美化校园和街道的服务活动等。除此之外，专业服务活动也表现为国家、地方政府在推进脱贫攻坚、精准扶贫工作中开展的“教育扶贫”“技术扶贫”等活动，其服务对象主要是贫困地区的群众等。

3.专业服务重视社会参与体验

以在校学生为参与主体的专业服务，更强调学生的社会参与性，而非服务活动的营利性。

学生通过参与学校组织开展的专业服务活动，不仅可以接触社会、体验社会，还可以发挥专业所长，在服务活动中检验学习成效，促进自己进一步钻研专业知识、增强专业能力，以适应社会发展要求。

当然，学生通过参与特定形式的专业服务活动，在一定程度上也能收获经济效益。例如，将实验室研究所得数据应用于某生产企业或农作物种植技术，因工艺改进或技术发明节约了生产成本、提高了生产效益，或者农作物种植技术的改进使农作物增产增收。那么，这种具有高技术含量的专业服务活动必然会给学生带来一定的经济收益，以及社会对该项技术发明或改进的认可。

二、创新劳动

（一）创新的基本概念

创新是指以运用现有的思维模式提出有别于常规或常人思路的见解为导向，利用现有的知识和物质，在特定的环境中，本着理想化需要或为满足社会需求，而改进或创造新的事物、方法、元素、路径、环境，并能获得一定有益效果的行为。

（二）创新劳动的要求

要想实现创新，一是要有创新意识和开拓思维，具有创新的精神、发现问题的能力、提出问题的勇气；要善于运用相似联想思维、发散思维和逆向思维。二是要信心坚定、意志坚强，当创新活动误入歧途时能及时调整方向。

创新劳动的要求如下。

一是要从增强创新的责任感、敢于突破的意识和大胆探索的信心等方面树立改革创新的自觉意识。

二是要从夯实创新基础、培养创新思维、投身创新实践等方面切实增强创新的能力本领。

（三）创新思维与守旧思维的区别

创新思维是指以新颖独到的方法解决问题的思维，能突破常规思维的界限去思考问题，提出不同的解决方案，从而产生新颖的、有社会意义的思维成果。

创新思维与守旧思维的区别主要体现在以下 4 个方面。

一是守旧思维往往是求同模仿，创新思维则注重求新求异。

二是守旧思维往往是被动回答问题，创新思维则善于发现问题。

三是守旧思维往往机械、线性、封闭，创新思维则灵活开放、发散而多维。

四是守旧思维提出的观念人们往往因熟悉而易于接受，创新思维提出的见解则常常因“异想天开”而被怀疑甚至嘲讽。

（四）学校常见的创新创业类型

（1）网络创业。网络创业指充分有效地利用互联网开展网络创业，主要有以下 4 种形式。

1）依托于电商网络平台，注册成立网络商店。

2）加盟某个知名电商网站门店，利用门店母体的货源开展网络创业。

3）依托于抖音等新媒体平台，以“直播”形式进行商品宣传、销售的创业活动。

4）依托于自媒体软件或公众号，发布具有特色的文化产品、推文或视频，以此获取经济收益。

（2）加盟实体店创业。加盟实体店创业是指加盟现有的实体门店，在校园内或周边开设分店的创业活动。

（3）兼职创业。兼职创业是指依托学校对学生利用课余时间开展兼职创业的支持，结合自身实际，开展创业活动。

（4）大赛创业。大赛创业是指主要依托“学生挑战杯”或专业领域内的技术发明创新竞赛，吸引风险投资等。

学生在参与上述不同类型的创业活动时，要遵纪守法，守住做人做事的底线。

当代学生朝气蓬勃、思维活跃、好奇心强、求知欲旺盛，敢于尝试新生事物，学生要充分挖掘和发挥自己身上蕴藏的巨大创造能力和活力，积极投身于学校创新创业活动，以“挑战杯”学生系列科学技术竞赛、创业计划竞赛以及校园自行组织的服务于校园师生或地方经济社会发展的科技活动为创新实践平台，积累经验，展现青春风采。

第八章　社会视角下的劳动教育

第一节　社区服务及志愿服务劳动教育

一、社区服务

（一）社区与社区服务

1.社区的定义

“社区”这一概念由德国社会学家滕尼斯首先提出。随着现代化进程的发展，社区的形式日益多样和复杂。同时，互联网等信息技术催生了虚拟社区，扩展了社区概念的内涵。功能主义认为，社区是由有共同目标和共同利害关系的人组成的社会团体；从虚拟社区来看，社区可以界定为跨地域的人们形成的精神共同体，即社区是一种观念形态，是一种人际关系模式。地域主义认为，社区是在一个地区内共同生活的有组织的人群，是以一定地域为基础，由具有相互联系、共同交往、共同利益的社会群体、社会组织所构成的社会实体。本书采用了后一种观点。社区的特征包括区域性、共生性、聚集性、多样性、文化共享性等。

2.社区服务的定义

社区服务是指以社区为单位，以一定层次的社区组织为依托，以社区居民群众的自我互助服务为基础，突出重点对象，运用社区工作的相关理论知识和技术技能，提高社区居民生活质量的专业性社会服务活动。

社区服务的提供者通常是社区居民委员会或村民委员会的专职工作人员，或其他社会组织提供的面向社区的专项服务人员。社区服务具有非营利性、地域性、专业性、综合性等特征。

3.社区志愿者

社区志愿者往往是在专职社区工作人员或社会工作者等的领导下，为社区提供经常性的或一次性的服务，为居民提供多种技能性或劳务性服务，如理发、修脚、修理电器、社区教育、文化宣传等。

（二）社区服务的内容

学生在社区可结合自己的专业提供以下服务项目。

（1）组织开展以孤寡老人、外来务工人员、残障人士等为重点服务对象，以敬老爱老助老、心理健康辅导、生活照顾等活动为主要内容的扶弱纾困帮扶服务。例如，探访孤寡老人、空巢老人，陪他们聊天，为他们免费量血压、打扫卫生等。

（2）科普志愿服务。学生可组织开展向社区居民普及科技知识、法律维权知识、劳动技能知识等的宣传教育活动，提高居民的科学文化素质和劳动者素质。

（3）文艺宣传志愿服务。学生可以参与对社区群众性文艺团体的培育、指导、扶持工作，开展以公益演出为主要内容的文艺展演活动和居民邻里互动娱乐活动等。

（4）治安志愿服务。学生可以组织开展治安排查活动，举办抗灾避险逃生知识培训、演练活动，积极参与险情巡查、协助排险工作。受灾期间，学生可以参与帮助群众安全转移、落实救灾救济、指导灾后生产等工作。

（5）体育健身服务。学生可组织社区居民参与体育健身、户外锻炼活动，组织开展社区群众性体育健身活动，争做社区的义务体育指导员。

（6）为青少年服务。学生可关爱留守儿童的健康成长，组织志愿者辅导留守儿童的学业，给予其家庭的温暖；重点关注困难学子，开展爱心助学、结对助学活动。

（7）环保志愿服务。学生可参与卫生大扫除、清洗“小广告”、清理卫生死角、捡拾垃圾（如果皮、纸屑）等活动；开展植树、美化小区等活动。

（8）便民助民服务。学生可参与以社区居民为对象的政策宣传、信息咨询、健康义诊、免费体检、家电维修、修复破损路面、更换路灯及护栏等便民、助民活动。

（9）赛会服务。学生可为社区举办的各项赛事活动服务，如提供外语翻译服务、计算机操作服务、礼仪服务、安全保卫服务、体力服务等。

（10）志愿无偿献血。学生可积极宣传倡导无偿献血精神，为居民讲解献血知识，带头无偿献血等。

二、志愿服务

（一）志愿服务概念

志愿服务是指志愿者愿意贡献个人的时间和精力，在不为获得物质报酬的前提下，为推动人类发展、社会进步和社会福利事业发展而提供服务的活动。《全球志愿者宣言》指出：志愿服务“可以激发人类最高贵的情操——追求全人类的和平、自由、机会、安全和正义”。

志愿服务是现代社会文明进步的重要标志，是加强精神文明建设、培育和践行社会主义核心价值观的重要内容。伴随着中国特色社会主义的历史进程，我国志愿服务事业快速发展，志愿服务组织不断涌现，它们对促进志愿服务活动广泛开展、推进精神文明建设、推动社会治理创新、维护社会和谐稳定发挥了重要作用。

志愿服务主要包括环境保护、扶贫开发、社区建设、应急救助、大型赛会、海外服务等。

（二）志愿服务的特点

1.自愿性

志愿服务以激发道义良知、同情心和责任感等内心行为动机为主要动员手段，参加行动的动力来自参加者本身，以自愿参加为前提，体现服务的自愿性。

2.无偿性

志愿者活动的动机是非营利趋向的，不以获取物质报酬为目的，其本质是奉献社会、服务社会。就志愿服务者而言，其得到的回报是精神层面及能力方面的。

3.社会性

志愿服务是在一定的公共空间和特定的人群当中进行他助或互助的活动。公共福利和社会公益不仅是志愿服务的价值目标，还是衡量志愿服务的社会价值性和有用性标准。

4.可持续性

志愿服务应该是我们社会中的一种常规性的服务，我们不应该把它当成一次性的、突击性的活动。从发展目标来看，志愿服务要逐步成为社会成员的一种日常行为，成为全社会成员广泛参与的一项社会事业。

5.开放性

志愿服务立足现实、着眼未来、服务社会，是一个开放的、动态的系统。它鼓励和需要人们大胆探索、勇于实践、不断创造，以丰富和完善它的内容和形式。

（三）志愿服务的要求

1.基本要求

《中国注册志愿者管理办法》规定：团组织、志愿者组织根据服务对象的需求，向注册志愿者发布服务信息、提供服务岗位，志愿者按照相关要求开展志愿服务。注册志愿者也可按照相关规定自行开展志愿服务。

志愿服务精神是“奉献、友爱、互助、进步”。其具体含义如下。

奉献：不计报酬、不求名利、不要特权。友爱：欣赏他人、与人为善、平等尊重。互助：仁爱与仁慈、帮助人们走出困境、自强自立。进步：参与志愿服务使自己的能力得到增强，同时促进社会进步。

随着社会的进步，人们对志愿服务的形式、内容、质量都提出了更高的要求。无论提供哪一种志愿服务，都必须掌握基本的专业技能。深入农村的志愿者必须参加组织培训与学习，了解有关农村的法律、法规、习俗和农业知识；到边远地区支教的志愿者必须学习教学方法、沟通技巧，掌握专业知识之外的更广泛的知识和技能；走入社区或向社会弱势群体伸出援手的志愿者必须了解并熟悉情况，必须想对方所想，运用自己所掌握的服务技能提供最贴心的服务。

2.志愿者应具备的基本素质

志愿者必须有乐观向上的生活态度，是一个诚实守信的人，有大局观和团队精神，有包容和团结精神，尊重他人，这样才能更好地为他人提供服务。

3.志愿者须注意基本的文明礼仪

（1）着装整洁。

（2）保证个人的仪容卫生。

（3）交谈时文明有礼。

第二节　社会实践及调查劳动教育

一、社会实践

（一）社会实践的内涵

1.社会实践的定义

“社会实践”指人们能动地改造自然和社会的全部活动。学生社会实践是指在校学生利用寒暑假及课余时间，深入街道社区、乡村、公司等进行考察、了解社会，并利用所学专业知识为社会服务的实践活动。

2.社会实践活动的特点

社会实践活动具有整体性、实践性、开放性、多元性等特点。

（1）整体性：社会实践活动主题的选择范围包括学校、社区、家乡等，选题体现了个人、社会、自然的整合，以及科学、艺术、道德的结合。

（2）实践性：社会实践活动以学生的现实生活和社会活动为基础，体现专业知识与现实世界的结合和应用。学生应根据亲身经历，结合所学专业发展专业实践能力和创新能力，在“做”“考察”“探究”“参与”等一系列活动中发现和解决问题，体验以及感受生活。

（3）开放性：社会实践活动面向社会，其内容、评价标准、活动过程与结果具有开放性。

（4）多元性：社会实践活动的开展不仅有学校教师和学生的参与，还涉及社会中的企业、社区、乡村等第三方，有明显的多元性特点。

3.社会实践的原则

社会实践是学生走向社会的桥梁，主要有以下原则。

（1）主体性：作为社会实践活动的主体，学生在实践活动中应充分发挥积极性，增加主动探索、研究实际问题的兴趣。

（2）指导性：教师应启发学生在实践中应用专业知识进行探索、鉴别、研究，同时应对学生进行思想政治、品德、纪律、心理和法律等方面的教育。

（3）时代性：学生社会实践活动的内容应反映社会问题，把握时代脉搏，培养学生的社会责任意识。

（4）安全性：学校、教师和家长都要帮助学生增强安全防范意识和自我保护能力；实践单位需要保证设施安全，同时向学生讲清与实践内容相关的操作规程、安全制度，培养学生安全生产和操作的职业素养，预防安全事故的发生。

（二）社会实践的分类

1.校内外勤工俭学

与学生学习生活关系密切的有一定报酬的校内外勤工俭学活动可增加学生对行业运行和对行业发展情况的感性认识，提前体验实际工作，发挥聪明才智，发扬协作及创新精神，认识到劳动的市场价值。校内外勤工俭学是许多学生社会实践的首选。

2.社会调查

学生按学校要求或者自主就某一社会现象或课题进行调查与研究，通过分组调研、问卷调查、网络调查等，可锻炼自己的资料收集、分析问题、观察、与人交往、写作等多方面的能力。

3.志愿者活动、社会公益服务

这种社会实践活动一般以青年志愿者活动的形式组织。在青年志愿者活动的实践和发展过程中，学校可以结合学生的实际情况，定期开展一些大型的主题活动，培养学生的社会责任意识和公益服务精神。

4.革命传统教育

革命传统教育主要是将思想政治教育与社会实践活动相结合来培养社会主义接班人

的社会实践活动，如组织学生参观考察革命圣地、老解放区等在中国社会变革中有重大影响的地区。通过缅怀革命先烈、忆史铭志，学生可以近距离地体悟革命先烈坚强不屈的斗争精神，以及人民对英雄的拥护与爱戴，培养革命情怀。

二、社会调查

学生在寒暑假期间经常会对一些自己关心的问题和一些社会现象，如城市居民社会安全感、“空巢老人”、留守儿童课外学习状况、城市农民工文化生活状况等，通过开展社会调查进行了解。

（一）社会调查的概念

社会调查指人们按照一定的研究目的，运用各种科学方法和研究手段，有步骤地实地考察有关社会现象，通过探索社会现象发生、发展的规律，实现认识社会、改造社会的目的。

（二）社会调查的原则

1.客观性原则

客观性原则是指在调查时，调查者应该按照事物的本来面目来了解事实本身，如实记录、收集、分析和运用材料。调查者在实施调查计划时，必须实事求是。

2.科学性原则

科学性原则是指调查研究必须借助各门科学研究的有关成果，建立起具有自我规律的体系，包括从定性和定量等方面进行分析的体系。

3.系统性原则

系统性原则是指调查任何客观现象都要从系统整体出发。调查研究不是就事论事，而是把事物放在一个系统内，从整体来分析。

4.实证性原则

实证性原则是指调查研究的结论以及与此相联系的所有观点，都必须有真实、可信的资料和数据充分支持，观点、意见、建议等不能凭空臆想。调查所产生的结论应来自调查材料，既真实可信，又要避免以偏概全。

（三）社会调查的基本类型

1.典型调查

典型调查是指从调查对象的总体中选取一个或几个具有代表性的单位，如个人、群体、组织、社区等，进行全面、深入的调查。其目的是通过直接、深入调查研究个别典型，来认识同类事物的一般属性和规律。典型是客观存在着的，调查者选择典型的过程，就是根据调查目的，在调查对象中发现和确定问题的过程。

2.重点调查

重点调查是指通过对重点样本的调查大致地掌握总体的基本情况的调查方式。所谓“重点”，是指总体中那些在某一或某些数量指标上占有较大比重的单位或个体。与典型调查一样，重点调查的选点易受主观因素的影响，但调查对象的数量较少，比较省时、省力、方便易行。

3.抽样调查

抽样调查是指从调查对象的总体中抽取一些个人或单位作为样本，通过对样本的调查研究来推断总体的状况。抽样调查一般是标准化、结构式的社会调查，它具有综合定性研究和定量研究的功能，一般要求采取随机抽样的方法确定样本。随机样本的代表性较少受到调查者主观因素的影响，因此，抽样调查已成为现代社会调查的主要方式，但抽样调查的信度和效度依赖于抽样方法的科学性。

4.个案调查

个案调查是指选择 1～2 个调查对象进行深入细致的研究，其主要目的就是认识所选调查对象的现状和历史，而不要求借此推断同类事物的有关属性。因此，个案调查如需选择具体的调查对象，则并不要求其具有代表性或典型性，但要求个案本身具有独特性。

（四）社会调查的方法

1.问卷法

调查者编制统一的问卷，用于向被调查者了解情况或征询意见。

2.文献法

调查者搜集各种文献，从中摘取有用的信息。

3.访谈法

调查者通过口头交谈等方式，直接向被调查者了解社会情况或与之探讨社会问题。

4.集体访谈法

调查者邀请若干被调查者，通过集体座谈的方式了解社会情况或研究社会问题。

5.蹲点调查法

调查者深入一个或几个基层单位较长时间，通过全面、深入调查研究，认识调查对象的本质及其发展规律，探索解决社会问题的途径。

（五）社会调查的一般步骤

1.确定调查主题

根据当前形势和相关的方针政策，以及自己的专业、兴趣和学识，并结合社会调查的要素特征，选定一个值得研究的调查主题。

2.设计调查方案

紧扣选定的调查主题，参照相关资料，提出不同层次的问题，并系统地确定调查项目、设计指标、拟订提纲并选择合适的调查方式和调查方法。

3.收集资料

在调查初期，调查者应注重材料搜集工作的质量；在调查中期，调查者应注意总结前一阶段调查工作的经验与问题；调查者在调查后期，要对已有调查资料进行质量检查和初步整理工作，以便及时发现问题、就地补充调查。

4.整理与分析资料

对资料进行审核、整理与统计，区分真假，消除资料中的假、错、缺、冗等问题，以保证资料的真实、标准、准确和完整。在此基础上，对审核整理后的材料和统计分析后的数据进行分析加工，揭示事物的内在本质，说明事物的前因后果，预测事物的发展趋势。这个阶段是从感性认识向理性认识飞跃的阶段，决定了调查的成败。

5.撰写调查报告

报告应着重说明调查结果或研究结论，并对调查过程、调查方法以及调查中的重要问题等进行系统的叙述和说明。

（六）社会调查报告的撰写

1.撰写步骤

（1）确定主题。精心地确定和提炼主题是写好调查报告的关键。一篇调查报告的材料如何取舍、结构如何安排、语言如何表达、标题如何拟订……都要根据主题来确定。

（2）选择材料。要从大量调查资料中挑选出最能充分表现主题的材料，力求避免不加选择、不分主次的材料堆砌。

（3）撰写初稿。在材料选好、提纲确定之后，就可动笔撰写初稿。撰写初稿时要按提纲进行，一气呵成，不能写写停停，以免思路被打乱。

（4）修改定稿。一篇好的调查报告是精心修改的结果。修改报告主要从报告的主体内容和表现形式两方面着手。

2.撰写要点

（1）用简单、朴实的语言写作。行文要开门见山、平铺直叙，不要拐弯抹角。用尽可能简洁的字句表达尽可能丰富的内容。无论是描述事物现状，还是论证研究结论，都应尽量使用通俗易懂的语言。

（2）叙述事实力求客观、准确，引用数据准确无误，应避免使用主观或感情色彩较浓的语句。

（3）撰写报告，既要有篇的概念，也要有段的观念。一份调查报告固然是一个整体，但篇中的段落也应具有一定的独立性。段的长度要适中，既不能冗长，也不能零散。段落过长，容易使人在阅读时产生沉闷感、疲劳感，而且往往会把几个意思混到一起；段落过短，则容易给人一种跳跃的感觉，使报告缺少厚重感。

（4）调查报告的前言（序言）部分要简要说明社会调查的背景、时间、地点、对象、方法、过程等内容。

（5）调查报告的结论部分要真正起到收束全文的作用，既不能草率收篇，不当止却止，也不要画蛇添足，当止而不止。

第九章 劳动教育的习惯、技能与素养

第一节 劳动教育习惯养成

一、劳动习惯概念

习惯是指因重复练习而固定下来并变成需要的行动方式。劳动习惯是一个人在长期劳动中形成的，是通过千锤百炼、在一次次劳动实践中练就的。个体如果能经常性地坚持劳动，时间久了，就会逐渐形成劳动习惯。

养成劳动习惯必须先树立正确的劳动观念。劳动观念是指个体对劳动的观念和看法。劳动是人类社会生存和发展的基础，是人们维持自我生存和自我发展的唯一手段，是人类运动的一种特殊形式。

劳动教育是中国特色社会主义教育制度的重要内容，直接决定社会主义建设者和接班人的劳动精神面貌、劳动价值取向和劳动技能水平。

二、劳动习惯养成

学校在实施劳动教育时，从日标到内容到评价，都要重视对学生劳动价值观念和劳动精神品质的培养，通过不懈的训练和实践，帮助学生养成良好的劳动习惯。

（一）在日常生活中养成

劳动习惯是在一点一滴的积累中逐渐养成的。对培养素质全面的未来人才来说，劳动习惯和劳动技能素质是不可缺少的。首先从培养劳动意识入手，学生通过观察长辈和他人的劳动活动，学会尊重他人的劳动；学生也可以在老师的引导下创造劳动成果，亲自体会劳动带来的喜悦与甘甜。其次是培养劳动兴趣，学生要主动参加多种方式的劳动教学活动，有意识地培养自己的劳动能力，在具体的活动中积极进步，让劳动兴趣自然产生，劳动习惯逐步养成。俗话说“习惯成自然”，个体劳动习惯的养成依靠劳动实践的积累，需要劳动的投入与情感的投入，离不开勤奋努力的实践锻炼，更离不开个体对劳动的正确认识与态度。因为态度比能力更重要，习惯的养成与坚持是劳动的本质要求，也是劳动最珍贵的地方。

（二）注重培养劳动技能

学生要注重培养各方面的劳动习惯，更要注意培养自身的劳动技能。劳动绝对不是随意地“做”，而是依靠一定的知识和技能，或者一定的手艺做。因此，劳动技能是劳动的基本前提，也是首要前提。劳动是理论与实践的统一，是学与做的结合：掌握劳动技能是前提和基础，是手段也是目的。事实上，我们认识劳动往往是从某种技能开始的，劳动既是一种知识学习，也是一种能力锻炼；劳动不仅是一种经验积累，还是一种理性思考；劳动是一种行为活动，更是一种精神态度。

三、养成良好劳动习惯的途径

劳动教育就是要让劳动者掌握基本的劳动知识和技能，逐步形成正确的劳动观念，养成良好的劳动习惯，培养热爱劳动和热爱劳动人民的感情，深入领会“幸福是奋斗出来的”及其内涵和意义，从而发自内心地愿意养成良好的劳动习惯。

学生要结合自己所学专业，激发学习技术的兴趣，在专业技术劳动中体会劳动的快乐与价值；形成积极的生活态度，学会生活自理和改善生活质量；关注职业领域，增加职业知识，学会设计自己的职业道路，获得积极的情感体验，形成正确的劳动价值观，养成良好的劳动品质。具体来说，学生可以从以下几个方面逐步养成良好的劳动习惯。

（一）坚定劳动光荣的正确观念

当代青年学生作为未来社会主义建设的中流砥柱，一定要坚定正确的劳动观念，确保社会科学劳动观念的正确导向，通过寻找身边的劳动模范，学习身边的劳动榜样，以榜样的力量激励自己；通过参加学校开展的勤工助学、岗位实践、岗位助手等实践活动，深刻认识到劳动光荣，意识到人人都需要积极参与劳动，坚定劳动光荣的正确观念。

学校学生要时时坚持劳动光荣的观念，崇尚劳动，尊重劳动者和劳动成果，充分认识到劳动是欢乐和美好的源泉，劳动是最大的财富。正是通过劳动，人类社会才会进步和发展。在劳动实践中，学生要逐步体会到劳动是生命的源泉、劳动是生活的使者、劳动是人生的指灯，一切美好皆由劳动得来。

（二）在校园文化中感受劳动的意义

注重劳动教育可以促进学生身心的和谐发展，丰富校园生活。积极向上的校园文化能够净化学生的精神世界，培养劳动情怀。学生除了学习专业知识、苦练专业技能，还要积极参与学校的各种实践活动。在学校开展的与劳动相关的主题活动中，学生要积极参与、认真实践，真正体验劳动的快乐，真切感受劳动的价值，提高对劳动教育的关注度，并能在生活中主动进行劳动体验，树立科学的劳动观。学生要积极参加校内、校外的劳动实践活动，充分感受劳动的意义。

（三）对标学校劳动教育的考核评价体系，自觉提升自己

学校教育是在以“立德树人”为根本前提下，注重学生德、智、体、美、劳全方面发展，但是学校劳动教育考核机制尚未完善，学校劳动教育的氛围还不够浓厚。

学校可以针对劳动实践形式形成多种多样的考核要求，结合学生的劳动技能和劳动成果，自主设计考核内容，客观公正地评价学生的劳动教育状况。学校还可以结合学生专业技能和参与技能劳动的时长、劳动的成果，形成符合学生专业要求的劳动考核评价方式。学生也要善于利用学校不断完善的劳动教育考核体系，认清自身问题，及时强化劳动价值理念，树立科学的劳动观，踊跃参与劳动实践。

（四）在家庭生活的劳动中养成良好的劳动习惯

在日常生活中，家长应该高度重视孩子的家庭劳动教育，家长要帮助孩子制订合理的劳动计划，孩子要把家务劳动作为锻炼自己劳动能力的主要途径，从小事、细节入手，培养劳动能力，从而让孩子在家庭劳动教育中逐渐养成良好的劳动习惯。

（五）主动积极参与各种劳动实践

学生一定要有“自己的事情自己做”的劳动观念，不断督促自己坚持进行力所能及的劳动。例如，参加公益劳动也是养成劳动习惯的途径。学生可以利用周末或假期，主动参加社区组织的公益劳动，如春天的植树活动、夏天的灭蚊蝇活动、秋天的除草活动、冬天的扫雪活动等；也可以主动加入社区组织，成为志愿者，主动承担照顾孤寡老人、军烈家属、困难家庭的任务；还可以为需要帮助的人做力所及的事，如分发报纸、取送牛奶、为行动不便的老人送菜、照顾留守小朋友等。

第二节　劳动教育技能提升

一、劳动技能内涵

劳动技能是指在生产过程中，岗位对劳动者素质方面的要求，主要反映岗位对劳动者的智能要求。劳动技能是在日常的劳动中形成，在劳动实践中不断精进的。了解劳动技能的内涵可以帮助学生有意识地培养劳动技能，清晰地认识所学专业和职业所需的劳动技能，并在劳动实践中不断训练和提高自己的劳动技能。

二、认知劳动技能

任何职业的劳动都需要一定数量的职业特定技能。每一个行业又存在一定数量的共同适用的技能，这些技能可以叫作行业通用技能。从更大范围而言，存在一些从事任何职业或行业工作都需要的、具有普遍适用性的技能，这就是核心技能。

（一）职业特定技能

目前我国的职业被划分为1481种，每种职业均有不同于其他职业的独特技能，相应的职业标准对这些特定技能进行了详细描述。

（二）行业通用技能

行业通用技能的范围大于职业特定技能。我们可以把行业通用技能理解为，在一组特征和属性相同或者相近的职业群中体现出来的具有共性的技能和知识要求。

（三）核心技能

核心技能是通用性最强的技能，是人们在职业生涯甚至日常生活中必需的，具有普遍的适用性和广泛的可迁移性，其影响辐射整个行业通用技能和职业特定技能领域，对人的终身发展和终身成就的影响极其深远。在国家人力资源开发中，核心技能的确立和开发具有重大战略意义。

根据我国的实际情况和职业技能开发的需要，结合国际先进经验，我国的核心技能包括以下8大类。

（1）交流表达：通过口头或者书面形式以及其他适当形式，准确清晰地表达主体意图，和他人进行双向（或者多向）信息传递，以达到相互了解、沟通和影响的目的。

（2）数字运算：运用数学工具，获取、采集、理解和运算数字符号信息，以解决实际工作中的问题。

（3）革新创新：在前人发现或者发明的基础上，通过自身努力，创造性地提出新的发现、发明或者改进革新方案。

（4）自我提高：在学习和工作中自我归纳、总结，找出自己的强项和弱项，扬长避短，不断加以调整改进。

（5）与人合作：在实际工作中，充分理解团队目标、组织结构、个人职责，在此基础上与他人相互协调配合、互相帮助的能力。

（6）解决问题：在工作中把理论、思想、方案、认识转化为操作或工作过程和行为，以最终解决实际问题、实现工作目标。

（7）信息处理：运用计算机技术处理各种形式的信息资源。

（8）外语应用：在工作和交往活动中实际运用外国语言。

三、培养沟通协调能力

（一）认识沟通协调能力

在劳动过程当中，沟通协调是必不可少的，有效的沟通可以提高劳动效率。实施劳动计划是一项系统性工作，涉及时间、人员、方法、步骤的协调与调整。作为具体的劳动计划实施者，劳动任务不是一个人就能完成的，需要许多人的协作配合。在协作配合的过程中，如果沟通交流不及时，可能会造成误工、差错，甚至会出现重大事故。

有效沟通便于劳动者掌握相关信息动态，以便做出相应调整。每个人的思维习惯、劳动能力有差异，做事方法不一样，因此，我们需要在劳动过程中加强沟通协调。

沟通是工作的要求，更是提高效率和提高工作能力的要求。沟通协调不是向谁低头，也不是求着别人，与人沟通交流时不要存有偏见和敌意，要及时、诚恳、耐心地听取他人的意见，学习他人好的劳动经验和方法。

（二）增强沟通协调能力

增强沟通协调能力的方法有很多，在劳动过程当中，我们可以采用以下方法。

1.明确目标

在实际劳动过程当中，80%的问题都需要通过沟通来解决，沟通的前提是要明白沟通的目的。比如完成家庭劳动任务时，我们首先要明确做什么、怎么做、什么时候完成、要达到怎样的效果。

2.达成共识

沟通涉及双方，一方是信息发送者，另一方是信息接收者。参与沟通的人在整个过程中互为信息发送者和接受者，并且这个过程中会有很多的干扰因素，容易产生一方发送了信息，另一方接收了信息，但接收方并不明白发送方的本意。因此，沟通过程中要及时确认对方的意思，与对方达成共识。

3.有效反馈

在劳动过程中，我们往往会发现沟通的过程是一个人在说、一群人在听，很少有及时、有效的反馈。这个时候，我们就要把自己想表达的、自己的情感以及对对方信息的理解及时反馈给对方，这样有助于提高劳动效率。

四、培养自我管理能力

自我管理能力是指依靠主观能动性，按照社会目标，有意识、有目的地对自己的思想进行转化、控制的能力。在劳动过程当中，自我管理能力主要包括以下几个方面。

（一）心态管理

心态决定行为，行为决定习惯，习惯决定性格，自己，让消极心态通过一个不损害他人的方式消散，性格决定命运。心态管理就是让积极心态主导或通过修身律己使之影响变小。劳动者的心态管理就是通过了解劳动者的心态差异，在充分尊重本人尊严、价值及情感的基础上，不断提高劳动者对组织的满意度和认可度，让劳动者无论是在独自劳动还是在团体合作劳动的情况下，都有强烈的责任感、归属感和自由感。

（二）自我激励

自我激励是潜藏着的一种神秘而有趣的力量。劳动者在劳动过程当中要不断地自我激励，始终保持前进的动力。劳动者还要学会运用“目标卡”“名言警句”等工具实现自我激励，尤其是在劳动过程中感到比较困难和艰苦时，更需要自我激励。

（三）情绪管理

劳动者在劳动过程中要学会控制、化解不良情绪，用合理的方法、正确的方式调整情绪、控制情绪。同时要保持乐观的劳动心态，理解自己的情绪，适度放松自己的情绪。

（四）自我反思

反思是成长的加速器，在劳动过程中，劳动者要留有足够的时间去反思。劳动者要不断反思成功的做法，积累经验；反思失败的做法，学会正确归因，纠正不良的劳动方法和习惯。自我反思是劳动过程中的指南针，劳动者在反思中学习和借鉴。自我反思会带给劳动者希望，并为劳动者指明方向，会让劳动者将目光放远、放宽。

五、培养有效解决问题的技能

劳动者在劳动过程当中要善于分析问题，增加知识储备，以问题为中心，进行深入的思考。当然在劳动过程当中，这种能力的培养需要一个渐进的过程，需要在实践中不断积累和磨砺。劳动者要培养有效解决问题的技能，可以按以下步骤进行。

（一）分析问题

分析问题最快的方法就是拆分问题。当我们遇到一个问题时，我们首先要了解这个问题的原因、背景、解决的关键点，然后将问题拆分成几个可解决且易分析的问题。遇到一个技术难题时，你可以将它拆分成 3 个部分。第一，事实是什么？第二，难题产生的原因是什么？第三，解决难题的关键点和突破口在哪里？

（二）快速迁移

快速迁移是培养有效解决问题的技能最关键的一步。每遇到一个问题，应分析这个问题和以往哪些问题类似，知道有哪些方法可以解决这一问题。这就是所谓的“快速迁移”。

（三）提出方案

要解决问题，首先需要了解问题产生的真实原因，弄清楚问题根源。寻求多种解决问题的方式，再制订相应的方案。

（四）做出决策

只有知道问题产生的原因和解决问题的目的，我们才能做出最佳的决策。

（五）总结问题

多总结自己做过的事情和解决过的问题，这样自己解决问题的技能会快速提升。

六、认知创造性劳动

面对日新月异的科技进步，面对繁重复杂的发展任务，劳动者不仅要爱劳动、会劳动，而且要懂技术、能创新。社会应注重培养劳动者的创造性劳动能力，培养劳动者的创新劳动意识，扎实推进创造性劳动教育，加强创新型实验建设，鼓励开展创新劳动训练，强化“敢闯会创”能力培养，注重新知识、新技术、新工艺、新方法在劳动中的应用，鼓励劳动者创造性地开展劳动和技能实践。

（一）明确创造性劳动的价值

建设创新型国家，从根本上说要依靠创造性劳动。深入认识创造性劳动及其相关范畴，不仅可以提高劳动者建设创新型国家的自觉性，还可以增强劳动者认识社会发展规律的能力。

1.创造性劳动是人类进化的决定性因素

在早期，创造性劳动只是偶然发生。经过创造性的思维活动，才发生了创造性劳动。人类劳动逐步向高级形态发展，其最主要的标志就是创造性劳动的数量和水平获得增长和提高。创造性劳动数量和水平的不断增长和提高，构成了社会生产力进步的核心内容，并促使经济和社会关系不断演变。

2.创造性劳动是现代经济演变的主要动力

从生产力的观点看，资本主义生产的积极和消极都源于剩余价值的生产。在资本主义早期，正是剩余价值生产推动了生产力的迅速发展。工人的收入大大低于其所创造的价值，从而使资本主义生产与条件有了较多的积累。扩大再生产是人类创造性劳动所带来的文明成果，得到了快速扩展。

3.创造性劳动是理解未来社会发展的关键

创造性劳动越发展，新的生产领域就会越多，生产分工就会越细致。因此，从生产力角度来看，分工永远不会消失，消失的只是人们被动服从分工的现象，以及脑力劳动与体力劳动之间的对立。

劳动不再仅仅是谋生的手段，而是成为生活的第一需要。

（二）了解创造性劳动者的特征

创造性劳动者的构成要素主要包括创新精神和创造力。创新精神主要表现为敢于提出问题和解决问题；创造力则表现为发现问题和解决问题的能力，创造力的核心内容是创造性思维。创造性劳动者的主要特征有独立性、好奇心、创新精神、竞争意识和健全人格。

（三）知识经济时代创造性劳动者的特点

知识经济时代的创造性劳动者不仅能够应用已有的科学知识，解决简单劳动不能解决的比较复杂的问题，而且能够运用不断增长的智慧，把在实践过程中新积累的、分散的、零碎的经验，上升为新的理论和科学，揭示事物的本质，探测事物的发展趋势，阐明事物之间的必然联系和发展规律，从而使生产过程从简单的劳动过程转化为驱使自然力为生产服务并为人类需要服务的科学过程。知识经济时代创造性劳动者具有更强的生产力、创造力，能够创造更多的价值。

第三节 劳动教育素养培养

一、劳动素养内涵

（一）素养的内涵

“素养”不是一个单一的概念，而是涵盖对知识、技能、情感、态度与价值观等各个方面的能力的要求，其已经成为个体适应未来社会的基本保障。素养是人在解决复杂问题时的一种适应不可预测情境的高级能力和人性能力，同时也是人应当具备的为适应未来社会变革的关键素养。素养不等于知识，不等于技能，不等于某一种能力或品质，而是一种指向未来发展的综合性指标。它是一个人的修养，主要包括道德品质、外在形象、知识水平与能力等内容。在经济发达的今天，我们对素养的内涵进行了拓展，主要包括思想政治素养、文化素养、业务素养、身心素养等。

总之，个体的素养体现了一个人的综合素质与能力，是面对新挑战的必备要素，也体现了教育活动的育人价值。

（二）劳动素养

劳动素养即对劳动的某种特殊的素质修养，是对劳动心态和劳动技能的综合概括。

劳动素养包括劳动意识、劳动价值取向、劳动精神、劳动能力以及知识储备和创新精神等内容。它是衡量劳动者能否胜任某项工作的最根本、最直接的指标。

综上所述，劳动素养是劳动者在各种劳动活动中逐渐形成的与劳动者相匹配的劳动心态和劳动技能的综合体现，是衡量劳动者能否胜任各种劳动工作的最根本、最直接、最重要的综合性指标。

（三）学生的劳动素养

学生的劳动素养是指学生的劳动观念、劳动能力、劳动精神、劳动习惯和品质。学校劳动教育的实施也是针对学生劳动素养的培养进行的。劳动素养的培养与提升离不开劳动教育，反过来，劳动教育又是培养与提升劳动素养的主要方式和途径。

学校的劳动教育应与专业教学、专业技能相结合，开设具有不同专业特色的劳动教育课程。将劳动知识和技能巧妙地嵌入课程，培养学生崇尚劳动、甘于奉献的精神，实现立德、增智、强体、育美的全面育人价值。

学生劳动素养的培养还需要与我国优良的劳动传统有机结合起来。学生要了解先辈的伟大和智慧，学校要利用好传统的劳动、工艺的育人功能。

二、劳动素养意义

劳动者素质对一个国家、一个民族而言至关重要。我国是世界上人力资源最丰富的国家，但由于劳动者的整体素养还有待提高，人力资源的数量优势还没有转化为人力资源的现实优势。因此，加强人力资源开发、提升劳动素养，已经成为事关我国经济发展后劲和国际竞争力的一项重大而紧迫的任务。现阶段，培养高素养人才、全面提升劳动者的工作能力和工作水平，已经成为促进一个企业乃至一个国家快速健康发展的重要手段。认真分析总结提升劳动素养的方法，对我们科学高效地提升劳动素养有重要的指导意义。

（一）劳动素养的高低是影响经济发展的重要因素

高素养的劳动力，有助于提高劳动生产率和资本利用率，可以最大限度地吸收和组合各种生产要素以弥补资源的匮乏。尤其是在信息科技高度发达的今天，人们越来越依靠脑力劳动而不是体力劳动来创造财富。人力资源是否具有优势不再单纯地取决于人力资源数量的多少，而更偏重人口的质量，也就是劳动素养。

（二）劳动者是社会可持续发展不可缺少的力量

绿水青山就是金山银山，节约能源、保护环境既关系到全民族的切身利益，也关系到整个社会的生存发展。企业是经济发展的主要力量，而劳动者是企业经济效益的创造者，建设资源节约型、环境友好型企业是绿色经济发展的内在要求和必由之路，也是每一位公民义不容辞的责任。所以，我们更加需要高素养的劳动者，以助力企业全面节约能源资源和保护生态环境，增强国家的可持签发展能力，这也是当前社会的迫切需要和现代社会的发展方向。

（三）劳动者劳动素养的提升是实现现代化强国建设目标的内在需求

在大中小学大力而广泛地开展劳动教育活动，是发展先进生产力和先进文化的有效途径，是落实科教兴国战略和人才强国战略的重要举措，必将推进广大劳动者文化素养和劳动素养的全面提高。我们要深刻领会劳动素养的真正内涵，大力传播劳动知识、弘扬劳动精神、宣传劳动思想、倡导科学的劳动方法。劳动者是改造世界的主力军，只有劳动者的素养提升了，国家的劳动服务能力才能整体增强，国家才能得到发展。为此，建设、打造一支高素养劳动者队伍，有利于实现社会主义现代化强国的建设目标。

三、劳动素养培养原则

劳动教育是对年轻一代参加社会生产的实际训练，也是德育、智育和美育的重要内容。由帕夫雷什中学创立的劳动教育理论，可以培养人的道德品格与智力品格。苏霍姆林斯基认为，教育的任务就是让劳动深入人的精神生活中去，这样对劳动的热爱在青少年时期就得以形成。

（一）尽早培养原则

无所事事是不道德的一种表现，要让儿童在懂得劳动的社会意义之前就感受到劳动的道德意义，要让他们在童年期和少年早期就通过亲身经验理解并体验到没有劳动就不可能生活。当每个儿童的兴趣爱好开始显现时，就应该对他们进行劳动教育。积极引导学生早在童年时期就能够找到一种自己热衷的劳动，并在劳动中认识自我、发现自我。

1.学校教育

1981 年教育部在《关于普通中学开设劳动技术教育课的试行意见》中明确提出了必须在中小学阶段开设劳动技术课的要求。我国 20 世纪初启动新的课程改革，这次改革直接把劳动教育微观化为综合实践活动课程中的分支课程。适应素质教育和新课程改革的浪潮，学校教育必须转变轻视劳动技术教育和职业技术教育的陈腐观念，同时也改变以升学率为唯一目标的错误倾向，将劳动教育纳入素质教育的教学计划之中。在学校里，劳动教育不应该被置于一个孤立的境地，相关教育活动的教育者和组织者都应该自觉强化劳动教育意识，共同承担起中学生劳动意识教育的责任。一方面，其他一系列教育活动能够为培养受教育者正确的劳动观念、锻炼劳动技能以及强化劳动行为体验提供广阔的空间，有利于提升受教育者的综合劳动素质和思想道德素质。另一方面，劳动教育渗透于其他教育之中对其他教育活动实现教育目标有很大的助推作用。《中国教育改革和发展纲要》指出，其他教育活动的目标可通过劳动教育实现，进而实现总体教育目标。由此可见，劳动教育和其他教育活动存在互利共赢的关系。就劳动教育与智育的关系来说，通过劳动教育可以培养学生坚强的意志和克服困难的拼搏精神，进而帮助学生克服思维迟缓、学习困难的现象，使其在面对繁重的学习任务和升学压力时能够从容应对。苏霍姆林斯基告诫学生："要知道，很少有人生下来就有牛顿或爱因斯坦那样的天赋。要做最不利的打算，即你没有天赋，你要用劳动和创造来培养和发展你的能力。"

在帕夫雷什中学，未来的一年级学生在学年之初的两个月前就开始采集树种，春天一到，他们就开始在沟坡和沟地上播种，日后承担起照管幼苗的工作，这样就建成了防止水土流失的护林带。据统计，在本地集体农庄的田野上，靠这些年纪最小的学生种植起来的几条护林带在多年期间防止了160多公顷土壤遭受侵蚀，由此带来的社会效益是难以估量的。孩子们乐意从事诸如此类的工作，因为获得这样的劳动成果是一件十分光荣且值得骄傲的事情。

劳动的过程是手脑并用的过程，身体触碰到劳动对象，将感觉和知觉到的信息传输给大脑，大脑对信息进行筛选、加工，进而指导手的动作，这样一个传输过程在无形之中起到了开发人的思维能力和智慧的作用。另外，劳动教育能够培养学生爱劳动、勤劳动的良好生活作风和行为习惯，这对提升未成年人思想道德水平是不可或缺的。由此可见，劳动教育也有助于取得良好的德育成效。总之，学校要想充分发挥其开展劳动教育的主阵地作用，就必须转变劳动教育观念，重视教师队伍的建设，强化教师队伍的劳动教育意识，引导学科之间的有效渗透。

2.家庭教育

在物质文明和精神文明共同进步的今天，人们的思想观念也随之发生变化。人们不再单纯地忙忙碌碌，开始懂得享受生活，并且更加明白良好的物质基础是幸福生活不可或缺的组成部分，这就需要努力奋斗，通俗来讲也就是劳动。然而，随着社会利益的多元化，功利化价值观逐渐找到生存的土壤，很多学生家长受到影响，价值取向发生扭曲。他们只看重孩子的考试分数，要求孩子专心学习，只字不提"劳动"二字，在孩子的培养问题上走向片面化，忽略了对学生进行道德品质以及劳动意识和习惯的培养。我们时常听到家长十分认真严肃地对孩子说：你的任务是把书读好，其他事情不用你管，也不用你动手，都是我们的任务。事实上，学习本身就是一种劳动，是学生不可避免的劳动，学习也需要耗费体力和脑力，对于这样一种特殊的劳动，家长只想看到成果，并没有考虑这其中的教育价值。家长希望学生专注于学习，日后争取考个重点大学，待到毕业后能找到一份不错的工作，来积累享受生活的物质基础。当然，这种想法本身没有错误，但是忽视劳动教育的做法是不可取的，造成的后果也非常严重。比如我们有些家庭中出现这样的现象：一边是父母朝五晚九地辛苦工作挣钱养家；一边是自家子女逍遥自在，花钱大手大脚。有些学生从小到大没有做过任何一点劳动，家长全部包办，没有一点生活自理能力，进入大学都没有住集体宿舍的勇气，仍旧要家长在校外租房陪读；有些学生因为从来没有受过劳动的锻炼，意志力薄弱，心理素质和抗压能力都非常差，走上工作岗位之后，不能吃苦耐劳，懒惰散漫，积极性不高，这样也无法在工作中有所成就。每个家长对自己的孩子都有所期望，但是期望值过高，或者发生偏差，容易导致教育方式的不正确，不利于孩子身心健康发展，因此，家长对孩子的成长需要谨慎考虑。

现代独生子女家庭在不断增多，逐渐形成了“六对一”家庭结构模式，这样的家庭模式下，长辈的溺爱之心爆棚。父母毫无理性和原则地在子女面前发扬着无私奉献的传统美德，包办学生的所有事务（除了学习）。据有些老师反映，有些学生上学忘记带课本或者作业本，问其原因的时候，回答竟然是“家里人忘记给我放进来了，我不清楚”。孩子们心安理得地享受这样的“优待”，自觉和不自觉地娇生惯养，主动或被动的衣来伸手、饭来张口，这样做的后果是劳动光荣的观念被彻底颠覆。就如访谈中许多教师所言，个别学生对劳动的漠视，逃避劳动的行为也许都是受到家长的误导。许多父母在思想上就认为让孩子劳动必定会耽误学习，因此不但故意避免培养孩子的劳动意识和观念，有时甚至还“教”孩子如何在学校集体活动时偷懒、逃避劳动。中学阶段的孩子对父母有一定的依赖思想，他们把父母当成解决问题的最佳人选，对于父母的建议可能不假思索全部采纳。还有人安心享受父母对自己的关心和爱护，却从来不去思考如何回报。一组调查数据显示，有14.5%的中学生不体贴父母的辛苦，因而没有主动承担起家务。在这样的家庭环境下长大的孩子，自我意识很强，独立性却很弱，怕苦怕累，很难想象这样的孩子将来能对国家、对社会做出多大的贡献。

3.社会教育

人的意识和行为都是在一定的社会环境和社会交往中产生的，社会环境无疑是造成很多中学生劳动观念落后的第一原因。戴维·波普诺（David Popenoe）在他的《社会学》一书中指出：“社会现实环境不仅影响我们追求的目标，而且最终会影响我们走向这个目标。”我国社会转型期，市场经济对效益的最大化追求，而素质教育、道德建设却相对滞后，造成了社会的功利化取向。中学生正处在价值观、人生观形成的关键时期，但是由于其阅历和经验的不足，对是非的认识和判断能力有所欠缺，容易受到外部负面因素的影响。个人本位观念、利己观念、拜金主义观念不仅冲击着人们传统的道德观和价值观，而且冲击着中学生幼小的心灵和略显幼稚的头脑，使得人们开始淡忘道德支撑社会的重要性。社会上存在的不劳而获、好逸恶劳、不尊重劳动，鄙视体力劳动、就业观念扭曲，养尊处优、贪图享乐等现象对中学生劳动意识的养成也产生了消极影响。西方个人本位主义思想流入我国，迅速找到生存的土壤，个人本位实质上是将个人利益与集体利益对立起来，使人们将关注的目光集中在个人身上。中学生受到“重智轻德”错误思想的诱导，也开始认为要成就个人的最大价值，只取决于他本身的学识高低，而与包括劳动品德在内的个人道德素养毫无关系；在行为上表现为轻视集体活动，眼高手低，能力不足又缺乏意志。社会转型带来的变化，冲击着人们固有的价值观念，形成多元价值观念，必然使人们感到迷茫，无所适从。

（二）日常培养原则

劳动教育要想取得一定的成果，就必须对学生进行经常性的、持续不断的劳动教育。只有经常不断地劳动，才能丰富精神生活。只有当孩子从事那种须经常对它进行思考和操心的长时间的劳动的时候，劳动活动的创造性质才会在他面前展现出来。如果学生参加了一项长时间的连续性劳动，并在这项劳动中取得了一定成果，那么唤起他从事这项劳动的便是他个人的兴趣而非教师强加给他的意愿。全身心地投入劳动的内心召唤是一股强大的教育力量，而这种力量的形成是从事长期劳动的必然结果。在帕夫雷什中学有一项优良的劳动传统：让学生作为集体中的一员自始至终完成一项持续性劳动如培植防护林、培育果树，让学生们从入学之日起直到毕业，每天都照管自己的劳动对象。而某些学校虽然也组织了不少劳动活动，但收效甚微，其重要原因就在于这些劳动活动多半是应急的、偶然性的。劳动应该成为经常性的活动。要让学生经历从了解劳动目的到为自己获得的劳动成果感到自豪的完整过程，并且让这种连续性劳动成为孩子们精神生活的重要组成部分。

马卡连柯曾指出：“劳动永远是人类生活的基础，是创造人类文化幸福的基础。”劳动教育是创造幸福生活的奠基教育。然而，随着时代的发展和科技的进步，科技工具逐渐部分取代以往的人为劳动，比如，全自动洗衣机可以代替手洗，洗碗机的出现也让厨房主妇免除了洗碗工作。由此，劳动的概念也逐渐淡出学生的意识，逐渐远离学生的生活。为了扭转这种趋势，重提劳动教育的重要性，劳动教育内容必须回归学生的生活中。美国教育学家杜威提出了“教育即生活”“学校即社会”“从做中学”的重要教育理论。劳动教育要回归学生的生活世界，必须立足现实生活世界，必须从增强学生主体意识、发展主体能力、塑造主体人格等方面入手，丰富劳动教育与生活接轨的途径，使主体成为其思想道德建构活动的促成剂。自我服务性劳动、公益性劳动、家务劳动、劳动技术竞赛等都应当成为培养学生主体意识的重要途径；利用“五一”劳动节这样带有标志性的节日，开展“大家一起劳动”的主题活动，在校园、街道、社区等设点设岗，组织学生一起劳动，包括打扫卫生、植树浇花、清理宣传栏、捡垃圾等，学生一起挥洒劳动汗水，发挥劳动热情；学生团体和组织应该成为开展劳动教育活动的载体，开展一些符合中学生身心发展特点的教育活动，如向劳动模范学习、劳技竞赛“劳动之星”评选活动等。

生活不能脱离劳动，劳动教育也不可能远离生活，只有将劳动教育置于学生的生活实际，才能实际感受劳动的趣味和意义。

（三）身体力行原则

劳动任务的安排应当符合学生的实际能力及其身心发展的具体特点。在劳动中产生的正常疲劳感是可以接受的，但是体力和脑力的过度疲劳是绝不容许的。过度的疲劳不但会威胁身体健康，而且还容易让人产生敷衍、抵触的情绪。因此，可以从以下两个方面贯彻劳动的身体力行原则。

一是脑力劳动和体力劳动、农业劳动和技术创造交替进行。劳动种类的变换会使得那些原本在单一劳动状况下疲惫不堪的劳动，在这种交替的情况下变得容易胜任了。因为单一的劳动很容易让人疲劳，而交替进行劳动会产生新鲜感，劳动兴趣也跟着提高了。

二是从事一些有计划的连续性劳动会让个人潜力不断得到激发，劳动效率大大提高。零散的劳动只会消磨耐心和毅力，很难在这种劳动中取得较为可观的物质劳动成果。而从一而终的有计划、有组织的连续性劳动会使能力大大提升。

例如：在帕夫雷什中学，28 名 11 岁的孩子负责葡萄藤的越冬工作。40 棵葡萄藤的培土覆盖工作，孩子们只用了一个半小时就完成了。这种工作量对孩子们来说并不轻松，这给他们带来了一定的身体上的疲劳，但这种疲劳是正常的，因为这在他们身体的可承受范围之内。与此同时，他们还在这项劳动中获得了精神上的满足，因为他们负责这些葡萄藤的照管工作已经 3 年了，他们在劳动中感受到了集体的力量，他们为自己的劳动成果感到骄傲和自豪。

要理解劳动的意义，并明确劳动意识教育的重要性，就必须充分意识到其在劳动教育实践活动中的主体地位，强化其行为体验。通过恰当的劳动教育实践活动感受劳动的滋味，自觉规范日常行为，养成良好的行为习惯。

例如：可以举办一些带有特色性的劳动周活动。在公益劳动周期间，组织搞好社区环境卫生、整理公共物品、护花育树、维护公共交通秩序等；在家务劳动周期间，进行家务整理、帮厨洗衣、扫地抹桌等，并在活动期间要求家长对学生的行为进行监督和检查，做好相关记录，及时反馈给学校，以便在对学生进行综合考评时加以参考；在学校集体劳动周期间，让社会劳动模范进校园、进课堂，直面学生讲述自己真实的劳动经历和经验，充分展现劳动精神。另外，学校还可开展“劳动能手”和“劳动之星”的评选活动，考验学生的动手操作能力及创新能力，对表现突出的学生进行奖励。学校也可将学生的劳动行为体验活动迁移至校外，贴近生活，增加实践活动的真实感。

（四）内外兼修原则

紧张的体力劳动从来都不是最终目的，而是从事真正劳动的开端。真正的劳动必定是手脑结合的创造性劳动。进行体力劳动最强大的动力之一，就是这种劳动的重大意义和手脑的结合，意义越重大，做这种最平凡的工作的兴趣就越强烈。长时间从事某一项体力劳动很容易感到乏味无趣，在这种情况下，赋予体力劳动以一定的创造意图或研究目的，燃起求知欲的火花，用智力来指挥双手或者用双手来丰富智力，那么即使平凡无味的体力劳动都会成为心爱的劳动。为此，应当尽量让各种劳动都以创造性意图为基础，促使为实现这种意图积极研究、努力思考。例如：培植甜菜的过程中有许多无聊的劳动过程，如果能够在培植甜菜的过程中深入研究如何能够增加甜菜的甜度，那么这项单调的劳动就变成一项具有研究目的的创造性劳动了。

劳动教育是促进个性发展、发挥个人天赋才能的重要途径之一。每个人都有他与生俱来的在某方面优于他人的天赋才能。劳动教育的重要任务之一就是帮助学生在多种多样的劳动活动中找到自己钟爱的那一种活动，并在这项劳动活动中充分发挥自己的天赋和才能，进而获得精神上的愉快和满足。因此，教师应该帮助引导学生在入学后尽快找到他所喜爱的、能够发挥其创造才能的一项劳动，使他形成一定的生活志趣。而发现每个学生的兴趣爱好，并使他们的个性得到充分发展，是一项艰巨而困难的工作。人的天赋才能是多方面的，学生在某项劳动中取得成就之后，很可能过段时间又在另一项活动中取得更大的成就。而在对那些天资没有明显显现出来的学生进行培养时，要格外耐心和细心。这类学生不仅存在于学习成绩中等的学生当中，还存在于优等生中。总而言之，要给学生提供尽可能多的劳动活动，让他们从自己的劳动成果中“看到自己”。

（五）协同培育原则

要对学生进行劳动教育，提高其劳动素养，绝不能脱离其他素养单独进行，而应该与其他素养的培养有机结合。一个人的和谐全面发展、富有素养、精神丰富、道德纯洁——所有这一切，只有当他不仅在智育、德育、美育和体育素养上，而且在劳动素养、劳动创造素养上达到较高阶段时，才能做到。劳动素养不但包括成熟的劳动技能和劳动技巧，而且还包含劳动创造中的智力内容、道德意义、公民目的性以及劳动在一个人的精神生活中所起的重要作用。拥有较高劳动素养的一个重要表现是：一个人把为公共福利而劳动看作自己生活的重要组成部分。人的生活中不是只有劳动，只有当人在进行劳动的同时也享受到了其他欢乐，劳动的欢乐才能得到更充分的体现。同样地，在对学生进行劳动教育时，应该将劳动教育与其他教育有机结合、相互促进，只有当劳动能使人的道德更加完善、智力生活更加丰富、身体更加强健、美感得到提高时，劳动才能真正成为一种教育力量。

开展劳动意识教育活动，既是对学生潜能和特长的开发，又能提升其在科学文化知识方面的学习能力。智育是劳动教育的基础，良好的文化素养和科学思维方法有助于劳动活动的有效开展及劳动技能的提升。例如：数学老师可以结合数学课教学开展制作数学几何模型的活动，在活动中学生既可以更加形象地感受数学模型，加深对知识的理解，又可以锻炼动手动脑的能力；结合生物课程开展一系列校园种树种草、树牌制作、生物标本制作等活动；结合地理课让学生制作地球仪或者手绘地图，实现学生在课程中的手脑的完美配合；结合音体美等课程活动开展校园文化艺术节、寝室文化节、美化教室等活动。劳动意识教育体现了德育既重视人性的培养，又重视道德责任与义务的履行。学校劳技课教育的重要内容之一就是以劳辅德，凸显劳技课的德育功能，使之成为学校德育的一个窗口。因此，在劳动技术教育过程中，坚持以学生为主体、理论与实践相结合的教学思想，将德育目标贯彻于整个教育教学过程的始终，让学生在理论学习和实际操作的过程中逐渐形成热爱劳动的思想，树立正确的劳动观念。劳动教育要求学生不仅要有坚强的意志，而且要有健康的体魄，只有身心健全的人才能投入为社会做贡献的劳动中去。另外，在劳动教育课任务分配时要求学生团结合作完成，分享劳动果实，这也有利于培养学生团结合作的集体主义精神和乐于奉献的精神。

四、劳动素养教育过程

劳动素养教育的具体操作过程要遵循循序渐进的原则，具体的培养过程可划分为五个不同的阶段，分别是示范、模仿、熏陶、复习、激励。下面将依照这样的顺序对不同的阶段进行详细的介绍。

（一）示范

孩子具有模仿的天性，他们善于观察生活，模仿他们所喜爱的一切。基于此，我们必须充分发挥劳动榜样的感召力，让有吸引力的、有高超技艺的劳动榜样经常出现在孩子们眼前。要让每个孩子在年幼时就能被拥有高超技艺的劳动榜样激励，让劳动榜样的劳动成为年幼孩子所追求的目标。劳动榜样主要来源于以下四个方面：

第一，教师的劳动榜样。一个孩子的精神面貌，首先要看在他生活起步的道路上是由一个什么样的老师引导而定。教师在学生心中是卓越的教学能手，教师个人对学生有难以言喻的感召力和吸引力。因此，教师能否起到良好的表率作用，在一定程度上决定学生能否以饱满的热情、认真的态度对待劳动。一个合格的教师，不仅要精通自己教授的那门课程，而且还要精通一定的劳动技能和技巧。如果教师本人精通某种劳动技艺，那么教师的劳动表现和在劳动中体现出来的人格魅力，就会成为一种教育力量。当然，单单熟练掌握某种劳动技能是不够的，更重要的是教师在同学生们一起从事某项劳动，并给学生们带来欢乐的过程中学生所受到的精神力量的鼓舞。在师生共同劳动中，孩子们更容易敞开心扉，师生之间更容易成为亲密无间的朋友。教师的劳动技能在孩子们面前展现得越充分，他的领导威望就越高，这种堪称楷模的创造性劳动就成为吸引儿童接近教师的力量所在。

第二，高年级学生的劳动榜样。高年级学生热爱劳动对低年级学生也有一定的激励作用。当然，这种劳动榜样并不是随意挑选的，只有那些在某项劳动技能方面有较高造诣的高年级学生才能成为低年级学生的劳动榜样。在帕夫雷什中学，每一批新入学的学生都会在几名高年级同学的带领下开始从事某项劳动活动，高年级学生用他们自己心爱的劳动吸引着小同学，并把自己的劳动技巧和才干传授给他们。这样，不仅在学校形成了热爱劳动的良好氛围，劳动也成为一种有效的教育教学手段，丰富着集体和个人的精神生活。

第三，优秀生产者的劳动榜样。向孩子们传授劳动技艺不应局限于在校同学，那些已经毕业了的、现在正在自己的劳动岗位从事积极的创造性劳动的优秀生产者，也应当成为学生们学习的榜样。

第四，父母对于儿童的榜样示范在劳动教育中也起着重要作用。父母应以自己每天的劳动，以自己的行为为孩子做出榜样。

（二）模仿

苏霍姆林斯基认为孩子们具有模仿性，因此，“我们须努力做到学校里在他们眼前经常树立种种有趣的、颇有吸引力的劳动榜样”。师生之间，大小同学之间共有的劳动喜好和精神情趣，以及他们的友爱团结和精神财富的交流，这一切都会在年轻的心灵里留下难以磨灭的印记。他还认为榜样主要有三个方面。一是高年级同学爱劳动的榜样，他们的娴熟技艺和精巧劳动触动、激励着低年级同学，高年级的劳动和精神生活成为低年级同学的理想和向往目标。二是教师的劳动榜样，“这并不仅仅是指教师会亲手做事，而且也指教师整个精神生活的构成状况”。那种既吸引孩子又吸引教师的劳动，对孩子会产生无法抵御的、极强烈的影响。在劳动过程中，孩子们会敞开心扉，成为教师的朋友。苏霍姆林斯基要求教师和孩子们共同劳动，认为“这是我们从事教育劳动的最快乐的时刻”。他还认为，“教师见识的广度和知识的深度及多面性”对孩子有很大影响。教师的某种个人爱好，是影响学生的强大的手段。三是已毕业的年长同学热爱劳动的榜样，他认为这是“生机勃勃的自我教育的源泉”，“完全可以把教育孩子的任务托付给他们”。他们具有崇高的劳动精神，他们着迷于创造计划和创造性劳动。对学生的劳动教育指导关键在于不能让任何高涨的劳动热情、任何创造热情，最后成为孤单的火种。

（三）熏陶

重视自我服务，培养劳动习惯。苏霍姆林斯基说过，“自我服务，这是最简单的一种日常劳动，劳动教育一般都从自我服务开始，而且日后不管每个人从事何种生产劳动，自我服务都将成为他的义务和习惯”。我们知道，自我服务是培养人遵守纪律、培养人对别人的义务感的重要手段。从小就自己动手来满足一些个人需要，能使一个人养成尊敬父母、兄弟姐妹和同学的习惯。自我服务能使劳动变为人人都负担的平等的义务。

只有当一个人从童年起，就养成厌恶邋遢的自然习惯时，才有可能产生对待劳动，即对待自我服务的自觉态度。

自我服务的范围相当广泛，从料理个人环境、安排家庭生活，到关心工作环境，注意工作间、教室、研究室、实验室的卫生等。更重要的是要把美化生活的劳动纳入自我服务的范畴，创造美的环境，陶冶美的情操。只有感受到自己为他人所创造的事物的美时，劳动才会进入精神生活中去，只有在这种情况下，才会感到好与坏的差别。

案例 1：撒贝宁受家庭熏陶爱上文艺，成就当红主持人

撒贝宁是中央电视台著名主持人。他俊朗的外形和幽默风趣的口才，颇受观众好评。撒贝宁被誉为“中央电视台的帕瓦罗蒂”，更有“综艺小王子”的雅号。主持《今日说法》时，他理性、严肃、犀利；走下《今日说法》的舞台，他幽默、风趣、爱耍宝、爱表现。然而在旁人看着一帆风顺的主持道路上，也有着常人难以想象的艰辛，他靠着自己不服输的精神才走到今天。问及其成功的秘诀时，他说：“家庭熏陶非常重要，让他走入最初的梦。”

1976 年，撒贝宁出生在一个特殊的军人家庭里。说“特殊”，是因为他的爸爸妈妈都在部队从事文艺工作，他的爸爸撒世贵后来调入武汉市人民艺术剧院（现武汉市话剧院）工作至今，他的妈妈邓雅娟毕业于沈阳音乐学院，在音乐方面给撒贝宁不少有益的引导。在这个十分和睦的家庭里永远充满欢声和笑语。撒贝宁从小就非常喜欢唱歌和跳

舞，他那稚嫩的歌声及欢快的舞蹈，常常逗得爸爸妈妈开怀大笑。但由于爸爸妈妈平时工作忙，并没有对撒贝宁做什么特别的引导和要求，更没有像现在许多家长那样逼着孩子学这学那。他们对他几乎是任其自由发展，直到有一次撒贝宁随幼儿园到部队演出之后，他们才对撒贝宁的艺术及语言天赋格外关注起来。

4 岁时，撒贝宁一人站在舞台上表演儿歌毫不怯场；11 岁时和妹妹撒贝娜策划、导演、演出一台家庭“晚会”，这一年他还获得了武汉市五年级口头作文竞赛第一名；初中后，他对演讲、唱歌产生了兴趣，常一个人在家对着镜子一遍遍地练，有时让爸爸做示范；上初二时，他代表学校参加全市中学生演讲比赛，拿了第一。此后两年多的时间里，小撒穿梭于各类演讲比赛，选手一听有撒贝宁参加，就“只能争亚军了”。得意扬扬的小撒甚至还想，长大了就以演讲为生吧。成名后的小撒说：“我喜欢演讲，因为我爱上了那种站在舞台上，当着所有人的面儿直抒胸臆的感觉。演讲给我自信，演讲锻炼了我的心理素质和应变能力。”

北大每年都邀请各省重点中学里学习好、有文艺特长的同学参加冬令营。高三那年，小撒有幸去了。试演时他唱了一首《把根留住》，评委老师问：“你会唱民歌吗？”小撒搜肠刮肚地想起了一首《小白杨》。老师说，明天汇报演出，你就唱《小白杨》吧。小撒傻了眼，连夜找到父亲的战友，赶制伴奏带，母亲还请了一位声乐老师，两个小时速成，调整发声发音，第二天顺利通过了汇报演出。

由于家庭的熏陶，撒贝宁从小便得到了文艺素养的培养，这对于其日后的发展起到了重要作用，也成就了他不平凡的主持人生。

案例 2：传统文化熏陶下的现代科学家——钱学森

钱学森，吴越王钱镠第 33 世孙，生于上海，祖籍浙江省杭州市临安。世界著名科学家，空气动力学家，中国载人航天奠基人，中国科学院及中国工程院院士，中国两弹一星功勋奖章获得者，被誉为“中国航天之父”“中国导弹之父”“中国自动化控制之父”和“火箭之王”，由于钱学森回国效力，中国导弹、原子弹的发射向前推进了至少 20 年。

1911 年 12 月，钱学森生于杭州，父亲钱均夫博学多才，谦恭自守，母亲章兰娟则心地善良，开朗贤惠。钱学森自幼就受到父母浓郁的文化熏陶，这种家庭氛围，为他今后的成长奠定了基础。

在钱学森很小的时候，母亲章兰娟就让其置身于优秀传统文化的浓厚氛围中。钱学森最爱听母亲给他讲岳飞精忠报国、陆游仗剑去国、杜甫忧国忧民、诸葛亮忠于汉业，为辅佐蜀国“鞠躬尽瘁，死而后已”等故事。每当听到这些故事时，钱学森是那么认真、投入，稚气的脸庞上充满了对古人的崇敬。他们的高风亮节在幼小的钱学森心里打下了深深的烙印，也对他未来的壮举产生了深刻的影响。除此之外，母亲给幼小的钱学森每日安排的功课是：每天清晨，准时起床，加强身体锻炼，早饭后就教儿子背诵唐诗，累了，就让儿子看一下儿童读物。下午教儿子画画或者写毛笔字，每日如此，从不间断。

1936年，毕业于上海交通大学的钱学森赴美学习。他渴望以自己的知识来改变祖国贫穷落后的现状。临行时，家人特意为他买了《老子》《庄子》《墨子》《孟子》以及《论语》《纲鉴易知录》等中国传统文化的典籍。母亲嘱咐他："熟读这些书籍，可以对祖国传统的哲学思想摸到一些头绪。"父母的勉励，给了钱学森极大的力量支撑。

钱学森常说，"我的第一位老师是我父亲"，而"我的母亲是个感情丰富、纯朴而善良的女性，而且是个通过自己的模范行为引导孩子行善事的母亲"。母亲的慈爱之心给了他深远的和连绵不断的影响，而父亲则为家庭营造了宁静的文化氛围与求实精神。可以说，正是这种传统文化教育，塑造了钱学森优秀的人格和坚韧的品质。

尽管钱学森出生在特殊的时代，成长在特殊的家庭，他的成就似乎不可复制，但我们依然可以从他的成长经历中得到启发。传统文化的教育不可忽视，钱学森的父母在孩子很小的时候让其置身于优秀传统文化的浓厚氛围中，这种培养孩子的方式是值得欣赏的。透过钱学森的成长经历，也不难得到启发：家庭的熏陶，是成长成才的重要基础。

（四）复习

复习指的是完成同一种劳动的重复过程，复习的性质由劳动的目的决定。但凡是复习，都包含两方面的因素：教学和教育。如果我们教会了学生嫁接果树的技术，这只能算是达到了复习的教学目的，只有让学生连续几年都能够自觉从事这种嫁接活动，才能达到复习的教育意义。因此，只有当学生能够自觉地把习得的劳动技艺运用到公益性的劳动中去时，他们的自豪感才会被激发、道德感才会得到提升。

经常复习具有重大的教育意义。

首先，复习能够培养劳动习惯。在完成同一种劳动活动的过程中体会到劳动本身所具有的崇高社会目的。有许多劳动，需要成百上千次的不断重复，这种重复往往是单调乏味但又无法避免的。因此，养成为了达到某种社会目的不厌其烦地去重复某种劳动的习惯是十分必要的，如培养学生用手挑选优质麦种反复播种，以达到提高谷物质量的社会目的。

其次，劳动成为习惯有助于新的劳动技能的掌握。复习旧知识是获得新知识的基础，不断重复做同一件劳动，有助于取得更高层次的劳动技能和技巧，这一规律在学龄晚期尤为重要。如果学龄晚期学生的工作仅仅局限于挑选适宜播种的种子这种简单工作的重复，那么在学生眼里，这很可能变成一种无聊的工作，但是当学生在已经熟练掌握挑选优质种子的基础上，让他们从事研究如何提高种子的抗寒能力的实验，这时候挑选种子的工作就会变成他们掌握新技能的手段了，这项工作的研究性和趣味性也大大提高了。

最后，重复同一劳动活动也具有一定的审美目的。诸如培养花卉这类劳动，虽然单调，但它能满足人们审美情趣的需求。学生在重复那些能够完善他们劳动技能的过程中不断追寻更加完善的美。

（五）激励

苏霍姆林斯基认为，劳动的乐趣不同于一般的乐趣，他可以与人们攀登高山顶峰的感受相比拟。怪石嶙峋的崎岖山路，每迈出一步都必须付出极大的努力，然而在人们面前有一个崇高的目标——登上顶峰。当一个人爬上了山顶，他就感到自己变得崇高了，确立了自尊心。我们要努力使每一个学生在上学的年份里都要在一个选定的领域里取得突出的成绩，只有这样才能培养出热爱劳动的精神。把劳动变得具有吸引力、诱惑力，不会将劳动看成一种简单的、令人厌烦的重复行为。每天都重复进行的普通劳动不是最终目的，而是刚刚翻开的大自然书本的一页。劳动成了真正的创造，每周、每月，都往里面添加一些新的内容。同时，新的想法不断更新，前景也在不断更新。所以，对于对体力劳动抱有厌烦的一些学生不能放弃，我们对他们的教育还是必须从让他们取得成绩开始。去那种能够取得一点成绩的地方去劳动，一旦取得了成绩，学生就会产生对劳动的兴趣，激发劳动的热情。

对同一种劳动表现有良好才能的学生，在完成劳动任务时可开展竞赛。比赛的内容包括劳动的创造性、劳动技艺和劳动在美学上的完善。当做同一种工作时，劳动就有了竞赛的性质，都想方设法去找出一条自己独特的变构思为设计的途径。能否达到目的，就成为与个人荣誉相关的事。所以，尽可能多地读一些科普书籍，丰富精神生活。每个人不仅考虑自己的工作，而且会考虑别人在想什么，并极力去吸收和学习别人的经验，展开竞争。举办全校性展览是竞赛的另一种办法。这种方法能给学生确定今后的竞赛方向，让更多的学生参加到竞赛中来。在他们中会产生新的构思，开始对新方案的探索，涌现出新的优胜者。然而，这并不是胜利的终点，它只是竞赛的一个阶段。劳动教育的这种方法的可贵之处在于，它给每个学生都开辟了取得相当大成就、争取冠军，并在最符合他个人素质、能力和才干的那个创造性劳动领域里成为优胜者的前景。

在学龄初期，给学生布置一些诸如植树、整理花坛的集体劳动任务是十分有益的。在这种劳动过程中，学生会自发地搞起竞赛，每个人都希望自己能够多为集体劳动做出一份贡献。他们开始感受到，自己对于集体的贡献，就是比别人更加出色地完成自己的那部分任务。当我们以实现劳动的社会目的去鼓励学生的时候，他们就会深切感受到，完成个人定额只是自己分内的事情，谁也不会以此炫耀自己的功劳。此外，在青少年的品德教育中，那种超出集体利益的劳动任务起着重要的教育作用。诸如建造防护林这种劳动能够为社会创造一定的物质基础，改善人们的生活，让学生亲身体会到劳动的社会性和公益性。经历这种劳动之后，学生很难对集体劳动再怀有冷漠的态度。

在集体劳作中，绝大多数学生不仅能学习新知识，而且把自己掌握的知识传授给其他同学。只有当我们把自己的知识和经验传授给劳动集体中的其他人的时候，只有当我们开始关心他人，希望看到自己的美德在他人身上体现出来的时候，个人之间才会产生道德关系，自我教育也由此开始。当他们以自己的劳动技艺吸引着年龄较小的同学时，会激发自己的自信感、自豪感和荣誉感。这种力量会促使他们努力掌握新的、更高超的劳动技艺。总之，学生的发展需要集体的温暖与支持，需要通过集体来约束和激励自己。

五、劳动素养教育标准

培养什么人，是教育的首要问题，要培养德智体美劳全面发展的社会主义建设者和接班人，培养一代又一代拥护中国共产党领导和我国社会主义制度、立志为中国特色社会主义奋斗终生的有用人才。“有用人才”“时代新人”的一个重要特征，就是具备劳动的素质，能够弘扬劳动精神、崇尚劳动、懂得劳动最光荣，能够辛勤劳动、诚实劳动、创造性劳动。习近平总书记把劳动教育纳入社会主义建设者和接班人的要求之中，并强调教育与劳动相结合。马克思主义哲学认为，劳动推动社会历史进步，是人作为人之最本质、最显著的特征。马克思在《1844年经济学哲学手稿》中指出：“对社会主义的人来说，整个所谓世界历史不外是人通过人的劳动而诞生的过程。”因此，人类创造历史，劳动开创未来。劳动是推动人类社会进步的根本力量，是人民美好生活的源泉。构建德智体美劳全面培养的教育体系，加强劳动教育，是回归人的本质、回归学生自身的主体性教育方式，能够帮助学生在自主实践中发现自我，通过双手改变和创造自己的生活。在背景下，加强学生的劳动教育，努力提高学生的劳动素质，对学生的成长和国家的发展影响深远。

对于劳动素养教育的标准，国外始终没有明确的劳动素养能力标准，其主要原因是劳动对于人的素质教育不能简单地依靠几项指标来考核，劳动对于人的素养提高是综合的影响，包括个人动手能力、身体协调能力、专业技术掌握、思维的开发等。我国对于劳动素养教育的标准也没有明确的规定和执行文件，这项劳动素养教育的标准属于空白。但是各大中小学、学校等开展的劳动教育活动都有自己明确的教育目标和标准，作者通过大量的资料整理，总结如下。

劳动教育是全面贯彻党的教育方针的基本要求，是实施素质教育的重要内容。要在学生中弘扬劳动精神，教育引导学生崇尚劳动、尊重劳动，懂得劳动最光荣、劳动最崇高、劳动最伟大、劳动最美丽的道理，长大后能够辛勤劳动、诚实劳动、创造性劳动。高水平的人才培养需要构建德智体美劳全面培养的教育体系。可见，劳动教育就是素质教育。

六、劳动素养教育考核

（一）对受教育者的考核

衡量和评价劳动教育成效的根本依据是劳动教育目标的实现程度。由此，可以把青少年劳动教育成效的评价分解为以下四个维度：对基本劳动常识的知晓度、劳动情感的认同度、劳动意志和信念的内化度、劳动行为的稳定性和一贯性。

1.对基本劳动常识的知晓度

当代青少年成长于科技快速发展的人工智能时代，物质生活水平相对较高，再加上大多数是独生子女，从小劳动实践的机会比较少，导致他们对劳动缺乏感性和理性的认识。因此，劳动教育首先要让青少年对基本的劳动常识有认知，这是正向劳动观和良好劳动习惯形成的基础，也是劳动教育的基本目标。知晓度反映的是青少年获得劳动基本常识信息的刺激程度。知晓和理解是行动的前提，因此测试青少年对劳动常识的知晓度是评价教育成效的一个重要指标。我们需要了解青少年是否能够自觉认识劳动的重要意义与价值，如对于劳动的本质、历史地位、体力劳动和脑力劳动、劳动与幸福的关系等方面的认识。

2.劳动情感的认同度

青少年劳动教育的成效如果仅仅停留在认知程度是不够的，促进他们形成良好的劳动习惯，让其勤于劳动、自觉劳动、勇于进行劳动创造，为其终身发展和人生幸福奠基，是劳动教育的终极目标，而由认知到行为，离不开情感认同这个中介。劳动教育的目的不仅是要让青少年知道、理解什么是劳动，其本身还是一个以劳动事实、知识为载体，传播劳动观念、情感、态度、价值的过程，主要目标是引起青少年对教育者所主张和传授的劳动思想予以赞同、信服并内化为自身的信念和态度。为此，评价劳动教育的成效还要衡量青少年对劳动的情感认同度。

3.劳动意志和信念的内化度

这是指青少年将劳动教育的要求转化为内在信念、态度、品质的程度。它是以对正向的劳动观念知晓和认同为前提的，是对教育者所传递的劳动观念、情感、态度、价值的进一步认同和接受，是青少年对教育信息最高程度的同化反应。有成效的劳动教育活动应该能够促进青少年劳动思想观念的内化。当然，也要认识到这种最高程度的同化反应不是靠一两次教育活动就能够实现的，但内化度必须作为劳动教育成效评价的一个指标提出来。这是劳动教育取得成效的一个关键性环节，也是青少年劳动品质和行为形成的起点。内化度的测试可以通过劳动认知、情感、态度表现出来，还表现为能够克服劳动困难、努力磨炼劳动意志，以及对劳动的信念。对内化度的测试一方面可以依据青少年的自我评价和自我陈述，另一方面还要靠对青少年劳动态度和劳动行为选择倾向的观察。

4.劳动行为的稳定性和一贯性

上文所阐述的三个维度都是内化层面的，而劳动行为是外显的，也是教育成效的外化阶段，更多地依赖对劳动行为的观察与分析。教师和家长可以通过观察青少年在学校活动、家庭生活、社会公益活动中的态度和行为表现进行评价。一个养成良好劳动习惯的青少年，不仅能在学校和家里积极劳动、勤勉学习，还会热心参与社会公益劳动，这样的行为表现一般能反映教育的成效，说明青少年具有良好的劳动行为的稳定性以及一贯性。

（二）对教育者的考核

劳动教育是否能按目标顺利实施，我们首先要对劳动教育成果进行考核，其中对教育者的考核也是至关重要的，是关系到劳动教育是否能顺利进行的根本保障。

1.教师的测评方式

根据梅奥的人际关系学说，教师的行为并不单纯出自追求金钱的动机，还有社会方面的、心理方面的需要，即追求人与人之间的友情、安全感、归属感和受人尊敬等，而后者更为重要。因此，教师的测评也应当考虑教师的心理需求，力求测评方式多样化。

（1）学生评教。在教师测评中，学生评教自20世纪70年代以来在世界上许多国家得到重视。学生是教学的主体，他们对教学目标的实现、师生关系的良好程度有着最为直接的体会，对学习环境有着直接的感受。学生的测评将有助于教师了解学生的学习感受，增强师生之间的交流，有利于提高教学水平。所以应当鼓励学生积极参与教师测评。与其他教师测评方式相比，学生评教参加的人数众多，数据样本数量大，统计结果更有说服力。

（2）教师互评。在课堂教学中，同行对教材的要求、教学目标、教学方法都比较熟悉，他们提出的建议对教师提高、改进工作具有较大的价值，因此在测评教师时同行的评价具有重要意义。

（3）专家测评。教育专家是指具备专业技能，并依赖此类技能为生的职业人士。教育专家对教育有着深刻的理解，他们的测评能够从更高和更深的角度给教师方向性指导。

（4）教师自评。长期以来，人们一提到测评就认为是上级对下级，领导者对教师或教师对学生的评价、评估。这种认识是不完整的，根据实践和发展趋势，强调自我测评，强调测评者的主体作用，使其处于主动地位，可以获得积极的参与感，从而产生更积极的测评成果。在对教师的测评中，教师既是测评的对象，也应该是测评的主体。尊重教师的主体地位，促进每位教师主动、积极地参与测评，这样才能实现教师自我剖析、自我改进、自我教育和自我完善的目的。

教师自评的方式主要有以下三种。

第一，教师根据他人对自己的态度来评估自己。美国心理学家柯里认为：别人对自己的态度是自我测评的“一面镜子”。个人对自己的测评往往以别人对自己的测评为参照。例如：一个人的工作很出色，经常受到他人的赞扬，尤其是受到了他尊敬的人的表扬，从而获得自信心；相反，如果他在工作中经常失败，因此受到别人的不满和批评，长此以往，他就会缺乏信心，看不到自己的力量。

第二，教师通过与他人的类比来估计自己。马克思说：“人类起初是以别人来反映自己的，名叫彼得的人把自己当作人，只是由于他把名叫保罗的人看作和自己相同。”这就是说，个体对自己的测评是通过与社会上和自己地位、条件相类似的人的比较获得的。一个人自我测评的高低，不是孤立地进行的，总是把自己与他相似的人加以比较之后做出的。

第三，教师通过对个人的自我观察和心理分析来实现自我测评。个人的自我测评常常是根据他人对自己的测评与态度来估价自己，与此同时，个人也对自己的行为表现和心理活动进行观察和分析，因此自我测评不等于他人测评的反映，也不完全是以他人测评为依据，而是通过自我观察、自我分析独立完成的。

进行自我测评的优点是测评结果比较真实和准确，有利于测评标准的内化，形成被测评者改进工作的内在动力。不足之处在于教师知识、测评观念、认知定式及其他心理因素的影响，会使测评出现偏差，如过高或过低。

2.教师测评的功能

教师测评作为促进教师发展和加强学校管理的手段应当具有以下一些功能。

（1）引导功能。教师测评指标体系和测评标准为教师的成长和发展指出了方向，从而在教师的测评过程中起到引导功能。

（2）反馈矫正功能。通过测评反馈，及时获取教育过程、教育效果的信息，使我们能够客观、准确地把握学校工作或教师工作情况，能够清楚地看到成功与不足。学校和教师根据测评结果及时调整工作目标和流程，不断完善学校和教师工作，提高教育质量。

（3）鉴定功能。测评必然会有测评的结果，测评的结果对学校、教师起到一定的鉴定作用。如果我们使用科学的、全面的、客观的测评指标、测评标准和测评办法，那么测评的结果也会是科学、全面、客观的。但是仍应强调测评的主要目的是鞭策、促进教师改进工作，促进学校提高管理水平。

（4）激励功能。教师测评结果的反馈可以使教师看到自己的成绩和缺点，唤起教师强烈的成就感，从而把握工作的主动权，更加主动、积极地对学生施加教育影响，从而带来学生学业成绩的提高和对班级更为得心应手的管理，促使教师愿意在工作上继续努力，最终产生事实上的激励效应。

3.教师测评指标体系的制定

（1）指标体系制定的原则。

根据以上分析，在制定高中教师测评指标体系的时候，需要考虑以下几个原则：

1）全面性原则。教育是一个多层次、多因素、多变量的动态系统，教师的工作也是一个多层次、多变量的有机整体。因此，对教师的测评，需要进行多指标、多方位、多层次的分析和判断，力求准确地反映教师工作的真实情况。教师测评的全面性原则要求在测评过程中一方面要制定全面的测评标准，另一方面要广泛、全面地收集测评信息。教师测评的全面性原则还要求注重考评过程的严谨性和考评人员组成的全面性。测评要面向所有的教师，包括学校领导，每个人都是被测评者；所有的教师都参与测评，都是测评的主体，力求真实、准确、全面地收集教师测评信息。

2）校本原则。目前教育主管部门给学校提供更大的决策自主权，学校可以根据自己的意愿和具体情况来进行课程设置以及资源、预算、人事等各方面的分配，使学校能够自由地进行改革，这就是校本原则。教师测评作为学校管理的重要组成部分，必然也必须以校本为原则。根据学校本身的特性和需要，以学校为主体，以促进教师的可持续发展为目的，尊重差异，促进教师队伍的整体发展、教育质量的提高和学校长远的发展。

3）发展性原则。教师从事的劳动是复杂的脑力劳动，教师教育教学周期长，教育效果滞后。因此，对教师的测评应关注教师的教育教学对学生的长期发展的影响，注重对教师潜力的挖掘，同时关注教师未来的发展。

4）能力性原则。教师的基本能力主要有教育管理能力和教学业务能力。教师教育管理能力表现在善于疏导学生，把握学生的心理、情感特征，善于做学生思想工作，保持良好的师生关系。教师教学业务能力主要是研究教育教学水平和专业发展的能力。教师研究教育问题主要是为了解决具体问题，教师不可能都是教育专家，测评教师研究教育问题的要求不宜过高。教师的专业发展，就是不断地学习，深化教育教学理论、扩充教育教学技能，只有掌握、理解现代教育理论，才符合教育改革和发展的需要。测评指标体系的制定要关注教师的专业发展。

5）激励性原则。教师测评的根本目的，是促进教师的健康发展从而提高教育教学质量。通过测评，让教师感受到自己的工作得到认可，以激发教师的成功意识。教师的工作成绩得到测评者的肯定，会大幅度提高教师的自尊心和自信心，增强教师对学校、学生的责任感，让教师体验教学成功的幸福，把测评结果转化为教师发展的动力。因此，测评应着眼于教师的激励和引导，不能只是简单地告诉教师测评结果，要突出测评的引导和促进功能，要多让教师从测评中看到自己进步的一面；对于自己的不足，要找出解决办法和努力方向。要通过测评，最大限度地调动教师的积极性，推动教师继续努力，提高教育教学的效果。

根据赫兹伯格的双因素理论，使教师感到满意的都是属于工作本身或工作内容方面的。那些能带来积极态度、满意和激励作用的因素、能满足个人自我实现需要的因素被称作激励因素，包括：成就、赏识、挑战性的工作、增加的工作责任，以及成长和发展的机会。如果这些因素具备了，就能对教师产生更大的激励。所以测评指标体系的设计应该充分考虑激励因素，如目标激励、情感激励、信任激励、参与激励等。

（2）指标体系的制定。

指标体系对教师教学专业水平、教师履行专业和工作职责情况以及教师专业成就与工作绩效等方面做出测评。指标体系旨在帮助测评者鉴定教师作为教学专业人员的水平、表现及其作为学校组织成员的工作情况，经过适当的处理，可服务于教师业务水平评定、教师工作考核、教学改进、教师个体与群体专业发展需求诊断、教师专业发展方案开发与实施情况评估等多种目的。在实际应用中，该指标体系可作为其他教师测评指标设计的参考样本，测评人员可根据测评目的和测评任务的要求，结合学校实际情况灵活加以运用。

（3）教师测评指标体系的使用。

1）指标体系的适用范围。根据不同的测评目的，可以对测评指标进行合理的选择和运用。如果需要较为全面地测评教师的表现，那么在采集信息时，要选择能够全面说明教师思想、观念、行为价值的指标，并据此做出价值判断；如果测评只集中于测评指标的特定部分或特定的指标，在信息采集时需要寻找能够揭示教师思想、观念、行为中存在的问题及其原因的信息，为改进行动提供依据。总之，使用者可以根据自己的需要选取相应的指标组织测评活动。

2）指标权重与权值分配。各测评指标在测评体系中的重要性是不一样的，有些指标重要些，有些指标相对弱一些，这样就需要对各指标进行重要性评估，这就是指标权值。指标权值是特定指标权重的大小，反映了指标在整个指标体系中的重要程度。在实际工作中，可以使用多种方法确定权重的大小。测评是对价值的一种判断，与测评的目的相关，与测评的期望作用有关。因此，测评指标和权值的确定，主要是一个主观的价值选择过程，各指标权值的大小需要根据测评的目的加以确定，由学校根据学校测评的实际情况予以确定。

3）信息采集与分析。在本测评指标体系中，测评信息的收集需要根据测评的指标来进行。不同的指标，收集的内容也不相同，采用的技术手段也不同。为保证收集信息的公平性，需要从多个方面来收集信息，以保证合理地测评教师。例如：检查教师的出勤记录和教学任务就可以确定教师的工作量和考勤信息；通过查看教师的教学计划、访谈、调查问卷等方法了解教师的教学理念、职业素养和角色认同等信息；通过对学生的调查可以了解有关教师教学水平、教学效率以及对学生的关注程度等信息。

4）测评结果处理与运用。对于教师测评的结果可以根据测评的目的进行相关的处理。如果测评的目的是用于判断测评对象的价值或优劣程度，主要是为管理决策服务，可以用等第表示的测评结果。如果测评的目的是用于改进教学，促进教师专业发展，测评结果需要具有分析性、建议性、具体性的特点，这样才能帮助教师改进方案，扩大教师教学视野，深化对教学的认识，提高教师专业水平及工作积极性。

第十章　劳动教育的安全管理

第一节　家务劳动教育安全管理

一、自我服务劳动安全管理

（一）学习文具使用和选用安全管理

技巧1：不要选择太白的纸张。纸太白会刺激、损伤学生的眼睛。作业本纸张异常洁白，可能是在生产过程中添加了大量的荧光增白剂，长期使用不仅会影响学生视力，同时也会对人体产生不良影响。

技巧2：不要选择带有香气的橡皮。做成香蕉、菠萝、蛋糕等形状的橡皮不仅外形逼真，还会散发出阵阵水果、奶油的香味，许多孩子都喜欢这样的文具。尤其是低年级小学生，刚开始接触文具时都会感到很新奇，对某些橡皮的香味特别喜欢，会闻个不停，甚至还有啃、咬文具的习惯。有的香味过于浓郁的文具使用的是工业香精，其香料内的甲醛、苯超标，长时间使用会导致学生头痛、身体乏力，如果孩子长时间啃、咬这类文具很可能会导致慢性中毒。

技巧3：蜡笔、水彩笔、油画棒等美术用笔选择要谨慎。油画棒是孩子们普遍使用的美术用品，其原料中含有一定量的可溶性金属元素，如铅、钡、铬、锑、镉、汞、砷等。因蜡笔、水彩笔、油画棒等在使用过程中会与儿童身体尤其是手部皮肤直接接触，而且儿童常常有含咬、吸吮笔杆或手指的习惯，有害物质很容易被孩子们误食到体内，易引起记忆力减退、多动症，严重的还可能造成慢性中毒。

技巧4：多功能文具盒选择要谨慎。多功能文具盒虽然功能越来越多，但按钮弹性太强，在按按钮的时候，冷不防就有一个盒子或者其他东西从旁边弹出，而这些物品多由塑料制成，有一定的硬度，如果儿童靠得太近边看边按，很容易弹伤眼睛或手部。

技巧5：接触文具边缘要小心。文具的可触及边缘、边角等不能有毛边、尖端或者溢边，或者应加以保护使之不可被触及。如果铁皮铅笔盒质量较差，合页处的铁杆很容易在使用过程中发生变形，从而割伤手。尺子的锐角、圆规的尖儿等一不小心就会划伤学生的皮肤；剪刀也存在边缘、尖端易造成伤害的问题。

技巧 6：书包选择要谨慎。学生用的书包、笔袋一般为纺织产品，纺织产品在印染、整理过程中通常要加入各种染料和助剂，这些整理剂中或多或少地会含有或产生对人体有害的物质，特别是当甲醛残留在纺织品上并达到一定量时，就会对学生的身体健康产生较大危害。

（二）穿衣时安全管理

技巧 1：尽量不要选择扣子多的服饰。面对一款有许多扣子、铆钉、水钻或亮片的服饰，即使再好看也不要购买。因为扣子、铆钉等装饰物，很可能会被孩子们误吞而造成窒息。若已经购买这类衣服，要将扣子缝紧，以免发生意外。

技巧 2：尽量不要选带毛的衣服。虽然毛茸茸的材质摸着柔软舒服，但一些人属于过敏体质，如果穿了这些带有毛领的衣服，就容易出现哮喘等呼吸系统的疾病。

技巧 3：尽量不要买带绳带的衣服。一些带帽子的卫衣，领口处都会有一根长长的抽绳，虽然起着收缩领口、防寒保暖的作用，但也有不小的潜在风险。一旦绳子不小心收缩，勒住孩子的脖子，极有可能带来非常严重的后果。另外，《婴幼儿及儿童纺织产品安全技术规范》（GB31701-2015）要求，婴幼儿及 7 岁以下儿童服装头部和颈部不应有任何绳带，同时规定儿童服装除腰带外，背部不应有绳带伸出或系着，并且绳带的自由末端不允许打结或使用立体装饰物。带绳带的衣服加大了婴幼儿受伤的风险。

技巧 4：尽量不要选择有拉链的衣服。如果有拉链，脱衣服时不要将拉链对着自己，尽量不要让拉链接触自己的皮肤，以免划伤。

（三）手机在线学习风险须知

技巧 1：要有风险意识。在潜意识中警惕任何网络上的陌生人。同时不要盲目扫描二维码，以防被强行安装恶意软件和木马病毒，更不要盲目点击不知来源的链接以防进入“钓鱼”网站。

技巧 2：慎用商用软件。安装应用程序到该品牌手机自带的“应用商场”里去搜寻安装，不要到浏览器上搜寻下载，一些黑客程序、软件就是在浏览器页面上植入的。

技巧 3：线上上课保持理性。线上教育不是简单地把手机交给孩子，而是应该通过这样的契机，帮助孩子们完成互联网生活的安全教育，引导他们在纷繁的网络世界里保持理性，既不冲动于物质消费，也不沉迷于“精神消费”。

技巧 4：将心思放在学习上。网络学习对那些自控力较低的学生们来说是一件很艰巨的任务，所以更要一心放在学习上，这样学生不仅不会受到不法分子的欺骗，还会提高学习成绩。

（四）居家网络诈骗防范方法

技巧 1：即使是家人的来电短信，也要对内容进行甄别，回拨电话验证。

技巧 2：对推销“高科技产品”、特效药的，不要贪图便宜，轻信他人宣传，避免上当受骗。

技巧 3：遇到别人向你借钱，核实对方身份后再做决定。

技巧 4：当 QQ 信息或手机中收到一些来历不明的中奖提示，不管内容有多么逼真诱人，请千万不要相信，更不要按照所谓的咨询电话或网页进行查证。

技巧 5：网络兼职诈骗具有高提成诱惑、先付货款后提成、购买后先向对方交付商品信息或卡号密码的特点，遇到这种情况不要落入“低门槛高回报”的骗局。

技巧 6：当遇到有人低价销售网络游戏装备或游戏币时，请提高警惕，不要轻信对方。如确需购买相关物品，请向官方购买，不给犯罪嫌疑人可乘之机。

（五）遇到网络诈骗怎么办

步骤 1：保持冷静、确定损失。我们要先确定自己的损失，如钱财、物品等，可以列出损失清单，供报案用。如果被骗财物为游戏道具、游戏币、账号或其他虚拟物品，请先联系该游戏、软件或者网站的管理员进行处理。

步骤 2：尽快报警、防止二次受骗。确定了损失之后，我们必须尽快报警，切不可再联系网络诈骗者，防止二次受骗。有的受骗者挽回损失心切，未经报案便私下联系网络诈骗者，并且轻信了其退款、退物的谎言，二次受骗，使损失进一步扩大。

步骤 3：想尽办法、及时止损。报警之后，我们可以想办法进行止损，如尽快联系银行或快递公司等。若为网银诈骗，且保存有诈骗者开户行及账号信息，可立即登录对方开户行的网银和电话银行，输入对方账号后，故意输错三次登录密码，这样对方的网银转账跟电话银行转账功能就会被暂时冻结 24 小时，为我们联系银行、报警，进一步止损争取宝贵时间。

步骤 4：搜集证据、妥善保存。网络诈骗者一般都是通过媒介和被害人接触联系，如 QQ、手机短信、电子邮件和网络游戏等。受骗者首先要保存相关证据，最好有银行的交易记录，还要有网络聊天记录及对方的联系方式等。

步骤 5：选择正确的报案地点。被骗人可以向案发地、诈骗行为实施地、嫌疑人住所地报案。即可以选择在你的所在地报案，如若你知道犯罪嫌疑人在哪，也可以去其所在地报案，两地警方任何一方接到报案后均应受理。

（六）独自在家的安全隐患防范

技巧 1：家门不能随便开。孩子独自在家，要牢记门户是家中最重要的安全防线，不能轻易开门。如有陌生人敲门，要尽量婉拒，可请他等父母回来后再上门。

技巧 2：记住父母的电话。孩子要记住父母的联系电话，可以把号码贴在电话机旁，也可写在纸上随身带着。孩子还要学会正确使用家中的通信工具，最好养成定时与父母联系的习惯。

技巧 3：学会如何报警。拨打 110 时不要紧张，话要说清楚，尽量讲普通话，把姓名、地点、事由讲清楚。

技巧 4：陌生电话要当心。“喂，请问你找谁？”“你爸爸在家吗？”“请问你是谁？”“你不知道我是谁？”“你是不是一个人在家？”独自在家的孩子面对这种奇怪的试探性电话，要提高警惕，可假意让大人听或者借口打错而挂电话，千万不要透露独自在家的情况，同时还应马上告知父母。

技巧 5：熟悉家庭环境。父母要让孩子熟悉自己的家庭环境，为他们在遇到危险时设计一条安全的逃跑路线或寻找一个安全躲藏的地方。如让孩子知道哪个房间有电话可报警、哪个房间有门锁可躲避。

（七）整理家居内务时头部被磕到怎么办

技巧 1：撞到头之后先不要立即活动，先保持安静，最好是原地不动，给自己一个缓冲，避免更大的伤害。

技巧 2：如果撞到头出现鼓包，一定不要揉搓，可以用冰袋或冷毛巾冰敷。

技巧 3：撞到头之后不要剧烈活动，不要从事沉重的体力劳动或者跑跳等，最好安静三小时以上，以免出现脑震荡等问题。

技巧 4：撞到头后两天内要多加观察，一旦出现莫名的头晕、恶心、心慌、嗜睡，立刻就医。

（八）呼吸道传染病流行期间防护措施

技巧 1：勤开窗户，保持生活、工作环境的空气流通。

技巧 2：在呼吸道疾病流行期间，尽量减少去人员拥挤的公共场所。

技巧 3：勤洗手，注意防寒保暖，衣着适量，随气候递减。

技巧 4：饮食合理，多吃蔬菜水果，保证足够的营养，多喝白开水。

技巧 5：注意体育锻炼，提高耐寒能力，增强体质。

技巧 6：对呼吸道传染病缺乏抵抗力者应避免接触呼吸道传染病人，难以避免时，戴棉纱口罩有一定的预防效果。

技巧 7：若有发烧或出现上呼吸道症状时，应及时到医院就诊，有利于早期诊治呼吸道传染病。

技巧 8：预防接种。接种是被国际医学界公认的最有效武器。

（九）在家中怎样预防新型冠状病毒性肺炎的传染

技巧 1：增强卫生健康意识，适量运动、保障睡眠、提高自身免疫力。

技巧 2：保持良好的个人卫生习惯，咳嗽或打喷嚏时用纸巾掩住口鼻，经常彻底洗手，不用脏手去触摸眼睛、鼻或口。

技巧 3：居室多通风换气并保持整洁卫生。

技巧 4：尽可能避免与有呼吸道疾病症状（如发热、咳嗽或打喷嚏等）人密切接触。

技巧 5：尽量避免到人多拥挤和空间密闭的场所，如必须去要佩戴口罩。

技巧 6：避免接触野生动物和家禽家畜。

技巧 7：坚持安全的饮食习惯，食用肉类和蛋类要煮熟、煮透。

技巧 8：密切关注发热、咳嗽等症状，出现此类症状一定要及时就近就医。

（十）传染病居家隔离怎么做

技巧 1：居住空间一定要通风，有可疑症状者需要住在通风良好的单人房间里，并拒绝一切探视。

技巧 2：家庭成员应该在不同的房间，条件不允许的话，那么至少要保持一米距离。

技巧 3：最好选定一位身体健康的成员来照顾可疑症状者。

技巧 4：可疑症状者的污染物一定要标记好再处理。

技巧 5：多饮温水，保持身体脾胃健康。

技巧 6：若发现发热、干咳、腹泻等症状需要及时就医。

二、家庭服务劳动安全管理

（一）电热水器安全使用事项

技巧 1：用户要购买电源插头上有漏电保护装置的电热水器，然后在自家的电源箱中再加装一个剩余电流动作保护装置，起到双保险的作用。

技巧 2：必须保证接地线完好，防止触电事故发生。

技巧 3：保持电热水器使用环境通风干燥，以防电气元件因长时间处于潮湿状发生漏电等故障。

技巧 4：电热水器的插座必须使用单独的固定插座，采用截面不小于 $2.5mm^2$ 的单股绝缘铜线连接，有防水措施，有可靠接地线，经专业人员安装。

技巧 5：首次使用或使用长期停用的电热水器，必须先在内胆中注满水，方可接通电源。

（二）烹饪时油锅着火怎么办

步骤 1：关掉炉火，同时用锅盖、大块湿抹布或灭火毯盖锅。

步骤 2：沿着锅的边缘迅速倒入切好的蔬菜或其他生冷食物，使锅里的油温迅速下降，锅里的火会自动熄灭。

步骤 3：关掉抽油烟机、抽风机。抽油烟机或抽风机会助长火势，不利于灭火。

步骤 4：对于使用土灶做饭的，也可以使用沙土灭火。

（三）烹饪时燃气泄漏的处理方法

步骤 1：应禁止一切能引起火花的行为，如打开或关闭电灯，使用抽油烟机、排风扇等家用电器，避免引起煤气的燃烧，从而防止火灾发生。

步骤 2：立刻关闭燃气的总阀门，停止燃气的继续泄漏。

步骤 3：用湿毛巾捂住鼻子和嘴，并尽快打开窗户，让新鲜空气进来，这样可以大大降低室内煤气的浓度。

步骤 4：关上厨房门，避免煤气进入客厅和卧室内。

步骤 5：赶紧去找邻居或小区物业，请他们帮忙打电话给煤气公司。

步骤 6：如果你看到煤气的钢瓶阀门处已经着火，千万不要慌，应尽快关闭阀门，不要因为害怕而把钢瓶弄到屋外任其燃烧，这样反而会引起爆炸。

（四）居家煤气中毒的处理方法

步骤 1：立即打开门窗，移动病人至通风良好、空气新鲜的地方，注意保暖。查找煤气泄漏的原因，排除隐患。

步骤 2：松解衣扣，保持呼吸道通畅，清除口鼻分泌物。如发现呼吸骤停，应立即进行人工呼吸，并做心脏体外按摩。

步骤 3：立即进行针刺治疗，取穴为太阳、列缺、人中、少商、十宣、合谷、涌泉、足三里等。轻、中度中毒者，针刺后可以逐渐苏醒。

步骤 4：立畏口给氧，有条件应立即转医院高压氧舱室做高压氧治疗，尤适用于中、重型煤气中毒患者，不仅可使病者苏醒，还可使后遗症减少。

步骤 5：立即静脉注射 50%的葡萄糖液 50mL，加维生素 C500～1000mg。轻、中型病人可连用 2 天，每天 1～2 次，不仅能补充能量，而且有脱水之功效，早期应用可预防或减轻脑水肿。

（五）居家缝纫操作注意事项

技巧 1：保持正确的坐姿。

技巧 2：注意脚部控制电机踏板及压脚的方法。

技巧 3：掌握正确的安装梭心的方法和穿线、起针、收针、倒针等操作。

技巧 4：注意送料、接料操作和拐弯操作。

技巧 5：掌握正确绕底线的方法。

技巧 6：务必安装皮带防护罩等安全装置。

技巧 7：在缝纫机运转中不要将手指、头发、衣服靠近皮带轮、V 形皮带、马达及旋转部位，也不要把东西放到机器上面。

技巧 8：在缝纫机操作中，旋梭高速地旋转。为了防止手部受到伤害，运转中请绝对不要把手靠近旋梭。

（六）使用刀具切割时受伤出血怎么办

步骤 1：止血。若是一般的出血，用干净的纱布或手绢、毛巾在出血部位加压包扎即可，也可以用另一只手或由别人对伤手加压，既有效，也不会造成不良后果。如果手的动脉损伤发生大出血，可用止血带或弹性胶管束缚上臂 1/3 部位止血，并送大医院进行手术，其间应每隔 1 小时松开止血带 5～10 分钟，以免手部缺血坏死。

步骤 2：防止进一步污染。不要在伤口上涂抹紫药水之类的药物，以免影响医生判断伤情。

步骤 3：防止损伤加重。如果手指发生骨折并不全离断时，要用小木板、铁皮等做临时固定，同时也能起到止痛的作用。

步骤 4：自行简易处置。对于一些手部小的创伤，家里如果有常备的急救工具，可以自行处置。手部若被重物压伤，皮肤大多不会破，而会出现皮下青紫或血肿，此时要用冷毛巾或冷水袋外敷 30 分钟左右，能防止血肿增大，减轻疼痛。

（七）照看小孩儿的安全管理

技巧 1：不要让孩子蒙头睡。孩子睡觉时不能用衣服、被子将其头部蒙住。因为幼儿手臂力弱，很难掀起较重的衣服、被子，容易发生窒息事件。

技巧 2：窗户要加上护栏。孩子喜欢趴向窗口，很容易发生跌落事件。

技巧 3：地面不要湿滑。孩子所在空间要保持干燥，不湿滑，在洗手间、洗手盆和门前放防滑垫。

技巧 4：远离电源、室内电源线，开关要有适当高度，不要让孩子触摸到。

技巧 5：远离热源。不要让孩子去厨房灶台边，防止其玩火烧伤，注意防止电炉等物品将孩子烫伤。

技巧 6：注意饮食。花生、黄豆、瓜子、爆米花等圆硬食品，或带有刺状的鱼肉，要尽量避免给幼儿吃。

技巧7：不要把药品摆在显眼位置。凡是药品，不要随意摆放，以免孩子误食引起中毒或身亡。

技巧8：不要玩锐器。不要给孩子锐器，如刀具、玻璃、发卡及其他金属尖状物品，避免其戳伤眼睛、刺伤皮肤或割伤身体。

技巧9：玩具不宜过小。玩具不要太小，如玻璃球之类，或是可拆卸玩具的部分过小。最好玩具的整体大于孩子的嘴，同时要注意避免孩子误食塑料球、硬币等小物件。

（八）照看老年人的居家安全管理

技巧1：小心地面。梯级、不平地板、光滑地砖等容易使老人发生意外。

技巧2：家具摆放整齐。家具及一些物品摆放拥挤杂乱，也可能使老人跌倒受伤。

技巧3：一些随时要用到的物品（食品）应该摆在老人容易拿到的地方，而不要放在需动用梯子或凳子之类的攀爬工具才能拿到的地方，这可避免家庭意外的发生。

技巧4：老人晚上上厕所时，通常不喜欢开灯，因此卧房、客厅或厨房不应该有太多杂物，以免被绊倒。

技巧5：不应该让老人坐太软的沙发，因为他们坐下后，起身比较困难。

技巧6：有条件的要给老人安装一个报警器。

（九）如何防止儿童噎食

技巧1：食物要切成细块儿，便于咀嚼；如果囫囵吞咽，很容易卡住嗓子。

技巧2：吃饭时不要说笑。说话、大笑时，呼吸道是敞开的，嘴里含有食物，一不留神就会因噎食而产生危险。

技巧3：提醒细嚼慢咽。食品要细嚼慢咽，才能被充分碾碎，从而避免黏性大的食品粘到食道造成噎食。

技巧4：保持饭菜柔软。儿童和老人的咀嚼能力较弱，尽量少食用硬度大的食品，特别是豆类，体积小而且难以咀嚼，容易引起噎食。

（十）儿童噎食怎么办

技巧1：被噎到时，如果情况不是很严重，这时候不要着急害怕，可以站立起来，咽几下唾沫，或者喝一些热水，慢慢把食物顺下去。

技巧2：如果比较严重，就需要身边其他人的帮助。身边的人可以站在被噎人的后面，双手交叉环住被噎人的小腹，用力向上按压，可以促使被噎人将噎住的食物排出。

技巧3：如果情况特别严重，被噎人已经休克无法说话，在急救的同时要赶紧拨打紧急电话，以免急救无效时发生危险。

（十一）家具擦拭和清洁时的安全管理

技巧 1：家用吸尘器连续使用时间不能超过 1 小时，以免电机发热烧坏从而导致危险。同时吸尘器不能吸液体、黏性物体和金属粉末。

技巧 2：地板砖的吸水性较差，使用的拖布最好拧干，这样能达到较好的擦拭效果，才能防止由于地面水渍过多，使人滑倒受伤。

技巧 3：整理擦拭玻璃、瓷器器皿时一定要轻拿轻放，避免损坏伤人。

技巧 4：在严寒的冬季，不要用热水擦玻璃，以免玻璃炸裂。擦楼房窗户时一定要采取安全保护措施。

技巧 5：擦高处物品时，一定要将凳子或梯子放稳，必要时要有人扶护。

技巧 6：一般的家具都怕潮、怕火、怕磕碰。特别是皮质沙发应防止尖锐物品划碰，以免皮面受损。

技巧 7：擦拭家具时，特别是搬动高档家具时应特别小心，防止碰撞，以免损伤漆皮或边角。

技巧 8：擦拭灯泡、灯管时，擦前要先拔去电源插头，然后用湿抹布擦净尘土即可。如果灯泡上烟熏油污较重，可用食醋或剩茶叶水清洁。注意应使灯泡的金属片保持干燥。

（十二）家人触电了怎么办

步骤 1：为了使触电人脱离电路，可用干衣服、干绳子、干木棒、干木板或干的不导电物体做工具将两者分开，不能用金属及湿物件。如触电人衣服是干的，且没紧裹在身上，可以拉他的衣服，但不能触及他的身体，同时也不能触及附近的导电物体。

步骤 2：在救触电人的时候，最好只用一只手。

步骤 3：触电人因发生痉挛将电线紧握手中时，如果直接去掰开他的手，既有危险，也不容易。如人是立在地面上，要使他与地隔离，可在他脚下插入干木板或用干绳子、干衣服套在他脚上将他拉倒。若要将触电人所接触的一般低压线断开，须用干燥的木柄斧子、刀、锯或适当的绝缘工具，同时还要戴橡胶手套或穿橡胶鞋，不可直接接触电线。

（十三）家用电器使用安全管理

技巧 1：提高绝缘性能。绝缘性能越好，则漏电电流就越小，外壳对地电压就越低。如果电器外壳全部采用绝缘材料制造（包括常用的旋钮等），便可避免人体与金属接触，则更利于保障人身安全。对于含变压器一类的家用电器，若出现“带电”现象时，最简单的办法是调换电源插头两极的插入方向。但对含电热丝和电动机类的家用电器则不适用此法。接触绝缘物可增强隔电能力，如人可站在干燥的木质支架上，使人与大地间有良好的绝缘。

技巧 2：提高设计安全性。①安装温度保险丝。当温度超过限度时，保险丝即会熔化而切断电源。它适用于 800～2300℃的范围。此外，也可以采用双金属式温控器，将其温度控制调整适当，便可防止温度过高与电热器过热。②应用漏电保护装置。根据实际需要，可设置用电设备的分线漏电保护器及住宅线总漏电保护器，以实现多重保护或分级保护。

（十四）如何预防家人食物中毒

技巧 1：养成良好的卫生习惯。饭前便后要洗手。手上容易沾有致病菌，手未洗净时拿东西吃，病菌会随着食物进入消化道，从而引发细菌性食物中毒。

技巧 2：选择新鲜和安全的食品。变质的食品不能买，蔬菜和水果购买时要选择新鲜的，生吃的食品需要清洗干净。有些食品需要加工处理后才能进食，如生牛奶需要消毒。对于零食等食品，要查看其生产日期、保质期，是否有厂名、厂址、生产许可证号等标识。不能买过期食品和没有厂名、厂址的产品，否则一旦出现质量问题则无法追究。

技巧 3：做熟的食品趁热吃。做熟的食品冷却至室温时，微生物便容易繁殖，时间越长，危险性越大。因此，趁热进食刚做熟的食品，可以有效预防食物中毒。

技巧 4：保持厨房清洁卫生。食品极易受污染，微生物无处不在，厨房的食物残渣、碎屑容易滋生微生物。因此厨房需要保持干净卫生。厨房用具要常清洗，且注意不要将一些有毒化学物品带入厨房。

技巧 5：不喝生水，不吃霉变的食物。为保证饮水安全最好喝白开水。霉变的花生、土豆、玉米以及剩饭菜等不要吃，因为其中的真菌毒素会引起中毒。

技巧 6：避免生食与熟食接触。熟食与生食接触时会被污染，这种污染称为交叉污染，两者共用厨房用具时也会产生。交叉污染可能引起微生物繁殖，有患传染病的潜在危险。

技巧 7：熟食储存需精心，再次食用需加热。熟食如果需要储存，要把这些食品放在 600℃以上或 10℃以下的地方，以免微生物迅速生长繁殖到致病水平。储存的熟食再次食用时需要彻底加热，这样可以杀死食物中的微生物。

技巧 8：食品在食用前要彻底清洁。生吃瓜果要洗净。瓜果蔬菜在生长过程中不仅会沾染病菌、病毒、寄生虫卵，还有残留的农药、杀虫剂等，如果不清洗干净，不仅可能染上疾病，还可能造成农药中毒。

（十五）发生食物中毒如何家庭自救

步骤 1：如确认中毒者是因食入不良食物导致的中毒，应立即采取催吐、导泻措施排毒，千万不要服用止吐药物。

步骤2：迅速送中毒者去医院，同时带上剩下的可疑食物协助医院尽快确诊。

步骤3：保护现场，封存中毒食物或可疑食物，同时尽快向当地卫生行政部门和食品卫生监督检验所报告。

（十六）家用汽车儿童安全座椅使用注意事项

技巧1：安全座椅使用前，应该仔细阅读说明书。安装儿童座椅最好的位置是后座中间，因为研究发现这是最安全的位置。切忌将安全座椅安装在配有安全气囊的座位上。多起意外事故伤害报告显示，因前座气囊不慎爆开，可能造成孩子头颈部严重受伤甚至死亡。

技巧2：装置安全座椅需要花一点心思和时间，任何松脱都会影响对儿童的保护效果。譬如前向或后向的安全座椅，若是装反则无法达到保护效果。安装座椅时要留意正确的角度，安装后可以尝试着用力摇晃，看看是否稳固。一般左右位移应不超过两指宽度。将孩子固定在座位上后，确认孩子身上绑的安全带没有扭转翻面情形，安全带的松紧以可容下一指才算合格。由于儿童安全座椅可能经常需要拆卸，每次安装的时候都需要家长细心谨慎。

技巧3：幼童座椅的肩带要穿过胸前到大腿固定，而非卡在腰或肚子上。使用学童座椅时，肩带和腿带要一起系好，才能有保护效果。有些家长，虽然已经为孩子们准备了儿童安全座椅，但久而久之警惕心下降，小孩子虽然坐在安全座椅中但没有系上安全带，使得安全座椅的防护功能尽失。

三、交往服务劳动安全管理

（一）被烧伤怎么办

步骤1：迅速脱离热源，脱去燃烧的衣服或用水浇灭身上的火。可以就地打滚，靠身体压灭火苗，或由他人帮助用身边不易燃烧的材料扑打，或用被子、毯子、大衣等覆盖以隔绝空气灭火。切忌奔跑呼喊，因为奔跑会产生风，使火越烧越旺。

步骤2：对于小范围的局部烧伤，可以用自来水冲洗或井水浸泡，在可以耐受的前提下，水温越低越好。一方面，可以迅速降温，减少热力向组织深层传导，减轻烧伤深度；另一方面，可以清洁创面，减轻疼痛。

步骤3：不要给烧伤创面涂有颜色的药物，如红汞、紫药水，以免影响对烧伤程度的观察和判断，也不要将牙膏、油膏等油性物质涂于烧伤创面，以减少创面受污染的机会和降低就医时处理的难度。

步骤4：如果出现水泡，不要将泡皮撕去，同时要用干净的毛巾、被单等包敷，避免去医院途中受污染。

（二）被烫伤怎么办

步骤 1：不可以立刻包扎伤口，这样容易让伤口恶化，要立刻用清水，最好是冷水浸泡被烫伤的地方。

步骤 2：需要看被烫伤的是什么部位，如果是手背或者胳膊等部位，即便留下伤痕也不会太在意；但如果是烫到了脸部，则需要尽快到医院进行就诊，以免在脸部留下伤。

步骤 3：如果只是一点开水烫到了皮肤，那么自己在家处理就好。但如果是大面积地被大量开水烫到，这个时候在家做应急处理后就需要立即到医院就诊，进行专业处理。

步骤 4：在烫伤程度较轻的情况下，可以在医生的指导下购买一些药膏涂抹在受伤处，以缓解被烫伤的症状。

步骤 5：如果有冰块，可以用布裹着冰块冰敷被烫伤的地方，能起到一定缓解作用。

步骤 6：要尽量多吃一些清淡的饮食，多喝水，不要吃辛辣的食物，以免让自己上火，不利于烫伤创口的愈合。

（三）家庭聚餐安全事项

技巧 1：用固定的餐桌垫代替桌布，以防别人不留意拉到桌布角，导致桌上的东西砸伤或烫伤别人。

技巧 2：不要把暖壶、茶壶这样的东西放在桌子边缘。

技巧 3：不要将热汤放在桌子边缘，要放置桌子中心，以防有人喝汤时不小心烫伤。

技巧 4：刀叉不要随意摆放，要有顺序放好，以免误伤自己或他人。

技巧 5：吃饭要细嚼慢咽，不要边吃饭边说笑，食物尽量切成小块，避免噎食。

技巧 6：聚会的时候，要避免冲突，不要因为喝酒吃饭的过程中，与家人或者朋友几句话不和就大闹特闹，也不要因与外面的人言语不和就大打出手，做出不理智的行为。

（四）摆放座椅注意事项

技巧 1：以右为尊。通常情况下，主人请客吃饭的时候，要按照“右高左低”的角度来安排大家的座位，一般视右边为上座，左边为下座。主人应该让客人坐在靠右边的位置，然后主人陪坐在左边。

技巧 2：以中间的座位为上座。通常是以中间的座位为上座，然后两侧其他的座位为下座。平常和家里的人吃饭，要让长辈坐在中间的位置上，千万不能妄自尊大，抢先一步坐在中间，那样只会被旁边的人嘲笑。

技巧 3：以面对正门的座位为上座。平时我们在吃饭的时候也可以注意到，被宴请的主要宾客都是坐在面对着正门的位置，这也可以体现出对宴请宾客的尊重；同时在上菜的时候，客人不会因为上菜而弄得手忙脚乱，也不会让主人因此而失了规矩。

技巧4：不在室内空间摆放易燃可燃材料制作的装饰品，不使用易燃可燃的装饰材料和电器设备，更不应将易燃可燃的装饰材料装饰在座椅上。

（五）遇到家庭暴力怎么办

步骤1：遭受家庭暴力侵害的儿童，如果具有自我防护的意识和部分能力，应当告知施暴者自己有免受暴力侵害的权利。

步骤2：如果不能有效制止暴力行为，应当在其他家庭成员的帮助下，迅速离开暴力环境，及时拨打110报警电话，或向有关部门、邻居或同学求助。

步骤3：其他家庭成员或救助者应向有关心理、法律等热线或咨询机构咨询，进一步寻求专业的帮助。

步骤4：对于造成严重伤害后果的，家庭成员或救助者应当及时配合公安等司法机关，惩治施暴者。

（六）到朋友家做客的注意事项

技巧1：准时到达。做客的人要准时到达做客地点，不要迟到，以免主人等候，也不要早到，以免主人未做好准备。这是基本礼节。

技巧2：叩门按铃。到达主人门前，应先擦干净鞋上的泥土，然后按铃或敲门，敲门要把握好力度和节奏，切忌用力敲打或用脚踹门。

技巧3：进门问候。到达主人家里，不应直接入屋内，除了向主人问候寒暄外，还要同主人的家属及客人打招呼。待主人安排或指定座位后再坐下，同时要注意坐的姿势。

技巧4：接受茶水。当主人奉茶时，应立即欠身双手相接，并致谢。如果茶水太烫，要等凉凉了再喝，必要时也可以把杯盖揭开，不要一边吹一边喝。把杯盖放到茶几上的时候，盖口朝上。喝茶时要慢慢品饮，不宜啜出声音。主人端上的果品，要等年长者先动手之后，自己再取，果皮果核不要乱扔乱放。

技巧5：谈话要专心。不要在房间里走来走去，切不可左顾右盼，更不可乱翻东西。

技巧6：交谈中，努力营造出和谐、融洽的交谈氛围。即使双方观点不同，也没有必要因此和主人发生争执而失礼。在礼貌提出自己观点的同时，对主人的不同意见应表示尊重。做客的目的是表达友谊或者沟通事宜。所以即使主人一时失礼，只要不涉及人格尊严，都应克制，保持客人应有的风度和大度。

技巧7：辞行的机会。在与主人谈话过程中，如果发现主人心不在焉、长吁短叹、蹙眉皱额或不时看表，来访者应寻找“刹车”的话题并告辞。告辞不应在对方说完一段话后立即提出，可选在两人沉默的时间。如果主人有新客人来访，应同新客人打过招呼之后，尽快告辞，以免妨碍他人。

技巧 8：告辞的方式。准备告辞的时候，应选择在自己说完一段话之后，而不是主人或其他人说完一段话之后。同时，告辞前不应有打哈欠、伸懒腰等举止。起身告退的时候，如果还有其他客人，即使不熟悉，也要遵守“前客让后客”的原则，礼貌地向他们打招呼。如果主人送的话，送上几步后，你可以说“请留步”之类的客套话，主动向主人伸出手相握，以示告别，并请其留步。如果来访的客人很多，自己有事提前离开，就应低声向主人告辞并表示歉意，以免惊动其他客人；如果已被其他客人发现，就应礼貌地致歉和告别。

四、其他家务劳动安全管理

（一）室内遇到地震怎么办

步骤 1：抓紧时间紧急避险。如果感觉晃动很轻，说明震源比较远或震级较轻，只需躲在坚实的家具旁边就可以。大地震从开始到震动过程结束，时间不过十几秒到几十秒，因此抓紧时间进行避震最为关键，不要耽误时间。

步骤 2：选择合适的避震空间。室内较安全的避震空间有：承重墙墙根、墙角，有水管和暖气管道的地方等。屋内最不利避震的场所是：没有支撑物的床上；吊顶、吊灯下；周围无支撑的地板上；玻璃（包括镜子）和大窗户旁。

步骤 3：做好自我保护。首先要镇静，选择好躲避处后应蹲下或坐下，脸朝下，额头枕在两臂上；或抓住桌腿等身边牢固的物体，以免震时摔倒或因身体失控移位而受伤。要保护头颈部，低头，用手护住头部或后颈；保护眼睛，低头、闭眼，以防异物伤害；保护口、鼻，有可能时，可用湿毛巾捂住口、鼻，以防吸入灰土、毒气。

步骤 4：震后自救。在这种极不利的环境下，首先要保持呼吸畅通，挪开头部、胸部的杂物，闻到煤气、毒气时，用湿衣服等物捂住口、鼻；避开身体上方不结实的倒塌物和其他容易引起掉落的物体；扩大和稳定生存空间，用砖块、木棍等支撑残垣断壁，以防余震发生后，环境进一步恶化。

步骤 5：设法脱离险境。如果找不到脱离险境的通道，就尽量保存体力，用石块敲击能发出声响的物体，向外发出呼救信号。不要哭喊、急躁和盲目行动，这样会大量消耗精力和体力，尽可能控制自己的情绪或闭目休息，等待救援人员到来。如果受伤，要想办法包扎，避免流血过多。

步骤 6：维持生命。如果被埋在废墟下的时间比较长，救援人员未到，或者没有听到呼救信号，就要想办法维持自己的生命。尽量寻找食物和饮用水，并节约使用，必要时自己的尿液也能起到解渴作用。

（二）居家地震被埋压如何自救

技巧 1：如果可能，要挪开压在身上的物品，朝有光亮和空气流动的方向移动，尽快脱离险境。

技巧 2：如果无法逃生，应设法将手脚挣脱出来，挪开压在头部、胸部的物品，清理脸部的碎石、沙土，保证呼吸畅通。闻到煤气、异味或灰尘太大时，应设法用湿衣物等捂住口、鼻。

技巧 3：尽量避开身体上方不稳定的倒塌物、悬挂物或其他危险物。尽可能用砖块、木棍等支撑，以稳定和扩大生存空间。

技巧 4：用石块等物敲击能发出声响的物体，有策略地向外发出呼救信号，等待救援人员的到来。

技巧 5：如果受伤出血，要设法包扎伤口避免流血过多。如果被埋时间较长，要想办法维持自己的生命。

（三）居家如何避免遇到雷击

技巧 1：打雷时，尽可能地关闭各类家用电器，并拔掉电源插头，以防雷电沿电源线入侵，造成火灾或人员触电伤亡。

技巧 2：发生雷电时，应关闭电视机、电脑，更不能使用电视机的室外天线，若雷电一旦击中电视天线，就会沿着电缆线传入室内，损坏电器，威胁人身安全。

技巧 3：打雷时，不要开窗户，不要把头或手伸出户外，更不要用手触摸窗户的金属架，以防受到雷击。

技巧 4：电闪雷鸣时，勿打手机或有线电话，以防雷电沿通信信号入侵，造成人员伤亡。

（四）居家时如何应对火灾

步骤 1：沉着冷静。根据火势实情选择最佳的自救方案，千万不要慌乱。凡火灾幸存者大多没有大呼大叫，而是根据火势、房型，冷静而又迅速地选择最佳自救方案，争取到最好的结果。

步骤 2：防烟堵火。这是非常关键的，当火势尚未蔓延到房间内时，紧闭门窗、堵塞孔隙，防止烟火窜入。若发现门、墙发热，说明大火逼近，这时千万不要开窗、开门，可以用浸湿的棉被等堵封，并不断浇水，同时用折成 8 层的湿毛巾捂住嘴、鼻，一时找不到湿毛巾可以用其他棉织物替代，其除烟率达 60%～100%，可滤去 10%～40%的一氧化碳。另外，应低首俯身，贴近地面，设法离开火场，以避开处于空气上方的毒烟。

步骤3：设法脱离险境。底层的居民自然应夺门而出。楼上的住户若楼道火势不大或没有坍塌危险时，可裹上浸湿了的毯子、非塑制的雨衣等，快速冲下楼梯。若楼道被大火封住而无法通过，可顺墙排水管下滑或利用绳子沿阳台逐层跳下。

步骤4：尽快显示求救信号：发生火灾时，呼叫往往不易被发现，可以用竹竿撑起鲜明衣物，不断摇晃，红色最好，黄色、白色也可以，也可打手电、不断向窗外掷不易伤人的衣服等软物品，或敲击面盆、锅、碗等。

（五）在家遇到雷雨台风天气怎么办

技巧1：保持消息畅通。注意广播或电视里的天气情况播报，可以准备一个用电池的收音机（及备用电池），以防断电的情况发生。

技巧2：准备蜡烛和手电筒。储备食物、饮用水、电池和急救用品。

技巧3：定期收回屋外、阳台上的一切可移动物品，包括玩具、自行车、家具、植物等。将盆栽或其他重物搬离窗户。

技巧4：台风来临前切勿随意外出，家长应关照自己的孩子，在家时把门窗捆紧拴牢，特别是对铝合金门窗采取防护措施，确保安全。市民出行时请注意远离迎风门窗，不要在大树下躲雨或停留。

技巧5：检查门窗是否密封。如果风力过强，即便关了窗户雨水仍有可能进入屋内，因此需要准备毛巾和拖把。

技巧6：如果风力过强，请远离窗户等可能碎裂的物品。

技巧7：如遇洪水，关闭家中一切电源、水源、煤气。

技巧8：台风过去后，仍要注意破碎的玻璃、倾倒的树或断落的电线等隐患。

技巧9：马上关闭门窗，防止大雨及侧雷进入房间。同时，要远离天线、水管、铁丝网、金属门窗等物体，因为这些金属物体在雷雨天有产生感应雷或引进雷电波的危险。

技巧10：立即停止户外活动，迅速回到室内躲避。走路时要注意观察，尽可能绕过积水严重地段，防止跌入窨井及坑、洞中。不要惊慌、乱跑，以免因出汗散热产生电荷而遭雷击。

技巧11：如不能马上回到室内，除了用雨衣等雨具避雨，还可到有防雷设施的场所躲避。如不得已在大树下避雨，要与树干保持3米以上距离。

技巧12：如有雷电袭来，应在低洼地方蹲下，双臂抱膝，双腿靠拢，胸口紧贴膝盖，尽量低下头，以防受到雷击。

（六）电梯发生故障怎么办

步骤1：按下每层按钮。电梯骤停或突然下坠，尽快按下每一层楼的按钮，如果电梯停下，迅速逃出。

步骤 2：扶稳屈膝站立。电梯急速下坠时，应把背部和头部紧贴电梯内部，屈膝站立，双手贴墙或抓住电梯内的把手，尽量稳住重心。这样可以减缓电梯坠地后产生的冲击力，从而减少对脊椎的伤害。

步骤 3：速报警，保体力。电梯里的氧气量有限，所以不要采取过激行为，如乱蹦乱跳等，可保证在短时间内不会因缺氧而窒息。电梯稳定后，如果打不开门，可用电梯里的电话与外界联系。如果手机有信号，还可拨打 119。此外，也可拍门叫喊，或脱下鞋子用力拍门求救。

第二节　校内劳动教育安全管理

一、班务劳动安全管理

（一）打扫教室时如何预防滑倒

技巧 1：打扫地面时要保持地面的相对干燥，不能用过湿的拖把拖地，应将拖把在盥洗室的水池里拧干。

技巧 2：地面湿滑的情况下应开启风扇来加速地面的干燥，等地面完全干燥之后再进行下一步的清洁工作。

技巧 3：不应拿着未完全拧干的抹布四处行走，以防同学因不慎踩到水渍而滑倒。

技巧 4：不要在教室地面还未完全干透的情况下嬉笑、打闹及奔跑，以防滑倒。

（二）摔倒后的处理技巧

技巧 1：摔倒后，一定不要着急站起来，也别用力按揉，应原地感觉一下自己的伤情，如果意识清醒并且伤势不重，自己便可起来慢慢活动。

技巧 2：之后要检查自己摔伤疼痛的地方，是不是有伤口，是不是流血了。有时摔伤只是瘀青了，倒没多大关系，记住要先拿冰毛巾冷敷以减轻水肿，在 48 小时后改用热敷促进水肿和瘀血吸收，热敷可以用热毛巾或热水袋，在热敷的同时可以用红药气雾剂或云南白药喷剂局部喷敷。

技巧 3：如果感到活动困难，这时就应求助同学报告老师，并拨打急救电话。

技巧 4：针对前期已经做过处理的伤口，建议每天都换药，而且最好不要包着，和空气接触比较有助于伤口的愈合，纱布和伤口粘在一起的话可以用过氧化氢和 0.9%的生理盐水润湿慢慢弄下来，用这两个润湿比较不会疼。

（三）骨折了该如何处理

步骤1：对骨折的同学不能强行脱衣服，若受伤肢体肿胀严重或活动受限应剪开衣服，尽量避免不必要的搬动。

步骤2：骨折后发生的肢体弯曲、扭转等畸形不可勉强复原。开放性骨折露出体外的骨端或骨片不要送回伤口以免引起感染。

步骤3：检查伤口，包扎止血，立即报告老师，向老师说清楚原委。

步骤4：受伤的同学经过必要的现场处理后，应尽快转送医院。

（四）清洁门窗时扭伤该如何处理

步骤1：马上停下手头上的工作。

步骤2：扭伤的部位应尽快处理，早期可用冰袋或用冷水浸泡过的毛巾湿敷肿痛的部位。

步骤3：不可按压患处，以免造成更严重的后果。

步骤4：冷敷后可在局部肿胀处涂正骨水或贴消肿止痛膏药来活血化瘀。

步骤5：尝试活动，若可以，那么扭伤程度并不严重，只需休养一段时间即可；若有困难，需要通知老师，告知老师相关情况，并及时就医。

步骤6：在扭伤之后，一定要注意休息，不要参加运动。

（五）抹布的正确使用方法

技巧1：不同的地方准备不同的抹布，清洁窗户准备清洁窗户的抹布，擦黑板用擦黑板的抹布，不可混用。

技巧2：抹布用完后要及时洗干净，放在通风见光的地方晒干，最好让太阳照晒，这样可以消灭一些细菌。

技巧3：抹布用完之后要洗手，并且要用肥皂仔细洗净，以免病从口入。

（六）班级日常垃圾的正确处理方法

常识1：可回收物。可回收物是指适宜回收利用和资源化利用的生活废弃物，如废纸张、废塑料、废玻璃制品、废金属、废织物等。可回收物主要包括：报纸、纸箱、书本、广告单、塑料瓶、塑料玩具、油桶、酒瓶、玻璃杯、易拉罐、旧铁锅、旧衣服、包、旧玩偶、旧数码产品、旧家电。

可回收物投放要求：①轻投轻放；②清洁干燥、避免污染，废纸尽量平整；③立体包装应清空内容物，清洁后压扁投放；④有尖锐边角的，应包裹后投放。

常识2：有害垃圾。有害垃圾是指对人体健康或者自然环境造成直接或潜在危害的废弃物。有害垃圾主要包括：废电池（充电电池、铅酸电池、镍镉电池、纽扣电池等）、废油漆、消毒剂、荧光灯管、含汞温度计、废药品及其包装物等。

有害垃圾投放要求：①投放时请注意轻放；②易破损的请连带包装或包裹后轻放；③如易挥发，请密封后投放。

常识 3：厨余垃圾。厨余垃圾是指居民日常生活及食品加工、饮食服务、单位供餐等活动中产生的垃圾。厨余垃圾主要包括：丢弃不用的菜叶、剩菜、剩饭、果皮、蛋壳、茶渣、骨头等。

厨余垃圾投放要求：①厨余垃圾应当提供给专业化处理单位进行处理；②严禁将废弃食用油脂（包括地沟油）加工后作为食用油使用；③纯流质的食物垃圾，如牛奶等，应直接倒进下水口；④有包装物的厨余垃圾应将包装物去除后分类投放。

常识 4：其他垃圾。危害较小，但无再次利用价值，如建筑类垃圾，生活类垃圾等，一般采取填埋、焚烧、卫生分解等方法，部分还可以使用生物解决，如放蚯蚓等。其他垃圾主要包括：砖瓦、陶瓷、渣土、卫生间废纸、瓷器碎片等难以回收的废弃物。

其他垃圾投放要求：①采取卫生填埋的方法可有效减少对地下水、地表水、土壤及空气的污染；②难以辨识类别的生活垃圾投入其他垃圾容器内。

技巧 1：提倡个人用塑料袋把垃圾装好放到垃圾桶内。

技巧 2：用簸箕装其他干垃圾，倒入指定的垃圾桶内。

技巧 3：垃圾不能用手拿，要拿扫把扫。

技巧 4：公共垃圾每天一倒，随时保持教室内干净卫生无垃圾。

技巧 5：倒完垃圾之后要洗手，保持卫生。

（七）劳动擦伤的正确处理方式

步骤 1：立马停下手头工作。

步骤 2：观察伤口。洗净双手，保持干净状态处理伤口。

步骤 3：清洗受伤区域。使用干净的毛巾，用温水和抗菌皂小心地擦拭伤口。擦去所有的脏东西和皮屑，可以预防感染。

步骤 4：如果伤口处有异物，或者流血的伤口比较深，可以使用碘酒、过氧化氢或抗菌剂给伤口消毒，以免感染。

步骤 5：在受伤区域使用抗菌药膏。购买抗菌止痛的药膏，然后涂抹到伤口处。

步骤 6：检查伤处，确定是否有更严重的伤口，如割伤或撕裂伤。如果严重，可能需要去看医生。

步骤 7：保持干燥，不要让伤口接触到水，因为潮湿的环境会滋生细菌。如果不小心弄湿了伤口，可以使用棉球擦干皮肤上的水。如果伤口处有液体渗出，不要随手擦掉它，这可能会刺激到伤口。可以将纱布或创可贴取下，让它自然风干。如果渗出的是脓液或血，请立即去看医生。

步骤 8：擦伤的伤口愈合后会结疤，通常会很痒，但是不要去抓或者揭开伤疤，这样不仅会影响愈合的速度，而且会导致感染。

（八）绘制黑板报时油彩弄到衣服上的正确处理方法

当同学们在绘制黑板报时，有的时候需要用到油彩，若油彩弄到衣服上，正确处理方法有以下几点：

技巧 1：彩色衣服干的时候，用彩漂原液和衣领净按 1∶2 的比例喷涂污渍处，静置 30 分钟后洗涤。可以根据污渍的处理情况重复操作，也可根据需要延长处理时间，或过夜处理。之后用洗衣液正常洗涤。

技巧 2：用汽油擦拭有油彩的地方，有油彩的地方很快就会被去除，效果很好。

技巧 3：将带有油彩的部分浸入 60℃的热水中，片刻后取出，撒上少量碱粉及等量洗衣粉，反复搓洗，用清水漂洗后再用洗衣粉洗一遍。

（九）清扫教室后如何正确洗手

步骤 1：清洁掌心。打开水龙头，沾湿双手，然后在手掌心上涂抹足够的洗手液，双手五指并拢相互揉搓若干次。

步骤 2：清洁手背。双手五指并拢，左手心覆盖右手背揉搓若干次，然后左右手交换揉搓。

步骤 3：清洁指缝。双手五指分开，双手十指交叉相互揉搓若干次，清洁指缝，此时可以手心相对或手心覆盖手背。

步骤 4：清洁指尖。左手并拢，右手五指握成鹰爪状，在左手心揉搓，清洁指尖细菌，然后左右手交换。

步骤 5：清洁拇指。一只手握住另一只手的拇指搓洗，然后左右手交换搓洗。

步骤 6：清洁手腕。一只手握住另一只手的手腕搓洗，然后左右手交换搓洗。

（十）特殊时期教室如何进行消毒

技巧 1：保持教室卫生清洁，垃圾每日一倒，不可堆积。

技巧 2：每日通风不少于 3 次，每次不少于 30 分钟。

技巧 3：学生打扫卫生时应佩戴口罩。

技巧 4：对门把手、课桌椅、座位等高频接触的物体表面进行消毒，可用有效氯 250～500mg/L 的含氯消毒剂进行擦拭，也可采用消毒湿巾进行擦拭。

技巧 5：学生与学生之间应保持一定距离，避免近距离接触。

二、校务劳动安全管理

（一）校务劳动上下楼梯时的安全管理

技巧 1：上下楼梯时，应该靠右行走。

技巧 2：要按规定楼梯道通行，不擅自改变路线。

技巧 3：上下楼梯要轻声慢步，不要越级跨越台阶。

技巧 4：要保证楼梯道畅通，不在楼梯处滞留。

技巧 5：要保持楼道安静，不大声喧哗、不相互拥挤推搡，不准在楼梯及走廊上追逐打闹。

技巧 6：不要在楼内从事摸高、压腿、登墙、爬栏杆等活动。

技巧 7：要礼貌谦让，不抢着上下楼梯。

技巧 8：若上下楼梯时前面突然有同学滑倒，后面的同学要保持原地不动，不向前拥挤。

技巧 9：一旦发现危险情况，要保持镇定，无条件地听从教师的安排顺次下楼。

（二）夏季校务劳动如何避免中暑

技巧 1：感觉自己要中暑时多喝水，出门注意遮阳，防止阳光暴晒。

技巧 2：在中午温度特别高的时候，防止流汗过多、体温过高而中暑。

技巧 3：当发现自己身体不舒适的时候，应立即停止手中的工作或学习，马上报告老师，离开太阳处，到阴凉环境中休息，注意补充水分。

技巧 4：多吃水果，补充维生素，多喝冬瓜汤、海带汤、苦瓜汤之类的降暑食物。

（三）夏季校务劳动如何有效驱蚊

技巧 1：唾液。被蚊子咬了之后，迅速用你的口水（学名唾液）抹上去，很快就能止痒。

技巧 2：肥皂水。用浓肥皂水涂抹可迅速止痒，或用香皂蘸水在红肿处涂抹。

技巧 3：花露水。准备一瓶花露水，出门之前随手放在书包里，当要外出的时候，在皮肤上抹一抹，可有效防止蚊虫叮咬。

技巧 4：多吃碱性蔬菜（如菠菜、油菜、萝卜、辣椒、百合、白菜、木耳、山药、南瓜等）。多吃碱性蔬菜，体质及血液呈微碱性，蚊子不爱叮咬，就算被叮之后，也不至于太痒。

技巧 5：用维生素 Bl 水溶液。将 3～5 片维生素 Bl 溶解于水中，擦拭暴露在外面的肢体，能驱除蚊虫。

技巧 6：外出时尽量穿长衣长袖，有效防止蚊子近身。

（四）校门轮值的安全管理

技巧 1：轮值学生在轮值当天应按时到岗，并佩戴好自己的证件，不可遗失。

技巧 2：见到老师要敬礼并向老师问好。

技巧 3：若有同学换岗，应及时向负责的同学请假，负责的同学要及时将相关情况汇报给老师。

技巧 4：校门轮值应尽量靠门侧站立，防止被车辆撞伤。

技巧 5：执勤时不应奔跑，以防摔伤。

（五）校内交通安全管理

技巧 1：走路时不应低头看别的东西，而应该时刻观察四周。

技巧 2：不在路上嬉笑打闹或突然改变路线。

技巧 3：骑自行车的同学至校内应该下车推行，不突然猛拐。

（六）校内植树劳动的安全管理

技巧 1：植树前穿舒适的运动服和运动鞋，并戴好手套。

技巧 2：听从教师安排，不拿植树工具互相嬉笑打闹。

技巧 3：注意自身安全，规范使用植树工具。

技巧 4：爱护环境，不随地扔垃圾，在植树完毕后扔到指定地点。

技巧 5：栽培好树苗后，将水一次浇透。

技巧 6：活动结束后，带好自己的随身物品，统一返回。

（七）校内除草劳动的安全管理

技巧 1：外出时穿长袖长裤，带驱蚊液及清凉油，避免被蜇伤。

技巧 2：除草的时候分清草皮和杂草，一般长得较贴地、较矮不会长高的是人工草，而向上疯长的大都是杂草。

技巧 3：用工具除草的时候不可过分用力，避免伤害自己及他人。

技巧 4：当遇到小株杂草时，用手代替工具，避免破坏绿化带。

技巧 5：除草过程中不可用手碰脸部等较柔嫩部位，避免细菌入侵而发炎。

技巧 6：除草之后要及时洗手，不能马上吃东西。

（八）如何识别校内体育设施安全隐患

技巧 1：比较尖锐的体育器材，如标枪等，此类器材的摆放混乱，存在安全隐患。

技巧 2：体育器材设施，如单双杠、爬梯等下面需要软化，若只铺了假草坪垫子，使用它们的时候要格外小心。

技巧 3：学校内部运动场地，篮球架底座、排球架底座等边缘应有防撞条，若没有，打球的时候不宜用力过猛。

技巧 4：在使用单杠、双杠这些户外器材时，若遇器械摇晃较为厉害的情况，应立即停止使用，并报告老师。

（九）校园保洁擦玻璃的安全管理

技巧 1：擦玻璃时要依次逐面擦拭，不能间隔着擦。

技巧 2：擦玻璃最好两个同学配合来擦，不管是擦教室内的玻璃面还是擦教室外的玻璃面，都要注意自己的人身安全。

技巧 3：如果玻璃位置高需要用到椅子，要把胳膊露在外面擦，而不能把上半身露在外面，防止重心不稳。

技巧 4：用湿抹布擦完玻璃之后，再用干的报纸擦拭一遍，可使玻璃洁净。

技巧 5：擦玻璃不能用力过猛，这样玻璃很容易碎掉，导致事故发生。

（十）搬运必要的体育器材安全管理

技巧 1：体育器材有的时候摆放得杂乱无章，需要整理好再搬出，以防器材遗失。

技巧 2：搬运体育器材时应该轻拿轻放。

技巧 3：搬运体育器材时应该慢慢走，不宜速度过快，以防发生危险。

技巧 4：搬运垫子时，若垫子很久都没有使用过，可先将垫子上的灰尘拍走。

技巧 5：分发器材时，应一组一组地分发，不宜一哄而上，前拥后挤。

三、特色项目劳动安全管理

（一）割伤的止血方法

技巧 1：指压止血法。在伤口的上方即近心端，找到搏动的动脉血管，用手指或手掌把血管压迫在骨头上，即可止血。手和前臂出血，可用双手拇指压迫上臂内侧动脉搏动处；脚和小腿出血，可压迫大腿根部的动脉搏动处。

技巧 2：加压止血法。用洁净的纱布、绷带或毛巾等物品填塞伤口，再用绷带或布条、毛巾等在外面加压包扎，即可止血。松紧要适度，止住血即可。

技巧 3：止血带止血法。使用止血带时要掌握好松紧度和时间。

（二）使用尖锐物品如何防止刺伤

技巧 1：左手食指和大拇指上（或右手大拇指和食指上）缠好两层胶带，保护手指。轻轻缠绕，舒适为好。

技巧 2：刺绣、剪纸时注意避开自己和他人的眼睛。

技巧 3：自己用自己的工具，尽可能不要互相借。用完后要放入盒中，注意安全。

技巧 4：养成良好的安全习惯，不得在班级里玩弄针或剪刀。

（三）开水烫伤时该如何处理

步骤 1：将烫伤部位置于冷水中或自来水下轻轻冲洗，直到疼痛停止，无法冲洗或浸泡的部位则冷敷。

步骤 2：当烫伤处有衣物覆盖时，不要着急脱掉衣物，以免撕裂烫伤后的水泡，可先用水冲洗降温，再小心地去掉衣物。

步骤 3：用干净的布块将伤处水分吸干。

步骤 4：用消毒纱布盖住伤处并加以包扎。

步骤 5：视情况报告老师送医治疗。如手脚受伤需抬高伤处，减轻肿胀。

（四）砸伤时该怎么办

步骤 1：自己活动活动，以观察是否有肢体等运动障碍。

步骤 2：确定是否有流血的伤口。若有，应按压止血；若出现瘀血，通知老师，尽快冷敷。

步骤 3：若过了很多天，被磕碰处依旧疼痛，应及时就医。

（五）被木刺刺到该如何处理

步骤 1：尽快将木刺取出。用手指紧紧地捏住木刺，慢慢地取出，即使痛也要取出。

步骤 2：如果伤口过深，可以呼叫老师，借用镊子或者针挑出。镊子或者针可以用酒精消毒后轻轻地挑开伤口，取出完整的木刺。

步骤 3：挤出伤口处的瘀血。伤口处的瘀血可能有毒，所以要将其挤出。

步骤 4：用清水冲洗。用流动的清水对伤口及伤口周边进行认真的冲洗，冲掉残留的瘀血。

步骤 5：先去医务室用酒精或碘酒擦洗进行消毒。进行以上的冲洗后，再用酒精或者碘酒对伤口进行擦洗。

步骤 6：如果伤口红肿，可以用冰块或者冰水进行降温消肿。刺入过深的木刺即使被取出了，也要到医院注射破伤风抗毒素，以防万一。

（六）手有水泡时怎么处理

技巧 1：出现了水泡，在很小的情况下完全可以保留，不要做任何特殊处理，直接冷敷就够了。

技巧 2：如果水泡逐渐变大，则要在相对清洁的环境下做一个轻度的引流，可剪小孔、拿针戳孔轻度引流。

技巧 3：如果水泡已经破了，可以用稀释的（一定是稀释的，不然容易导致皮肤色素沉着）碘伏消毒，如果不是易摩擦部位，可以选择暴露伤口，有利于愈合，反之则用无菌纱布覆盖。

（七）使用计算机的安全管理

技巧1：上课前每一位同学先检查自己使用的计算机设备是否有损坏，如发现故障，立即报告任课老师或计算机教室管理员，切勿任意操作，以免造成更大的损害。

技巧2：严禁故意损坏各项设备。对计算机主机、屏幕、鼠标、键盘、磁盘驱动器等计算机设备应加以爱护，不得任意涂画、敲打、移动、拆装或重新组合。

技巧3：按照老师的要求使用计算机，不能登录不知名网站或做其他不当操作，这样容易导致计算机沾染病毒。

技巧4：在使用计算机时，不能携带饮料和食品，以防碎屑或液体落入键盘缝中。

（八）电路模型制作中的安全管理

步骤1：课前听从老师安排，各个元件的功能应牢记。

步骤2：在操作时，若小灯泡不亮，应该报告老师并更换，不应该自行拆解。

步骤3：在制作时，不能将线路搞混，以防短路，伤害元件。

步骤4：当课程结束时，将各个元件放回原位，待老师清点完毕后，方可离开。

（九）机器人制作中的安全管理

技巧1：机器人制作中需要用到金属材料，金属材料的四边都比较尖锐，要小心轻拿，防止划伤。

技巧2：制作机器人时，需要用到很多工具，要将工具分门别类放好，不能混在一起，避免出错。

技巧3：利用工具制作机器人时，工具应放置在台面中心位置，不要放在台面边缘，以防掉落砸到脚，引起安全事故。

技巧4：需要焊接特定机器人时，应听从老师安排使用焊接工具，不能随意操作，以防发生烫伤等事故。

技巧5：细节处理时，应耐心操作，不能用榔头、锤子等工具野蛮操作，以防碎片飞出导致事故。

（十）残余垃圾的正确处理方法

技巧1：废弃电池。对于常见的干电池，请直接分散投放到正式的垃圾箱内，且不要集中收集（指合格的碱性电池、锂电池、镍氢电池）。对于有害物质含量高的电池，包括碳锌电池、大部分纽扣电池、镍镉电池（老式充电电池）等，如果学校有废旧电池回收地，请交至此处；如果附近没有废1日电池回收地，且电池数量比较多，可以回家整理出来然后扔到指定投放地；如果没有指定投放地，且电池数量较少，请将它们密封后妥善保管，直到找到回收地为止。

技巧 2：废弃电路板。小型电器的电路板形状各异，含有各种元件，成分也比较复杂，元器件相对较小，因此，此类废弃电路板不便于进行元件和基板的分离，整体具有很高的回收价值。

技巧 3：废弃铁丝。铁丝属于可回收垃圾，铁丝有时很尖锐，所以应包裹后投放。

技巧 4：废弃电线。电线是可回收垃圾，电线有铜的、银的，这两种都是可回收的。应将电线投放进可回收垃圾桶里，并通过分类的清运和回收使之重新变成资源。

四、校内实验室安全管理

（一）实验一般操作的安全管理

步骤 1：实验课前，应预习实验内容，了解实验目的、原理、步骤以及所需仪器、器材、化学药品。

步骤 2：进入实验室，要服从安排，遵守纪律，令行禁止。不准喧哗打闹、随意更换座位、随意搬动或调换他人的仪器、器材；不准乱丢纸屑或者废物，不做与实验无关的事。

步骤 3：实验前，认真听讲，仔细观察老师的演示，明确实验目的、操作要点及注意事项。了解仪器装置的构造、原理及化学药品的性能。不要提前摆弄仪器或做实验。

步骤 4：实验时，必须按照正确的方法和操作步骤进行实验、认真观察、分析，并做好记录。按时完成实验。

步骤 5：切实注意安全，防止触电、中毒、着火、烧伤、割伤、碰伤等事故发生。一旦发生事故，应立即报告老师及时处理。

步骤 6：实验完毕，要做好清洁工作，经老师认可后方可离开实验室。

（二）试管的正确使用方式

技巧 1：装溶液时不超过试管容量的 1/2，加热时溶液不超过试管容量的 1/3。

技巧 2：用滴管往试管内滴加液体时应悬空滴加，不得伸入试管口。

技巧 3：取块状固体要用镊子夹取放至试管口，然后慢慢竖起试管使固体滑入试管底，不能让固体直接坠入，防止试管底破裂。

技巧 4：加热要使用试管夹，试管口不能对着人。加热盛有固体的试管时，管口稍向下，加热液体时管口向上倾斜约 45°。

技巧 5：受热要均匀，以免暴沸或试管炸裂。

技巧 6：加热后不能骤冷，防止试管破裂。

技巧 7：加热时要预热，防止试管骤热而爆裂。

技巧 8：加热时要保持试管外壁没有水珠，防止试管骤然遇冷而爆裂。

技巧 9：加热后不能在试管未冷却至室温时就洗涤试管。

技巧 10：使用试管夹夹取试管时，将试管夹从试管的底部往上套，夹在试管中上部。若将试管长度 3 等分时，则试管夹夹在靠试管口那端的 1/3 以内处为合理。

（三）化学实验中使用有毒物质的注意事项

技巧 1：不要将有毒化学物质和与其不相容的物质放在一起或接触热源。

技巧 2：使用有毒或有害化学物质时，要戴合适手套，摘手套前要将手套冲洗干净。

技巧 3：不要闻或品尝化学物质。

技巧 4：禁止用嘴吸液。

技巧 5：若对化学物质的危险性不了解，请先仔细阅读物品说明书。

技巧 6：当有毒的烟、气体、蒸气产生时，应立即打开门窗通风。

（四）实验中被灼伤时该如何处理

技巧 1：酸类。被硫酸灼伤的皮肤一般呈黑色；硝酸灼伤呈灰黄色；盐酸灼伤呈黄绿色。皮肤被酸灼伤后立巳口用大量流动的清水冲洗（皮肤被浓硫酸沾污时切忌先用水冲洗，以免硫酸与水相溶时强烈放热而加重伤势，应先用干抹布吸去浓硫酸，然后再用清水冲洗），彻底冲洗后可用 2%～5%的碳酸氢钠溶液、淡石灰水或肥皂水进行中和。切忌未经大量流动的清水彻底冲洗就用碱性药物在皮肤上直接中和，这样会加重皮肤损伤。

技巧 2：碱类。强碱具有强烈的腐蚀性和刺激作用，一旦碱灼伤皮肤，应立即用大量清水冲洗至碱性物质基本消失为止，再用 1%～2%的醋酸或 3%硼酸溶液进一步冲洗。

技巧 3：溴类。液溴和溴蒸气对皮肤和黏膜具有强烈的刺激性和腐蚀性。液溴与皮肤接触产生疼痛且易造成难以治愈的创伤，严重时会使皮肤溃烂。溴蒸气能引起流泪、咳嗽、头晕、头痛和鼻出血，重者死亡。当溴灼伤皮肤时，先用大量清水冲洗，再用 1 体积氨水（25%）、1 体积松节油和 10 体积乙醇（95%）混合溶液洗涤包扎。

技巧 4：白磷。磷通过皮肤进入机体后，会加速体内排钙，引起骨骼脱钙，并抑制机体氧化过程，造成蛋白质及脂肪代谢障碍。当皮肤被白磷灼伤时，及时脱去污染的衣物，并立即用清水冲洗，再用 2%的碳酸氢钠溶液浸泡以中和生成之磷酸，然后用 1%的硫酸铜溶液轻涂伤处以防止皮肤上残存的白磷形成不溶性磷化铜，阻止皮肤吸收白磷，用 0.1%的高锰酸钾湿敷包扎，不能将创伤面暴露于空气中，不能涂抹油脂类物质。

技巧 5：酚。酚侵入人体后，会分布到全身组织，透入细胞引起周身性中毒症状，直接损害心肌和毛细血管，使心肌变形和坏死。皮肤被酚灼伤时，应立即用 30%～50% 的酒精揩洗数遍，再用大量清水冲洗干净，而后用硫酸钠饱和溶液湿敷 4～6 小时。由于酚用水冲淡 1∶1 或 2∶1 浓度时，在瞬间可使皮肤损伤加重而增加对酚的吸收，故不可用水冲洗污染面。

（五）实验中化学中毒如何应对

技巧 1：呼吸系统中毒。应将中毒的同学立即带离现场，转移到通风良好的地方，让其呼吸新鲜的空气。若中毒的同学休克昏迷，可通知老师给其吸入氧气或做人工呼吸，并迅速送往医院抢救。

技巧 2：消化道中毒。应打 120，立即送往医院抢救。

技巧 3：皮肤受毒物伤害。应立即让受伤同学用大量的清水冲洗皮肤（浓硫酸要用干布擦干），具体处理措施与化学灼伤处理方法类似。

（六）实验室中气体泄漏该如何逃生

技巧 1：可燃性气体（氢气、天然气、沼气、煤气）。实验过程中应该一直开启排风扇，必要时要开门窗通风。但由于达到一定程度的混合气体遇到火花会发生爆炸，所以发生泄漏后不能开关电器，也不能打开排风扇或抽油烟机，避免穿化纤的衣服，动作要轻，跟随老师迅速撤离。

技巧 2：有毒气体（氯气、二氧化氮、硫化氢、一氧化碳等）。同学们应迅速撤离，由实验员老师根据情况打开门窗或排风扇通风。

技巧 3：通常学生在做实验过程中使用药品的浓度和用量是有一定限制的，一般产生有害物质的量不会很多，遇到问题不要慌张，及时撤离，少量吸入一点有害物质不会对身体造成什么损伤，有不舒服时要及时就医。

（七）被大型物体、仪器磕碰到该如何处理

步骤 1：确定是否有流血的伤口。若有，应按压止血；若出现瘀血，应尽快到医务室向老师说明情况并冷敷。

步骤 2：自己活动活动，以观察是否有肢体等运动障碍。

步骤 3：若发现过了很多天，被磕碰处依旧疼痛，应及时就医。

（八）实验中乙炔气瓶使用的安全事项

技巧 1：乙炔气瓶在使用中，如需移动，应装在专用小车上推行。

技巧 2：乙炔气瓶在使用时漆色必须保持完好，不可涂改。

技巧 3：使用时要注意固定，防止倾倒，严禁卧入使用。

技巧 4：禁止敲击、碰撞等粗暴行为。

技巧 5：气瓶使用时不得靠近热源和电气设备。

技巧 6：瓶阀在冬季冻结时，严禁用火烤，要用 40℃以下的温水解冻。

技巧 7：瓶内气体严禁用尽，必须留有余压。

技巧 8：严禁铜、银、汞等及其制品与乙炔接触，与乙炔接触的铜合金具含铜量需得高于 70%。

（九）实验废液处理的正确方法

技巧 1：实验的废液不能随便倒，实验室没有处置能力，要请相关机构进行处理。

技巧 2：无机实验中经常产生大量的废酸液。废酸缸中废酸液可先用耐酸塑料网纱或玻璃纤维过滤，滤液中加碱中和，调 pH 值至 6～8 后就可排出。

技巧 3：无机实验中含铬废液量大的是废铬酸洗液。可以用高锰酸钾氧化法使其再生，继续使用。

技巧 4：氰化物是剧毒物质，含氰废液必须认真处理。少量的含氰废液可先加氢氧化钠调 pH 值>10，再加入几克高锰酸钾使 CN 根氧化分解。量大的含氰废液可用碱性氯化法处理。先用碱调至 pH 值>10，再加入漂白粉，使 CN 根氧化成氰酸盐，并进一步分解为二氧化碳和氮气。

技巧 5：含汞盐废液应先调 pH 值至 8～10，之后加适当过量的硫化钠，而生成硫化汞沉淀，再加硫酸亚铁而生成硫化铁和氢氧化亚铁沉淀，从而吸附硫化汞共同沉淀下来。静置后分离，再离心、过滤，待清液含汞量降到 0.02mg/L 以下可排放。

技巧 6：含重金属离子的废液，最有效和最经济的处理方法是，加碱或硫化钠把重金属离子变成难溶性的氢氧化物或硫化物而沉淀下来，从而过滤分离。

技巧 7：可燃性物质的废液，应置于燃烧炉中燃烧。如果数量很少，可把它装入铁制或瓷制容器，选择室外安全的地方把它燃烧。点火时，取长棒，在其末端扎上沾有油类的破布，或用木片等东西，站在上风方向进行点火燃烧。必须监视至烧完为止。

技巧 8：对难燃烧的物质，可把它与可燃性物质混合燃烧，或者把它喷入配备有助燃器的焚烧炉中燃烧。多氯联苯之类难燃烧的物质在燃烧后，往往会排出一部分还未焚烧净的物质，要加以注意。对含水的高浓度有机类废液，亦能用此法进行焚烧。

技巧 9：对含水的低浓度废液，用与水不相混合的正己烷之类挥发性溶剂进行萃取，分离出溶剂层后，对它进行焚烧。再用吹入空气的方法，将水层中的溶剂吹出。

技巧 10：对形成乳浊液之类的废液，要用焚烧法处理。

（十）校内实验室防火注意事项

技巧 1：操作、倾倒易燃液体，应远离火源。危险性大的，如乙醚或二硫化碳的使用操作，应在通风柜或防护罩内进行，或设蒸汽回收装置。

技巧 2：危险性操作如能喷出火焰、腐蚀性物质、毒物、爆炸物，容器口应对向无人处。开启试剂瓶时，瓶口不得对向人体。如室温过高，应先将瓶体冷却。

技巧 3：黄磷、金属钾、钠、氢化铝、氢化钠等自燃物，数量较大时应在防火实验室内操作；对钾、钠进行操作时应防止其与水、卤代烷接触。

技巧 4：久置的有机化合物如醚、共轭烯烃等物质容易吸收空气中的氧，生成易爆的过氧化物，需特殊处理后方可使用。

技巧 5：接触可引起燃爆事故性质的不相容物，如氧化剂与易燃物，不得一起研磨。过氧化钠、钾不得用纸称量。

技巧 6：蒸馏或回流实验中，必须预先放置助沸物（沸石、素瓷片或一端封闭、适宜长度的毛细管等）。严禁向近沸液体中添加助沸物，应先移去热源，待液体冷却后再添加，以免大量液体从瓶口喷出起火。蒸馏较大量易燃液体时，宜用滴液漏斗不断加入，避免使用大蒸馏瓶，以减小燃烧的危险性。当所需馏分蒸出后，应停止蒸馏，防止蒸干后烧瓶烧破而发生事故。

技巧 7：使用易燃溶剂重结晶时，应采用蒸汽浴、液浴或密闭电热板加热，用锥形瓶盛装，不得用烧杯。

技巧 8：设置专用容器收集废液、废物，不得弃入废物缸或下水道，以免引起燃爆事故。如有溅散，应立即用纸巾吸除，并做适当处理。

第三节　校外劳动教育安全管理

一、社会服务劳动安全管理

（一）志愿服务时清洁楼梯的安全常识

常识 1：开灯。在开始清扫之前，应该先把灯打开，一是为了看清作业面的情况；二是为了安全，避免踩空，发生不必要的危险。查看垃圾桶内是否需要更换垃圾袋。

常识 2：放置告示牌。放置“工作进行中”告示牌。

常识 3：拖擦。使用拖把进行拖擦。采取左右拖动的方式，边拖边后退，先拖擦角落，后拖擦中央，退而横向清洁，可以避免滑倒，保持身体重心。

常识 4：整理。自检合格后收拾工具，应将拖把洗干净，晾干待用，注意个人卫生。

（二）志愿服务中如何正确张贴宣传海报

步骤 1：选择张贴海报的地点，尽量宽敞一点。

步骤 2：量好水平位置，在粘贴时，根据画面方向和粘贴习惯，按照从上到下、从左到右的顺序粘贴。

步骤 3：在两个人的合作下，先将左上角定位于墙上，再慢慢揭开背胶往下粘贴。粘贴时，最好用小毛巾代替手，更容易将画抹平。

（三）做社区家庭防火义务宣传的注意事项

技巧 1：要上好儿童教育课。教育儿童不要玩火。家中的白酒、纸张、窗帘等易燃可燃物品应与火源保持足够的安全距离。

技巧 2：要上好家务劳动教育课。中小学生参与家务劳动一定要在相关监护人陪同的情况下，才能进行相应的家务劳动，特别是涉及使用炉灶、微波炉和电器设备时。

技巧 3：要上好生活用火课。使用液化气、煤气、天然气时不要离家外出，用完后，应关好开关，不要让小孩儿随意乱动燃气设备，避免气体泄漏。

技巧 4：要上好家电使用课。要宣传彩电、冰箱、洗衣机、微波炉、计算机等家用电器用电安全。

（四）参与餐厅职业体验服务的体验流程

步骤 1：迎客。当迎宾员将顾客领到该区域中时，服务员应微笑点头问好。拉椅让座，根据顾客人数添减餐具，并递上菜单。

步骤 2：点菜。翻开菜单，请顾客阅览，同时介绍本店特色菜、特价菜、新推菜及酒水。在记录顾客所点菜品、酒水时，写清日期、桌号、点餐人数、服务员姓名。顾客点菜完毕，复述点单，以确认顾客所点菜品无误，然后示意顾客稍后待菜品上桌。离开前应提醒顾客注意保管好随身携带的物品以免丢失。

步骤 3：下单。下单核对单据与预算是否一致。如有问题迅速解决。

步骤 4：餐中服务。将顾客所点酒水及一次性餐筷送上餐桌，征求顾客意见，启瓶倒入杯中。巡视自己所管区域顾客的用餐情况，及时补充客人所需，整理台面。上菜报清菜名，划菜核单，征求顾客意见，随时撤下顾客餐桌上的空餐具和用具。服务员有事暂时离开工作区域时，一定要向邻区的服务员打招呼寻求帮助。不要长时间离岗，办事完毕应迅速返回工作区。随时巡查地面和台面卫生，及时清理以保持清洁。顾客离座拉椅，提示顾客带好随身携带的物品，并致欢送词。

步骤 5：收台。餐具应按档码放，不得大餐具摞小餐具，前厅用品和厨房用品分开，使用规定的收台工具将餐具分别送到洗碗间。清整台面垃圾，擦净桌椅，及时摆台以便接下桌顾客。

（五）参与校外勤工俭学的安全管理

技巧 1：交通安全隐患。参加校外勤工俭学工作，工作地点多距学校较远，城市交通状况日趋紧张，因此在外出时一定要注意交通安全。

技巧 2：中介安全隐患。由于学生打工的人数越来越多，社会上也随之出现了各种各样的中介组织，这就难免会有一些只以营利为目的的非法中介鱼目混珠。这些中介组织工作来源往往很不可靠，不能给学生提供足够的安全保障，往往在收取学生中介费用后，便撒手不管，或了无踪迹。所以同学们找工作一定要通过正规的中介机构，谨防上当受骗，以免给自己人身财产造成伤害。

技巧 3：工作安全隐患。在许多同学做校外兼职的过程中，侵权现象时有发生，如用人单位不履行协议而让学生做约定外的工作，有些户外工作往往缺乏安全保障等。这一隐患也主要是由同学们没有经过正规的中介组织或者自行联系工作造成的。一旦自身权益受到侵害，往往处于孤立无援的弱势境地。

技巧 4：谨防进入违法分子圈套。有些不法分子利用学生涉世不深、看待问题过于简单的弱点，以各种优厚条件为诱饵骗取学生信任，从而将学生作为其进行违法活动的工具，如非法传销组织或其他非法组织。而一些犯罪分子更是猖獗，以找家教或兼职为名，对学生实施抢劫或其他犯罪活动。

（六）参加敬老院志愿服务的注意事项

技巧 1：不能问老人家的家庭情况与财政收入，除非是其主动说起。但如果老人家说起以前的事感到悲伤时要尽量转移话题。

技巧 2：不能接受老人家赠送的任何财物或太多的食物，也不能随便给老人家食物。

技巧 3：不能随便对老人家做出承诺，一旦做出，必须完成。

技巧 4：对行动不方便，要坐轮椅的老人家，不能自己扶起，一定要请护工，或者请其他志愿者一起帮忙。

技巧 5：与老人家沟通时要友善，关键要笑。说话时可以在老人家耳边说话，让其听得更清楚。耳背比较严重的老人，可以尽量地用身体语言表达。

技巧 6：话题可以从老人家的生活说起，但说话期间不能讲粗言秽语。

技巧 7：尽量坐到每位老人的身边，不要只围着某几个老人聊天，要顾及每位长者。

技巧 8：过程中如果出现突发情况，要尽快告诉领队，不能自己单独处理。

技巧 9：活动过程中注意听领队的指挥，自觉遵守纪律。

（七）参加安全普法宣传中的注意事项

技巧1：尽量动员更多的人参与安全普法宣传活动。在宣传安全的同时，也要注重生活中安全法律常识的普及。

技巧2：精心部署，责任到位，进一步完善安全普法宣传教育的领导机构，全面健全法律学习制度。

技巧3：结合实际，大胆探索。

（八）参加室外马拉松志愿服务的注意事项

技巧1：在民警的统一组织指挥下，主要维护赛道交通和治安秩序，确保比赛线路畅通和运动员安全，并当好啦啦队，做好其他保障任务。

技巧2：配合民警管理好警戒线、警戒标志，防止警戒标志被观众移动或挤倒。

技巧3：协助医务人员做好参赛运动员途中的救助工作。

技巧4：劝导和阻止行人、车辆横穿赛道。

技巧5：维护观看群众的秩序，当好啦啦队。

技巧6：积极主动协助公安机关处理突发事件。

技巧7：特殊情况的处理办法：①当遇到观众超越警戒线或横穿赛道影响运动员比赛时，应该及时制止。②当遇到沿线两侧楼房上人员向比赛路线抛掷物品时，应立即制止。对不听劝阻的，应立即控制，移送执勤民警查处。③当遇到运动员途中发生摔倒、休克等意外情况时，应立即协同医务人员，将其撤离赛道并协助进行抢救。

（九）参加社区图书馆义务服务的注意事项

技巧1：熟悉社区图书馆的馆内及周边环境，当有读者提出问题时，能够快速准确地回答。

技巧2：明确社区图书馆的注意事项，不做违反规定的事情，并能够正确引导读者。

技巧3：做好自己的分内工作，为读者读书营造一个良好的环境氛围。

二、基地劳动安全管理

（一）野外生存时如何辨别方向

技巧1：利用太阳辨别方向。冬季日出位置是东偏南，日落位置是西偏南；夏季日出位置是东偏北，日落位置是西偏北；春分、秋分前后，日出正东，日落正西。只要有太阳，就可以使用手表来辨别方向。按24小时制读出当时的时刻，将小时数除以二，将得到一个时刻数。把手表水平放在手上或者地上，让手表的这个时刻对准太阳所在的方位，这时手表表面12点所指的方向是北方，6点所指的方向是南方。立竿见影，在地上垂直竖立一根竿子，上午影子指向西北，下午影子指向东北，影子最短时是正中午，这时影子指向正北方。

技巧 2：利用地面物体判断方位。独立的大树通常南面枝叶茂盛，树皮光滑，北面树枝稀疏，树皮粗糙。其南面通常青草茂密，北面较潮湿，长有青苔。建筑物和土堆等，北面积雪多、融化慢，而土坑等凹陷地方则相反。中国北方较大的庙宇、宝塔的正门和农村独立房屋的门窗多向南开放。森林中空地的北部边缘青草较茂密。树桩断面的年轮，一般南面间隔大，北面间隔小。在中国北方草原，沙漠地区西北风较多，在草丛附近常形成许多雪龙、沙龙，其头部大、尾部小，头部所指的方向是西北。草原上蒙古包的门多向南开放。

技巧 3：简易指南针制作。反复把一截铁丝（缝衣针）沿着同一方向与丝绸相摩擦，铁丝就会产生磁性，悬挂起来就可以指示北极。它的磁性不会很强，隔一段时间以后，你就需要重新摩擦，来增加它的磁性。用一根绳子将磁针悬挂起来，以便不影响磁针的平衡。但不要用有扭结的绳线，或绞缠在一起的绳线。如果没有绳子将磁针进行悬挂，可以把磁针平放在一小块纸片上，或者放在树皮、草叶上，让它们自由地漂浮在水面上。如果有一节电池，它的电压为 2 伏或者 2 伏以上，利用电流，就可以把金属铁丝磁化。同时也要准备一小截金属线，金属线的外面最好包有绝缘皮。将外面包有绝缘皮的电线绕成线圈，把铁针从线圈中心穿过。如果电线外面没有绝缘胶皮，可以先给铁针外面缠上几层纸，或者一块卡纸。将线圈的两端通上电流，持续至少 5 分钟。还可以使用刀片制作指南针，用薄而平的刮胡刀片来指示方向。因为刀片是由几类金属黏合而成的，在手掌上小心地摩擦刀片，就可以使它带上磁性，然后把它悬吊起来。

（二）基地楼房火灾的逃生技巧

技巧 1：遮住口鼻。资料显示，火灾中被浓烟熏呛致死的人员数目是烧死的 4～5 倍。用毛巾或衣物遮掩口鼻，不但可以减少烟气的吸入，还可以过滤微碳粒，有效防止窒息的发生。

技巧 2：低姿行进。因火势顺空气上升，在贴近地面的空气层中，烟害往往是比较轻的。俯身低姿行走，可以较好地规避烟尘并且可以避免被直接灼伤。

技巧 3：短暂屏气。由于空间狭小密闭，浓烟中一氧化碳的浓度很高。在含有一氧化碳浓度达 1.3%的空气中，人们呼吸 2～3 次就会失去知觉，呼吸 1～3 分钟就会死亡。所以在冲出火灾现场的瞬间，要屏气。

技巧 4：切忌喊叫。烟雾和火焰会随着人的叫喊被吸入呼吸道，从而导致严重的呼吸道和肺脏损伤。

技巧 5：衣燃勿奔。当你冲出火海时发现衣服着火，此时切勿狂奔乱跑。奔跑等于加速了空气的流通，会引起助燃，使得大火越烧越烈。这时应当脱掉燃烧的衣帽，如来不及可就地翻滚来压灭身上的火。

（三）荒山种树活动的步骤及安全管理

步骤 1：挖树坑，树坑直径要比树球的直径大 30 厘米左右。树坑要挖深一点，如果坑周围的土很硬，坑的容积应该更大一些，这样才能保证栽植的树的成活率。

步骤 2：将树放入坑中，扶正，确保苗木垂直向上生长，然后均匀填土，踩实。

步骤 3：加土时把土弄细，不然土壤和根系结合不好，难吸收水分。在加了一半土以后，把树苗向上微提一下，这样能保证树的根全部朝下。并且还要不断把土踩实，不要让土中留有空气，这样才能保证树苗将来能扎根。

步骤 4：在树干周围适当多加一些土，否则一浇水就会形成一个大坑，用土培成一个圆形土坝，便于浇水时水能蓄住。

步骤 5：栽植后立即给树木浇透水，在树根部位缓缓将水倒入，直到水从土面满溢，使土壤吸足水分，才能确保苗木成活。

步骤 6：如有条件可在树周围（离树干有一定距离）铺上一层树叶或草之类的覆盖物，可减少水分蒸发，屏蔽杂草的生长。

技巧 1：在山路上行走时要尽可能地保持良好的视线，视点要远且要尽量看清路面情况和路边环境，要集中精神行走，以防视线不好发生意外。

技巧 2：最好结伴而行，不要单独行动。山上比较荒凉，山路崎岖，当集体活动时，组织者很难顾及每位同学，要学会自我保护。

（四）沙漠徒步穿越活动的安全管理

技巧 1：去沙漠之前需要做充足的准备。去沙漠一定不能单独冒险，最好是报一个专业的户外社团，有专门的领队带队。毕竟沙漠里有许多未被人类预知的风险，千万不能拿自己的生命来冒险。

技巧 2：装备上，做好防晒工作，准备好防晒霜、防晒帽、防晒衣等。还要准备手杖（必须带，沙漠里行走遇到松软的沙子，每一步都很吃力）、背包、合适的运动装、运动鞋、舒适的袜子、头巾或口罩（沙漠里风沙大，一定要保护好眼睛、鼻子、耳朵）、沙套等。

技巧 3：食品上，需要带方便携带且不容易变质的干粮，如压缩饼干等，最重要的是带上足量的水。

技巧 4：还应该做一些其他的防护措施。例如，手机或相机注意保护好镜头，防止沙子侵蚀；早晚温差大，注意保暖，带上厚外套；提前看好当地天气预报，适时出行；一定要紧跟团队，保持联系。

（五）野外登山探险的安全管理

技巧 1：野外旅行需结伴而行，单独进行野外旅行，存在着许多不确定性，容易发生危险。登山旅游要事先对所登之山进行必要的了解，或寻找向导带领登山，以避免迷失方向。不要到通信不畅通地域探险。

技巧 2：要注意天气。了解所要去区域历年（至少是 10 年内）此段时间内的天气变化情况。

技巧 3：了解同行人是不是志同道合，是否有丰富的相关经验。

技巧 4：要量力而行。没达到国家一级运动员的水平，最好不要轻易登上海拔 6000 米的高度。

技巧 5：对所要去地方的地域情况应该充分了解，并做好各种不测的准备。比方说，登山时要做好遇到塌方、滑坠等情况的紧急预案。

技巧 6：除了要带足常用的药品外，还要带相应的急救药品，要掌握一定急救方法。

技巧 7：不能自发组织，一定要有相关资质单位带队，以保障安全。

技巧 8：出发前一定要就近联系好相关救援人员，以防出现不测。

技巧 9：徒步健身旅游，应选择好合脚的鞋子。在不平的路面步行时，鞋子的舒适与否关系到脚疲劳的程度。合适步行鞋的特点：脚尖和脚后跟的鞋底强度要适中，应有防滑条纹；试穿时，脚尖最好能自由活动。

技巧 10：在大自然中，受伤或生病的发生率较高，为了以防万一，应随身携带常用药品及急救用品。当发生腹痛或腹泻时，最好不要再吃任何东西，同时要注意身体保暖。腹泻时要注意补充水分，必要时口服补液盐，以防止电解质紊乱。

技巧 11：夏季野外旅行要防止中暑，外出前要准备好凉帽等遮阳用品，携带一些诸如藿香正气水等防暑药品。旅行中要多喝水以保持身体水分。发生中暑情况应在通风阴凉处休息，服用一些随身携带的防暑药品。

技巧 12：野外登山旅游被石头或树枝刮伤、撞击是家常便饭，但撞击到的若是要害部位，就有可能危及生命。若只是手脚轻微碰伤，可用水冷敷或进行止血包扎等紧急处置。但若是骨折或头部受到重创后发生呕吐等情况便有危险，必须尽快送医院救治。

技巧 13：野外旅游野炊时由于不慎而烫伤时，应先用水冷敷，若有自来水，则用自来水缓缓地冲洗患部 10 分钟。如果是不慎将贴身的衣服引燃，同样应先以水冷敷，切不可将衣服立即撕下。待充分冷却之后，再请医生处置。

（六）参观展览馆的安全管理

技巧 1：集体参观由负责老师带队，紧跟讲解员；分散参观以小组为单位进行，个人不得独自离队活动。

技巧 2：参观结束，到指定地点集合，各班负责老师清点人数，返回学校。

技巧 3：参观过程中上下楼梯时：①不要因为赶时间而奔跑。②在人多的地方一定要扶好栏杆。③整队下楼时要与同学保持一定距离。④上下楼时不要将手放在兜里。⑤不要在楼梯内弯腰拾东西、系鞋带。⑥上下楼靠右行。

技巧 4：不携带易燃易爆危险品进入展览馆。

技巧 5：自觉维护展览馆消防安全，发现火灾迅速拨打 119 电话报警。

（七）农业基地采摘活动的安全管理

技巧 1：需服从工作人员的管理，14 周岁（含）以下儿童由家长看管，不得单独行动和接触剪刀，以免造成不必要的伤害。

技巧 2：采摘时要注意，不得破坏种植的泥土，只能在沟沿、过道上行走。

技巧 3：采摘时，注意剪刀不要伤到自己或他人，人与人之间不要贴得太近，避免碰撞到彼此。

技巧 4：要注意安全，避免枝蔓、棚架、立柱、钢丝、果剪等伤及自身。

技巧 5：请勿在农业基地采摘园内及园区道路上奔跑、追逐、嬉闹，采摘园内禁止吸烟。

技巧 6：请勿进入生产办公区域。

技巧 7：严禁到水域戏水、游泳。

（八）游泳馆游泳活动的安全管理

技巧 1：不要打闹。在游泳池岸上或水中打闹，是很危险的，游泳池岸上一般都是湿的，很容易摔伤。如果玩跳水，头部也很容易撞到游泳池底部而受伤。

技巧 2：注意游泳池的深浅。一般来说，游泳池都有深水区和浅水区，而且上面有标注水深。浅水区更多的是为小孩子练习游泳提供的，也为那些水性不好的朋友提供。如果自己水性不好，就不要到深水区去游玩。

技巧 3：做好热身运动。到游泳池游泳，在下水之前，一定要按照要求做好热身运动，这是防止入水后抽筋的有效方法。至于如何做好热身运动，方法有很多，最主要的是压腿、活动手腕脚腕、先在岸上用水淋淋身体等。

技巧 4：注意游泳时间。在游泳的时候，要注意把握好时间，一般来说，每次游泳不要超过 1 小时，时间长了反而会对身体不利。另外，如果刚吃完饭或刚饮完酒，建议不要游泳，因为饱食或酒后游泳会有危险。

技巧5：了解自己的身体状况。不是所有人都适合参加游泳运动，在游泳前首先要了解自己的身体状况，看自己是否适合游泳。如果本身患有高血压和心脏病，或是有传染性的皮肤病，就不要去游泳池游泳了。等身体状况达到要求了再去游泳。

技巧6：安全知识要牢记。基本上所有的游泳池内，都会有醒目的安全管理。在去游泳池游泳的时候，一定要仔细地阅读安全警示牌上的内容，不要以为游泳池管理方配备有专门的安全员，就可以掉以轻心。

（九）公共安全馆体验活动的安全管理

技巧1：馆内严禁吸烟和使用明火。

技巧2：严禁携带宠物及危险品（易燃易爆、化学品、管制刀具及其他可能危害展品和人身安全的所有物品）进入场馆。

技巧3：馆内禁止用餐及吃零食。

技巧4：请勿攀爬护栏或在馆内奔跑，以免发生危险。

技巧5：馆内消防设施是保证观众人身安全的重要设施，请勿擅动。

技巧6：爱护馆内设施，杜绝野蛮操作，避免事故发生。

三、校外交通安全管理

（一）来回基地途中大巴车着火如何应急逃生

技巧1：用车载灭火器自救。如果火势较小，可选择灭火，如果火势很大，务必马上离开。

技巧2：利用侧窗。紧急情况下，可用安全锤击碎侧窗玻璃逃生。安全锤一般放在车厢前及中门后的车窗上方，如找不到，可使用一些尖状硬物，如钥匙、手表等，甚至高跟鞋都行。请不要顾虑打碎玻璃时会划伤自己，现在大巴车的车窗都是钢化玻璃，在被打碎后这种玻璃会碎成颗粒状。

技巧3：利用天窗。大巴车头顶有紧急逃生出口，只是很多时候人们容易把它错认为是通风口。在紧急情况下，旋转车厢顶部逃生窗上的红色开关，打开后可以通过一些身材较小的人。

技巧4：利用安全阀。大巴车的车门上方配有一个车门开启安全阀，此安全阀在车辆断电、断气的情况下也可以打开车门。离门近的乘客只要将此安全阀旋转，然后手动将门打开，下车即可。

（二）基地外出步行时的安全管理

技巧 1：走路要走人行道。没有人行道的地方要靠路边行走。

技巧 2：在横过没有交通信号灯的人行横道时，应当左右看，观察来往车辆的情况，确认安全后再过马路；不得在车辆临近时突然横过或者中途折返。

技巧 3：过马路时要注意观察交通信号灯的变化。红灯亮时，不能过马路；绿灯亮时，也要看清左右，确定没有车来，才可以过马路；如果马路过了一半时，信号灯变了，要赶快过马路，千万不要惊慌。

技巧 4：不得在车行道内停留、嬉闹；不得有追车等妨碍道路交通安全的行为。

（三）骑自行车时的安全管理

技巧 1：要经常检修自行车，保持车况完好，确认车闸、车铃是否灵敏、正常。

技巧 2：骑自行车要在非机动车道上靠右边行驶，不逆行；转弯时不抢行、猛拐，要提前减慢速度，看清四周情况，以明确的手势示意后再转弯。

技巧 3：经过交叉路口，要减速慢行，注意来往的行人、车辆；不闯红灯，遇到红灯要停车等候，待绿灯亮了再继续前行。

技巧 4：骑车时不要双手撒把，不多人并骑，不互相攀扶，不互相追逐、打闹。

技巧 5：骑车时不攀扶机动车辆，不载过重的东西，不骑车带人，不在骑车时戴耳机听音乐或做其他事情。

技巧 6：学习、掌握基本的交通规则知识。

（四）乘坐地铁时的安全管理

技巧 1：等候地铁列车时，要站在黄色安全线后，列车进站时不要探头张望。

技巧 2：如果物品落入轨道，不要跳下站台自行捡取，应寻求车站工作人员的帮助。

技巧 3：自觉遵守秩序。出入站时不要拥挤，上下车时先下后上，不要在站内追逐打闹。

技巧 4：当车门的蜂鸣器响起、车门即将关闭时，不要用身体或其他物品挡住车门，强行登车。

技巧 5：上车后要坐好，站立时应紧握吊环或立柱，手或身体勿扶靠屏蔽门。

技巧 6：列车紧急停车或者发生意外情况时不要惊慌，应按照工作人员的指挥有序撤离，不要扒门，不要擅自进入隧道。

技巧 7：要正确、安全地乘地铁站内的扶手电梯，靠右站在黄色线以内，不逆行、不拥挤。

（五）乘坐公共汽车时的安全管理

技巧 1：要在车站排队等候，待公共汽车停稳后按顺序上车，先下后上，不要拥堵，要礼让老人及儿童，并主动为老、幼、病、残、弱及抱小孩子的乘客让座。

技巧 2：不携带易燃、易爆及其他危险品上车，以防发生危险。

技巧 3：在车辆行驶过程中，不将身体探出车外，不向车外投掷物品。

技巧 4：不在车上乱吃东西，做文明乘客。

（六）乘坐出租车时的安全管理

技巧 1：不能冲到马路中间去拦车。

技巧 2：下车前要带好自己的东西。

技巧 3：下车时要注意后面的车辆和行人，并从右边下车。

技巧 4：下车后如需穿过马路，要从出租车后面通过。

（七）乘坐私家车时的安全管理

技巧 1：不要打扰驾驶员开车。

技巧 2：不要去开车门。

技巧 3：不坐副驾驶位置，0～14 岁儿童一般要在后排乘坐儿童安全座椅。

技巧 4：不乱动车内方向盘、排挡杆。

（八）乘船时的安全管理

技巧 1：外出旅行，不要乘坐无证船只。

技巧 2：不乘坐超载的船只，这样的船安全没有保证。

技巧 3：上下船要有序排队，不得拥挤、争抢，以免造成挤伤、落水等事故。

技巧 4：天气恶劣时，如遇大风、大浪、浓雾等，应尽量避免乘船。

技巧 5：不在船头、甲板等地打闹、追逐，以防落水。不拥挤在船的一侧，以防船体倾斜，发生事故。

技巧 6：船上的许多设备都与安全有关，不要乱动，以免影响正常航行。

技巧 7：夜间航行，不要用手电筒向水面、岸边乱照，以免引起误会或使驾驶员产生错觉而发生危险。

技巧 8：一旦发生意外，要保持镇静，听从有关人员指挥。

（九）乘坐飞机的安全管理

技巧 1：注意时间，最好提前到达机场，不要误机。

技巧 2：将机票和身份证交给相应柜台的机场值机人员，进行值机。

技巧 3：将机票的旅客联登机牌和身份证交给安检员进行检查。

技巧 4：把自己随身携带的物品放入 X 光安检机中进行检查。

技巧 5：在安检门进行检查并通过后，就可以去候机厅候机。

技巧 6：听到登机广播后登机，在飞机上找到自己的座位。

（十）乘坐火车的安全管理

技巧 1：选择正规购票渠道：12306 网上订票、95105105 电话订票、火车站或正规代售点窗口购票、车站自动售票机购票。

技巧 2：目前火车票实行实名制，不要相信网上的车票转让信息，防止上当受骗，也不要从别人手里购买有其他人身份证信息的火车票。人、票、证不符时将无法进站乘车，车票作废。

技巧 3：出门的行李不要太零散，最好集中箱包盛放，路途中常用物品（如食品）和贵重物品分开存放，防止遗失。

技巧 4：进站过安检时，看到箱包进入安检机器进口后再前往出口取行李，防止有不法分子浑水摸鱼，从传送带上偷拿财物。

技巧 5：进出站和上下车比较拥挤，小心保管钱包和贵重物品。如果后背包不是太大，最好挂在胸前，钱包不要放在容易被小偷下手的衣服外口袋里。

技巧 6：乘坐硬座时，上车后尽量把行李放在自己座位侧面的行李架上，而不是正上方，这样行李就在自己的视线范围内。

技巧 7：不要一直看自己的贵重物品，让人看出“此地无银三百两”，也不要携带或让别人看到大量现金，提前备好零钱，做到财不外露。

技巧 8：防人之心不可无。一些不法分子利用“老乡”“同行”等借口主动搭讪，或主动赠送食品、饮料等，在你放松警惕时实施诈骗和盗窃，因此注意不要食用陌生人的食物。

技巧 9：不要轻易把你的手机借给别人，或给人翻看，坏人会佯装借手机或欣赏手机，记住你的联系电话，伺机实施诈骗或盗窃。

技巧 10：乘坐硬座时要注意贵重物品的保管；乘坐卧铺时，睡觉前把贵重物品放在身边；乘坐绿车皮火车，车厢窗口可以打开，应听从列车员的安排，注意不要把重要物品放在窗边茶几上。

技巧 11：注意在自己行李旁边翻动的人，注意列车中间停站上下客时行李的安全。

技巧 12：出站时，不要轻易和别人搭讪，到车站指定地点乘坐公交、地铁或出租车。要找正规旅馆或酒店住宿，不要轻信出站口拉客的人。

技巧 13：车上有困难及时找列车乘务人员帮忙。

四、校外劳动中要注意的安全问题

（一）走丢怎么办

步骤 1：若有移动设备，待在原地不要走动，拨打 110 报警电话或联系老师；若无移动设备，可在附近的休息站找工作人员帮忙，切勿盲目行动。

步骤 2：打电话向老师或警察说明情况，说明情况时应保证信息的完整，告诉老师或警察自己的大致位置、有什么标志建筑物，以便寻找。

步骤 3：若有陌生人上前搭话并想把你带走，请拒绝并大声呼救。

步骤 4：应保持冷静，不要慌张。

（二）遇到陌生人怎么办

步骤 1：礼貌对待陌生人，当遇到陌生人搭讪时，首先要保持礼貌，说声“你好，请问有什么事吗”。

步骤 2：如果遇到陌生人有什么过分的要求，如询问家庭地址在哪、电话号码是多少等问题，就说“不好意思，我现在有急事”。

步骤 3：若陌生人还是缠着你不放，就说：“我的朋友就在那，我要赶紧回去了。”

步骤 4：如果陌生人想要强行带你离开，不要害怕陌生人，也不要跟陌生人走，要大声呼救并奋力挣扎。

（三）校外集体活动出行的注意事项

技巧 1：看管好自己的随身物品，尽量不要带面额超过 50 元的现金。

技巧 2：跟紧团队，不随便乱跑，不可因为好奇而脱离团队。老师明确规定不能做的不做，不可不听劝阻。

技巧 3：不吃陌生人递过来的食物，不喝陌生人递过来的水等。

技巧 4：注意个人防晒，携带遮阳帽，涂抹防晒霜。

技巧 5：不喝生水，不吃不洁食品。

技巧 6：遇到紧急情况立刻报告老师或警察。

第十一章　劳动教育的实施困境、原因与对策

第一节　劳动教育实施困境

现阶段，劳动教育以“主角”身份登上教育改革这个大舞台，受到社会各界的极大关注。在《意见》《纲要》等文件精神的指导下，各级各类学校轰轰烈烈开展劳动教育教育，并取得一定成效。但面对复杂的教育形势，处于起步阶段的学校劳动教育出现许多困境症结。在学校劳动教育实施过程中，出现重“劳动”轻“教育”、重“脑力劳动”轻“体力劳动”、重“个人实践”轻“集体劳动”、重“苦干盲干”轻“特色发展”、重“高调前进”轻“整体规划”等问题，导致学校劳动教育陷入形式化、空心化以及碎片化等困境。

一、重“劳动形式”

“劳动”不代表“劳动教育”。在劳动教育实施过程中，“劳动”是手段和途径，“教育”是落脚点。劳动过程绝不是走个过场和形式，而是要以“劳”“育”人。学校劳动教育应深入挖掘劳动的教育价值，设计有价值的劳动教育内容，使学生掌握基本的劳动知识和技能，养成良好的劳动习惯和品质，并树立科学的劳动观。但在现实中，以“劳动”思维指导劳动教育实践，重“劳动”轻“教育”，甚至以“劳动”代替“劳动教育”的现象频发，这必然带来形式化的劳动教育，不利于劳动教育健康推进。

一是重视作为教育惩戒手段的劳动，忽视劳动的育人功能。古今中外，人类关于劳动的最初认知都不同程度地含有辛劳、痛苦、费力的意蕴。在教育场域中，劳动常常被等同于规训学生行为的惩戒手段。当前，“把劳动当成惩戒工具”的现象在校园里并不鲜见，甚至带有一定的普遍性。一些学校将学习与劳动对立起来，安排“学困生”完成学校义务劳动，甚至以“不用值日”作为“学优生”的奖励。更为常见的是，没有完成作业的学生罚擦黑板，迟到的学生负责浇花，调皮捣蛋的学生罚打扫操场，打架斗殴的学生冲厕所……擦黑板、扫地、擦玻璃、冲刷厕所等成为班级管理者最热衷的劳动惩戒方式。教育者以脏的、苦的、累的劳动来规训学生的行为，表面上似乎效果不错，但严重

扭曲了劳动的教育意蕴。此种行为不断暗示学生劳动是消极可耻的，学生在持续不断的劳动体验中形成的意识是劳动并不光荣、劳动并不美丽、劳动也不幸福。学生心理上鄙视劳动，行动上疏远劳动，必然影响其健康成长，也会影响劳动教育功能的实现。

二是重视作为休闲活动的劳动，忽视劳动的育人功能。受各种复杂因素的影响，特别是在应试教育盛行的环境中，学生被禁锢在学校的铜墙铁壁中，埋头于写不完的作业里。在这种背景下，走向田间地头、工厂车间和社区广场的所谓“劳动教育”深受欢迎，被视为最佳的减压活动。在各种大型考试后，学校积极组织各种名目的乡村研学、企业研学、社区研学等，学生在浮光掠影的劳动实践活动中走马观花般完成各种劳动体验，劳动教育失去了教育的厚重。也正因为如此，劳动教育被许多人误解为休闲活动，体现在“春游”“秋游”等社会实践中，呈现在各种陶艺和剪纸活动里。但是，以休闲和放松为目的的观光式的社会实践“有劳动，无教育”，根本无法激发学生对劳动的感悟，更无法培育学生的劳动价值观，这与劳动教育的初衷背道而驰。

三是为完成任务盲目开展劳动教育，没有挖掘劳动的教育内涵，设计劳动活动忽视育人目的。当前，学校轰轰烈烈地开展“劳动课”，“劳动日”“劳动周”“劳动月”如火如荼地进行。为了达到劳动教育课时要求，形形色色的社区服务活动、公益活动、企业参观实践、乡村研学、传统文化学习等等成为学校劳动课设置的重点内容。许多学校甚至以“安全”为由，主张在课上“听”劳动、在课外“看”劳动、在网上“玩”劳动，这些与劳动教育目标的要求相差甚远。进一步而言，我们是否进一步追问过学生“劳动”是为了什么？所开展的各类劳动实践是否取得相应的教育效果？黑龙江某 13 岁女生因参加学校组织的扫雪活动，手指被严重冻伤，险遭截肢。事情发生以后，微博发起了“学生该不该为学校义务劳动”的讨论。盲目展开的“劳动”并没有达到“教育”的效果。劳动教育的开展必须时刻坚守育人目标，不能重“劳动”轻“教育”，更不能以“劳动”代替“劳动教育”。总之，在当前的劳动教育实施中，劳动教育的“教育性”常被忽略。一是忽视劳动能力训练，学生“听”劳动、“看”劳动、“思”劳动，就是不会“劳动”；二是忽视劳动精神的有机融入，劳动教育仅停留在表面的活动层面，学生“玩”劳动、体验劳动，就是没有获得劳动精神的熏陶。

二、重“脑力劳动”

“劳动力的使用就是劳动本身”，在马克思看来，“人的身体即活的人体中存在的、每当人生产某种使用价值时，就运用的体力和智力的总和”，故脑力劳动和体力劳动是人类劳动的两种基本形态。理解脑力劳动和体力劳动问题需要从以下两个维度展开。一是从社会分工的角度理解脑力劳动和体力劳动。脑力劳动和体力劳动是社会分工的重要尺度，其分离与结合则直接反映了社会的发展进步。在原始社会，脑力劳动与体力劳动紧密结合。在脑力劳动的参与下，原始社会主要依靠体力劳动创造社会财富。“正如自然机体中头和手组成一体一样，劳动过程把脑力劳动和体力劳动结合在一起了。后来它们分离了，直到处于敌对的对立状态”。随着社会生产力的发展，特别是剩余产品出现后，一部分人从体力劳动中抽离出来，专门从事脑力劳动。这种分工既是社会生产力发展的产物，又极大地推进了社会生产力的发展。特别是在资本主义生产条件下，高度发展的商品经济推动科技的进步，科学技术在社会生产中的应用反过来又进一步促进机器大生产，推动整个社会生产力的提高。在阶级社会里，这种社会分工状态带来了脑力劳动和体力劳动的对立。现阶段，习近平总书记更是进一步强调广大知识分子“是工人阶级的一部分”，是社会主义现代化建设的主力军。二是从人的全面发展的角度理解脑力劳动与体力劳动。在脑力劳动和体力劳动结合起来的高级社会形态下，实现人的全面发展，即人的体力和智力获得充分的自由的发展和运用，是社会发展的要求。但消除脑力劳动和体力劳动的本质区别，实现人的全面发展是漫长的历史发展过程。在这一过程中，社会生产力是第一决定因素。此外，现代教育在促进脑力劳动和体力劳动结合方面也起着极重要的作用。因此现代教育既培养了满足现代化大生产的脑力劳动者，又提高了体力劳动者的文化水平。

关于学校劳动教育以体力劳动为主还是脑力劳动为主这个问题，社会场域中，已然不存在所谓的阶级对立指向，更不可能违背客观历史规律。今天，我们讨论学校劳动教育的边界问题，是基于人的全面发展的角度理解脑力劳动与体力劳动的需要问题。立足于社会现实和学生特点，当前学校劳动教育应“以体力劳动为主，注意手脑并用”。改革开放以来，在“科学技术是第一生产力”政策方针的引导下，我国从深度和广度上加快“智”育的发展，教育脱离学生的生活，不断“知识化”“抽象化”，导致学生的“脑力劳动”与“体力劳动”严重失衡。有调查显示，“美国小学生平均每天的劳动时间为 1.2 小时，韩国 0.7 小时，而中国小学生平均每天的劳动时间只有 12 分钟”。当前，大部分学校的卫生都由政府购买服务完成，学生的劳动值日内容严重“缩水”。为了不影响学生学习，有的家长和学生甚至雇人值日。而且，在应试教育环境下，劳动课名存实亡，以课代劳、以教代劳、以说代劳等现象普遍存在。“十指不沾阳春水”的青少年劳动意识淡薄，其后果不仅仅是令人担忧的健康状况，更导致青少年严重的主体性精神迷茫，不断沦陷为智能时代的“片面人”。

因此，有人提出人工智能时代体力劳动已经过时的观点是需要批判的。学校劳动教育的最终目的是实现人的全面发展，即人的体力和智力获得充分自由的发展和运用。体力劳动不仅是表面上人类体能的损耗和增负，更是一种具有重要历史意义和人本价值的社会实践。体力劳动是防止一切社会病毒的伟大的消毒剂。

在学校劳动教育实施过程中，加强体力劳动，引导学生手脑并用，在出力流汗的体力劳动实践中树立正确的劳动观，这是当前所需要的。

三、重“个人实践”

集体主义是我国基本的价值观念，其建立在公有制基础上，相对于私有制社会的个人主义。集体主义体现着无产阶级意志，广泛影响着我国政治、经济和文化的发展。改革开放以来，中国经济高速发展，因为没有进行有效引导，市场经济所孕育和内蕴的主体独立意识和个人主义价值取向不断侵蚀和破坏集体主义精神。而且，在全球化、信息化、网络化背景下，多种社会思潮不断冲击和影响着我国集体主义价值观培育，这直接影响了青年的成长。马克思强调，只有在集体中才可能有个人自由，将个体的生命价值置于集体价值链条中，才能焕发真正的主体意识。因此，加强集体主义教育是国家意识形态建设的需要，更是青少年价值观引导的重要工程。在此背景下，为了集体而劳动、在集体中劳动、通过集体劳动的社会主义劳动教育显得尤为重要。因为社会主义劳动教育本身就是一种集体主义教育，强调劳动协作。但受狭隘的个性教育理念的影响，学校劳动教育在实施过程中常常忽略劳动教育的集体主义导向，而关注个体形式的劳动教育，强调个体劳动素养，强化个人劳动实践，导致劳动教育出现空心化现象。其主要体现在以下几个方面。

一是强调个体劳动素养提升，忽视劳动集体是学校劳动教育的目标。在社会主义国家，劳动集体是学校劳动教育的价值指向，引导学生为集体而劳动，为集体创造物质财富，为集体服务，才能发挥劳动教育的价值。但长期以来，学校劳动教育以提升学生个体的劳动素养为主要目的，却忽视培育学生的集体主义精神，忽视引导学生在劳动中以集体利益为目标，忽视引导学生在劳动中形成集体荣誉感和责任感。

二是关注学生个体劳动，忽视劳动集体是学校劳动教育的对象。在一般的教育理念里，教育过程以个别学生为对象，关注的是个别学生的思想和行为。社会主义劳动教育的特殊性在于其以劳动集体为教育对象，因为个别学生的每一行为，他的每一成败，都要被看作共同事业的一种成败。为了实现目标，学校劳动教育应引导学生在劳动集体中体验劳动情感，增强自身的集体意识。但在现实中，不少教育者坚持狭隘的个性教育理念，盲目关注学生个体的劳动爱好与特长，注重学生个体劳动素养的提高，没有有效挖掘劳动教育的集体主义教育价值。

三是强化学生个人实践，忽视集体劳动是学校劳动教育的主要途径。集体是个人的教师，而且只有参加集体劳动才能使人对人有正确的和道德的态度——对一切劳动者保持亲属般的爱护和友谊，对懒惰分子和躲避劳动的人表示愤慨和谴责。

通过开展集体劳动，激发学生对集体的归属感，学生才会积极通过辛勤劳动、诚实劳动和创新劳动维护劳动集体的利益。但在现实的学校劳动教育实践中，教育者关注更多的是学生个体的成长，不断强化个人的劳动实践，忽视引导学生参加集体劳动。

四、重“苦干盲干”

一群孩子正要到排球场去玩排球，他们在路上看见田垄没有挖好，而且旁边就放着铁锹。很难设想孩子们会欢呼着去拿起铁锹把田垄挖好……这是苏霍姆林斯基斯基关于劳动教育实施的前提思考。其认为，根据学生的认知和接受特点，学生很难积极主动地参与流汗出力的劳动。因此，为了激发其劳动积极性，我们需要把劳动教育看作完整的教育过程，需要挖掘劳动的意义，更需要进行创新设计，实现特色发展。如在劳动教育范本帕夫雷什中学里，学生从入学第一天起就参加就参加各种劳动项目，如机械设计和模型制作、农作物栽培（有温室、生物角、教学实验园地）、树木栽培、养兔、养蜂、养牛、养羊、研究内燃机的构造、研究农业机器和电工学、加工制作木材和金属制品等。该学校劳动教育项目类型多样，融合了知识、技术与创造，还充分考虑了学生的成长特点，具有鲜明的实践特色。今天，在步入的社会主义中国，学校劳动教育的目标不再局限于培养现代农村建设人才，但应学习帕夫雷什中学的特色教育理念。

改革开放以来，我国注重发展劳动技术教育，而且新课程改革后，劳动与技术教育被列入综合实践课程中，学校劳动教育不再具有独立课程形态的地位。劳动教育被降为综合实践活动课程的一部分，这极大影响了学校劳动教育的发展。因为在很大程度上，综合实践活动的活动性大于思想性、工具性大于人文性、技术性大于教育性，这势必削弱劳动教育的育人价值，淡化劳动教育在国民教育体系中的战略地位。中央明确要求“构建德智体美劳全面培养的教育体系”，并颁布了一系列指导文件，劳动教育重新回归学校教育体系中。但由于学校劳动教育建设处于起步阶段，劳动教育师资队伍建设、劳动教育资源保障、劳动教育经费投入机制等都有待完善。在此种背景下，劳动教育的实施存在“理论上抽象存在，实际上虚化；理念上强调，实操上弱化；名义上强化，课时上简化；口头上重视，课程上淡化”等诸多问题。为了完成任务，许多学校赶鸭子上架，盲目开展传统的劳动教育项目。为了迎合各级检查，学生被动地出现在学工学农、勤工俭学、家务整理、志愿者服务等各种活动中。而其成果就是总结报告中的一张张照片，宣传报道中的一段段小视频。当劳动教育的工具性目的代替其育人属性，教师累、学生累、家长累，劳动教育实践没有产生实际性教育效果。为了解决这个问题，学校劳动教育在实施过程中应结合地域文化特色与学校特色，开发体现时代特征且具有综合性、实践性、开放性的劳动教育特色项目。其目的在于激发学生的劳动兴趣，引导学生积极主动地经历完整的劳动过程，获得深刻的劳动价值体验，而不是被动地停留在简单的苦乐体验上。

五、重“高调前进”

从“德智体美”四育发展到“德智体美劳”五育，学校劳动教育成为育人体系中重要的一环，必须专业化、可考核、可评估。故学校劳动教育实施是一个系统工程，需要明确劳动教育目标，构建劳动教育内容，合理安排劳动教育课程，科学进行劳动教育评价。此外，还需要合理协调劳动教育与其他教育活动的关系，整合各类劳动教育资源等。因此，在实施学校劳动教育过程中，学校应进行整体设计和系统规划。随着相关政策的出台，学校劳动教育的呼声很大，“劳动课”轰轰烈烈地开展，“劳动日”“劳动周”“劳动月”也如火如荼地进行。学校劳动教育高调前进，但在实施上却处于零散状态，缺乏整体的规划。其主要体现在以下两个方面。一方面，学校劳动教育与其他教育活动之间缺乏整体规划。将劳动教育纳入人才培养全过程是提高劳动教育实效性的重要目标，也是主要途径。根据教育部《纲要》的要求，学校需要全员“劳”育、全过程“劳”育、全方位“劳”育。但在实践中，大部分学校或由专业课教师开设一些劳动知识课程，或由班主任组织劳动实践……这些几乎都是零零散散的活动，难以将各个部门整合起来，做到整体规划。另一方面，没有有效整合学校、家庭和社会的劳动教育资源。家庭、学校和社会都是学校劳动教育实施的重要场所，蕴含着重要的劳动教育资源。学校劳动教育需要发挥家庭的基础作用，并做到学校主导，社会支持。然而，受各种因素的影响，当前劳动教育的资源没有有效整合起来，仍然处于碎片化实施状态，这严重影响了学校劳动教育实效性的发挥。

第二节　劳动教育实施困境原因

一、文化困惑

目前，劳动教育价值异化和价值困境折射出精神和文化层面上的危机，这是劳动教育最深层次上的危机，本土文化的传承断裂，消费社会思潮的冲击，技术文化的强烈侵蚀，原有的价值被消解，新的价值尚未建立，文化的深层次困惑倒逼我们重新思考劳动教育价值问题。

（一）本土文化的传承断裂

人和动物的最大区别是人除了动物性本能，还有历史文化的属性，人的存在有赖于对历史路径的依循。人在历史前进的长河中对自我、自然和价值的发现使人成之为人。在我国历史文化的长河中，有着丰富的劳动教育思想，如中国古代的颜元，很重视劳动教育，“养身莫善于习动，夙兴夜寐，振起精神，寻事去作，行之有常，并不困倦，日益精壮”，现代的陶行知在晓庄师范倡导的“不会种菜，不算学生”，以“不会烧饭，不得毕业”为口号；湖南自修大学，其“入学须知”公开声明：“我们不愿意我们同学有一个少爷或小姐”，其《组织大纲》第 21 条规定，“本大学学友为破除文弱之习惯，图脑力与体力平均发展，并求知识与劳力两阶级之接近，当注意劳动”等。建国初期，在艰苦卓绝的时代，热爱劳动、崇尚劳动，尊重劳动的社会风气成了时代强音，“铁人”王进喜，“一人脏换来万人净”的时传祥，“一抓准，一口清”的张秉贵，鞍钢老英雄孟泰等劳动模范成为几代人的永恒回忆和鼓舞了无数人的精神偶像。可以说，中华民族有着尊重劳动的历史文化，诚实劳动、辛勤劳动、劳动光荣是我们宝贵的历史精神财富和强大的精神动力。

然而，今天的劳动教育在多元文化的冲击下，中华民族热爱劳动的历史财富和精神文化没有得到继承和发展，多元文化割裂了本土文化的历时性承续。在西方多元文化，尤其是消费文化的冲击下，盲目学习外来文化，致使传统的精神动力被消解，从而使得劳动教育的文化积淀离根离土。可以说，劳动教育被忽视的一个重要原因就是在西方多元文化的冲击下，原有的价值被消解，新的价值尚未建立，社会的急剧变革倒逼我们重新思考劳动教育价值问题。

（二）消费社会思潮的冲击

在工业发展和大众传媒的双重作用下，当代资本主义社会逐步迈入到消费社会，消费日渐取代生产，成为主导当代社会发展的主线。法兰克福学派代表人物赫伯特·马尔库塞（Herbert Marcuse）认为，在消费思潮的裹挟下，物已内化于心，人为了消费而消费，消费不再是人类自由、自觉的行为，反而成为支配人类的力量。人与商品的关系本末倒置，商品的产生不再是为了满足个体的需要，个体反而在消费意识形态的诱拐下，钝化了自由自觉的消费和生产创造的能力，沦落为商品的奴隶。

随着中国社会逐渐步入消费社会，加之西方消费文化思潮的涌入，传统的劳动伦理被消解，取而代之的是无限扩张的消费文化，当下中国出现了符号性消费、炫耀性消费等非理性消费现象。劳动失去了内在意义，消费被抬上神殿。在消费主义思潮的冲击下，劳动出现异化，不是自愿的，而是一种被迫的强制劳动。从而，劳动不是需要的满足，而只是满足劳动以外的其他各种需要的手段。长此以往，势必把劳动沉沦于世俗化、物化之中，消解和弱化了劳动的超越性维度（自由、审美），降低劳动的等级秩序，甚至意味着把劳动动物化。劳动创造美好生活的意义被消解，劳动被异化为消费的手段，劳动的创造价值被淡漠。消费社会的价值理念正深深扎根于教育关系之中，教育场域内，劳动教育在功利主义的席卷之下处于弱化地位，处于一种“可有可无”的尴尬地为。在当下，价值多元所标志的，实际是一种无高度、表层的价值追求的扩散。人们正在“物象化”的道路上滑跌，离生命美感和归属感越来越远。

（三）城市化取向的裹挟

随着我国社会经济的发展趋势和潮流，加之基于国家整体的战略出发做出的选择，借鉴西方发达国家的教育理念成为教育领域迎头赶上发达国家的必然选择。然而，由于现有的国际政治与经济格局下，西方发达国家居于“城市”序列，发展中国家则处于“乡村”序列，西方发达国家早已完全工业化和城市化的进程，其教育理念与社会发展相适应，其必然打上了深深的城市化的烙印。因而，在参照西方发达国家进行教育教育改革的过程中，这种“唯西方中心”的价值理念的设定，意味着工业化，城市化，可见，“城市化取向”已经不知不觉地裹挟其中，教育呈现出城市化、精英化的价值取向。

这种城市化取向导致城市的教育陷入了狭隘的学科训练和应试教育的怪圈，盲目追求精英人才的选拔，大家力争“不输在起跑线上”，教育窒息在应试教育的漩涡里。这种“城市化取向”，容易把农村的生产方式、生活方式、思想观念与落后、贫困联系起来，自然而然，代表乡土文化的“面朝黄土、背朝天”等的体力劳动被边缘化。劳动教育似乎与“乡土文化”有着某种天然联系，自然而然也受到排挤。

这种城市化取向更是使得乡村教育陷入到了“离农”“背农”的悖论中，乡村教育以培养离开农村、离开农业的人才为迫切使命，更是千方百计塑造学生的城市信念。学生被告知他们的明天和希望在城市，脱离乡村、脱离农业是他们的唯一出路，乡村成了城市发展的“根据地”和“大后方”。李书磊先生在《村落中的“国家”——文化变迁中的乡村学校》一书中写道：“事实上，现行小学课程的一个重要内容就是培养对工业、城市与现代生活的向往和羡慕，这种内容也许是课本与课程编订者下意识设定的，但它们在乡村学校中则被接受为一种明确的意识”。农村本土优良的辛勤劳动的文化传统和自然野生野趣在“城市化取向”的裹挟下被强行剥离了农村的教育体系，教育内容城市素材多，乡土素材少，教育情境的选取与城市生活紧密结合，呈现出城市化、精英化的取向。陶行知先生在《中国教育改造》中曾批评中国乡村教育，“中国乡村教育走错了路：他教人离开乡下向城里跑，他教人吃饭不种稻，穿衣不种棉，做房子不造林。他教人羡慕奢华，看不起务农，他教人分利不生利，他教农的子弟变成书呆子”，今时今日，依旧振聋发聩。农村教育在“城市化取向”的裹挟下，仅仅关注“应试”，升学考试成为农村孩子鲤鱼跃龙门，走出农村走向城市向上流动的唯一路径。在这种“城市性，离农性”的价值预设下，凡是与升学考试无关的内容似乎都是可有可无的，劳动教育自然也不受待见。

二、制度不健全

当前劳动教育陷入“说起来重要，干起来次要，忙起来不要”的尴尬境地已经成为不可争辩的事实。制度是落实劳动教育的具有操作性的有力抓手，当前劳动教育制度一方面缺乏整合机制，学校教育、家庭教育和社会教育存在割裂；另一方面，缺乏长效机制，缺乏常态化、长效化的劳动教育组织机制。

（一）学校教育与家庭、社区的割裂

今时今日的学校早已不再是“社会的孤岛”，社会转型变革的震荡和价值多元化的冲击早已穿透象牙塔的壁垒，打破了传统学校劳动教育相对自我封闭的状态，学校已经难以抵抗各种价值文化（主流的、非主流的）对学生的“辐射”作用。面对种种挑战，反思今天的学校劳动教育，缺乏“协同育人”的整合机制，劳动教育出现“分离化”——学校、家庭和社会各行其是，漠不关心。在家庭中，劳动教育常常“缺席”。作为家长，望子成龙，望女成凤心切，认为只要学习好，其他方面的要求都可大大降低。加之独生子女制度，使得在“421 家庭”（四个老人、一对夫妻、一个孩子）中成长起来的孩子成为独享爷爷奶奶、姥姥姥爷、爸爸妈妈呵护宠爱的“小皇帝”“小公主”，家长们将其奉为掌上明珠，对其宠爱有加。特别是劳动方面，更是衣来伸手，饭来张口，即使在家有时间劳动，家长们也会怕孩子累、怕孩子苦，更愿意代办代劳，不浪费一分一秒用于学习以外的时间。2014 年教育部出台《义务教育学校管理标准（试行）》，明确规定要求学校要给学生布置家务劳动，然而，一些家长“瞒天过海”，与孩子阳奉阴违地合谋欺骗、隐瞒老师，代劳代办。有些家长甚至组成“帮帮团”到学校替孩子“做值日”“大扫除”。一些家长认为孩子是学生，只要学习好就可以了，做值日、做家务劳动等事情会影响孩子的学习，许多家长都为孩子“三包”：一包送、二包接，三包做值日；社会上，功利主义、享乐主义、消费主义等思想冲击，投机取巧、不劳而获等不良社会现象的普遍存在，对学生劳动观、价值观产生消极影响，越来越多的小学生被问及最大的梦想是什么时，都会毫不迟疑地回答是“成为网红”，可以不劳而获，一夜暴富。社会不良风气冲淡了诚实劳动，劳动光荣、劳动者伟大等优良社会传统；学校，家庭和社会缺乏“协同育人”整合机制，出现“单打独斗，各自为营”的局面，导致劳动教育“分散化”“浅表化”“狭窄化”，反而出现“1+1<2”的效应。

（二）长效化组织机制不健全

劳动教育缺少长效化的组织机制，往往停留在“表层化”。诸多调查结果显示，随着新课程改革设置综合实践活动，取消原有的中小学劳动课、劳动技术课后，在实践层面，很多学校不再把劳动教育列入课程计划，开设专门的劳动教育课程。相应的很多学校缺乏劳动教育配套的课程、专职教师、仪器设备、实践基地。由于担心学生在劳动实践中出现安全事故，加之缺少相应的制度建设、师资队伍保障、安全保障措施，以及系统周密的安排，一些学校往往不敢组织学生参加校内外的劳动实践、公益劳动和志愿服务等。学校劳动教育的安排常常弱化为某个阶段抓一两个重点项目（如全校大扫除，劳动技能大赛）等，这种临时性的、随意性的、运动式的劳动教育，由于缺乏长效的组织机制，窄化了劳动教育的活动形式和组织方式，一些劳动教育的开展不重实效而做表面文章，甚至出现“跑偏、变味”的现象，孩子劳动意识日渐淡漠，劳动能力不断退化，劳动教育流于表面形式而失去应有的深层活力。

三、评价失位

教育评价对于教育活动具有很强的导向作用，当前劳动教育的种种价值困境，归其根源，传统的评价方式可能是其中的一项重要原因。“考试主义”已经成为一种“集体无意识”，甚至在某种程度上扮演着教育场域内的“平庸之恶”，成了教育评价不争的事实。从劳动教育弱化、虚化、淡化与考试主义这种评价导向的关联来看，这种“考试主义”或者“应试教育”，问题归因大致为：

（一）学科失衡

多年来根深蒂固的应试教育制度形成的考试主义评价导向使得一些学校盲目追求升学率，以中高考为标尺，把学科分成三六九等——主科、副科之分，一般而言，数语外被称为主科，音体美劳技等不考的科目沦落为副科。强行把旨在培养学生全面发展的课程拉上“普罗克汝斯忒斯之床”（Procrustean bed），突出主科，锯掉副科。在课程安排上重主科，轻副科，甚至出现了墙上一张课表，墙下一张课表，阳奉阴违的“两张表”。“考什么，教什么，学什么”的应试局面，导致“不考不教，不考不学”的问题，副科被主科挤占，弱化了学生在副科方面的发展机会，尤其是这些学科的育人价值方面被严重忽视。到目前为止，学校教育中这种“去劳动”的趋势并没有得到有效遏制，虽然教育方针、制度一再强调劳动教育的重要性、然而在实践中，在“中高考”指挥棒下，“聚精会神搞好数、语、外”等考试科目无疑是对劳动教育重要性的最大讽刺。

（二）唯分数论

目前的升学体制是靠分数决定的，评价模式重视成绩与分数，“一切看分数”“分数面前人人平等”“千好万好，分数上去才是真的好”，这样一来，学生成绩单中的关于全面发展的多种素质和能力的综合评价，在学生升学发展中无关紧要。以考试成绩作为评价学生的唯一标准，“分数才是硬道理”，使得一切与学习无关的活动都要给学习让道，一些教师、家长也认为，“孩子懒一点无所谓，大不了我当个‘高级保姆’，懒仅仅是可能变‘虫’的问题，而分数却是关系是否成‘龙’的关键问题”，认为学生成绩好坏是主要矛盾，劳动可以放一放，甚至替学生包办、代劳。学生的劳动素养甚至搭了成绩好的便车，教师、家长似乎认定只要学生成绩好，其他方面自然不会太差，即使有些问题，也不会太大。在这种唯分数论的评价风向标下，凡是对考试分数可能造成影响的教育活动和内容变成了多余的，劳动教育自然而然处于一种可有可无的边缘化境地，常常陷入“说起来重要，做起来不要”的尴尬境地。

四、条件空位

条件机制是确保劳动教育高校开展的重要保障，当前劳动教育弱化、虚化、软化的价值危机的重要原因之一是条件的低位，一方面表现为师资条件质量低下，另一方面为课程资源开发乏力。

（一）师资条件质量低下

师资建设是确保劳动教育质量的关键因素之一，当前劳动教育队伍建设尚存在诸多问题，一方面，在数量上，劳动教师队伍数量不足，由于在职称评定、评优选先等方面与其他主科教师存在差别，专职劳动教师岗位缺乏吸引力，劳动教育缺少一直稳定的专职教师队伍，此外，也没有建立起一支专兼职结合的劳动教育教师队伍，劳动教师队伍难以保障劳动教育的实施；另一面，在质量上，很多劳动教育教师都是“老、弱、病”等教师，无论在年龄结构、学历层次还是专业对口等方面与其他主科教师队伍相比具有很大的弱势，同时，劳动教师缺乏专业培训，劳动教师多是其他科目教师兼职从事，专业性难以保障。

（二）课程资源开发乏力

课程资源根据其存在方式，可以分为显性课程资源和隐性课程资源。目前，劳动教育课程资源开发乏力，在显性课程资源上，根据《义务教育课程设置实验方案》和《普通高中课程方案（实验）》，将国家规定的综合实践活动课程、通用技术课程作为实施劳动教育的重要渠道，明确要求义务教育阶段三到九年级切实开设综合实践活动中的劳动与技术教育课，普通高中阶段严格执行通用技术课程标准，但是目前劳动课程设置率低，即使开课，也常常被所谓的“主科”占用；另一方面，在隐性课程资源上，课程资源开发单一，课程资源开发局限于国家层面，地方课程和校本课程开发不足，没有挖掘地方具有地域性、民族性和文化特性的劳动课程资源。缺少研学旅行、团队活动和社会实践等劳动实践活动和公益劳动，缺少校外劳动教育实践基地，劳动课程资源单一且有限。

第三节　劳动教育实施对策

一、劳动教育的制度保障

学校劳动教育实施是一项系统工程，需要建立一套系统完善的制度来保障其有序有效运行。只有加强组织领导，强化政校协作，优化学校劳动教育的顶层设计，才能完成劳动教育这项自上而下的全方位改革；只有整合劳动教育资源，构建起家庭首责、学校主责、社会重责的家校社多方协同的运行机制，才能激发学校劳动教育的活力；只有融通大中小学劳动教育，建立一体化的有机衔接的育人机制，才能提高学校劳动教育的实效性。

（一）加强组织领导

学校劳动教育是系统工程，涉及劳动教育方案设计、资源整合、师资培训、过程管理、总结评价、风险防范等内容，需要自上而下进行全方位的改革，这就需要加强组织领导，在党委统一领导下，强化政校协作，优化学校劳动教育的顶层设计，建立起劳动教育实施的长效机制。

学校劳动教育的顶层设计应从以下几个方面展开。其一，加强学校劳动教育组织保障。教育行政部门应积极参与学校劳动教育建设，结合实际情况，科学制定劳动教育总体规划，合理配置劳动教育资源，在政策、资金等多方面支持劳动教育的发展。学校应积极响应和落实地方制定的劳动教育计划，在实施过程中，切实发挥学校党委在劳动教育工作中的领导核心作用，建立健全劳动教育管理机构，创新管理机制和运行机制，制定符合学校实际的劳动教育发展规划。其二，加强学校劳动教育师资队伍建设。教育大计，教师为本。学校劳动教育实施的重点工程是配齐配好劳动教育教师。教育部门应把劳动教育师资队伍建设纳入教育发展规划中，增设劳动教育教师培训研修基地，组建劳动教育名师工作室，打造劳动教育综合研究智库，其目的是加强学校劳动教育教学工作的制度化、规范化、常态化。具体到学校，应配备劳动教育专任教师，并根据实际需要聘请劳动实践指导教育，从而建立专职、兼职相结合的学校劳动教育师资队伍。尤为重要的是，学校全体教师应自觉参加劳动教育培训，提高自身的劳动意识，做到全员劳育、全方位劳育、全过程劳育。其三，强化学校劳动教育风险防范管理。在学校劳动教育实施过程中，劳动安全教育与管理是极其重要的内容。学校必须强化劳动安全意识，建立健全劳动安全保障机制。一方面，要了解学生的身心发展状况，合理安排劳动内容，尤其要注意劳动的强度。2020 年，黑龙江某 13 岁的女生在其学校组织的义务劳动中扫雪近 3 个小时，由于没有佩戴手套，其手指被严重冻伤，险遭截肢。学校劳动教育应避免发生此类安全事故，科学评估劳动任务的安全风险。另一方面，要关注劳动工具和劳动场所的安全性，认真排查和清除各种隐患。劳动教育活动的开展涉及各类工具设备，学校应进行科学管理，引导学生规范使用劳动工具。此外，要制定劳动教育风险防控预案，切实保护学生的身心健康。

（二）整合劳育资源

随着社会的进步，学校教育不再是只有讲台、教室、校园的传统样貌，而是日益走向开放。教育发展需要多方力量的配合，家庭、学校、社会都有责任。作为“德智体美劳”育人体系的重要一环，学校劳动教育是一项复杂的系统性工程，需要调动家庭、企业、社区、社会多方力量，整合劳动教育资源，提高劳动教育实施的实效性。发挥学校的主导功能，优化学校劳动教育资源。学校是劳动教育的主要场域，其应在劳动教育实施过程中应发挥主导作用，切实承担起主体责任，完善学校内部的劳动教育场地装备资源。学校劳动教育主要是实践性教育活动，其实施需要依赖良好的硬件基础设施。因此，学校应加强劳动教育设施标准化建设，积极完善劳动教育开展所需要的场地、装备、器材等。创客工厂、科技馆、生物园、体验式食堂等是学校常设的劳动教育场地资源。如成都市全兴小学建校以来因地制宜修建了种植园、荷塘、柚子林、木工坊、茶艺室、阳光长廊、小厨房、创新实验室等劳动实践基地。近年来，又改扩建种植园，新建阳光房，引进智慧农场设施。“空中农场”“云农场”也在筹备中，为劳动教育实施提供了充足的场地资源。

鼓励家庭参与，拓展家庭劳动教育资源。正如马卡连柯所强调的，“家庭是社会的一个天然的基层细胞，人类美好的生活在这里实现，人类胜利的力量在这里滋长，儿童在这里生活着，成长着”。家庭不仅是人生长和生活的场所，也是原初的“学校”。而“学校集体应有权监督家庭在教育方面的活动，帮助家庭，给予教育方法上的辅导”。即在“学而优则仕”的传统家庭教育理念下，学校劳动教育在实施过程中，不仅要充分依靠家庭劳动教育，而且要指导家庭劳动教育，转变家长重学习、轻劳动的教育观，积极拓展家庭劳动教育资源。一是服务自我型劳动教育资源。为了锻炼孩子独立处事、自我管理的能力，教师和家长要引导孩子在力所能及的范围内料理自己的生活，如学会自己淋浴、换洗衣服、整理床铺、做饭等。二是服务家庭型劳动教育资源。教师和家长应引导学生根据自身的年龄特点，力所能及地承担起家庭成员理应共担的家务劳动，如洗碗洗衣、做饭或帮厨、打扫卫生、整理家务等活动。三是服务亲友型劳动教育资源。教师和家长应积极引导学生学会迎送客人、照顾弱小等带有伦理性和礼节性特征的劳动。此外，在家庭劳动教育中，家庭成员的劳动故事和经历、劳动技能和技艺、劳动态度和习惯、劳动价值观等都是进行家庭劳动教育的宝贵资源。学校应积极挖掘此类劳动教育资源，与家长一起对孩子进行劳动教育。激活社会力量，拓展社会劳动教育资源。劳动教育重在引导学生进行真实的劳动体验和劳动实践，在很多情况下，这是无法在家庭和校园中进行的。学校劳动教育必须走出校园，走向田间地头，走进工厂车间。因此，学校劳动教育要积极拓展社会劳动教育资源。其中，最为重要的就是建设社会劳动教育基地。在农村地区，可有序开发田地、山林、草场等作为学农实践基地。学校应定期开展“学农”活动，使学生在农业体验中强化自身的劳动意识。而在城镇地区，要积极与社区、工厂、企业等单位合作，为学生参加工业体验、商业和服务业实践等提供保障。显然，在城市相关行业和农村的广阔天地中蕴藏着丰富的教育资源，它们都可以被开发和利用。

（三）建立一体化育人机制

在教育的纵向管理维度上，我国学校教育分为学前教育、初等教育、中等教育、教育四个阶段。当前，各个阶段学校的劳动教育管理是相互独立的，甚至是断裂的，缺乏有机衔接。大中小学融通劳动教育，就是强调小学、中学、大学要通过共享劳动教育资源，互鉴互补，保持劳动教育的连续性，从而构建目标有机衔接、内容有机联系、形态有序调整的学校劳动教育体系。一方面，要明确各个阶段劳动教育实施的目标和内容。劳动是人生存和发展的方式，贯穿人的一生。正因如此，个体劳动观的形成不可能一蹴而就。其是循序渐进、拾级而上的过程，需要在各个教育阶段不断强化。一般而言，小学劳动教育重在塑造劳动习惯，发展生活自理能力，强调引导学生爱护个人卫生，处理个人基本的生活问题，分担一些简单的家务，适当参加社会公益劳动等。中学劳动教育重在强化劳动能力，培养自立品质，强调引导学生学习基本的劳动知识和技能，适当参加生产劳动，参与社区服务等；大学劳动教育重在陶冶劳动情操，铸就自强意志，强调引导学生参与实习实训、社会实践、勤工助学等。另一方面，要进行大中小劳动教育一体化课程设计。针对不同阶段的劳动教育目标和内容，系统化设计劳动教育课程，使大中小学劳动教育课程有序贯穿起来，这是构建大中小劳动教育一体化模式的重要举措。政府有关部门应组织劳动教育智库，立足劳动教育规律和学生特点，系统开发有机衔接的大中小劳动教育课程。如小学开设劳动与生活课程，主要围绕个人生活自理活动而展开。中学设置劳动与技术课，让学生适当参加生产劳动和社区服务。大学阶段设置劳动与综合实践活动类课程，积极开展实习实训、专业服务、社会实践、勤工助学等活动。

二、建立科学化劳动教育课程标准

与新哲学体系的产生类似，劳动教育课程体系的产生亦能获得一种观察劳动教育的新思维方式。然而正如任何体系的产生都是在原有体系基础上的前进一般，劳动教育课程体系必然也孕育于已有的劳动教育经验基础之上，且新体系的产生并非绝对真理，随着时间的推移，新体系也可能丧失存在的条件与基础，被更新的体系所替代，因而劳动教育课程体系的产生也并非永久适用，它将伴随时间的发展不断被更新。作为学校课程体系的重要组成部分，劳动教育课程体系是实现劳动教育目标的重要支撑，系统落实劳动教育的重要载体，伴随着劳动形态的更迭，劳动教育课程体系的构建需要能真正反映时代精神的精华。劳动教育课程体系是对劳动教育课程诸要素进行整体设计与系统规划的过程，其构建需要在深入理解劳动教育课程本质及劳动教育课程实践现状的基础之上，以整体主义、实践导向和自主创新为构建理念，劳动教育课程体系的构建有利于从系统整体的视角落实劳动教育，也是解决当前劳动教育实践经验化的重要举措。

（一）劳动教育课程目标

课程目标是课程之魂，是整个课程运行过程中要面对与解决的根本问题。尽管《纲要》对劳动教育目标进行阐释，但由于缺乏具体的指导使得劳动教育课程目标在实践过程中存在指向不明、层次不清与理解单一等问题。作为劳动教育课程体系的首要构成要素，劳动教育课程目标的设置需要明确目标的选择来源、确立依据与构建原则，从而实现劳动教育课程目标体系的构建。

1.多元化选择

就课程目标一词，国内外学者具有不同的阐释。从课程目标层次来理解，国外学者将课程目标区分为“课程宗旨”（curriculum aims）“课程目的”（curriculumgoals）和“课程目标”（curriculum objectives）三个层次，其中课程宗旨指课程的总体目标，与教育目的基本一致，课程目的指学科或领域课程目标，与我国课程研究所阐述的各级各类学校课程目标一致，课程目标指课程目的的进一步具体化，更具可操作性。与之相应，我国对于不同层次的课程目标也有不同的表述方式，如从教育目的、培养目标、课程目标到教学目标的表述，在学校教育教学活动中，教师往往仅关注课程目标与教学目标的设计问题。课程目标是特定阶段的学校课程所要达到的预期结果。课程目标规定了学生预期的学习结果，然而如何选择课程目标是我们首先应该考虑的问题。泰勒在其著作《课程与教学的基本原理》一书中提出了课程目标的三个来源分别是对学生的研究、对当代社会生活的研究及学科专家的建议，成为课程研究中公认的课程目标选择来源。劳动教育课程目标的选择来源亦应如此。

（1）源于学生需要。

课程是学习者的课程，课程的目的在于促进学习者的身心发展，因此课程目标需要考虑学生的需要。劳动教育课程是为了使学生获得一定的劳动素养，学生是课程的主体，学生当前的劳动水平现状是劳动教育课程的起点。对学生需要的研究可以从性质、内容、时间、紧迫性、程度等层面进行，从性质而言，学生的需要包括自发性需要与劳动教育课程学习中产生的需要，教育者应以学生自发需要为基础；从内容而言，学生的需要包括身心发展的需要与学习的需要，教育者应认真衡量两种需要之间的依存关系，遵循最近发展区原理；从时间而言，学生的需要包括当前的需要与未来可能的需要，教育者应以动态的眼光看待学生的需要；从紧迫性而言，学生的需要包括当前亟待解决的需要与非紧迫性需要，教育者应以当前亟须解决的需要为主；从程度而言，学生的需要包括操作层次的需要与理解层次的需要，教育者应以学生的认知发展水平为依据。

（2）源于社会生活需要。

杜威“教育即生活”的思想为如今理解教育与生活的关系提供了思考空间，教育离不开生活，离开了生活，教育便成为一座孤岛。陈鹤琴亦将校墙高筑，学校与社会毫无联系的教育视为“死教育”。学生虽然在学校中接受教育，但是无法与社会生活相割离，无论是从学习内容还是学习目的来说，都与社会紧密相关，学生接受教育的目的就在于不断适应时代与社会变化的需要，成为一个社会化的人。因此，劳动教育课程内容与目标的选择需要考虑社会生活的需要，将社会生活纳入劳动教育课程范畴。随着科学技术的进步，生产力得到进一步发展，劳动教育内容也越来越丰富。的劳动教育不仅需要使学生掌握既有的生产和生活中的实践技能，更需要及时纳入人工智能、信息通信技术等方面的内容，使学生掌握参与和创新劳动的实践方式及方法。伴随着经济发展，人民生活水平日益提升，一些不劳而获、拜金主义的错误观念开始盛行，对学生劳动观念、劳动态度、劳动价值观的培养成为时代重点。对社会生活需要的考量不仅需要从当下出发，更需要从未来出发，劳动教育课程需要考虑未来社会需要什么样的人才，并在课程目标中担负起为一个即将到来的社会培养新人的使命。

（3）源于学科发展需要。

劳动教育自建国伊始就备受重视，从建国初期至改革开放以前的劳动教育受政治经济文化环境影响较大，劳动教育主要服务于生产建设，侧重于向学生传授生产技巧和生产技术，为满足基本生活需求、保证社会稳定和发展生产力服务。改革开放以来，劳动教育的育人属性逐渐彰显，逐渐实现向人本身的回归。劳动教育的学科属性逐渐增强，标志着劳动教育应具有相对独立的学科发展逻辑。教育的本质在于传承文化，学科是某一领域文化的集中体现，随着时间的推移，该学科在具体内容上获得了新的拓充，在表现形式上得到了新的发展，劳动教育课程目标也应依据学科发展的需要进行适当的调整。

2.目标确立依据

劳动教育课程目标的确立依据是教育目标确立的基础，也是保证其合理性的前提，当前，确立劳动教育课程目标应综合考虑劳动教育政策文件、核心素养相关要求与学校劳动教育基础多方因素。

（1）劳动教育政策文件。

教育政策是党和国家在一定历史时期为实现教育目标和任务而制定的行为准则，对教育事业的改革和发展起着根本性的保证作用。劳动教育政策是针对当前劳动教育薄弱为促进劳动教育发展，实现五育并举教育方针而制定的一系列任务准则，劳动教育相关政策的出台为我国劳动教育发展指明了方向路径，《意见》指出劳动教育应注重对劳动能力习惯、劳动观念与劳动精神的培养，《纲要》对其进一步解释，并将劳动能力与劳动品质单独提出，实际上明确了从技能领域、观念领域到情感领域的目标体系。劳动教育政策文件提出的劳动教育目标是依据学习者需要、时代变化的需要及劳动教育发展的需要而提出的，具有一定的科学依据与指导价值，是学校拟定劳动教育课程目标应该遵循的政策依据。除国家发布的劳动教育政策文件外，各地发布的关于细化落实劳动教育政策的文件亦是学校制定劳动教育课程目标的重要依据。从教育政策学视角看，各级地方政府及教育主管部门、各级各类学校、教师等皆为政策执行主体，其中各级地方政府在政策执行过程中地位突出，是保障国家宏观政策在地方各级学校落实的重要主体。

从教育政策执行主体的不同层次来看，不同层次在政策执行过程中发挥的作用有别，层次越高，执行政策越宏观，层次越低，执行活动越具体。由此，各级地方政府及教育主管部门对劳动教育政策的地方化与细化是学校劳动教育课程目标设置的重要依据。

（2）核心素养相关要求。

核心素养是对教育应培养什么的人的回应，是世界各国与国际组织在展望未来教育改革与发展时首要考虑的问题。我国林崇德团队历时多年研究，研发了学生发展核心素养总体框架，为核心素养概念、维度等进行了整体设计与说明，对我国课程发展的意义重大。核心素养是学生在接受相应学段教育过程中所形成的适应社会与个人终身发展需要的必备品格和关键能力。核心素养框架具体包含三个方面、六大素养与十八个具体要点，其中对劳动意识的规定体现在社会参与的实践创新领域，强调了劳动对于促进个体社会化及个体实践能力发展的积极意义。劳动教育在于恰当处理劳动与个人、与社会和与生活间的关系。从劳动与个人来说，需要学生具备一定的劳动能力，能够进行基础性的劳动项目，为自我生存及发展需要服务；从劳动与社会来说，需要学生在积极的社会参与劳动中获得劳动本领，形成乐于服务、乐于贡献的劳动精神，同时还应形成创新创造劳动工具，提升劳动效率的意识；从劳动与生活来说，需要让学生在生活中进行劳动、在真实的生活情境下劳动，懂得劳动源于生活，促进与改善生活的基本道理。由此，劳动教育课程目标的设置需要对标核心素养框架中劳动意识的相关要求。

（3）学校劳动教育基础。

劳动教育课程目标最终需要落实于具体的学校课程与教学之中，因此，课程目标受学校劳动教育基础影响较大。在劳动教育课程体系构建理念中强调自主创新理念，即是一种关注以校为本的实践创新。不同学校劳动教育基础不同，劳动教育课程目标自然有所差异。劳动教育政策文件与核心素养所指出的劳动教育目标是对学生一般性的共性要求，学校在具体确立课程目标的过程中应参照已有劳动教育实践基础，学生劳动素养水平现状与学校整体课程方案规划。对于实践基础较弱的学校而言，重在夯实基础；对于实践基础较好，并取得一定成效的学校而言，应该注重特色化发展，创新劳动教育课程目标表现形式。所谓学校劳动教育基础指学校在实践劳动教育过程中已采取的行动或取得的成效，如是否开设劳动教育课程、设计劳动教育指导教材、制定劳动教育课程标准、聘请劳动教育相关教师、构建劳动教育课程体系等。总而言之，劳动教育课程目标应该奠基于学校已有的劳动教育基础之上，否则不具有实践意义可言。

3.目标构建原则

劳动对人的全面发展具有重要价值，苏霍姆林斯基指出一个人的和谐发展、富有教养、精神丰富等所有的一切，只有当在劳动素养、劳动创造素养达到较高阶段时才能实现。劳动教育即是实现和谐发展这一目标的重要途径，也只有通过劳动教育才可实现这一目标。鉴于劳动教育的目标定位，劳动教育课程目标的建构应遵循以下几条原则。

（1）全面性。

基于整体主义理念对完整的人的强调与劳动教育对全面发展的人这一理念的关注，劳动教育课程目标的建构应遵循全面性原则。对全面性的理解可从课程目标内涵的全面性与包容性两个方面来理解，所谓全面性即对劳动知识、能力、情感态度价值观等要求的综合；所谓包容性即对课程目标表征形式丰富性的强调。劳动教育课程目标存在于课程实施的全过程，斯腾豪斯强调过程的价值与意义，艾斯纳注重表现性目标为理解劳动教育课程目标提供了新思路，即课程目标不仅是对劳动教育课程的预设，更多体现于课程实施过程中的生成与学生创造性的表现。

（2）务实性。

基于劳动教育课程目标的全息育人性与劳动教育课程体系构建的实践导向理念，要求劳动教育课程遵循务实性原则。所谓务实性与工具性不同，劳动教育课程目标的务实性亦注重彰显劳动教育的价值理性。针对当前劳动教育课程目标存在指向不明、认识模糊的现状，劳动教育课程目标的务实性首先强调对劳动教育实践的指导，关注学生在劳动实践过程中具体的劳动认知、劳动技能与劳动情感的获得与发展，而非笼统的概述。其次，强调对技能性目标的关注，尽管技能性目标并非劳动教育课程目标的全部，但确是劳动教育课程目标中十分重要的组成部分。技能性目标关注实践，要求学生在实践中习得劳动技能，同时有助于在实践中运用新技术，激发创造性。最后，关注人的全面而自由的发展。劳动教育课程目标的务实性在于其是教育目标的重要组成，为实现教育目标发挥作用。

（3）层次性。

发展心理学关注儿童独特性，强调儿童在学习方式、认识方式上与成人有所区别。受发展心理学影响，劳动教育课程目标在设计过程中亦需考虑学生的发展特点，作为发展心理学的重要代表，皮亚杰的儿童认知发展阶段理论为劳动教育课程目标的确定提供了心理学基础。该理论将儿童认知分为四个不同的发展阶段，且每个阶段具有典型的特征表现，阶段之间具有连续性与发展性。儿童认知发展的阶段性特征要求劳动教育课程目标要遵循层次性原则。所谓层次性原则不仅体现在课程目标中，还体现在课程内容的设置与选择上，课程内容需要依据学生的发展需要进行拟定。就课程目标而言，可以依据小学低段学生身心发展特点，将劳动教育课程目标定位于初步劳动意识的启蒙，依据中高段学生身心发展特点，将课程目标定位于劳动习惯及品质的养成。层次性与差异性密不可分，较之于差异性，层次性除强调不同阶段劳动教育课程目标的区别外还关注课程目标之间的衔接性。

4.目标体系构建

构建系统化、科学化的劳动教育课程目标体系是学校实施劳动教育的重要追求，其应坚持整体主义、实践导向与自主创新的构建理念，依据劳动教育课程目标的选择来源、确立依据与建构原则，对劳动教育课程目标进行科学分解，形成纵横有序的劳动教育目标网络。

劳动教育课程目标体系在横向上由劳动教育课程各领域目标组成，体现劳动教育课程目标的整体性特点。依据学者曾天山等人的观点，可以将劳动教育课程目标划分为认知领域、动作技能领域与情感领域层面的目标。郝佳婧在劳动教育的逻辑层次论要中也提及劳动教育在认知、情感与实践方面遵循着严密的逻辑层次。实际上，这三个层面包含了对劳动教育目标的总体规定，认知领域涵盖了劳动观念与劳动知识；动作技能领域涵盖了劳动技能与劳动创新；情感领域涵盖劳动品质与劳动情感。其中劳动技能是关键，是学生实践参与的有效保证；劳动观念与知识是前提也是结果，其在学习与劳动实践中得以改进与强化；劳动精神与劳动情感是目标，积极的劳动精神与情感的养成是劳动教育的目的。具体而言，劳动观念层面包含劳动价值观、劳动过程观、劳动技能观、劳动成果观与劳动关系观。劳动知识包含劳动本体性知识与劳动对象性知识。劳动技能包含一般性技能与专业性技能。劳动创新包含劳动发明与劳动发现。劳动品质强调责任、坚韧与诚信。认知领域、动作技能领域与情感领域的课程目标是一个相互联系的有机整体，不能将其绝对分割。

劳动教育课程目标体系在纵向上由劳动教育课程的学段目标组成，体现不同学段之间的层次性与衔接性。针对小学阶段，可以将劳动教育课程目标划分为小学低段与中高段课程目标，它们之间是彼此联系、逐步递进的关系。当前劳动教育课程目标的一大问题在于目标层次不清晰，这往往会造成学习内容重复、不衔接等问题。学校劳动教育课程学段目标的设置应依据学生身心发展特点体现由低至高的层次变化，具体可以表现在目标程度与劳动内容的差异上。从目标程度的差异来说，主要指对相同劳动内容的难度要求有所区别，比如针对劳动工具，小学低段强调能够认识基本的劳动工具，在中高段则要求学生能够在认识基本工具的基础上，合理选择与使用劳动工具；从劳动内容的差异来说，主要指依据学生阶段差异为学习者选择不同的劳动内容，如小学低段强调将劳动领域集中于家庭与学校，重在自我生活服务劳动，小学中高段将社会纳入学生劳动领域范畴，让学生参与社会服务劳动。除此以外，学校在确立劳动教育目标过程中可依据学校劳动教育基础进行自主创新。

（二）劳动教育课程内容

课程内容是劳动教育的载体，不存在无内容的课程。劳动教育在我国经历了较长时间的发展，积累了丰富的劳动文化，通过梳理劳动教育课程内容的演进、明晰劳动教育课程内容的选择依据与组织形式是构建劳动教育课程内容体系的重要基础。

1.劳动教育课程内容演进

受不同时期政治、经济、文化等因素影响，我国劳动教育发展呈现阶段性特征。梳理新中国成立以来劳动教育内容的演变有利于加深劳动教育认识，理解劳动教育课程内容的发展趋势。从劳动教育课程文件的颁布来看，我国劳动教育大致可分为初见雏形、激进变革、恢复重建和纵深发展四个阶段。

在初见雏形阶段，劳动教育课程内容主要是为服务工农业生产作准备，要求学生掌握工、农业生产的相关知识与基本技能，一来是为了思想纠偏，消除鄙视体力劳动的错误思想，二来为了缓解小学与初中毕业生无法升学的压力。在激进变革阶段，劳动教育被视为单纯的体力劳动与思想改造的手段，过分强调生产劳动，造成“有劳无教”与“以劳代教”的局面，具体表现在明确设立生产劳动课，在劳动时数与劳动强度的要求上都大大增加，严重影响了学科教学的正常开展，导致教学质量的下滑。在恢复重建阶段，劳动教育从目的、内容上都获得了有效恢复，在目的上开始关注人的价值，强调劳动对于学生能力的发展；在内容上开始重视劳动技术方面的教育。在纵深发展阶段，劳动教育获得了深入发展，高度强调劳动教育的育人价值。从课程地位来说，劳动教育课程重新恢复了独立课程地位；从课程目的来说，劳动教育实现从强调劳动技术教育到强调劳动综合育人的转变，实现由工具性价值到存在性价值的转变。

总体而言，劳动教育课程内容伴随着时代发展呈现出从单一封闭到多元开放的发展趋势，具体表现为课程内容趋于融合、走向生活化与课程内容的因时而新。《纲要》将劳动教育内容具体划分为三个方面，就日常生活劳动而言，主要指与学生日常生活相关的活动，涉及个人生活自理如系鞋带、收拾书包、叠被子等与家庭家务劳动如收拾碗筷、倒垃圾、做简单的饭菜等，是学生学会生存与参与社会活动的前提，具有基础性；就生产劳动而言是一种更具专业性的活动，如工农业生产劳动等，但其本质目的并非让学生从事工农业生产，而是关注在生产劳动过程中的感悟和收获；就服务性劳动而言，主要指学生所参与的社会服务类型的活动如街头志愿者、图书管理员、博物馆解说员等，参与社会服务劳动有利于培养学生的社会观念与社会责任感。以上三种类型的劳动教育内容不可相互割裂，而是辩证统一的关系。

2.劳动教育课程内容选择依据

《简明国际教育百科全书课程》认为课程内容是一些学科中特定的事实、观点、法则和问题等。廖哲勋指出课程内容是按照课程目标以一定逻辑顺序组织排列而成的知识与经验体系。从对课程内容概念的界定可以发现课程内容是相对稳定的知识与经验体系，一经形成将会持续影响教育教学活动。然而，这种课程内容是以何标准进行选择或课程内容的选择受什么影响是研究课程内容的前提，也是劳动教育课程内容确立的依据。综合而言，课程内容的选择无外乎受课程目标与课程价值取向的影响，如将课程目标视为教学活动的终点，那么课程内容便可视为实现这一目标的具体路径，两者之间是相互制约、相互影响的关系。

另一方面，课程价值取向也会影响其内容的选择，以何种价值本位确立的课程内容将会在不同程度上影响教育的发展，并将教育引向不同的疆域，与此同时，不同时期所确立的课程价值观有所不同。现代教育正在从关注知识走向关注学生，学生的发展成为课程内容选择的重要依据，无论知识本位、社会本位还是学习者本位都有一定的合理依据。因此，劳动教育课程内容的选择需要兼顾知识、社会生活和学习者的需要。

劳动教育课程目标包含认知层面的目标，如对学生正确劳动观念的培养、劳动知识的获得；动作技能层面的目标，如对学生基本劳动技能的培养、劳动创造力的培养；情感层面的目标，如对学生积极劳动品质与情感的培养。就劳动教育目标来说，劳动教育内容应是多样的，其所指向的劳动素养也是多维度的。就劳动观念、劳动精神等内在于个体世界观、人生观、价值观层面的劳动素养而言，更多反映的是学生对劳动功能和意义的认识、劳动的态度及以劳动为核心的社会生产关系的价值判断，属于观念性的社会意识形态范畴。就基本劳动技能、劳动习惯而言，则属于个体实践操作能力范畴。所谓依据课程内容的价值取向选择课程内容是指在课程内容的选择中既要考虑到学生系统知识、技能的获得，学生身心发展的需要，还要考虑社会发展的需要。然而，通过对小学劳动教育课程现状调查发现当前劳动教育课程内容选择存在简单化的倾向，部分学校出现以教师会什么、学校有什么为课程内容选择的依据，忽略了学生与时代发展的需要。劳动教育课程内容选择的好坏将会极大程度地影响学生劳动素养的发展，对其选择应在对学生、学科及社会发展需要研究的基础上结合学校现有劳动教育水平综合确定。

3.劳动教育课程内容的组织

施良方提及为了使学生的各种学习有效地联系在一起，使学习产生积累效应，需要对选择出来的课程内容加以有效的组织。劳动教育课程内容的组织是课程内容确立必不可少的步骤，课程内容组织的科学性与合理性将会影响学生的接受度与认可度。如果说课程内容的选择是课程内容确立的第一步，那么课程内容的组织将是课程内容确立的最后一步，也是最为关键的一步。课程内容的组织并非一项简单的任务，而是需要通过层层审核形成结构严密的内容系统。与以往课程内容由国家规定有所不同，伴随三级课程管理体制的出现也为地方与学校释放了一定的课程权利，学校可依据自身基础开设校本课程，这就面临学校需要选择与组织课程内容。劳动教育课程与其他学科课程的不同之处在于缺乏严密的知识发展逻辑，如对某些劳动技能的培养不存在先后之说，也不存在严密的逻辑之说，这也使得一批学校在劳动教育实践过程中容易出现内容重复、学段衔接不明确等问题。

合理的课程内容组织是促进学生发展的有效前提，否则将陷入重复、机械学习的怪圈。关于课程内容的组织，课程设计理论提出多种组织形式，它们各有优缺，采用何种形式关键要根据被组织的课程内容特点及学生发展需要确定，取优补缺，合理组织与编排课程内容，满足学生发展需要。从横向组织来看，劳动教育课程应打破学科界限。劳动教育课程内容具有跨界整合性，依据整合的程度可以将其分为简单整合的、较高程度整合的、高度整合的和未分化的内容。从纵向组织来看，劳动教育课程内容应体现“连续性”与“顺序性”，鉴于劳动教育课程内容本身的逻辑性不强，因此在课程内容的组织上与学科课程有一定区别。劳动教育课程内容组织应与劳动教育特点相结合，如劳动技能的掌握具有逐步深化的特征，不同阶段的儿童在学习领域上也有一定的区别。从直线式与螺旋式的组织形式来说，劳动教育课程内容的选择要由浅入深，由易到难。对于一些价值高，需要反复出现的劳动教育内容可以采用螺旋式的组织形式。从逻辑顺序与心理顺序来说，劳动教育课程内容的组织既应考虑到学科固有的逻辑关系，又应关注学生的思维发展、兴趣、需要及已有的经验背景。

除此以外，劳动教育课程内容还可以采取如下几种不同类型的内容组织形式。以概念为中心可以运用不同视角、不同原理和方式对某一概念进行认识、分析与界定，从而获得该概念的完整图景。劳动教育需要学生理解一些概念如“劳动者”“劳动工具”等，文学注重对劳动形象、劳动工具价值的诠释，政治注重对生产关系、劳动关系等的诠释，历史注重劳动工具的变更，美学注重劳动人物的艺术价值等。不同视角可以全面深入理解概念的完整图景，促进学生劳动认知等的发展。

以主题为中心可以通过师生协作确定议题，并将该主题与其相关的内容综合起来，这种课程组织方式具有综合性与去边界性，有利于学生获得与该主题相关的背景与延伸知识，同时也有利于锻炼学生的动手操作能力。如以“中国年·中国结”为主题，可以融家庭劳动、校园劳动与社会劳动于一体，整合日常生活劳动与服务性劳动，了解中国结历史、背景、意义，进行制作、装饰美化、创新等。以问题为中心是围绕令学生感兴趣的某一问题或现象组织课程内容，遵循由具体至抽象、由归纳至演绎的逻辑。如以“如何让学校靓起来”为问题，让学生通过调研—实践—总结—反思形成该问题的解决方案。

4.劳动教育课程内容体系构建

劳动教育课程内容体系依据劳动教育课程目标，可以将课程内容分为涵养观念类的劳动教育课程内容与实践活动类的劳动教育课程内容两大类，前者在于培养学生的劳动认知、态度及情感，以“知”为核心，主要以生活化、审美化的课程内容为表现形式；后者在于培养学生劳动习惯及能力，以“行”为核心，主要以纲要强调的三种劳动类型为表现形式。所谓生活化的课程内容实际上是将社会生活纳入课程范畴或让课程走向社会生活，无论哪种形式皆强调课程与生活间的紧密联系，生活化的课程内容是“活”的课程资源，如劳动模范、普通劳动者、日常劳动场景都是活的课程，学生可以通过聆听劳模故事、观察普通劳动者、走近日常劳动场景获得对劳动、劳动者价值与意义的情感认同。审美化的课程内容能够通过展示劳动智慧与劳动精神的审美元素克服学生对劳动的心理疏离感，激发学生的劳动情感共鸣。审美化的课程内容包括中华传统文化中的劳动精神与劳动智慧、劳动艺术作品中的劳动精神、地域与校园独特的劳动文化等。中华传统文化中的二十四节气、传统习俗节日等蕴含着丰富的劳动资源，诸多文学作品也包含丰富的劳动精神，如中国古典诗词中抒发对劳动人民与劳动实践的热爱赞美之情、对劳动果实的珍惜歌颂之情等。一些劳动艺术作品舞蹈如《中国脊梁》、壮族的扁担舞，音乐如《劳动最光荣》《咱们工人有力量》，绘画如米勒创作的讴歌劳动人民的作品《拾穗者》等对学生发现劳动之美有重要价值。地域与校园中的劳动文化是凸显地域、学校特色的标志，是学校结合地域特征、学校特征进行的自主创新。实践活动类的劳动教育课程内容主要通过一些让学生亲身参与的劳动类型展开，依据学段差异，小学低中高段劳动目标不同，内容不同，侧重亦有所不同。除此以外，实践活动类的课程内容需要融入科技发展因素，将人工智能领域纳入课程内容范畴。实际上，无论是涵养观念类抑或是实践劳动类内容都不可截然分割，离开了具体实践或是离开知识引导皆无法实现劳动教育的终极目标。因此，两者之间应是相辅相成，和谐共生的关系。

劳动教育课程内容体系的构建应在整体主义、实践导向与自主创新的构建理念下依据劳动教育课程目标，学生、学科发展及社会发展的需要确定劳动教育课程内容，并依据劳动教育特点综合采用多种课程内容组织方式，最终形成结构严密、层次鲜明的劳动教育课程内容体系。总之，劳动教育课程内容体系的构建旨在提升学生的劳动素养，为实现劳动教育目标服务。

（三）劳动教育课程实施

自肇始于美国的“学科结构改革运动”失败后，人们开始反思课程变革的复杂性与不确定性问题，课程实施逐渐进入人们的视野，成为课程研究领域的重要问题。劳动教育课程实施是对劳动教育课程规划或方案的具体执行过程，是劳动教育课程体系中的重要因素，是实现劳动教育课程目标的核心途径。当前课程实施相关研究集中于对本质、价值、特征、策略、模式、影响因素、价值取向等一般性的探讨，至于具体的劳动教育课程实施则较少涉及，本节将结合劳动教育课程实施现状具体分析劳动教育课程实施的内蕴、构成要素、存在问题及具体策略。

1.劳动教育课程实施内蕴

课程改革成败与否，不仅要看课程体系或课程方案是否满足学生的需要和社会进步的需要，更重要的是看实施的结果。富兰说：“在过去的 25 年里进行的教育改革很少有在实践中获得所希望的实施效果。”自人们发现课程实施这一问题以来，对其关注度日益增强。课程实施的概念是其研究的起点，人们基于不同视角认识课程实施，会由此产生不同的见解。富兰认为“课程实施是对变革付诸实践的过程”。我国学者也将其视为新课程计划付诸实践的过程。

除此以外，由于课程实施与教学关系密切，关于两者关系的问题也常为学者探讨，常见有三种观点。其一，是将课程实施与教学等同，认为只有当教师在课程方案的基础上进行教学，课程才得以实施；其二，将教学视为课程领域的组成部分，两者之间具有包含关系；其三，将两者视为相对独立的研究领域，从两者具体的研究范畴出发，承认两者具有密可不分的关系。由此可见，对课程实施的理解并无绝对的定义。无论以何种定义认识课程实施，都无法消除其包含“课程实际执行的过程”这一内涵，也无法摆脱“行动”这一本质，也正因为课程实施这一动态性、过程性特点，使其成为成败与否的重要标志。

相较于劳动教育教学来说，劳动教育课程实施涉及的范围更广，研究的侧重点也有所不同。从涉及范围来看，劳动教育课程实施不仅限于教师的教学活动，还涉及实施主体、实施环境、实施途径、实施效果等诸多要素。从研究侧重来看，劳动教育课程实施关注劳动教育课程实施的影响因素及实践策略等。总的来说，劳动教育课程实施贯穿从方案执行到教育教学全过程，是一个动态化的过程，具有动态性、开放性以及整体性等特征。

2.劳动教育课程实施体系构成要素

作为对劳动教育课程方案的具体执行，劳动教育课程实施的本质是“行动”，是将观念化的理想课程转化为实际运行的课程。富兰认为课程改革一般由起始阶段、实施阶段、常规化和制度化阶段三个阶段组成。其中实施阶段是最为重要的一个阶段，是决定一项改革是否进行及进行到如何的关键。斯泰西说“如果你希望旅行到新的国家，路线和目的地必须通过旅程自身找出。”行动是课程实施的关键，劳动教育课程实施具体由哪些要素构成，既是深化对劳动教育课程实施理解的重要途径，也是影响劳动教育课程实施效果的重要因素。若将劳动教育课程实施视作付诸实践的过程，则无法脱离课程实施主体、实施环境、实施途径、实施成效等具体要素。实施主体是具体执行课程方案或进行教育教学活动的人物，具体包括教师、学生、校长等。在课程实施主体中教师是课程实施的核心。教师的劳动教育课程态度、课程意识、课程实施取向、课程知识技能等深刻影响课程实施的成效。学生也是课程实施的重要参与者，学生的态度、参与度、配合度同样影响着课程实施。校长是学校大小事务的决策者与管理者，伴随课程权利的下放，校长在课程领导、开发、管理、实施过程中的重要性日益突出。校长对于改革的短期或长期成效都起着十分重要的作用，当教师认为某一项计划不为校长所支持时，该项计划就很难出成效。受到校长积极支持的计划是最有可能顺利进展并取得成效的。而实施环境包含物质层面的环境与文化层面的环境，物质环境主要指劳动教育课程资源，具体包括劳动教育场地、设施设备、教材、资金等，是劳动教育课程开展的有利条件，文化环境主要指劳动教育课程实施所处的制度环境、理论环境和文化环境。劳动教育课程实施从形式来说不局限于单一的劳动教育课，学科渗透课程、综合实践活动课程亦是实施劳动教育的重要途径，从场所来说不局限于课堂教学单一途径，校园、家庭、社会亦是实施劳动教育的重要阵地。劳动教育课程实施成效是课程实施的结果，主要通过课程理念的认同程度、课程目标的达成程度与学生劳动素养的真实变化来体现。

3.劳动教育课程实施途径

劳动教育课程实施成效的提升需要落实到课程实施的各个环节，具体包括：充分调动实施主体的积极性、完善劳动教育课程实施途径、改善劳动教育课程实施环境等。

（1）充分发挥实施主体的积极性。

实施主体积极性的发挥首先在于提升课程实施主体的课程意识与能力，只有校长与教师充分意识到自己的课程角色、课程责任与使命时才可能深入开展劳动教育课程研究。对于教师而言，加强教师的课程意识，如教师设计课程的意识、制定课程目标的意识等有利于明确自身是课程的主体，促进教师从忠实取向的课程实施观转向相互调试取向或创生取向的课程实施观，进而提升课程实施的积极性。课程能力是教师课程研究与实践的前提。提升教师课程意识与能力，学校可以通过丰富培训形式加强学校教育者的理论素养，如组织校本培训、邀请课程专家开设专题讲座、开展院校合作、组织网络培训等。教师亦可通过自我学习、合作学习、反思学习等方式实现理论素养与实践能力的提升。其次，完善劳动教育课程研究、开发、实施的激励制度。从地区来说，可以通过制定劳动教育相关评价激励制度鼓励学校开展劳动教育，进行特色创新。从学校来说，可以通过完善学校内部的评价激励政策，鼓励教师开展研究，实践创新。

（2）完善劳动教育课程实施途径。

完善劳动教育课程实施途径益于解决当前劳动教育课程祛身化的问题，具体可从以下两个层面展开。首先，调整改善已有劳动教育课程实施途径。当前劳动教育课程主要以课堂教学的形式呈现，对其调整应致力于教学目的、教学方式、教学时间与教学空间的改善上。在教学目的上，教师不应将其简单理解为某项技能的掌握，劳动教育实质包含从观念、习惯到品质、精神的多重境界。在教学方式上，单一的讲授、示范无法满足劳动教育具身性的要求，教师应坚持“以学生为本”的基本理念，让学生多参与、多实践。在教学时间上，刻意的片段划分无益于课堂的自由生长，课堂应是生动的、灵活的与随机应变的。在教学空间上，教师应突破传统的教学空间，将校园、社会纳入选择范围，提供学生与真实生活对话的机会。其次，拓展劳动教育课程实施途径。劳动教育课程形式应是丰富的，不仅可以通过课堂教学实现也可以通过校外实践、活动课程等其他形式实现。学校应充分挖掘家庭、校园、社会劳动教育资源，为劳动教育课程提供丰富的途径来源。

（3）改善劳动教育课程实施环境。

针对当前劳动教育课程实施环境受重视不足的情况，应从加强物质环境与文化环境建设两个层面入手。从物质环境层面而言，一是加大劳动教育资金投入，多方筹集资金，完善劳动教育相关设施设备；二是加强劳动教育校本教材与教师用书研究，为劳动教育课程开展提供良好的生态环境；三是挖掘学校劳动教育场地资源，充分运用学校场馆、教室、实验室等场所，为劳动教育提供实践场。从文化环境层面而言，一是加强学校劳动教育课程实施的各项制度建设，完善各项规定，为劳动教育提供良好的制度环境；二是加强学校劳动教育课程的理论与实践转化研究，组建劳动教育课程研究团队或将劳动教育课程研究纳入学校已有研究主题，为劳动教育提供良好的学术环境；三是加强劳动教育师资人才建设，坚持引进与内部转化相结合，充分吸纳家长、社会人士兼任劳动教育教学工作，形成专兼结合，以专为主的劳动教育教师队伍。同时，定期对教师队伍进行培训，提升教师队伍的教学水平与能力。四是加强劳动教育文化建设，从学校办学、育人理念等学校文化建设中提取与挖掘劳动教育相关元素，通过多途径、多渠道宣传劳动文化，为劳动教育提供良好的文化环境。

（四）劳动教育课程评价

课程评价作为课程体系的重要组成部分，在整个课程系统中都具有十分重要的地位。劳动教育课程目标是否实现、课程内容选择是否合理、课程实施成效高低皆需通过课程评价来实现，由此可见，课程评价之于课程的重要性。然而，评价总是关涉价值问题，课程评价亦是一种价值判断。以何取向作为评价标准是劳动教育课程评价首先需要考虑的问题。除此以外，评价什么、如何评价亦是劳动教育课程需要明晰的问题。

1.劳动教育课程评价的价值取向

权，然后知轻重；度，然后知长短。任何事物的好坏，都需要评价来完成。从哲学意义而言，评价是主客体间价值关系的反映。评价实际上是价值活动，是对价值的主观判断、情感体验的综合。劳动教育课程评价亦是一种价值选择与判断，不同的价值取向彰显出不同的价值观。当前，劳动教育课程评价存在如下三种不同的价值取向。

（1）目标取向的劳动教育课程评价。

不言而喻，该取向下的劳动教育课程评价受目标达成度影响，并以目标的实现与否作为评价的最终依据。受“工具理性”影响，该目标一般为预设性目标，即在教学活动前已经规定了的目标，一般通过行为目标表述。受该取向影响，劳动教育课程主要采用量化评价，具体方法包括测验、考试等。从评价主体与时间来说，该取向下的评价主体一般为教师，评价客体为学生，评价时间一般在教学活动结束后，也称总结性或终结性评价。纵观现状，以目标取向的劳动教育课程评价不在少数，教师往往通过学生是否实现课堂教学目标作为评价结果的依据，而较少考虑其他因素。该取向的评价模式因较易操作、评价科学广被接受，但也因忽视人的主观能动性、课程实施的动态性与创造性而被批判。课程是一个动态生成的过程，以预设性目标的实现与否作为课程评价的衡量标准固然有用，但作为唯一衡量标准便有失偏颇。

（2）过程取向的劳动教育课程评价。

过程取向的劳动教育课程评价是对目标取向不足的一次改进，是由忽略课程开发、课程实施到将劳动教育教学全程纳入评价范围的一次变革。受“实践理性”影响，该取向下的劳动教育课程评价由关注评价结果到关注评价过程，评价类型也摒弃了单一量化评价的方式，赋予质化评价一定的地位。过程取向较之于目标取向在忽略人的主体性与忽视过程的动态性和创生性的问题上有所进步，但也因无法彻底摆脱目标取向对其带来的影响而存在固有弊端。就实施难度而言，过程取向的劳动教育课程评价因需教育者关注教学活动以外的学生表现、课堂生成、教学环境间的相互作用而不易进行。与此同时，由于教学活动时刻处于进行状态，一些具有价值的表现不易被教师察觉。因此，该取向的劳动教育课程评价对教师的教学水平与能力也提出了一定要求。但不可否认，该取向的课程评价符合当前劳动教育课程评价对过程关注的需求。

（3）主体取向的劳动教育课程评价。

该取向的劳动教育课程评价不再视教师为单一的评价主体，目标达成度为评价的唯一准则，而主张评价是师生共同建构意义的过程，师生皆可作为评价的主体，这极大地发挥了学生的主体价值。受“解放理性”影响，该取向的劳动教育课程评价强调评价是一种理解性行为而非控制性行为，每一个主体都具有对行动的反思与批判能力。在评价方法上主体取向的劳动教育课程评价不再关注用精确的数字或数值衡量学生的劳动水平，而主张运用定性的方法进行描述。如果说目标取向、过程取向是对课程本身的关注，那么主体取向就是对人本身的关注。该取向劳动教育课程评价的基本特性在于承认价值是多元的，符合劳动教育课程评价对评价主体多元化的需求。

2.劳动教育课程评价内容

作为课程体系的重要组成部分，劳动教育课程评价的目的在于促进学生的发展。从评价内容来说，劳动教育课程评价主要包括以下几个方面。

（1）劳动教育课程方案的评价。

课程方案是以文本形式存在的静态课程，对劳动教育课程方案的评价有利于在课程实施前检验课程方案的科学性与适切性，从而降低课程实施中可能出现的问题，保障课程有效地展开。课程方案具体包括国家、地方与学校课程方案，学校应在遵循国家与地方课程方案的基础上依据学校特点进行针对性的调整、修订或补充。本书所指的评价主要是对学校劳动教育课程方案的评价，实际上这也正是当前学校劳动教育课程评价容易忽略的部分。对学校劳动教育课程方案的评价应坚持内部与外部评价相结合的原则。内部评价主要指由学校内部课程人员参与的评价，学校内部人员更了解学校实际与学生实际，评价更具有针对性与适切性。外部评价主要指由课程专家或第三方课程评价机构参与的评价，课程专家等人往往站在客观的立场上从理论视角上进行评价，能够保证课程方案的专业性与科学性。

（2）劳动教育课程实施成效的评价。

劳动教育课程实施成效的评价是劳动教育课程评价的重要内容，也是从静态评价走向动态评价的标志。其具体包括劳动教育课程实施情况的评价、教师劳动教育教学的评价与劳动教育课程实施的发展性评价。劳动教育课程实施情况的评价主要指对劳动教育课程开设的实际情况、教师与学生的准备情况、学校资源支持情况及课程满意度情况等进行的评价，其有利于从总体了解劳动教育课程的基本概况。教师劳动教育教学评价主要指对教师劳动教育教学全过程的评价，如对教师教学目标、内容、方式方法等的评价，其有利于发现劳动教育教学存在的具体问题。劳动教育课程实施的发展性评价主要指对课程实施全程进行的评价，其有利于促进劳动教育课程自身的发展、学生以及教师发展。

（3）学生劳动素养的综合评价。

对学生劳动素养的评价是劳动教育课程评价的根本，也是课程实施成效高低的重要体现。其主要包括对学生的劳动过程评价与劳动结果评价，过程评价关注学生劳动参与过程中的具体表现，结果评价主要指学生在劳动结束后劳动认知、动作技能、情感等方面的发展。当前学校劳动教育课程评价普遍集中在对学生劳动素养的评价上，喜忧参半。喜在于学校意识到学生劳动素养之于课程诸要素的意义与价值；忧在于课程评价范围的窄化。从评价范围而言，劳动教育课程方案、课程实施成效亦是课程评价的重要领域，缺一不可。从评价内容而言，对学生劳动素养的评价涵盖从认知、动作技能到情感等多个层面，忽略其中任何一项都是不完整的。除此以外，还应将学生劳动素养置于学生总体素养之下，探讨劳动素养与学生总体素养发展间的关系。

3.劳动教育课程评价方法

就课程评价自身而言，依据不同的划分标准具有不同的类型。每一种类型主张的方法各不相同，从评价方法的属性上可以将各类型的评价归纳为量化评价与质化评价两种。劳动教育课程评价亦可将其分为量化与质化评价，结合劳动教育课程特点，应采取以质化为主、量化为辅的评价方式。

（1）学校劳动教育课程的量化评价。

量化评价是当前学校课程评价、教师专业发展评价与学生升学评价采用的主要评价方式，其典型特征在于运用客观化、普遍化的标准进行评价，以量化的数据呈现，不掺杂任何主观成分。其普遍采用标准记分、常模比较两种形式，在具体评价方法上，主要采用标准化的测验、量表及各种能以数字记录考察的途径（如劳动时间、劳动次数、劳动成果数量等）。量化评价因其操作性强、省时省力而被广泛采纳。加之互联网信息技术的广泛运用，使得地区、学校在收集、整理与分析数据方面更加便捷，在劳动素养监测方面更加有效。学校应充分利用信息技术发展对劳动教育课程评价带来的巨大优势，结合学校劳动教育实际开展科学评价与监测。但与此同时，也应注意劳动教育课程评价不适宜完全通过量化评价的方式进行，主要可以从两个方面解释。其一，从劳动教育课程评价内容来说，劳动教育课程实施的具体情况适宜采用量化评价，但就劳动教育课程方案、教师劳动教育教学、劳动教育课程实施的发展性评价、学生劳动素养的评价而言，量化评价不足以成为劳动教育课程评价的主要方式。如以对学生劳动素养的评价为例，其是劳动教育课程评价的根本所在，学生劳动素养包含从观念、知识、技能到品格、情感等多个方面，无法通过单一的量化评价判断学生劳动素养水平。其二，从量化评价自身的局限性来说，其忽视了劳动教育课程中存在着不可量化的因素；由于过分强调一元化的标准，忽视了课程评价的多元价值；由于过度关注预设性的课程目标，忽略了课程实施的动态性与生成性；与此同时，劳动教育课程评价的主客体单一，容易忽视学生的主体性与主观能动性。

（2）学校劳动教育课程的质化评价。

质化评价又称质的评价或质性评价，相较于量化评价来说，质化评价并不注重通过数量化的信息得出评价结论，而主张采用多种方式对评价对象做出全面、深刻的描述，其背后遵循的方法论基础是自然主义或人文主义。质化评价弥补了量化评价在评价主体、评价内容与评价标准等方面的不足，符合劳动教育课程评价的基本特点，是劳动教育课程评价的主要方式。从具体方法而言，劳动教育课程的质化评价可以采取档案袋评价、劳动记录手册等多种方法。档案袋是一种以学习者为中心的学习与评价工具，档案袋评价又称成长记录袋评价，其突出了课程评价的发展性功能，体现了评价主体的交互性及课程内容、过程的动态性。其具体包含师生协商制定评价标准，劳动实践收集表现证据，自我反思评价改进等环节。档案袋评价以学生劳动表现为核心，贯穿学生劳动实践全过程，具有如下优势。首先，在学生具体的劳动实践中考察，保证了评价的真实性；其次，多层面对学生的劳动观念、态度、知识、技能等进行考察，保证了评价的全面性；再次，在一定的时间内对学生的劳动表现进行考察，保证了评价的动态性与生成性；最后，学生亦可参与评价，保证了评价的公平性。劳动记录手册是质化评价的重要方式，亦是档案袋评价的有效补充。由此可见，质化评价因其与劳动教育课程基本特征相符合，而成为劳动教育课程评价的主要方式。

4.劳动教育课程评价体系构建

劳动教育课程评价体系作为学校劳动教育课程体系的重要组成部分，其是在劳动教育课程体系构建理念的指导下对评价主体、评价内容、评价方法、评价功能等的系统说明过程劳动教育课程评价体系是由评价主体运用一定的评价方法对学校劳动教育课程方案、劳动教育课程实际开设情况、教师劳动教育教学与学生劳动素养等内容进行综合评定旨在实现劳动教育课程评价功能的系统性过程。从学校劳动教育课程评价主体来说，校长、劳动教育课程研究者、课程专家、科任教师、学生、家长及一些社会成员等皆可成为劳动教育课程评价的主体。作为劳动教育课程体系的构成要素，劳动教育课程评价应始终与劳动教育课程各要素保持密切关联，在课程体系构建理念的指导下实现各要素的良性互动。从系统论来看，劳动教育课程体系是从劳动教育课程目标、劳动教育课程内容、劳动教育课程实施到劳动教育课程评价的完整过程，劳动教育课程目标、内容、实施与评价是构成小学劳动教育课程体系的众多要素；除此以外，劳动教育课程体系诸要素本身亦是结构完整、要素齐全的系统，在劳动教育课程体系构建理念的指导下共同作用于学校劳动教育课程的发展。

三、拓展学校劳动教育平台

在人类社会历史进程中，劳动形态不断迭代和更替，劳动者、劳动工具、劳动对象等都伴随社会的发展而发生了根本变化。社会生产力不断提高，科技革命进一步深入发展。在日新月异的人工智能时代，社会对劳动者的需求具有显著的时代特征，要求劳动者不仅具备专业技术能力，同时具备复合素质，如创新精神和创新能力。为了培养符合时代发展的知识型、技能型和创新型劳动人才，学校劳动教育应依据劳动形态的演进而与时俱进，拓展日常生活劳动平台、生产劳动平台、服务性劳动平台。

拓展日常生活劳动平台。劳动是人类生存的基本手段，传授给学生最基本的生活技能是劳动教育的基本目的，如有效处理个人生活事务，提高日常生活能力，养成良好的卫生习惯等。为了达到此目标，我们应以家务劳动和校务劳动为载体构建日常生活劳动平台。其一，家庭不仅是人生长和生活的场所，也是开展日常生活劳动教育的最重要的平台。在学校劳动教育实施过程中，应深化家校合作，引导家长以“劳”育人。鼓励孩子参与衣食住行等日常生活劳动，养成劳动习惯，提高生活自理能力。其二，校务劳动是日常生活劳动教育的另一重要平台。学校拥有良好的劳动教育资源和环境，如场地、装备、工具、器材等，应引导学生树立劳动自主意识，深化以热爱劳动为荣，以好逸恶劳为耻的荣辱观教育。

拓展生产劳动平台。生产劳动是人通过有目的的活动改造自然对象并在这一活动中改造人自身的过程，其具有明确的目的性和指向性。人在生产劳动过程中学会使用工具，提高生产力，发展社会关系，不断创造物质财富和精神财富以满足自身需求和推动社会发展。在学校劳动教育实施过程中，拓展生产劳动平台才能引导学生在劳动实践中掌握基本生产知识和技能，体验物质财富的生产过程，感受劳动的价值，体会劳动的伟大。一是在理工科教学中强化学生的动手能力，提高其操作技能，以此培养学生的基础性知识和技能。二是为学生提供现代信息技术，特别是人工智能等方面的科技平台，引导学生了解科学，并积极主动进行科学研究，掌握开展生产活动的科学方法和科学思维能力。

三是为学生提供体验创新劳动知识及其应用的平台，引导学生体验创新劳动蕴含的科学精神，树立“辛勤劳动、诚实劳动、创新性劳动”的劳动理念。

拓展服务性劳动平台。服务性劳动的重要特征就是公益性，强调引导学生通过参加各种形式的公益劳动为他人和社会服务，进而强化自身的社会责任感。服务性劳动平台的构建可从校内和校外两个场域展开。在校内，可成立校园卫生或校园绿化等公益小组，培养学生主动参与公共活动的习惯。在校外，利用劳动教育实践基地等社会资源开展各种公益活动。鼓励和支持学生以不同的形式参与救助受灾群众、救济贫困人士、扶助残障人士等活动，支持学生参与“下基层、进农村”的锻炼，组团开展“支边教育”等教育扶贫活动。学生在为他人和社会劳动的实践中提升自身的服务意识，领悟自身价值和社会价值的辩证关系，从而做德智体美劳全面发展的时代新人。

四、创新学校劳动教育方法

千秋基业，人才为先，培育担当民族复兴大任的时代新人是党和国家的战略任务，也是学校劳动教育的目标追求。时代新人是有理想、有本领、有担当的广大青年一代，他们应融入的发展宏图中，把自身的命运与时代命运紧密联系起来，做德智体美劳全面发展的社会主义开拓者、建设者和守护者。但对于身处信息化、全球化、网络化的青少年群体而言，其社会化过程表现出时代的特殊性。他们在网络信息空间中实现虚拟社会化成长，在反哺文化环境里突破“长—幼”文化传递模式，经历反向社会化成长。他们在思想认知上呈现包容开放的价值观和思想方式，在行为生活上表现强烈的个性色彩和表达欲望。为了提高教育实效性，学校劳动教育的实施不能再盲目使用传统的教育方法，而应立足学生的新特点，创新学校劳动教育方法。

在学校劳动教育中运用“从做中学”教育方法。从做中学要比从听中学更是一种较好的方法，美国著名实用主义教育家杜威极力推崇“从做中学”的教育方法。在杜威看来，“教育即生活”，“教育即生长”，通过“从做中学”，学生才能实现“学”与“做”的结合，也就是“知”与“行”的结合。故杜威要求以活动性、经验性的主动作业来取代传统的以教师、教材和教室为中心的教育教学。杜威的“从做中学”的教育理论和方法深刻影响了现代教育模式，更在我国教育领域得到进一步发展。如杜威的学生陶行知在继承其老师教育思想的基础上提出“教学做合一”教育理论和方法，强调在“做”中“学”，在“做”中“教”，丰富了“从做中学”理论体系。对于学校劳动教育而言，“从做中学”方法具有很强的适切性。因为劳动教育具有鲜明的实践性导向，无论是日常生活劳动、生产性劳动，还是服务性劳动，都要求学生通过身体力行的“做”来“学”。劳动教育的目的就在于引导学生在实际的劳动体验中掌握基本的劳动知识和技能，形成良好的劳动习惯和劳动品质，并在此基础上培育自身的劳动观。因此，在劳动教育实施过程中，学校应充分认识“从做中学”教育理论和方法。一方面，要辩证看待“从做中学”教育方法的应用价值。在我国的劳动教育实践中，运用“从做中学”教育方法，要超越西方“实用主义”价值理念。我们应用“从做中学”教育方法，并不是简单引导学生通过“做”实现个体成长，而是坚守“为社会谋福利而劳动的愿望”，引导其通过“做”建立与自我、他人和社会的劳动关系，树立正确的劳动观。另一方面，要系统实施“从做中学”教育方法，根据不同年龄阶段学生的认知特点和接受特点，通过各种劳动形式使学生的眼、耳、口、鼻、手等获得充分体验，使学生在“做”中有所“学”，有所“获”。

在学校劳动教育中运用榜样教育法。在特定的历史时期内，榜样（个人或群体）集中体现了一定阶级、政党或社会的道德规范和价值取向，其对他人具有示范和激励作用。榜样教育就是教育者以榜样影响受教育者，使其内化榜样的行为、思想、品质、能力等的过程。榜样教育对受教育者进行行为激励和精神激励，具有强烈的主流价值导向作用。对于学校劳动教育而言，榜样教育法具有很强的适用性。正如苏霍姆林斯基所强调的，考虑到孩子们有模仿所喜爱的一切的这种喜好，我们须努力做到学校里在他们眼前经常树立了颇有吸引力的劳动榜样。学校通过定期开展“劳模大讲堂”“大国工匠学习研讨会”“工匠博物馆研学”等活动，广泛宣传劳动榜样人物事迹，有利于激励学生内化劳模精神和工匠精神，使其自觉争做的奋斗者。此外，劳动榜样教育强调关注身边的劳动榜样，这些劳动榜样是学生看得见、摸得着、可模仿的。一是发挥教师的劳动榜样教育作用。一个孩子的精神面貌首先要看在他生活起步的道路上是由一个什么样的老师引导而定。对学生而言，老师在多大程度上是个能为自己的劳动而振奋精神、并且热爱自己劳动的那种人，直接影响其劳动认知和行为。因此，在学校劳动教育实践中，教师的劳动素养至关重要。教师应身体力行，发挥自身的榜样作用。二是发挥朋辈、高年级或校友的劳动榜样教育作用。那种充满崇高的劳动精神、着迷于创造计划的学生，就是学生集体中生机勃勃的自我教育源泉。聆听朋辈、高年级或校友的劳动事迹，感受并领悟他们的劳动精神，这是学生最近距离进行劳动认知的途径。因此，“对学生的劳动进行教育指导，关键在于，不能让任何高涨的劳动热情、任何创造激情，最后成为孤单的火种”，即学校劳动教育要在学生群体中树立身边的榜样。

在学校劳动教育中运用集体劳作法。集体是个人的教师。开展集体劳动，有利于激发学生对集体的归属感，使学生认识到，为全区的集体农庄培育麦种，和每天在教室里、在家里擦洗地板是同样重要的。集体劳动是社会主义劳动教育的重要目标，也是学校劳动教育的主要途径。在学校劳动教育实施过程中，教育者应以劳动集体为对象设计劳动教育活动，引导学生在集体中进行劳动实践，引导学生为了劳动集体而进行集体劳动。

在学校劳动教育中运用项目化学习法。项目化学习法是素质教育背景下重要的教育教学方法之一，其是教师引导学生充分发挥自主性，精心设计项目作品、规划和实施项目任务的过程。在这个过程中，学生通过对问题的探究掌握所需的知识和技能。项目化学习法注重培养学生发现问题、解决问题的能力，推进项目化学习有利于提高教育的实效性。一般而言，劳动教育项目化学习过程包含六个要素，分别是项目主题选定、项目团队组建、项目计划制定、项目活动实施、项目成果展示和项目评价与反思。在实际操作过程中，教师要根据具体教学内容、学生特点、教学进度来选择其中的关键要素，并以课堂教学、社团活动、研学旅行、队日团日主题活动、志愿服务等形式展开项目化学习。学生则可以根据自身的兴趣爱好、家庭状况、年龄特征、性别等实际情况，选择合适的劳动项目内容，设计合适的劳动项目清单。

第十二章 劳动教育未来发展的挑战与机遇

第一节 新媒体发展对劳动教育的影响

1967年，彼得·戈尔德马克（Peter Goldmark）最早使用了新媒体这一概念。随着其发展规模的逐步扩大，我国学者的研究也逐步深入。国内学者将“新媒体”定义为一种新的媒介传播平台，它是利用数字技术，通过计算机网络、无线通信网、卫星等渠道，以及电脑、手机、数字电视机等终端，向用户提供信息和服务的传播形态。从技术层面来看，是利用数字技术、网络技术和移动通信技术；从渠道层面来看，是利用互联网、宽带局域网、无线通信网和卫星等渠道；从终端层面来看，以电视、电脑和手机等作为主要输出终端；从服务层面来看，向用户提供视频、音频、语音数据服务、连线游戏、远程教育等集成信息和娱乐服务。

一、新媒体发展对学生的影响

新媒体具有交互性、共享性、个性化和社群化的主要特征。交互性可以拓宽信息沟通、交流渠道，使交流双方在互联网平台上实现互动交流，信息的传播者亦是信息的分享者。新媒体依托互联网技术形成了一个巨大的数字数据库，每一个人都可以依据自己的需求获取相关的新闻、知识，并通过网络分享给自己的朋友。新媒体时代信息庞杂，人们有足够的条件彰显个性，信息平台也会根据平常的一些选择为单体推送相关服务或信息；新媒体时代下社群化的表现也更加明显，人们可以根据自身的某些特征轻易地找到具有类似特征的群体，进而实现更深入的交流。新媒体的固有特征奠定了新媒体技术应用在青少年中的流行程度，这一部分人也是我们学校教育的主体对象。学生是社会的新生力量，他们具有很强的潮流心理，是社会各类新生事物的先行者，因此新媒体在为广大青年学生提供展示自我平台的同时，也成为21世纪必须拓展的教育领域。

二、新媒体发展对现代劳动的影响

新媒体是社会科技发展的产物，已经融入现代人生活的方方面面。它不只影响现代人的生活方式，也影响现代劳动的生产方式，因此现代人对劳动的认知、劳动价值观、劳动情感和劳动品德、劳动习惯养成方式和劳动管理的传播途径都发生了一系列变化。

（一）新媒体视域下劳动认知的变化

现代的劳动与马克思时代的劳动相比，在劳动主体、劳动形式、劳动领域等方面都发生了很大的变化。在新媒体时代，劳动不再局限于体力劳动、简单劳动或物质生产劳动，而要把脑力劳动与体力劳动、群体劳动与个体劳动、有偿劳动与公益劳动、简单劳动与复杂劳动、创造性劳动与重复性劳动、物质生产劳动与非物质生产劳动、实体劳动与虚拟劳动、生产性劳动与科技劳动等，都看成劳动。现代劳动，要回到全面的、本原的劳动观上，把劳动看成包括人类完善自我、提升自我、创造世界、改造世界的一切实践活动，是学习、工作、生活、人际交往等的统称。各行各业、所有岗位的工作都是劳动，都需要发扬劳模精神、劳动精神、工匠精神。相应地，当前的劳动教育不能只强调劳动习惯、劳动态度、劳动品德的培养，还要重视劳动认知、劳动价值观、劳动科学管理的培养，使学生形成全面系统的劳动素养。

（二）新媒体视域下劳动价值观的异化

新媒体时代，网络上充斥着大量不实信息，“炫富”“整容”“玛丽苏”“霸道总裁”等网络高频词汇的出现，也带来了“好逸恶劳、一步登天”的消极价值观。最典型的案例就是，过去“演员”作为一种职业，是需要练就扎实的演艺基本功、需要厚重的人文知识积淀、需要吃苦耐劳的工作作风的，也因此诞生出了一批批职业道德崇高、职业素养过硬的“人民艺术家”。而现在，一些徒有外表的“流量明星”经过包装、炒作以及网络的传播，就可为本人或供职企业赚取高额利润，制造“粉丝经济”“网红经济”，无形中向身处新媒体时代的年轻人灌输了“不劳而获”的思想。

（三）新媒体视域下劳动情感和劳动品德的重塑

劳动教育，面向的是90后、00后，这一代人是伴随着互联网长大的“网络原住民”。他们对劳动的认识与上一代、上两代有很大差异，“不珍惜劳动成果、不想劳动、不会劳动”的现象更突出一些。他们大多没有受过生活艰辛的磨砺，缺乏吃苦耐劳精神的锻炼，在辛勤劳动方面急需补课。他们大多鄙视不劳而获，但更害怕劳而无获，希望付出多少、收获多少，一旦劳而无获或劳而少获，就会认为是社会不公，怨天尤人，甚至转向不劳而获，做事走捷径，投机取巧。针对这一特点，当代的劳动教育必须正面回答“人工智能时代是否还需要劳动情感和劳动品德”这个问题。青少年应认识到，人工智能时代，工作的数字化、网络化只不过使人类的劳动方式、劳动领域、劳动岗位发生了新的变化，但人的劳动精神和很多劳动技能仍是人机协同、智慧劳动、创造性劳动的重要基础，仍然十分宝贵。

（四）新媒体视域下劳动习惯养成方式的变革

从前，劳动习惯的养成主要依靠家长督促、学校督促，随着新媒体技术的发展，学生可以突破地域的限制，组成各种各样的互联网社群，在社群中，通过预先设定好的规则和程序，促使劳动者自发地养成劳动习惯。比如“学习强国”，学习者获得积分，形成了每日阅读、学习的习惯。因此，新媒体视域下的劳动习惯养成更加强调自己学、主动学、灵活学，而不是监管学、灌输学。

（五）新媒体视域下劳动管理的传播路径

新媒体视域下劳动管理的传播方式发生了变革：一方面，劳动管理的传播可以突破家庭、学校的范畴，通过互联网及移动终端，随时随地进行学习；另一方面，新媒体传播速度之快、涵盖门类之广、获取方式之易，有助于青少年培养多元化的劳动管理。针对“网络原住民”的心理特点与接受习惯，劳动教育在利用传统方式加强劳动价值观、劳动情感态度和劳动品德教育，强化劳动实践训练的同时，也要积极借鉴国内外先进经验，精准灵活运用网络信息技术、亲身现场体验、模拟仿真试验、人工智能等形式拓展劳动教育方式。要注重利用“微课”、“慕课”、在线课堂、翻转课堂、手机课堂、微课堂等方式讲好劳动教育课程，打造劳动教育的“金课”，给劳动教育增强互动性、即时性、趣味性。要在用好校园内外传统纸质媒体的同时，抢占新媒体阵地，进行全媒体传播，积极利用新媒体的传播优势，利用“两微一端”网络平台，制作推广更多轻量化、可视性高、互动性强的新媒体宣传作品。要把握网络传播的特点，根据“网络原住民”的媒体接触习惯，用平视的角度、平和的态度、平等的互动实现有效传播、推动劳动教育。通过这些方式，增强劳动教育的感染力、吸引力，让劳动教育“活起来”“实起来”。

三、新媒体发展对劳动教育的具体影响

（一）新媒体对劳动教育的积极影响

传统媒体时代，教师主要是通过课堂说教的方式向学生进行教育，这种形式枯燥、乏味、效果甚微，而且无法实现老师与学生的互动，也就是说课堂上老师所宣传的内容无法与学生想学的内容达到一致。而新媒体的出现，带来了多样化的教育形式和更加广泛的教育资源，有利于促进教育工作者拓宽教育方式。

1.新媒体促进教育形式的多样化

在新媒体时代，劳动教育可以借助新媒体丰富的教育资源和多样化的表现形式，通过手机、网络等媒介生动直观呈现，传播先进的思想。因为在新媒体时代，学生主要是通过网络、数字平台来获取信息的。例如：一些出色的手机应用软件也逐渐被学校应用

到教育工作中来，这些软件成了学生和老师联系互动不可或缺的工具。微信公众号、微博等信息表达、交流的便携性，能让教师不受时间和空间的限制来进行劳动情感和劳动品德的传播，既能融入学生的日常生活，又能以潜移默化的方式开展工作。另一方面，发达的网络和丰富的学习资料方便了学生的查阅，任何人都可以轻松地从网络上找到学习资料。学生也可以依据自己的爱好和兴趣进行选择，学习形式变得多样化。

2.新媒体促进教育资源广泛生动

传统媒体只能提供某种单一的形态信息，劳动思想教育主要融入德育范畴；劳动技能培育主要融入智育范畴，容易出现重“技”轻“劳”的问题。至于劳动实践训练，更是可有可无，而且容易走向形式化、娱乐化，正如檀传宝教授所说，成为“少爷小姐式的走马观花，多了观光的轻佻、少了教育的厚重”。而新媒体资源丰富，信息量大。它带来了内容的无限性，各种信息资源在网络上不断更新，形成了庞大的信息平台。它帮助学生开阔眼界，更新观念，学习先进的劳动技能。教育者只要利用手机和电脑就能够获得与教育内容相关的很多信息，如果进行精心设计和制作，教学内容就会变得更加形象和生动。新媒体环境下，学生的劳动教育获得了广阔的实践和理论空间，这些都是传统媒体时代没法实现的。另外，新媒体产生的信息都是实时更新的，使得思想政治课程内容变得及时有效。学生的受教育需求是在不断变化发展的，新媒体所包括的教育内容不仅种类很多，而且内容非常丰富，它不仅可以满足学生对资源内容方面的要求，也对他们了解社会、实现自我有所帮助。

3.新媒体促进教育工作者拓宽教育方式

新媒体将众多的信息站点与不同媒介的用户互联，“集主体的开放性、工具的先进性、信息的共享性于一身”，信息的发布与传递更加自由，信息的接受与运用更加方便，只要网络允许，学生可以在任何时间任何地点与教师互相联系，而教师也可以通过手机短信、班级QQ群、微信等软件将语言、文字、图片等相关内容迅速传递给教育对象，更加契合了当代学生的需求。过去在学校，一名教师通常要负责多个班级学生的教学工作，无法了解所有学生个体对教学的需求，学习效率高的学生要等待学习效率低的学生，学习效率低的又要追赶学习效率高的学生，而现在只要运用手机软件就能方便地对学生进行分类教育。例如：现在学生基本每个班级都有一个班级群，教师可以把相关教学内容发到班级群里，学生就能自由阅读，了解到要完成的任务，根据自己的学习习惯进行自学，也可以互相探讨。

（二）新媒体对劳动教育的消极影响

新媒体为教育工作注入了新的能量，带来了教育发展的新思路，但是也对我们的教育工作提出了新的挑战。尤其是在这个网络信息爆炸的时代，网络在青少年的生活中扮演着越来越重要的角色，在某种程度上，青少年对网络的依赖和信任甚至超越了家长、老师等角色，这也给劳动教育带来一定的消极影响。

1.学生筛选信息难度增大

传统媒体环境中，信息都是经过层层严格筛选、检查的，传播的都是正面的信息，学生可以从中受益。而新媒体传播的信息各式各样，良莠不齐，这样容易造成信息的泛滥和不受控制。在这种环境下，学生就需要独自面对很多复杂的问题，并且需要进行辨别和选择。而他们正处在人生观、价值观、世界观、劳动观、就业观等不断发展完善的重要阶段，大部分缺乏对事物的控制力和判断力，很难对网上的各种信息进行筛选，一旦长期受到网上负面信息的影响，会形成错误的价值观，并且给教育工作增加难度。每年都有学生在通过网络寻找实习、就业、兼职等机会的时候遭遇网络诈骗，究其原因就在于新媒体环境下无屏障的信息传播方式增加了学生筛选信息的难度。

2.新媒体环境的隐蔽性容易造成学生劳动价值观错误

新媒体环境自由隐蔽，任何人都可以按照自己的思维和逻辑去说话，无论赞成什么、反对什么都可以，并且难以对人们的行为举止加以监控。于是有的学生会利用这个漏洞，在网络上开展一些违规违法的行为，例如：向低年级新生倾销“黑心棉”、从事“代考”“代课”等违法乱纪的实践活动。或者部分人会把生活中隐藏起来的人性中丑陋的一面，在这种无拘无束的环境中进行发泄，丧失道德感和责任感，从而产生不道德的行为。

3.新媒体环境下容易引发学生的心理问题和心理疾病

新媒体环境下的信息杂乱无章，这就容易让学生接触一些反动、黄色、暴力的信息，学生好奇心强，思想不成熟，导致部分人会过度迷恋网络，一旦离开手机或网络，就变得无所适从，长此以往会产生一定的心理问题。而长期依赖手机，生活中缺乏人与人之间面对面的交流，遗忘正确的劳动观、忽略劳动机能的养成，会导致沉溺虚拟世界。一部分学生在现实生活中受到挫折，寄希望于在虚拟世界中寻求安慰，容易形成网络依赖综合征。新媒体是一个虚拟的环境，学生长期生活在虚拟环境中，会导致其不愿意面对真实的环境，丧失自我、逃避现实、厌恶生活。

第二节　科技发展对劳动教育的影响

在人类社会演进的进程中，科学与技术的发展及应用日新月异，科技革命使人类社会的生活方式、生产方式发生了巨大的转变，促使整个社会生产效率得到极大的提升。18 世纪 60 年代，第一次科技革命中蒸汽机的出现，使得大机器生产逐渐代替手工业劳动，工厂代替家庭作坊。当时率先完成工业革命的英国，其生产力几乎占据世界生产力总量的二分之一。19 世纪中期，随着电力技术的应用与工厂流水化生产方式的出现，第二次科技革命席卷了欧洲、北美、日本等众多地区及国家。在这个阶段里，电报与汽车的发明使通信与交通更为便利，生产社会化程度进一步加强，世界经济进入快速增长阶段。二十世纪四五十年代，人类文明史上继蒸汽技术革命和电力技术革命之后，科技领域又迎来了一次重大飞跃——第三次科技革命，它在原子能、电子计算机、空间技术和生物工程等领域的发明和使用仿佛为人类文明的发展装上了一台加速器。最初作为一个单独孤立的技术出现时，计算机的功能并未得到充分释放，直到计算机与通信技术融合发展，催生出互联网技术。互联网通过不同服务器或终端设备将信息在不同的网络节点中传递，它打破了时空的限制，实现了信息在全球范围的快速传播流动，经济社会的传统运行规律因此产生了根本性重构，世界经济总量在此阶段增长约 120 倍。21 世纪，人类文明又迎来了第四次科技革命，这是一次生物、物理和数字技术领域的大融合，将改变我们今天已知的世界。

总的来看，科技革命都是先在科学领域出现重要的创新，然后转化应用于技术领域，继而催生出的技术成果在人类经济社会被广泛应用，最终造就了社会生产、生活方式的变革。尽管学术界对科技革命的定义尚未统一，但毋庸置疑的是当前各领域间的交叉融合达到了前所未有的新高度，足以引发整个社会生产、生活的系统性变革。较之以往，当下各领域的发展都呈现空前爆发的态势，科学领域各个学科的创新层出不穷，成果的产生与技术转化的数量与速度也远超过去几轮科技革命。这些成就的取得几乎都离不开信息技术的影响，而这些成果又有助于信息技术自身的不断升级。当前，以移动互联网、物联网、云计算为主要特征的新一代信息技术——“互联网+”，正在世界范围内快速兴起并延伸。以即时通信、电子商务、移动支付、网络娱乐、网约出行为代表的新技术与新服务已快速地进入日常生产、生活领域并被广泛应用，许多新职业、新业态也应运而生。同时，部分传统行业出现危机，生产效率与生产组织方式亟须转型升级。“互联网+”

正推动着整个经济社会的生产、分配、交换和消费方式再一次发生重大转变，并影响着社会生产方式与企业组织形式不断创新升级。而在这个过程中，劳动主体、劳动关系、劳动形式与劳动内容较过去都发生了巨变，继而引发的劳动教育问题也不能再延续陈腐的处理方式，亟须探索一条与时俱进的教育之路。

一、科技发展下社会劳动的内涵

当今的劳动与马克思时代的劳动相比，在劳动主体、劳动形式、劳动领域等方面都发生了很大的变化。因此，讨论科技革命背景下的劳动，要回到全面的、本原的劳动观上，把劳动看成包括人类完善自我、创造世界、改造世界的一切实践活动，是学习、工作、生活、服务等的统称。不能只把体力劳动、简单劳动或物质生产劳动看成劳动，而要把脑力劳动与体力劳动、群体劳动与个体劳动、有偿劳动与公益劳动、简单劳动与复杂劳动、创造性劳动与重复性劳动、物质生产劳动与非物质生产劳动、实体劳动与虚拟劳动、生产性劳动与科技劳动等，都看成劳动。各行各业、生活各个方面的人类实践活动都是劳动，都需要发扬劳动精神、劳模精神、工匠精神。相应的，科技革命背景下的劳动教育也不能只强调劳动习惯、劳动态度、劳动品德的塑造，还要重视劳动认知、劳动价值观、劳动科学管理等方面的培养，使学生形成全面系统的劳动素养。

二、科技发展下社会劳动的新特征

在马克思主义劳动过程理论中，劳动过程兼具一般性及特殊性。其一般性包含劳动对象、劳动资料和有目的的实践活动三方面要素，劳动者使用劳动资料，基于劳动对象从事有目的的实践活动，创造使用价值的过程就是劳动的一般性过程。然而在资本社会中，劳动又具备特殊性，表现为劳动者与劳动资料的结合方式，二者通过契约关系结合起来，这就使劳动过程呈现三大特点。一是资本雇佣劳动，劳动过程是资本购买、消费劳动力的过程；二是资本监控劳动，劳动者受资本的约束和监督，资本有权主导劳动者的实践活动；三是资本在分配中占据主导地位，劳动成果全部或大部分归资本所有，资本投入的收益远远大于劳动投入的收益。

整观我国经济发展的大环境就可以发现，居民消费升级、信息技术进步等新的社会发展特征，为互联网经济新业态及新就业形态提供了市场空间和技术基础。这里的“新就业形态”，主要是指随着新科技革命而兴起的一种社会现象，是“互联网+”条件下生成的网购经济、共享经济、零工经济等新业态中涌现的劳动方式，主要包括创业式就业、自由职业、多重职业、新型他雇职业等类型。第一类是“主业+兼职”的多重职业者，他们有自己的主业，同时利用业余时间或碎片时间，在互联网虚拟平台从事一些兼职工作，此类从业者也被称为“斜杠青年”。通常来说，他们的副业选择与专业技能、爱好特长、闲置资源等方面正相关，工作机会主要来自网购平台、社交平台、分享经济等虚拟平台上的用户需求，代表性工作如网店店主、网约车司机、民宿老板、网约零工、网络培训师、咨询师、威客等。第二类是“专职就业者”，他们的全部工作时间和工作机会都来自互联网虚拟平台，是在第一类就业模式的基础上形成的一种个人就业形态。具体细分，依然存在两种类型：一种是在服从平台上需求信息的“常驻就业者”，相关专业化平台作为中介桥梁，将个人禀赋或资源与市场需求连接起来，精准对接供求双方，提高供求对接效率，实现个体的市场价值，如交通出行、房屋出租、二手交易、外卖快递派送、家政服务等；另一种是借助平台打造自身影响力的“独立就业者”，个人可以在相关专业化平台上展示自我的专业知识、技能、特长等，与人们对特定领域的物质或精神需求连接起来，形成兴趣社群，如自媒体、网红、UP主、拍客等，能够为受众提供新闻、影视、音乐、美食、旅游等精神文化产品和服务。第三类是“平台创业者”，主要在社交平台、电商平台、众创平台、共享经济等互联网开放平台上自主创业，成为职业自由的独立创业者。随着业务增多、规模扩大，其中一些人还会创办实体企业，创造出更多工作岗位，带动多人就业。平台创业具有门槛低、规模小、人员少、产品新、反应快等特点，使人们可以根据自身拥有或日渐积累的专业技能、稳定货源、稳固需求等资源轻松创业，主要代表有网店、微商、创客、初创型企业、各类工作室等。这类就业形态是第二类就业模式的进一步升级，随着平台及个人的工作内容专门化，逐渐形成自身的分工机制，对各经营、生产流程的精准度和质量提出更高要求，促使社会分工细化，催生出一系列工作岗位。以淘宝网店为例，创业者注册成为淘宝店主，以创业实现自身就业，围绕着日常运营和销售又创造出网络客服、网络运管、交互设计、网络买手、网络导购等岗位，使大量传统就业岗位以新形式呈现出来。据测算，阿里巴巴零售平台创造就业机会超过3300万。特别是围绕新业态及其劳动过程的创意、创新、创业活动不断涌现。从总体来看，以上三类从业者有可能维持当下的就业形态，也有可能随着收益提高、知名度上升、市场需求及业务增多等原因，由第一类向后两类过渡。

新就业形态是相较于传统就业形态而言，二者之间存在诸多差异。

（一）劳动方式灵活化

灵活是新就业形态劳动方式的主要特征，主要表现在以下三个方面。一是劳动者与生产资料相结合的方式更加灵活多变。生产资料不再依赖于雇主供给，劳动者不再受雇主的指派或约束从而只能操纵某一特定的生产资料；甚至在部分劳动场景中，生产资料简洁到只是一台计算机而已。二是劳动者的实践活动更加自主灵活。劳动者不再被局限于某一特定的生产环节，可以相对自主地调配自己的劳动，并且一个人也可以同时完成多个生产环节。三是劳动时间灵活化、碎片化。工作时间和闲暇时间的界限不再那么明显，快捷的信息工具使劳动者可以随时随地从事生产、管理、服务等劳动。

（二）劳动关系弹性化

新就业形态中，劳资契约关系具有较强的弹性，表现出临时性、多重性的特点。一方面，通过互联网平台就业的劳动者，如网约车司机、外卖骑手等，与他们获取信息的平台可以自由合作，往往没有签订长期的劳动合同，劳动任务因所获取的信息不同而灵活多变，劳动关系呈现去雇主化的特征，劳动报酬即时结付。另一方面，劳动者无论是以消费者的身份，还是以生产者的身份，都能通过互联网找到提供相应需求的渠道，同一名劳动者，既可以为其他劳动者提供劳动资料，也可以成为其他劳动者的劳动对象，劳动关系显现出自我雇佣化的特征。此外，由于信息技术在各经济领域都能得到广泛应用，新就业形态中的劳动者在知识和技能方面具有极强的普适性，不再局限于单一就业平台，可以同时从事多岗位，拥有多重劳动关系。这些情况使劳资双方的结合具有较高弹性，劳动关系不必长期固定，劳动契约相对灵活、多样、弹性化。

（三）劳动群体原子化

新就业形态中的“个人”形成了一支庞大的劳动群体，仅就互联网共享经济来说，参与提供服务者人数已超过 6800 万。这一劳动群体的工作任务集中来自互联网信息，“点对点”地提供产品和服务，不再具有集中统一的劳动组织，取而代之的是去中心化的组织形式，使劳动者群体难以聚集起来。并且伴随劳动方式、劳动关系的灵活多样化，劳动者成为劳动过程中相对独立自主的个体，整个劳动群体变得松散化、原子化。即便聚集起来，相较于传统典型就业的丁厂（企业）集中劳动形式，其规模小得多，且缺乏相应工会组织的保护。

三、科技发展下对劳动者的新要求

就业形态作为生产方式的外在表现，随着生产方式变革和劳动过程的重塑而发生变化，出现各类新岗位、新工种、新行业、新劳动方式、新劳资关系等，推动劳动就业方式的不断演进和重塑。这些新变化影响着社会劳动力结构，并对劳动者提出了新的要求。

（一）劳动任务的精益化与创造性

智能制造的工作任务不再像传统制造业那样只是围绕机器运转完成既定的工作，而是要求劳动者的工作赋有更多创意和创新，在技术研发、产品设计、工艺应用、营销推广，甚至售后服务等方面能够更加具有创造性地完成工作任务。信息技术在生产过程中的应用，缩短了各生产环节衔接的时间，提高了物料利用率，因而整个生产流程的速度不断加快，能够迅速对市场需求变化做出反应。这就要求劳动生产以精益化为导向，更加注重对市场反馈情况及劳动对象做出精益的数据分析，劳动者只有掌握建立数字控制模型、量化信息模型等技能，才能有效完成精益生产任务。

（二）劳动实践的简单化与高知性

智能设备等新型生产资料进入生产过程后，带来劳动过程信息化、智能化，逐渐形成智能机器生产体系。一方面，在该体系中，单个劳动者所能操控的机器数量多，甚至覆盖整个生产过程，说明操作本身逐渐变得简单化，一台庞大的机器设备仅需要较少的劳动者；但这也要求劳动者精通各环节的具体操作技能，并掌握全部的生产流程，能够熟练运用操作系统和软件进行柔性化生产，以及特种工艺或产品的加工制造。另一方面，智能设备的设计制造、安全监管、功能升级等工作要求劳动者具备较高的知识水平，因此劳动者对设备本身的操作虽然趋于简单化，但对设备的设计、创造、维护升级等方面所需的知识和技能则趋于研究性及高知识性。

（三）劳动成果的非物质化与人文性

在信息化、智能化的数字时代，人民不止于解决温饱问题，还对精神文化生活提出了更高要求，人的需求更加个性化、多样化，并且表达个性的渠道也更加便捷。为满足多样化需求，实现个性化定制，要求生产过程不仅按照“对象的内在尺度”生产，还要按照“美的规律”生产。历史文化传统、生活情感志趣、社会价值观念等人文因素深刻影响着人们的偏好和需求，成为消费者表达个性的标签和象征。对此，从劳动生产到成果流通的全过程更加注重人文性，要求产品形象设计、营销方式等适应消费者的人文性偏好。劳动者的知识、精神、情感、人文关怀、伦理道德等非物质化劳动的参与，将有目的地改变物质资料生产及其产品的形式。非物质化劳动逐渐成为生产性劳动的组成部分，可能发展为未来社会的主要劳动形式。

四、科技发展下劳动教育的新发展

事实上，劳动教育这一概念伴随着农耕文明的萌生就已经存在，我国是世界上最早从事农业生产的国家之一，农业是先民们生存和发展的第一要事。“耕”指的是从事农业生产劳动，耕田可以养家糊口、以立性命。解决了生存问题的中国古人还要“读”，“读”即读书，读书可以修身养性、以立高德。古代先民将这二者结合起来，希望拥有耕读相结合的生活方式，因此白天从事农业劳动与晚上挑灯读书共同构成了我国独特的耕读文化，从此耕读传家也就形成了我国农耕文明史上最早的劳动教育理念。20世纪中期，随着新民主主义社会的建立，以及向社会主义社会过渡时期总路线的确立，人们对劳动的认知更加先进、全面，此时的劳动不再局限于农业生产领域，而是拓展到了工业生产领域，工人阶级成为最先进生产力的代表，无数有志青年走进工厂学习技术从事生产，中华人民共和国也涌现出一大批值得敬仰和学习的劳动模范，“工人同志最光荣”正是这一时期劳动教育打出的口号。20世纪后期，我国进入改革开放的伟大历史阶段，社会经济和科学技术飞速发展，我国的产业结构也发生了翻天覆地的变化。时至今日，以农、林、牧、渔为代表的第一产业在国民经济中的占比不断下降，以制造业、采掘业、建筑业和公共工程、水电油气、医药制造为代表的第二产业在国民经济中的占比也出现了一定程度的下降；与此同时，不断兴起的第三产业催生出了更多新型工种和就业岗位，社会分工更加精细化。此时“劳动”指代的含义，已经不再特指从事农业生产或者工业生产，劳动应该被看作一个体系，包括人类改造世界、创造世界的一切实践活动，是工作、奋斗等行动的统称。改革开放以来生动地诠释了“劳动”由狭义走向广义，由特指某项实践活动发展为人类生存和发展的一种生活方式。然而在这个过程中，我国劳动教育却没有随之升级、演进和变化，依然存在着局限及偏颇的现象。

劳动教育局限于家务劳动或者公益劳动。家务劳动及公益劳动普遍来说技术、技能门槛相对较低，并且随着互联网的发展，学习渠道也是便捷多样；因此教育的重点往往不在于传授技术，而在于引导受教者树立“乐于助人”“孝顺父母”“讲卫生爱文明”等思想品德。从教育的维度来看，家务劳动或公益劳动通常是由思想政治工作来主导，如果将劳动教育简单地归入思想政治工作领域，就失去了其存在的意义及价值。劳动教育应该具有它特定的维度和使命，明确其价值、教育内容、教育形式等问题是劳动教育落地实施的首要任务。

劳动与教育脱节。“劳动”和“教育”二者之间并没有形成实际意义的勾连，“有劳无教”和“有教无劳”的现象无论是在家庭教育领域，还是在学校教育领域都普遍存在。首先是劳动的教育性欠缺，施教者对劳动教育的认知存在浅表化的误区，缺乏整体思考和有效推进，开设的课程更多的是关注劳动技能的培训，其劳动体验和劳动的创造性被忽视，学生自身无法激发主观能动性去投入创造性的劳动中。学生完全无法意识到自身作为劳动者这一主体角色，他的存在价值和追求方向是什么，这也造成了众多的年轻人在处理学业生涯规划、职业生涯规划等一系列问题的时候容易出现盲从或者茫然的情况。其次是有教育没劳动。我国对青少年的思想政治教育都有劳动教育的内容，学生从小接受“我有一双勤劳的手”“劳动最光荣”等方面的教育，但仅停留在认知层面，“知行脱节”这一顽症在劳动教育方面始终表现突出。

劳动教育价值观认知局限。长久以来，我们的劳动教育就是督促学生“勤劳致富”，接受教育就是为了将来获得某些“经济回报高”的工作机会，除开以这一目的为导向的其他实践活动则被认为是“不务正业”“玩物丧志”。勤劳固然是人类文明一以贯之的美德，但是“致富”只是经济社会衡量劳动成果大小的一个维度，不能作为评判劳动价值的唯一标准。张克群女士，自1961年师从梁思成学习建筑设计，此后毕生奉献给中国的建筑事业，她在塑造子女对劳动的认知时，曾有过这样一句名言——“生活不止眼前的苟且，还有诗和远方”，这句话在网络时代也被广泛传播。“苟且”“诗”和“远方”是一种象征意义，旨在希望年轻人学习知识和技能，不只是为了寻找一份工作，还要关注理想与家国。

当今社会，科技革命背景下的劳动教育表现出与以往不同的特征，现在的劳动教育追求的是一种全面的、本源的劳动观，劳动不能再简单看成是重复劳动或者没有创造性的、传统的工业劳动、农业劳动。劳动是一个体系，包括人类完善自我、改造世界的一切实践活动，是生活、学习、工作、奋斗等行动的统称。它既包含脑力劳动也包含体力劳动，既包含简单劳动也包含复杂劳动，既包含创造性劳动也包含重复性劳动，既包含生产性劳动也包含非生产性劳动，既包含物质生产劳动也包含非物质生产劳动。各行各业、各个岗位的工作都是劳动，都需要工作者发扬工匠精神和劳模精神。我们既不能把劳动的一种形式理解为劳动的全部，也不能用一种形式否定与之相关联的另一种形式，这“两个不能”是很重要的原则。对于学生而言，学习专业知识是劳动，拓展兴趣爱好特长一样也是在劳动，读万卷书是劳动，行万里路同样是劳动。

（一）教育目标新方向

透过科技革命背景下社会劳动表现出的新特征，以及社会发展对劳动者提出的新要求可以看出，当前的劳动教育亟须打破以往的固有模式。

首先，培养青少年的自律能力及自学能力。以往的社会劳动通常是在有组织、有规模的环境下开展的，而互联网时代的社会劳动打破了时间、空间乃至人事结构的界限，劳动者只要能够登录互联网并且拥有一台电脑，随时随地可从事劳动实践，没有雇主参与监督和委派，这就需要劳动者自身拥有较高的自律性，在劳动过程中自我监督、自我管理。科技革命背景下的社会劳动，劳动者所掌握的知识、技能迭代速度越来越快，劳动任务也向着创造性和精益化发展，劳动者的整个劳动生涯都面临着时代变迁的挑战。例如：一名程序员进入社会劳动后，如果三年内不能更新其行业领域的知识、技术等，那失业就在所难免，因此具备好的自学能力在这个时代显得尤为重要。事实上，自律与自学也是教育工作中出现的一对高频率词汇，二者相辅相成，高效的自学往往需要自律作为前提，好的自律能力又能够促使劳动者养成爱岗敬业、诚信从业的劳动规范。

其次，激发青少年投身劳动的主观能动性。这里的主观能动性主要从两方面来谈，一方面是青少年自我探索的主观能动性，另一方面是探索世界的主观能动性。劳动者这一身份应该区别于“学徒”“员工”等，劳动者从事的一切劳动实践应该是自身情感、智力以及体魄的综合体现。青少年在学习、工作、生活中应该学会主动去挖掘自身潜能，完善自我、提升自我，找到自己作为劳动者的价值；同时对这个世界保持一定的好奇心，通过劳动实践去改造世界、创造世界。具备投身劳动的主观能动性，自律及自学能力的养成将不再是家长和学校的一厢情愿，也能在一定程度上解决我国青少年在面对学业选择和职业规划问题时的迷茫或盲从。

最后，引导青少年树立正确的劳动价值观。在我们的国民教育体系中，始终强调“德、智、体、美、劳”全面发展，劳动教育作为教育的一个维度，说明其本身是有教育内容的，不是其他教育能够笼统涵盖的。例如：我们要培养热爱劳动和热爱劳动人民的情感、正确的劳动观念和劳动的积极态度，这些可以说是德育的内容，但是德育又包含不了这么全、这么细；劳动技能的培养，是智育的内容，但它又比智育更延伸一些。德、智、体、美、劳有各自的功能。德育侧重的是发展健全人格，体现了“善”的要求；智育侧重的是知识的开发、智能的提升，体现了“真”的要求；体育突出的是“健”的要求；美育强调的是“美”的要求。当“善、真、健、美”都具备之后，怎么让它们落实？这就需要劳动教育突出其作用和价值。劳动教育侧重“实”的要求，就是要通过实践去和相关对象产生联系，改变我们周围的客观世界，最后才能实现。因此劳动教育绝不是简单的技能培训，督促青年人完成找工作、挣工资的教学任务也不是劳动教育的唯一目标和功能。劳动教育应该是引导学生通过劳动实践，树立理想，探索正确的人生观、价值观，强健体魄，追求真理和一切美好的事物。

根据马斯洛需求层次理论，人的需要一般分成五个层次，分别是生理需要、安全需要、爱和归属感的需要、尊重的需要和自我实现的需要，依次由低到高排列；在五层需要实现之后，可能还会存在自我超越的需要。劳动教育引导学生树立正确的劳动价值观，也应该遵循“五层需要”的实现规律。劳动可以创造物质财富满足人的生理需要、安全需要；劳动实践也是构建和谐人际关系、人与自然关系的重要途径，有利于满足爱和归属感的需要；除此之外，劳动也是促进人探索更高层次需要的途径。例如：荣获“感动中国 2018 年度人物”的学者钟扬，同时也被评选为“最美奋斗者”,“长期致力于生物多样性的研究和保护工作，率领科研团队在青藏高原为国家种质库采集到了数千万颗植物种子样本，为高原雪域的植物学研究做出了极大的贡献；在藏区工作的 16 年里，钟扬踏访了西藏最偏远、最艰苦的地区，没有什么能够阻止他追求真理和奉献国家的脚步”。这是一位典型的通过劳动实践获得尊重和自我实现需要的劳动者。因此，作为教育工作者，我们在引导学生树立正确的劳动价值观的同时，自己也应该明确劳动教育的价值到底是什么，仅仅是生产出一个符合当下劳动力市场的产品吗？更应该关注的是劳动教育赋予青年人关于完善自我、奉献社会的思想、本领和目标。

（二）教育方式新拓展

长远来看，在社会生产方式由标准化、流程化向灵活化的转变中，新就业形态实际上成为人类劳动方式变化的过渡形态。在资本关系调节下，将出现两极分化的发展趋势，这其中包括：劳动者的低端就业与高技能就业分化，劳动实践的实际自由与形式自由的分化。在科技革命背景下，社会生产的信息化、智能化覆盖越多的领域，对劳动者在知识技能方面转型升级的要求也就越高。在高技能岗位中，人的直接劳动形式将退出生产过程，劳动者与劳动资料将以新的结合方式出现，劳动者将作为设计者、规划者、调节者、监督者、特殊工艺传承人等角色与生产任务进行连接。随着科技革命不断深化，技术和机器不断迭代，单个劳动者可以运作多台设备，甚至掌控整个生产流程，客观上要求劳动者的知识和技能向全面化发展，不能再局限于单一环节。因此，学校作为培养社会主义建设新人的主阵地，教育的内容和方式也不适合墨守成规。积极探索和构建多种形式、多方合作、多元化共同发展的劳动教育体系才是我们的努力方向。

1.将产教融合纳入劳动教育体系

产教融合是教育内涵发展和产业升级、技术进步的有力支撑。在科技革命已深入社会生活的今天，开展劳动教育不再是对过去“教育与生产劳动相结合”方针的机械重复，而是满足产业发展与经济转型的必然要求，是将劳动教育体系建立在产业链、需求链之上。从教育实践的角度来看，将产教融合方案纳入劳动教育，有利于真正做到教育与生产实践相结合，实现教育服务社会的功能，为科技发展和产业升级培养大批勤于劳动、善于劳动、热爱劳动的高素质人才。产教融合是一个多主体、多维度的概念，涉及政府、行业、企业、学校、社会组织，因此推动产教融合育人方式纳入劳动教育，也须多方思考，共同探索实践路径。

政府要发挥政策引导和支持作用，构建劳动教育与产教融合相结合的生态环境。首先，加强劳动教育与产教融合相结合的顶层设计，找准产教融合纳入劳动教育的切入点，统筹协调“产”“教”双方可持续合作的政策体系。其次，劳动教育应从配合产教融合的需求侧入手，针对劳动者所应具备的专业知识及技能，提供教育服务，促进劳动者在劳动过程中不断地学习和吸收新知，符合经济发展及产业升级的需要。再次，从教育政策、经济政策和社会福利政策入手，优化产教融合的劳动教育机制，着重营造有利于劳动教育向产业链发展的外部环境。此外，完善经费保证机制。劳动教育不同于产教融合中其他的“教”，无法让企业直观地见“效果”、见“利润”，所以很难调动企业投资的积极性。但是，劳动教育对于宏观经济发展的作用不言而喻，因此，应当明确劳动教育的产品性质，比如，是否应定性为准公共产品，从而明确公共财政投入的主体机制。最后，让企业在服务教育的过程中有所收获，有动力参与到产教融合中。如通过制定“产教融合型”企业评定标准和奖励办法，将人才培养、产教研合作取得显著成效的企业认定为“产教融合型”企业，各级经济和信息化部门在技术改造补助、企业技术中心认定等方面予以优先支持，科技、发展改革部门在企业创新平台建设上给予优先支持。

行业要发挥协调指导作用，加强平台载体建设，建立行业协调对话机制。行业是产业的载体，是具有高度相似性和竞争性的企业组成的群体，在产教融合中处于承上启下的中观层面，要加强产教融合、校企合作的指导、评价和服务。随着云计算等信息技术的快速发展，加强平台载体建设可推动劳动教育与产教融合的深度结合。首先，打造产教融合综合信息服务平台，汇聚人才供需、校企合作、项目研发、技术服务等各类信息，向各类主体提供精准化信息发布、检索、推荐和其他相关服务。其次，加强公共实训基地建设，支持龙头企业、学校、社会培训机构共同建设独立运作的公共实训基地，为当地劳动者提供基于真实生产项目和生产岗位的培训实践场所。再次，成立行业劳动教育指导委员会，负责行业与劳动教育实施主体的交流和指导，开设劳动教育与产教融合交流平台或高峰论坛等，涉及的内容包括劳动意识、劳动权利、劳动伦理、劳动关系、劳动条件、劳动安全与保障和劳动职业生涯发展教育等。最后，建立各类行业协会与劳动教育实施主体经常性的对话协商机制。

学校要积极推进产教协同育人，真正实现教育与生产实践相结合。劳动是人的本质活动，劳动是实现人的全面发展的重要途径。教育与生产劳动相结合，一方面有利于提高劳动者的文化素养及知识水平，提高社会的生产效率，促进生产力的发展；另一方面教育与生产活动的融合，是实现人的解放和全面自由发展的根本途径，也是社会主义教育的根本原则。因此，劳动教育的核心就是教育中有劳动、劳动中有教育。通过产教、校企协同育人，共建专业、共编教材、共设实践平台，有效地解决劳动教育“纸上谈兵”的困境，真正实现教育与生产活动相结合，从而达到劳动教育的根本目的。

企业发挥重要主体作用。企业环境下的教育是产教融合最本质的特征，不重视企业人力资源的开发，产教融合、校企合作无法有效实施，因此在加强劳动教育与产教融合相结合的过程中，需要积极发挥企业在育人过程中的主体作用，改变过去流于形式的产教融合模式，实现高质量的深度融合。通过“引企入教”，支持、引导企业深度参与学校教育教学改革，多种方式参与学校专业规划、教材编制、课程开发、实习实训等，让企业的需求更好地融入人才培养环节。

通过劳动教育打造产教融合利益共同体。产教融合是一个由粗浅到成熟、由松散到紧密的过程，浅层次合作是由学校主导、靠感情联络为主的形式合作；中层次合作是院校为企业提供咨询、培训等服务，建立横向联合体，形成多元投资主体的合作；深层次合作是学校与企业互相渗透，形成利益共享机制的合作，校企利益共同体是产教融合深层次合作的表现形式，因此打造产教融合利益共同体是推动劳动教育从理念提出到落地实现的关键。在校企合作中，一方面，学校的目标是培育符合现代社会科技发展方向的劳动者，这就需要学校各院系、各专业与行业、企业建立直接的、密切的联系，了解和掌握当前及未来科技发展趋势，改革专业教学，加强劳动教育。另一方面，企业是以获取更大经济利益作为首要价值追求，通过劳动教育共建的模式，企业可以便捷、高效地选择学校培养的人才加入企业，同时也起到社会宣传、树立企业形象的作用；借助学校资源和政府政策的支持，在研发新产品、引进新技术、设备升级改造等方面有效节约成本，提高整体效益。因此，通过推动劳动教育与产教融合相结合，有利于建立校企双方利益共同体，共享和优化产学资源配置，培养高素质创新人才，助力产业建设。

2.将生涯规划教育纳入劳动教育体系

生涯规划是指运用心理学、社会学和管理学等专业知识，以科学的方式制定目标、规划发展方向和实践方案，提升自信、完善不足，解决学习、工作、生活中各类问题的一种专业手段。生涯规划教育是指有目的、有计划、有组织地培养青少年规划学业、职业等方面的意识与技能，发展个体综合能力，引导学生进行职业生涯规划为主线的综合性教育活动；在这个过程中有助于帮助学生树立正确的人生观、价值观、劳动观。因此将生涯规划教育纳入劳动教育体系，结合劳动品德、劳动态度、劳动观念等方面的培养，能够更好地推动劳动教育落地生根，有助于帮助学生个体发现自身的劳动专长和劳动价值，避免选择专业的盲目性和盲从性，同时为树立正确的择业观、就业观，脚踏实地地做好职业生涯规划打好基础。扎实推进生涯规划教育纳入劳动教育体系，就要加大生涯规划咨询服务及就业指导服务的力度，帮助学生正确认识科技革命时代下劳动的复杂性与多样性；要将劳模精神、劳动精神、工匠精神与师资队伍建设有机结合，着力建设一支具有扎实的劳动教育思想理念、具备专业生涯规划咨询师执业资格的教师队伍。

分类引导确保劳动教育的全面性。在整个学校期间，生涯规划教育要根据学生的不同特点、不同需求进行分类指导，把劳动教育贯穿于学生的整个基本社会化发展中，对学生实施全面、系统的引导。生涯规划教育粗略来分，可以分为学业生涯规划和职业生涯规划，学业生涯教育侧重于指导学生选择专业、建立学科兴趣、发现专长与爱好，以及继续升学后的学业发展规划；职业生涯教育侧重于指导学生择业、就业及职业发展问题，包括短期规划和长期规划。可以根据不同年级设置不同的生涯规划课程；也可以根据学生的实际需要，设立生涯规划咨询服务中心，开展针对个体的咨询服务；做到点面兼顾地推进劳动教育，实现劳动教育在生涯规划指导工作中的贯穿效果。

融入学生工作确保劳动教育的过程性。从入学教育开始，劳动教育就应当逐步渗透到学校的学生工作中，以校园文化活动带动劳动教育，尤其是在企业实践、顶岗实习、就业指导等环节中，很多学校在开展这些工作时，各项任务独立进行，无法形成有效关联，导致学生即使经历了企业实践和顶岗实习，在面临毕业选择的时候，仍然是茫然无知，初次就业的不顺利也会打击学生投身社会劳动的信心，出现“啃老”“死宅”的现象也就不足为奇。因此逐步形成层层推进的工作方式，打造“三位一体”的教育氛围，才是促进学生跨越基本社会化的关键步骤。劳动教育则是串联起这些工作最好的黏合剂，在学生参加企业实践、顶岗实习前后，甚至是已经毕业就业之后的半年中，学校都应该根据学生所处的阶段组织必要的劳动知识普及，如劳动经济学、劳动社会学、劳动法学、劳动心理学、劳动关系学、劳动保护学、社会保障学以及工会学、劳动法学等。

强化劳动教育与毕业生就业工作的融合性。以往的职业生涯规划及就业指导工作，通常由学校就业管理部门或学生工作部门主导，随着当今学校毕业生的逐步增多，社会竞争日趋激烈，单一部门无法独立应对严峻的就业形势。就目前开展的这方面工作效果来看，把就业责任单一化，缺乏系统性教育的思考，不利于学生综合就业能力和水平的提升。因此，就业工作一直强调全员参与的必要性，尤其是要加强生涯规划教育和就业指导过程中的劳动教育，在低年级普及劳动科学知识，深化生涯教育内容，在高年级提升学生劳动意识和劳动能力，强化学生就业指导效果，劳动教育与毕业生就业工作协同推进，共同实现学校人才培养的最终目标。劳动教育的主要内容和基本目标在于帮助学生建立对劳动的科学认知、树立正确的劳动观、养成良好的劳动习惯、提升实践操作的劳动技能。就业工作就是在劳动教育的基础上，让学生充分运用劳动教育的相关知识和能力，做好个人发展规划和就业准备，从而把劳动教育的理论转化为个人实践。做好二者的结合，主要从以下几个方面着力。

加强理念价值融合。学校是培养社会主义建设人才的主阵地，学生作为未来劳动力市场的主体，是社会主义建设的主要贡献者，因此推动就业工作的第一课就是要引导学生正确看待就业。然而，对就业的认识离不开对劳动的正确认知，劳动的确有艰苦的一面，但从劳动的创造意义和人的自我实现上来说，劳动的本源就是获得美好生活的体验活动。在劳动中，人们能够感受到生命运动的快乐、创造的快乐和焕发生命潜能的快乐。劳动教育和就业工作相结合，帮助学生自觉提高劳动认知，明确劳动对个人价值和社会价值的重要作用，选择积极就业，而不是有业不就、消极待业，把追求个人全面发展和社会进步作为接受教育、实现人生价值的最高目标，摒弃一味追求安逸享乐的择业标准。

加强课程设计融合。课程教育是学校教育的主要形式，劳动教育与生涯规划教育、就业指导等也不例外，在理论课程内容编撰、实践教学形式开发等方面做好融合，是助推劳动教育和就业工作双赢的主要途径。首先，在理论课程方面，生涯规划与就业指导课程应明确劳动的科学意义，尤其是马克思主义的劳动哲学和劳动科学中关于教育与生产劳动相结合的理念以及关于人的全面发展的理论，它是劳动教育、生涯规划教育、就业指导的共同理论基础。其次，在课程设计方面，要坚持以劳动教育统领生涯规划教育和就业指导的基本原则，例如：开设劳动教育相关的通识课程，旨在促进学生对社会职业分工、传统行业及新兴行业发展态势、国家就业形势、劳动保护相关政策法规等知识有所认知，明白职业身份平等、尊重不同劳动分工体系下的差异，在此基础上培育科学、理性的职业选择和规划目标。再次，进一步结合各院系、各专业的特色和优势，打造通识性、必要性的职业生涯教育与就业指导的精品课程，有利于学生将学业生涯规划和职业选择充分结合，避免劳动异化，找到学习、工作中的个人价值，避免陷入学业选择、职业选择和个人主观意愿相矛盾的困境。最后，在实践教学方面，学校要充分结合办学特色和专业设置特点，科学合理安排专业实习和社会实践。如传媒业相关专业，可以组织学生亲自参与劳动文化的传播，讲述劳动故事、倡导劳动精神，在信息产业、文化产业等新兴的社会劳动领域中创建劳动教育平台。法律相关专业可以组织举办劳动法知识竞赛，进社区、进农村进行普法宣传等活动，鼓励学生利用专业知识为基层劳动者服务。立足第一课堂专业知识的实践锻炼，既可以检验掌握专业知识、运用专业知识的能力，也有助于帮助学生培养正确的职业理念和创业意识。社会实践是劳动的一种预备形式，也是就业选择的一种可能，在实习、实训中养成的劳动观念、练就的劳动能力，将对学生未来的职业选择产生直接影响。

建立学习型就业机制。提升劳动者知识和技能是社会生产智能化提出的客观要求。科技革命背景下，信息技术产业将成为社会生产过程的一般条件。劳动者必须掌握适应该一般条件的基本知识和技能，这不仅限于信息技术常识，还包括创业创新能力、科技知识、人文素养等诸多方面。这就要求学生主动学习、积极学习、终身学习、全面学习，但当前教育模式和劳动方式尚不具备这样的激励机制。虽然一些学生也会参加业余学习，如讲座、兴趣班、职业资格证书培训等，但这些培训往往与行业、爱好、企业用人目标等有关，还没有形成生产信息化、智能化内在要求的全面学习机制。因此，应当建立学习型就业机制，调动社会、企业、个人三方资源，探索教育、就业、劳动相结合的新方式。让学习进化为一种常规性劳动融入生涯规划当中，实现自我完善的全生涯覆盖，即便是学生未来走出校门，也能保证其知识技能提升速度与生产力发展速度持平，有利于促进人的自由全面发展。正如马克思所说:“对于正在成长的人来说，这个直接生产过程就是训练，而对于头脑里具有积累起来的社会知识的成年人来说，这个过程就是知识的运用、实验科学，有物质创造力的和物化中的科学。对于这两种人来说，由于劳动要求实际动手和自由活动，就像在农业中那样，这个过程同时就是身体锻炼。”

3.将创新创业教育纳入劳动教育体系

创新教育是旨在引导学生打破墨守成规的思维定式，培养创新意识、创新精神及创造性思维的一种教育理念和模式。创业教育旨在引导学生从事劳动实践的教育模式，其目的是使学生从被动的求职者转换为岗位的创造者。从字面上看，创新创业教育表面上看是将“创新教育”和“创业教育”两个词汇组合，但实质上是在理念和内容方面均完成了对传统创新和创业教育的超越，其核心价值在于培养学生的创新精神、创业意识以及创业能力，帮助学生适应科技革命背景下社会飞速发展的工作节奏和生活节奏。它是面向全体学生的，需要学校、政府、社会共同参与。创新创业的授课教师可以是学校教师，也可以是企业家、创业者，还可以是专家学者、技能大师、发明达人等，具有师资队伍多元化的特征。一般来说，创新创业教育从课程建设、师资队伍、实践载体、政策支撑等角度协同制定施教方案，是一整套结构化、系统化的育人方案。它一方面能引导学生将所学的专业知识、技能或取得的研究成果转化为应用成果，创造社会价值；另一方面通过模拟实践、实地调研、走访交流、创业项目孵化等多种实践活动，及时发现理论学习或研究成果中存在的问题并加以完善，作为理论联系实际的有效桥梁，因此创新创业教育也具备很强的实践性。创新创业教育在青少年基本社会化的过程中起着十分重要的作用。一方面有利于帮助青少年发现自我、完善自我，培养青少年探索世界、改造世界的主观能动性，并在这一过程中养成自律和自学的能力。另一方面，学生在改革开放初期曾是“天之骄子”，劳动力市场上的“香饽饽”，但随着我国教育从“小众化”走向“普及化”，学生择业难、就业难、淘汰率高的社会问题日渐凸显。从表面上看，这些问题是供给过剩，但深层次原因则是传统教育模式下的学生，其综合素质难以适应和满足社会发展的实际需求。创新创业教育作为一种全新的教育理念，坚持以解决问题为导向、以顺应社会发展方向为目标的基本原则，着眼于培养学生将创新意识、创造性思维融入专业知识，从而解决现实问题的能力。

劳动教育是人才培养体系的重要组成部分，是对学生进行系统的劳动思想培育、劳动技能培训及劳动实践锻炼，全面提高学生劳动素养的过程。其目标是引导学生在劳动创造中追求幸福感、获得创新灵感，培养具有社会责任感、创新精神、实干精神及劳动实践能力的人才。它通过系统地设计由劳动价值观、劳动态度、劳动品德、劳动习惯、劳动管理组成的劳动教育体系，对受教育者的思维方式、价值选择、行为习惯、技能技术进行教育，全面提升受教育者的劳动素养。具体说来，劳动教育是致力于以下五个方面的教育，即在劳动价值观方面，让“美好生活需要劳动来创造”的观念深入人心；在劳动态度方面，大力培养“爱劳动、爱创造”的情感倾向；在劳动品德方面，让“实干、求精、创新”的精神蔚然成风；在劳动习惯方面，让“勇于尝试、主动实践”成为基本的生活方式；在劳动管理方面，用科学的管理提供教育教学服务，为劳动者素质的提升奠定坚实的基础。

由此可见，劳动教育与创新创业教育具有较强的内在一致性。一是二者都具有实践性，都需要以实践作为教学活动的支撑，都强调教育的实践性。创新创业教育通过模拟实践、项目孵化等路径帮助学生实现成果转化、自主创业等，注重在实践中提升学生的创新精神和创业能力。劳动教育侧重于让学生通过进社区、进企业、下农村等多种社会实践活动，切身感受劳动的收获和乐趣，形成尊重劳动、热爱劳动的真挚情感。二者都是以多种形式为载体的实践教育来提升学生的能力和素养。二是劳动教育与创新创业教育在培养目标方面具有高度的一致性。创新是引领发展的第一动力，人才是支撑发展的第一资源，二者都强调要着重培养受教者的创造性能力。创新创业教育是以培养具有创新型思维方式和创业基本素质的人才为目标，注重培养学生在劳动过程中能够突破常规思维的界限，以更加先进的方法、视角去认识和思考问题，从而产生新颖的、独到的、有社会意义的劳动实施方案和劳动成果。而劳动教育，注重“实干、求精、创新”精神的培养，想要创造性地开展劳动实践，不只是靠激情、靠运气、靠蛮干，更要以扎实的学识和技能为基点，是建立在实干基础上的一种知识升级、技能升级。这种升级，在具体的生产实践中能起到事半功倍的效果，在具体的创业过程中甚至能够产生以一当十的经济效益。鉴于此，劳动教育和创新创业教育在创造性能力的培养目标上具有高度一致性。三是具有培养模式的相似性，二者都强调与多种教育形式相结合，并贯穿人才培养的全过程。创新创业教育是在专业教育的基础上，以转变教育思想、更新教育观念为先导，提升受教育者的社会责任感、创新精神、创业意识和创造能力。劳动教育是通过与专业课、思想政治教育、生涯规划教育、社会实践、创新创业教育、产教融合、校园文化建设等相结合来融入人才培养全过程，让受教者树立正确的劳动价值观，具有积极的劳动态度，涵养优良的劳动品德，塑造合理的劳动习惯，具备扎实的劳动管理。通过劳动教育，促使受教育者积极投身社会发展的浪潮中，倡导在依靠自身劳动创造财富的过程中，更好地实现自身理想和社会价值。因此，将创新创业教育纳入劳动教育体系，可以说是为劳动教育提供了有力支撑和有效载体。扎实推进劳动教育与创新创业教育相结合，要加强体制机制建设，整合资源，完善“双创”教育体系；在“双创”活动中加大鼓励和奖励力度，激发学生的主观能动性，提升学生创造性劳动的意识和水平。

将创新创业教育融入人才培养方案，实现创新创业教育全过程化。在我国目前的教育体系中，有关培养学生创造力、创新思维的理念和教育实践还处于相对滞后的状态，有待进一步开发。有观点认为我国当下正面临制造业转型升级，经济改革“阵痛期”带来的就业市场遇冷，创新创业教育只是被临时赋予了应对当前问题的一条出路，而不是将其作为贯穿人才培养始终的长远之计；还有的观点认为创新创业教育只是就业指导工作中的一项内容，应该由学生主管部门负责，与专业教师无关，与其他形式的育人工作无关，将其孤立看待。对此，各教育主体必须强化思想认识，明确创新创业教育的性质定位，将其融入人才培养方案，全面覆盖从入学到毕业的各个环节，实现创新创业教育的全过程化。

理顺学校与政府、企业之间的关系，实现创新创业教育协同化。创新创业教育是一项由学校、政府、企业以及社会组织共同参与的系统工程，各主体之间的分工是否明晰、配合是否融洽、衔接是否紧密将从全局上决定创新创业教育的成效。在我国当前的创新创业教育实践中，各主体之间的关系不够明确，突出表现为以下几个方面：一是政府制定教育政策、方针的行政色彩浓厚，学校、企业疲于应对，实施、参与教育的积极性受到挫伤；二是学校脱离劳动力市场的实际需求，关起门来搞人才培养；三是企业参与较少，对学校搞活创新创业教育的支撑力度不足。因此，进一步明确各主体之间的职责是推动创新创业教育有效落地的当务之举。政府是创新创业教育的推动者，主要负责顶层设计、制度供给和政策支持，降低制度性交易成本，为创新创业教育的顺利开展提供有利的制度环境；学校是创新创业教育的主体，主要负责人才培养方案的制定、实施与考核、专业教育以及实践实训等内容；企业是创新创业教育的重要参与者，主要负责提供高水平的实践基地，推动创新创业成果转化。

结合专业教育，实现创新创业教育专业化。我国的创新创业课程往往单独设置、孤立存在，游离于专业教育之外，由此导致了学生创新创业水平整体偏低，具体表现在创新、创业意愿低迷，无法找准创新、创业切入点等问题上，呈现出“低水平、重复化”的现象。因此，必须把创新创业教育融入系统的专业教育当中，依据人才培养方案的新要求，调整专业课程体系，充分挖掘专业课程中的创新创业教学资源，使学生在学习专业知识的同时接受浸润式的创新创业启蒙，同时在创新创业实践中运用、检验并修正专业知识，实现专业教育和创新创业教育的无缝链接、有机结合。

建设复合型师资队伍，实现创新创业教育高效化。师资队伍是影响教学水平和人才培养质量的关键因素之一。在当前的创新创业教育实践中，担任导师的往往是辅导员或班主任，这一群体中的多数人，与学生未必处于同一专业领域，也大多没有创新创业的实践经历，难以给予学生有针对性的指导。为此，一方面要加大对现有导师队伍的培训，在鼓励学生“创造性劳动”的同时，更要做好教师从事“创造性劳动”的动员，打破教师“只上课、不育人”的惯性工作思维。另一方面要健全激励机制，吸引知名企业家、成功创业者及风投企业，乃至一些发明达人到学校兼任导师，对学生创新创业项目进行指导与帮扶，或者是采取选送具有较强创新意识和创业技能的学生参与社会创新创业项目的形式，实现学校与企业的“合作育人”。

试行分类指导，实现创新创业教育多元化。借鉴发达国家经验，推进创新创业教育既需要统一谋划、整体推进，也需要因地制宜、分类指导。对于我们这样一个人口大国和教育大国来说，更需要赋予地方和学校更多的自主权，允许学校结合实际进行探索。不同层次、类型和地区的学校要结合自身办学定位、市场需求及当地经济社会发展面临的主要矛盾，制定合理的创新创业教育目标及切实可行的实施方案。

4.将劳动教育与美育相结合

美育是一种人文教育，是提升全民整体素养的重要途径，它面向的是人的精神和文化世界。发展美育在于引导学生认识美、感受美、热爱美、创造美进而传播美，由此来塑造美好心灵、培养健全人格，促进人的全面发展。在党的十九大报告中，对我国社会的主要矛盾是这样论述的:“我国社会主要矛盾已经转化为人民日益增长的美好生活需要和不平衡不充分的发展之间的矛盾。”可见，我国在经历了改革开放，进步的不只是科技和信息，还有广大人民群众对于物质文化生活“美”的追求。数十年来，我们一直在感叹发达国家的城乡差距之微、人与自然生态之和谐、其生产的消费品之精美，无不是对其社会生产力从“量”向“美”发展的钦佩。“美”要如何创造，答案无疑是“劳动”，无论是美丽乡村建设、文明城市建设，还是和谐生态建设，都需要依托劳动来实现。因此，劳动教育和美育的内在关系是互相促进和融合的，劳动教育也应该提出相应的人才培养目标，如何让劳动者学会创造“美”、传播“美”正是当前的劳动教育体系亟须解决的问题之一。

劳动本身就具有一种美的意蕴，在劳动中可以培养青少年正确的审美观，培养其鉴赏美、创造美的能力，融入美育的劳动教育体现出多重的价值和意义。结合劳动教育的美育，也将不再是空洞的说教和灌输，而是在劳动实践中体验和培养美的直觉、想象和表达方式。我们也可以用美的理念重塑劳动教育，将美育融入劳动教育体系中，美化劳动的主体、环境、过程、形式和工具等，增强劳动的愉悦体验和美的感受，激发青少年的劳动热情、劳动智慧和创造力，促进青少年在劳动过程中的全面发展。以劳育美、以美育劳有利于发挥多种教育形式相融合“1+1>2”的功效。劳动教育与美育的结合需要学校、家庭和社会各教育主体达成共识，形成共育机制，共同协作创设多样化实践情境。

在家庭生活中感受劳动创造美。家庭教育主要是一种情感态度的传递和熏陶，浸润在家庭日常生活中。家长对劳动、对美的态度会极大地影响子女。因此在家庭教育中，家长首先要端正自身对劳动的态度，转变观念，为孩子提供自理自立、参与家庭劳动的机会，从生活细节中培养子女的劳动习惯、劳动态度、劳动观念和劳动技能，开展家庭劳动教育与美育。

2020 年，农历新年期间，我国经历了新冠病毒疫情，由于病毒传播迅猛，不得不让数万企业和家庭紧急采取封闭隔离措施。在此期间，网络上因为电商服务业的暂停，让缺乏家庭劳动常识和技能的青年人大呼“救命”；各网络平台发起了“成年人不会做饭是否值得骄傲”“有哪些懒人食谱”“黑暗料理合集”等热门话题。网络信息时代，人们可以轻易地获取美食信息、享用美食，然而却缺乏创作美食的主观能动性和技能。这就是典型的劳动教育及美育丢失了家庭这个教育阵地的表现。青少年学习、参与家庭劳动，通过自己的劳动，家变美观了；通过自己的劳动，为家人献上了一餐美味佳肴；通过自己的劳动，家庭氛围变得更加和美了。因此，劳动教育与美育相结合不仅是当今社会对劳动者综合素质养成的基本要求，更是构建和谐社会必不可少的工作任务。

在课业学习中体会学科之美、学习之美。课业学习是脑力劳动教育的重要组成部分，而每门课程都有其学科或领域内在的美。在升学压力和课业负担过重等因素影响下，不少学生难以感受到探索知识的魅力，感受不到课程与教学中的学科之美，这又进一步加大了学习的焦虑感和压力感。

课程教材的呈现形式和内在价值，教师的教学设计与课堂管理，教学内容的组织方式和讲授方法，都应着力挖掘学科或课程本原的美学价值，而非仅停留在传递知识点和技能上。引导青少年在学习中体验到每门课程的学科之美，由此来激发学生探求知识的主观能动性，学习才有持续发展的动力。例如：杨振宁教授在清华大学讲授“大学物理”

这门通识课的时候，虽然他的教学内容已经超出一般教材的范畴，但是他的视野足够高，能够以高屋建瓴的方式描绘出一套新的物理知识脉络图。杨振宁教授的讲授，能够给予学生一个了解和喜欢物理的机会，让他们感知到世界科学领域是如何看待和理解大学物理基础知识的，很多学生会被这些思想吸引，基础好的学生能领悟到更多的科学奥义。当然，并不是每位教师都能够如杨振宁一般教学，杨振宁教授也并非专职从事教学工作。但是这依然能够给我们的育人工作一些启发：基础课程想要达到“师父领进门”的效果并不是不可能，仍需要任课教师提升自身业务水平来实现；学校在有条件的前提下，聘请学科领域的卓越人才，组织高质量、高水平的专题讲座，作为课堂教学的补充也尤为必要。

在艺术课程中挖掘劳动元素和价值。学校应在音乐、文学、设计、体育、表演等课程的课堂教学、校园竞赛、社团活动中挖掘、呈现和表达劳动的元素，达到以美育劳的效果，尤其是通过作品反映劳动场景、劳动乐趣，歌颂劳动精神和品质，展现劳动之美。例如：西南地区某学校，每年举办以“环保”为主题的服装设计大赛，学生通过废物利用来设计，并手工制作服装，展示出新颖独到的时尚美感，既激发了学生的创造性思维，也锻炼了劳动实践的动手能力，树立了独立自主、保护生态的劳动价值观。

在社会实践中重塑审美情操。审美具有共性也具有差异性，随着时代的更替，审美衍生出了不同的标准。即便如此，青少年在审美方面仍需把握底线。信息科技为现代社会带来了便捷的生活方式，也充斥着一些糟粕文化的负面影响。因此，推动青少年投身社会实践，在实践的历练下重塑审美情操，重新感知美的意义，体会美的内涵，能有效扭转青少年错误的审美理念，走向更积极的人生。同时，国家应有意识地引导、鼓励创作出更多反映劳动之美的影视、文学作品，营造反映正确劳动教育价值取向的情境。

在社区服务、校外活动中促进劳动教育与美育有机结合。适当组织学生从事社区服务和开展校外活动，有利于找到劳动教育及美育融合的切入点。如社区组织的公益性、服务性劳动，能够让青少年很好地体验劳动带给他人、社会价值的情感体验。通过外出实训、调研等校外活动考察和感知历史、人文、建筑、传统习俗等呈现的价值和智慧，感知历代劳动人民创造出的不朽劳动成果；感受各类文化遗产中那一份份用双手创造出来的美；感受工匠精神、奋斗精神创造出来的物质之美、文化之美，从而真切体会劳动创造美、美蕴含于劳动之中的道理。我们还应进一步发挥少年宫、青少年活动中心以及各类营利性校外培训机构的育人作用，鼓励其以多种形式促进美育与劳动教育在课程与活动中的有机融合。以劳育美、以美育劳，二者的有机结合能够促进优秀劳动者的培育工作事半功倍。

（三）受教育群体新关注

在信息化、智能化时代形成的新就业形态，表现出较强的灵活性、包容性，可以吸纳传统就业形态中的过剩劳动力和弱势群体，自发地促进农民工、全职太太、残疾人、贫困人口、民间手艺人、低技能劳动者等群体的就业或者再就业。在传统就业形态中，这些群体往往难以满足工业化大生产所需的知识技能和身体素质。由于寻找工作机会难、所处工作环境差、收入不稳定等因素，逐渐被社会“边缘化”，成为“停滞的过剩人口”。然而新就业形态则与新潮流、新技术、新的生活方式直接关联在一起，能够帮助他们匹配工作机会、提高收入水平、改善生活条件，融入城市化进程。以淘宝网店就业人群为例，2016 年，高中以下文化程度就业者占 25%，女性店主占比 49.40%，残疾人网店约 16 万家，电商物流从业人员中农民工占 80%以上。这些劳动力中的大部分是在制造业转型升级、化解过剩产能、淘汰落后生产力的进程中累积的，而新业态的发展，正好接纳了“去产能”时所剥离的过剩劳动力。根据《中国劳动统计年鉴》显示，从 2010 年至 2016 年，我国劳动力总数自 7.8 亿人增长至 8.1 亿人，此后每年保持稳定增长。但工业用工人数则从 2014 年的 9.977 千万人逐渐下降到 2016 年的 9.475 千万人，占劳动力总数比重的 11.7%；与此同时，工业机器人销量从 2010 年的不足 2000 万台迅速增加，至 2018 年已经超过 8000 万台，由此形成鲜明对比，说明我国工业生产所需劳动力数量正在不断减少，随之出现过剩劳动力安置问题，也关系到劳动者生活状况和社会稳定。近年来，新就业形态的出现增添了大量工作岗位和就业机会，恰恰能够缓解“结构性失业”带来的就业压力。据滴滴出行 2016 年发布的报告显示，至该年 5 月，滴滴出行为钢铁、煤炭这两个重点去产能行业提供了超过 50 万个就业岗位，占“十三五”期间其计划安置人数的 29%。

经历了现代科技革命后的劳动力市场，逐渐形成“核心向边缘辐射”的蜘蛛网式劳动过程，每一个网络平台的四周都聚集了大量的劳动者，而网络核心通过平台和劳动者创造的价值迅速聚集起大量资金，加速资本积累，促使劳动者和生产资料分离，剩余价值剥削隐蔽化。这里的劳动者与生产资料分离，不同于传统就业形态中的企业掌握土地、设备、厂房等实体，而是以信息等非实体的形式存在。例如：滴滴出行作为一家“网约车”服务平台，它并不似传统出租车公司一般占有员工的汽车和劳动时间，而是通过掌控消费者群体、市场需求的形式为就业者提供劳动机会，一旦员工离开平台，将难以获得有效的市场信息，也就意味着其收益下降或者失业，同样的情况在其他电商平台也大抵如此。因此在短期内，新就业形态仍服从资本关系的调节，服务于剩余价值的生产和实现，成为资本集中的新方式。在网络边缘的创业活动，看似门槛低，自主性较强，实际上离不开“大资本”提供的资金、技术和平台，如天使投资、云计算服务、社交网络账户等。2015 年，我国 74.12%的天使投资都集中在互联网、电信及增值服务和信息技术等产业，金额高达 73.32 亿元，其中对互联网创业的投资占比超过 50%。创业活动的盈利渠道主要依靠“平台”所集中的信息数据、产品押金、交易资金等。分散的个人“小资本”聚集成平台“大资本”，早期投身平台的一些创业者迅速转入网络核心。这使创业活动本身就成为一种资本集中的新方式，也成为吸收过剩资本的渠道。

在网络边缘，更多的劳动者将通过“知识信息”平台与市场直接相连，消费升级和需求个性化在客观上要求劳动者不断提升自身的知识技能和人文素养。因此，劳动素质向着专业化和人文化发展是与生产力和生产方式发展相适应的必然趋势，然而这又同新就业形态中大量存在的低技能劳动者相矛盾。因此，目前出现的新就业形态实际上只是作为人类劳动方式变化的过渡形态，它在本质上仍受资本关系驱使，蓄积了大量低端就业，且缺乏技能提升渠道的劳动者。未来我国社会必然从发展中国家迈入发达国家行列，那么劳动就业中出现两极分化也必然经历融合、重组，在这个过程中，低技能岗位将被大量压缩，简单技能劳动者的生存和生产空间也将被压缩。就目前最直观的，技术进步和产业升级将首先从产品革命开始，智能小家电、无人驾驶汽车、无人仓储、无人物流等智能设备不断被研发并向市场投放，这些都能够轻易替代低端工作岗位。相较于传统就业，这一部分新形态就业者只是在劳动形式上具有较以往更多的灵活性、自主性；劳动者的活力和创造力依然相对较低，其劳动机会依然受知识和技能的制约，并不具备全面提升劳动者素质的条件和激励机制。

长久以来，社会对学校的认识是“学校大门只向学生敞开，社会人员莫入”，那么这一次教育部牵头的招生改革也颠覆了以往人们的固有观念。此次招录的社会人员，大多都是在新就业形态中从事低技能工作的劳动者，而我们以往探讨的劳动教育，基本上都是针对在校青少年的教育内容、教育理念和教育方法等，针对社会招生的劳动教育方针目前还处于空白。根据前述数据可以看出，教育部的这次招生改革，为处于这一群体的劳动者提供了再教育、再培训的机会，虽然有利于推动劳动者素质的全面提升，增加其就业砝码及保障劳动者权益，有利于从全局上助力我国生产力发展、稳定社会秩序、构建和谐社会，但该群体涉及地域广泛，数量庞大，贫困地区尤为集中，因此教育任务十分艰巨。那么学校根据社会招生的实际情况和特点，做好劳动教育体系的理论创新和实践创新也是教育工作的新使命和新挑战。

人类发展对劳动教育的影响

一、人工智能发展历史

中国在“制造大国”向“制造强国”转型升级的过程中，人口老龄化的问题也在逐年突显，造成了劳动力人口短缺。国家统计局在2011年至2017年各年度《国民经济和社会发展统计公报》的统计数据显示，中国15岁至59岁劳动年龄人口始终呈下降趋势，这6年间劳动力总共减少了3873万人，导致企业用工成本上涨，压缩了企业的研发投入和经济收益，增加了转型的难度。根据国家统计局《全国农民工监测调查报告》的统计数据显示，在2008年至2017年间，农民工平均月收入从1340元上涨至3485元，其涨幅为260%。此外，我国一直以来在高技能人才数量上缺口巨大。根据《中国人才发展报告》的数据显示，中国目前高技能人才仅占劳动力总数的6%。麦肯锡预测，2020年中国高技能人才缺口将超过2000万人。在这种情况下，企业衍生出由人工智能代替一部分人类劳动者的用工形式，而且在一定程度上，人工智能优于人类劳动者，例如：对工作环境的适应度高、没有生理极限、效率高、无休假等。面对日益增长的用人成本，人工智能将会替代一部分人类劳动者，并通过对人类生产活动的调整和重构而重塑劳动力市场，从而对劳动者的就业机会和工作福利形成一定冲击。

二、人类劳动与人工智能的关系

作为“网络原住民”，的青少年对劳动的认知是不一样的，有相当一部分人非常关注人工智能时代是否还需要劳动。英国科学协会对此也进行了调查，抽样访问中有三分之一的人认为，在未来100年中人工智能的崛起将会对人类造成严重威胁。其中，60%的受访者担心人工智能设备将导致未来10年人类可从事的工作越来越少。2016年，HBO发行了一部名为《西部世界》的科幻题材连续剧，该剧讲述了由一座以西部世界为主题的成人乐园，该乐园中所有的接待员一律是高科技产物下的机器人，但其外表和思维足以媲美人类。随着接待员有了自主意识后，它们开始怀疑这个世界的本质，进而觉醒并反抗人类。尽管这只是一部进行了艺术加工的影视作品，但也从一定程度上反映出社会对人工智能的发展存在诸般猜测和集体性焦虑。然而，英国剑桥大学物理学家史蒂芬•霍金（Stephen William Hawking）曾对此做过预测，他认为人工智能如果发展到能够取代人类和人类劳动的地步，至少也是在1000年到10000年之后。

中国人民大学杨伟国教授则认为，人工智能是否能取代人工劳动有两个前提：

一是人工智能可以在多大程度上超越人类的智能。由中国香港汉森机器人技术公司开发的类人机器人——索菲亚，是历史上首个获得公民身份的机器人；用仿真橡胶制作的皮肤，使索菲亚看起来就像人类女性，并且能够表现出超过62种面部表情；索菲亚"大脑"中的计算机算法能够识别面部，并与人进行眼神接触。她的设计师大卫·汉森曾宣称她具备自主意识和思维，她可以同人类自由对话。然而在经过了一年的巡展之后被证实，索菲亚所有的意识都来自预先设定好的程序，只是在"鹦鹉学舌"而已。由此可见，当下社会对人工智能的预期和焦虑还太过超前。

二是人工智能可不可以实现自发的生产劳动，这个前提如果实现了，人工智能就会走到人类前面，将不是人类所能把控的；但这个前提目前来看还比较遥远，应该是人工智能发展的"高压线"。这个前提如果不实现，那么在人工智能时代人类同样需要劳动。主要理由如下：首先，劳动是人类存在的手段，人是需要劳动的，人工智能时代劳动同样是人的需要，只不过是以与以往不同的形式开展劳动。其次，人类历史上技术创新和就业岗位之间一般呈现一种波浪式的发展关系，每次工业革命都会导致一些劳动岗位、劳动形式被淘汰，但随后又会促进新的劳动岗位和劳动形式的产生。例如：自动驾驶技术会让司机职业消失，但是可能会出现城市交通优化师；各种智能检测设备会让检验师相关职业消失，但随之会出现各种数据分析师，所以人的劳动不会因技术进步而被替代，但是工作岗位对人的要求会变得更高。例如：近些年全国都要求取消高速公路跨省收费，部分人工收费站也被电子不停车收费系统（ETC）所取代，那么从事过路收费的劳动力和工作岗位被大量压缩，这就是技术革新的一种现象，这部分人应该去思考怎么学习新的技术、锻炼新的技能、找到新的工作。再次，人工智能的效果和效率也要靠人类劳动来操控和把握。人工智能也是由人创造出来的，离开了人，劳动工具可能就会失效。

三、人工智能引发的劳动就业迭代

人工智能的出现，引发了我国劳动就业迭代的现象，通俗来讲就是人工智能的出现导致一部分职业被替代，那么在这些被替代的岗位中的劳动者将面临怎样的再就业、再上岗，则是当代的劳动教育需要思考的问题。

（一）人类劳动活动的一般分类

人类劳动活动一般划分为四类：规则性体能劳动、规则性智能劳动、非规则性智能劳动和非规则性体能劳动。首先，规则性体能劳动主要指一般的体力劳动，工作内容程序化、固定化、重复性强，劳动者处在人才链的最底端，主要聚集在农业、建筑业、制造业流水线和部分服务业，例如中国的农民和“蓝领工人”，是我国目前群体最大、数量最多的劳动者类型。其次，规则性智能劳动主要是一般性的事务性工作，工作内容具有一定专业性，程序化和规律性较高，劳动者处在人才链中端，包括文员、会计、人力资源专员、程序员等，分布行业较广，位居我国劳动力人口的第二大群体。再次，非规则性智能劳动一般是指需要高知识、高技能的脑力劳动，工作内容复杂，具有较高专业性，劳动者处在人才链的顶端，专注于对未知领域的探索，需要具有创造性思维方式，如科学家、企业家、艺术家等。最后，非规则性体能劳动一般特指从事体育运动、极限运动、野外救援等特殊领域中的工作，这一类劳动者数量少、工作危险性高，在劳动力总数中占比最小。因规则性体能劳动具有较高程序化和重复性的特征，此类劳动最易被人工智能替代；规则性智能劳动虽然也强调专业性，但因其呈现的程序化和规律性，未来仍然可能被人工智能替代。而非规则性智能劳动则因其复杂性、不规律性和创造性是人类劳动所特有的优势，支撑着一个社会的创新，难以由人工智能替代。

（二）人工智能对中国劳动者的冲击

人工智能对中国劳动者的影响，同时覆盖了老、中、青各年龄层的人力资源。在中国，18～29 岁进城务工的农村青年，22～24 岁的本、专科毕业生，40～60 岁从事规则性体能劳动的中老年劳动者是当前劳动力市场三大面临劳动低收益的人群。学生虽然普遍接受过良好的教育，但因为社会科技迭代速度往往领先于学校育人方案的更新速度，所以面临所学知识、技能与市场需求不匹配的窘境。根据 2010 年人口普查数据，每 10 个失业人员中就有 1 个是本、专科毕业生。进城务工的农村青年因其只掌握了较为一般性的职业技能，普遍缺乏高质量就业所需的核心竞争力，难以获得收益良好的就业机会，同时因为城市的户籍政策、高消费水平等因素难以长远地落户城市，因此只能流动性就业。40～60 岁中老年体能劳动者在生理机能退步以及自身职业技能贬损的双重压力下，同样面临着失业风险。虽然这三类就业人群的知识、技能水平高低不同，但其共同特征是职业技能更新速度低于社会科技迭代速度，同样容易被其他劳动者或人工设备取代。人工智能首先会替代处于人才链底端的劳动者，在未来，人工智能还可能逐渐替代位于人才链中端的劳动者，尤其是替代掉那些工作程序化、工作内容制式化的常规岗位。比如，银行柜员现在已经逐渐由智能柜员机所取代，基于以上情况，现在的学生对专业选择的困惑不止在于无法明晰自己的个人爱好和特长，还在于无法预测哪些专业技能未来可能被人工智能淘汰。

因此，人工智能对规则性体能劳动和规则性智能劳动的替代是基于社会科技进步，而劳动者向着更高智能劳动领域发展，一定要借助人力资本投资才能实现，主要是指国家为了经济发展，在教育经费和技术训练等方面所进行的投资。西方经济学家认为，教育上的投资是最有效的投资。综上所述，人工智能来势汹汹，虽然完全替代人类劳动为时尚远，但智能机器、智慧制造、产业机器人和服务机器人正在逐渐渗透人类的工作领域，代表着高强度、高效率的生产能力以排山倒海之势威胁着人类的劳动机会，这是我们当前的教育主体必须高度重视的问题。

四、劳动教育的未来发展

在人工智能视域下，劳动教育必须焕发出新的生机，才能够有效帮助劳动者应对人工智能带来的挑战，同时劳动教育应在那些容易被忽略的或者是不容易将教育实践落地实施的方面做好有力的补充和融合，协调社会需求和人才培养方案的结构性失衡的问题。未来的劳动教育应该着力关注以下方面的培养，这也是中国的劳动者典型缺乏的核心竞争力。

（一）软技能的培养

人工智能在人类生产劳动中逐渐渗透，将过去人工执行的若干任务在极大程度上实现了自动化或半自动化，致使多岗位的劳动者都面临工作组织方式、工作内容和性质的重大转变，因此对劳动者的技能需求也发生了相应变化。其中，对软技能的需求成为变化的重点。

软技能用社会学术语来解释，就是我们常说的“情商”（EQ），它由一系列能够反映个人特质的要素组成，比如劳动者个体的价值取向、性格特点、社交能力、语言表达能力、情绪控制力、行为习惯等。软技能是具有调动自己或他人的情绪、技术、知识等资源解决问题的能力。因此，软技能越高，处理事情的能力就越强，它是衡量一个人处理事情能力的量表。在生活中，一个软技能较为充分的人，会表现出待人友善、积极乐观、易于相处等特点。可以说，它是一种不易看见的技能，是一个人激发自己潜能和通过赢得他人认可和合作放大自己的资源，以获得超越自身独立能力的更大成功的技能的总和，软技能与那些作为一份工作硬性要求并能够部分反映一个人智商的硬技能，是互补的。

目前，我国职业结构正在分化，体力劳动逐渐减少，各类需要智能的社会服务工作不断增加，其中最明显的是越来越多的社会岗位需要销售与服务能力。大部分教育毕业生具备一定的商业素养，能够对商务语言信息进行处理，包括阅读、书写以及财务报表等任务，这属于智力维度可以处理的硬技能，而销售与服务的能力则来自社会维度的软技能。在欧美国家，对软技能需求更为突出。因为销售类、服务类的工作对象通常具有很强的随机性、多样性，面对不同工作对象，工作方式和工作效果是不能够采用单一性指标进行衡量的，如幼教、法律咨询服务、心理咨询服务、健康理疗师等。即使是在人工智能背景下，酒店、餐饮、医疗和其他社会服务类工作对这一类软技能的需求也会越来越大。经济合作与发展组织（OECD）的研究发现，这些能力几乎在所有国家都是缺乏的，并且机器人对此很难复制。除此之外，对管理、自主决策、独立安排工作、协作和组织等软技能的需求也在不断上升。在这些无法被人工智能替代的软技能中，以情绪控制力、领导力、适应能力为代表的软实力成为社会选择优秀劳动者的新焦点。

（二）数字信息技能的培养

在人工智能的背景下，不少规则性体能劳动逐渐被自动化替代，因此人们越来越重视更难以实现自动化的技能，企业也越来越重视劳动者是否具备充分的软技能，如沟通能力、团队合作能力、领导能力、解决问题的能力和自律、自学能力。但更值得注意的是，在数字化、信息化时代，数字信息技能的重要性正在逐步凸显。过去，只有网络科技公司对劳动者的该项技能有明确要求，然而在今天，运用计算机处理数字信息的技能已经发展成比肩外语、驾驶的通用技能，如使用通信设备、信息搜索、各类办公软件、解读网络语言的能力。2016 年，经济合作与发展组织的一项研究表明，社会对数字信息技能的需求和供给之间存在明显的不匹配。尤其在中国，大约有四分之一的成年人缺少使用计算机的经验或缺乏互联网及其他移动设备的应用技能，主要集中于进城务工的农村青年和 40～60 岁的中老年劳动者。除最基本的数字信息技能以外，其他相关技能也同样存在显著不足，如演绎推理、信息筛选或信息排序的能力。近年来，信息科技飞速发展，数字创新正在融入劳动生产各领域中，促使企业更加青睐那些具备数字信息技能和其他相关知识的劳动者。

这就要求开展劳动教育的时候做好技术保障，旨在为促进劳动教育现代化，为教学和科研提供技术支撑，因此，做好技术保障工作对于学科发展有着极其重要的作用。当前劳动教育技术保障内容主要包括建设劳动教育师资资源库、数字化教学资源建设、网络教学环境的建设、多媒体设备管理等。一方面，运用现代信息技术，创建区域性学校共享型劳动教育教师资源库，构筑开放式资源环境，搭建开放型、共享型公共服务平台，整合区域院校劳动教育教师资源以及各种社会人才资源，为教师更新知识结构、丰富教学经验、增强业务能力提供有力支撑。另一方面，无论是数字化教学资源还是网络教学环境的建设，都需要依托成熟的网络平台，通过网络技术解决当前教育发展中面临的诸多问题，比如实现教学资源共享化、实现师生在线一对一或者一对多互动、实现学生个性化学习、延伸课堂内容等。保障多媒体设备的正常运行也是技术保障的重要内容之一。上述五个方面基本涵盖了劳动教育发展所需要的基本内容。劳动教育发展的最大使命是立足于问题研究、着眼于学科发展、致力于实践服务。当前我们的劳动教育也需要适应时代发展的要求，着眼于不同学校劳动教育发展的具体情况，具体问题具体分析，为劳动教育提供长效保障机制。

（三）人文技能的培养

当今社会生活中，人们的很多生产劳动、社会服务可以被人工智能替代，到银行储蓄面对的是智能柜员、到餐厅就餐面对的是智能点餐系统、邮寄包裹只需要把包裹放入指定的快递柜，虽然这些方式的产生给人类生活带来了极大便利，但是也对人类喜好社交的天性做出了规避，当生活中到处充斥着不具备情感、情绪的机器设备时，人类对于人文情趣、人文素养的需求则会更加凸显。类似的态度也会反映在生产劳动上，例如：各类设计师职业的需求增大，越来越多的消费者希望个性化定制服务，以及对服务人员是否能够提供人性关怀的需求也越来越强烈。因此对人文知识的掌握，成为社会劳动技能需求的新亮点。

（四）可迁移技能的培养

随着我国城镇化进程的加快，人口地域变动、迁徙的频率高于历史上任何一个阶段，因此，现代的劳动者在工作选择上也会出现一系列的岗位变更、供职企业变更甚至行业变更。除此之外，婚姻、教育和新旧行业更替等因素也是加速劳动者职业流动的主要原因。各部门技能需求因分工不同往往存在较大的差异，即使是同一部门同一岗位，在不同的企业中也会存在“隔行如隔山”的情况。因此培养劳动者具备可迁移技能，有利于帮助劳动者因生活需要或社会发展需要面临职业变动时，更好地适应新岗位、新工作。

可迁移技能就是指那些能够从一份工作中转移运用到另一份工作中的、可以用来完成许多类型工作的技能。奥美互动全球董事长兼首席执行官布赖恩·费瑟斯通豪（Brian Fetherstonhaugh），曾将可迁移技能做了归纳，包括乐观力、目标发现力、解决问题的能力、持续学习力、专业构筑力。首先，当一个人遭遇工作压力、瓶颈期时，无论选择直面压力还是回避压力，拥有乐观力，静心思考，把经历变成经验，变成战略性的管理压力，这就是乐观力在生产劳动中的应用。其次，目标发现力是指善于发现问题，主动寻求解决之道，能够在工作中发现任务并制定目标的能力。然后，在执行任务的过程中还有一项非常重要的能力，就是解决问题的能力，有时也把它叫作“填坑”能力。遇到“坑洼”不可怕，可怕的是跳不出来，停滞不前。任何工作在开始的时候都不可能制定完美策略，因此更重要的是如何跨越难点、推进任务。再次，在现代劳动生产中，相比完成既定劳动任务，劳动者更应该重视任务之外的学习，此时的学习是自主自发的学习，需要较强的自学能力和自律能力，从而拓展自身的知识，拓展自身的认知边界，将所学碰撞重组，实现更多可能性。最后，专业构筑力是一种有计划地构建自身强项的能力，这是我们工作中不断追求的事情。这里的专业是指既能做到将理论运用到实际，又能从理论上说明实践经验。构建专业性能带来两个优势：其一是想要有真正创新的想法，先进入最前沿的领域，才能所突破；其二是专注精进，做到专业顶端，能让我们在工作中找到成就感。无论工作、行业或部门的具体任务是什么，这种可迁移技能在当今劳动力市场的需求都十分强烈。

五、劳动教育的制度方向

由于人工智能逐渐融入人类生产劳动领域，导致部分劳动力因难以适应新兴产业和其他产业的需求而陷入结构性失业，从而引发人力资本存量贬损。不只是信息科技领域，任何一项新技术、新技能的出现，都可能带来类似的结构性失业，并通过劳动岗位的迭代影响更多劳动者。在实现产业转型升级战略的视角下，劳动教育应该由过去的以院校为主体，以在校课程为教育主场，转变为政府、社会组织等作为教育主体，院校只是教育环节中的一个必不可少的组成部分，并不能承担全部的教育任务。政府有责任建构人力资本投资的社会合作制度体系，重点关注人力资本高低两端：一方面引导市场资源流向高端产业领域，满足高端产业发展对人力资本的需求；另一方面通过扶助弱势群体和低端劳动者顺利实现就业迁移解决民生问题。下面从政策层面、行业层面、企业层面、院校层面论述人工智能背景下促使技能形成的人力资本投资社会合作制度框架。

（一）政府层面的制度

1.制定技能形成规划

政府根据产业发展需求制定宏观的技能形成规划，该规划主要着眼于三个方面。其一，针对弱势群体的职业培训规划。在技术进步中，低端劳动者因人力资本水平最低而受到的冲击最大，同样因为人力资本水平较低而无法迁移到中高端就业岗位，是一个要经历频繁失业的群体，且常要面对跨行业的就业迁移。从改善民生、扶助弱势群体的视角，基于社会收益最大化的政府决策原则，该群体跨行业就业迁移所需的人力资本可由政府主导提供，比如依托地方人力资源和社会保障部门开展针对性强的短期培训。其二，委托行业开展行业通用性职业培训规划。通用性职业培训可由市场提供，政府介入的应该是国家产业转型战略中亟待发展的部分，将劳动力引导到相应产业领域，用通用性培训为产业发展储备基础性和中端人才。其三，依托市场主体制定高端特殊性职业培训规划。高端特殊性职业技能可由包括企业和培训机构在内的市场主体提供，通常不需要政府介入，但为了占据世界产业体系高端，推动中国从“制造大国”向“制造强国”转变，需要制定高端特殊性职业培训规划，由政府为市场主体提供配套资金和政策，旨在通过示范效应引导市场资源流向高端产业。

2.推行技能使用制度

主要涵盖技能人才福利制度和技能人才成长晋升制度。根据技能人才的分类分级推行技能人才福利制度，将工资增长、工作福利改进制度化，为重点产业培养稳定的劳动大军。通过技能人才成长晋升制度，引导劳动者根据行业企业技能需求轨迹进行职业生涯规划，推进技能人才主动成长，以提高人才供需的匹配度。

3.推进技能内部形成制度

打破当前由职业院校供给技能人才的外部技能人才形成现状，充分利用企业内部技能形成的优势。一是打造校企合作典范。依托行业遴选高端产业领域的优秀企业，同时遴选优秀学校，促进二者结对子，形成校企合作的典范，再将经验推广开去。其他产业领域的校企合作则由市场自由运行，政府的作用是做好指导和规范。二是打造企业大学典范。依靠政策激励高端产业领域的优秀企业办学，除了在企业内部推进技能形成，还可为行业供给技能。三是激励企业提供技能培训。强化企业的社会责任，相应规模以上的企业要依法提供培训准备金；而相应规模以下的企业则由政府购买培训成果，对提供符合要求的职业培训的企业给予培训后补贴。

（二）行业层面的制度

行业层面的制度集主要指通过规范和引导有条件的企业和合格的劳动者优先进入高端产业领域，通过示范效应将市场资源导向高端产业领域，从而促进国家产业转型升级。

1.制定企业优先进入高端产业领域制度

为贯彻实施国家的产业转型升级战略，推进现代产业体系中的高端元素融入行业企业，可依托重点行业，率先打造高端产业元素，由行业牵头制定高端产业的企业优先进入制度。该制度旨在推进高端产业元素进企业，由行业遴选出本行业内的优秀企业作为重点示范单位，在行业指导下引进新技术，或者进行传统技术改造升级。同时由政府配套政策助力企业实现高端占位，通过示范效应引导市场资源流向高端产业领域。考虑到新技术研发与科技成果转化应用的高投入性和投资回收期长的特点，为避免企业因为“短视”——重引进而忽视自主创新，可由政府为企业的新技术研发和科技成果转化应用配套资金支持或者政策优惠，减少企业的成本投入。另外，政府可对企业转型所需的人力资本投入给予扶持，为鼓励企业内部自发组织高端职业培训的内部技能形成路径，政府可以给予配套资金支持、税收优惠或者人头奖励；若企业选择外部技能形成路径，雇佣取得相应职业资格标准的劳动者，政府也给予一定的资金配套支持。

2.制定技能评价制度

为充分发挥行业在技能供给中的作用，主张技能评价主要依托行业进行，由行业依据岗位工作特征制定劳动者职业资格准入的条件，为企业的人才需求把关。就以人工智能为代表的新技术在企业的推广应用而言，行业对合格劳动者的权威界定叠加政府对企业的资金配套和政策支持，能够确保劳动者的技能有充分的收益保障，从而吸引劳动者进入国家重点发展的高端产业领域。对那些涉及国家安全等重大影响的行业，则由政府牵头（比如人力资源和社会保障部门）完成职业资格认定。

（三）企业层面的制度

企业层面的主体包括用人单位和市场的培训机构，市场主体的行为遵循市场机制的要求，一般而言不需要政府介入。但为了引导资源流入高端产业领域，加速对高技能人才的培养，或者扶助弱势群体顺利实现就业迁移，政府要提供制度支持。一是要建立特殊培训和高端培训的国家扶持制度。比如，因人工智能而增加的生产性服务业以及在生产中引人人机一体化团队工作方式对劳动者的技能需求实际上是要求其快速进入一个崭新的工作领域，所需的职业培训的复杂程度非常高、难度非常大，故其培训成本非常高昂。这类人力资本投资在人工智能运用的始发阶段，人机一体化工作方式适宜在高端企业开展，通过示范效应，随着人工智能成本逐渐下降以及人机一体化团队中人类劳动者的培训成本下降才会在经济社会中逐渐普及开来。为加速这一过程，政府可建立特殊培训、高端培训国家扶持制度，激发企业和个人参与职业培训的积极性。二是建立各行业通用的职业核心能力国家扶持制度。各行业通用的职业核心能力的培养主要为产业发展储备基础性人才，这类能力往往是弱势群体最急需的，从扶助弱势群体的视角，更为了引导劳动力进入国家战略性产业领域，可建立行业通用技能核心能力扶持制度。

（四）院校层面的制度

政府、行业、企业三个层面的制度集都是基于技术革新和产业转型升级而针对补偿和防范存量劳动力的人力资本存量贬损设计的人力资本投资路径，院校层面的制度则主要针对增加劳动力的职业能力获得。院校育人的外部技能形成路径的劣势即容易脱离产业需求，导致学生毕业即失业，院校人才培养滞后于产业发展的客观现实需求。政府可从两方面着手进行制度设计，推进院校育人与产业需求的对接。

1.完善校企合作制度

为摆脱人才培养供需两层皮的困境，在当前以职业院校为主培养技能人才的制度设计下，结合院校育人的专业优势，充分引进内部技能形成的优势元素，完善校企合作制度，引导企业肩负起人才培养的社会责任，为产业发展培养匹配的人才。职业教育产教融合亟待通过制度创新促进教育与产业的合作，系统地构建了“个人—组织—区域跨组织—国家”四个层面融通的产教融合制度模型，分别为：个人层面——工学结合的教学组织制度；组织层面——校企合作的技术技能人才共育制度；区域跨组织层面——以“集群合作”为基础的职业教育“专业产业双集群”的产教融合协调发展制度；国家层面——国家主导、行业指导、工会参与、学校和企业双主体育人的“政府—行业—企业—院校”合作办学制度框架。在组织层面的校企合作制度中分别依据校企合作的参与主体、企业所依赖的人力资本类型、企业的生产方式、学校的专业类别提出了校企双方的政策诉求。校企合作制度对人才培养的关注点主要有三：一是与企业需求相匹配的职业技能，确保新增劳动力从学校毕业后能够尽快获得一份职业；二是能够实现就业迁移的职业技能，确保在未来劳动力市场上受到外在冲击时能够相对顺利实现职业转换；三是创新能力，来自经济发展一线的创新是最接地气的创新，不论院校培养的人才处于人才金字塔的高、中、低哪一层次，创新能力的培养都至关重要，更是创新驱动发展战略得以实施不可或缺的关键要素。

2.完善学历与职业资格衔接制度

目前中国的学历证书并不适合用来评价学生的职业技能，建议在行业指导下，基于岗位工作分析设置专业培养方案，以校企合作的方式吸引企业参与到人才培养的过程中，通过工学结合的学习方式，确保院校的专业人才培养能够顺应产业发展需求。以此为基础，在学历教育过程中引进对应的职业资格内容，并在制度上打通学历和职业资格等级的对应关系，确保学生毕业时能够达到职业资格准入的条件，通过学历与职业资格衔接的制度安排，促进学生毕业后能顺利进入对应的产业领域，缩短职业适应期，最终使教育的人才供给与产业的人才需求相适应。在国家重点发展的产业领域，学历证书与资格证书的有效衔接和政府干预是助力产业发展的有效措施。

第十三章　劳动教育实践案例

第一节　生活中的减塑行动

一、单元导学

在我们的生活中，几乎处处都有塑料产品，它们与我们有着密切的联系洞时也给我们的环境带来了很多问题。丢弃的塑料袋、塑料瓶、一次性咖啡杯、餐盒、保鲜膜等塑料制品因很难降解而形成大量垃圾，堆积如山的塑料垃圾使土壤、河流、海洋遭到污染，给生物和人类的生存带来了重大威胁。全世界都在提倡减塑，我们小学生更要加入减塑的队伍中。让我们一起行动起来，减少塑料制品的使用，做个“减塑小达人”！

面对塑料垃圾带给人类的危害，你知道在生活中该怎样减塑吗？你知道减塑的小窍门吗？面对塑料垃圾对环境的威胁，我们该如何开展减塑行动呢？快和小伙伴一起讨论一下吧！

二、单元目标

你对哪个问题感兴趣？可以结成小组共同行动。请先确定行动主题和行动目的，然后再开展行动。

我们的减塑行动主题：

我们的减塑行动目的：

三、减塑小窍门

面对塑料引起的大问题，身为社会的小主人，怎样让大家形成减塑意识，在行动上减少塑料制品的使用呢？让我们共同探索减少使用塑料制品的好办法吧！

（记一记）

各小组同学分头行动，走出学校，走进社会，走入家庭，向长辈、有经验的人虚心求教，把减塑窍门汇总在一起，看谁收集的最多。

（写一写）

我们收集的减塑小窍门。

（汇一汇）

对收集的减塑小窍门进行整理，制作成手抄报，在全班交流展示，向更多的人分享我们的成果。

指导建议：

（1）主题要明确。

（2）版面设计要新颖美观，要围绕主题，做到形式与内容的统一。

（3）制作手抄报，需要组稿、编辑、排版、插图、书写，这是一个脑手并用创作过程。

减塑小达人的具体行动：

（1）我会尽量购买纸盒装的物品，因为纸盒更容易回收。

（2）我学会了垃圾分类回收的方法，使用后的塑料制品送到垃圾分类回收箱里。

（3）我会购买瓶装果汁，减少塑料垃圾。

四、在生活中减塑

（说一说）

生活中你看到过、使用过哪些塑料制品？你最熟悉的塑料制品是什么？

（想一想）

生活中你还见到过哪些丢弃塑料垃圾的现象。和同学们交流一下。

（算一算）

丢弃的塑料垃圾如此之多，请你查找资料，算一算外卖餐盒一天会产生多少垃圾？

以某外卖平台为例，其日订单总量超过2000万单，若一单只用一个塑料袋和一个塑料餐盒，每个塑料袋和塑料餐盒均按0.06平方米计算，一天产生的塑料垃圾就有240万平方米。这240万平方米相当于336个足球场那样大，336个足球场又相当于3个故宫的大小。也就是说，一天用掉的塑料餐盒可以铺平3个故宫。

（搜一搜）

面对日产惊人的塑料垃圾，人们又是如何处理的？它们给自然环境带来了怎样的问题？我搜集的资料：

餐盒都是一次性的，目前全国只有14%的塑料垃圾得到了回收，剩下的基本只能焚烧处理，因此会产生大量废气，造成大气污染。多数塑料的成分是聚苯乙烯和聚乙烯，这两种物质都是在高温、高压条件下形成的，极其耐酸碱腐蚀，基本不能自然降解。

物质都是在高温、高压条件下形成的，极其耐酸碱腐蚀，基本不能自然降解。

（写一写）

结合生活实际，实地观察塑料垃圾是怎么产生的？我们怎样做才能减少塑料垃圾呢？请填写在记录表中。

指导建议：

（1）观察要实事求是，需要认真、细致、准确记录观察信息。

（2）准备好观察工具，如记录本、笔、照相机或摄像机，采用文字、拍摄照片和录像等方式记录。

（3）小组同学要有明确的分工，相互合作，共同完成任务。

（4）外出观察要结伴或与家长一起，注意卫生防护和交通安全。

（归一归）

把观察记录结果进行归纳整理，在小组里和同学们进行交流，结合自身存在的丢弃塑料制品习惯进行分析讨论，并把得出的结论写在表格中。

观察活动使我们进一步了解、认识了生活当中大量塑料垃圾产生的原因，通过分析，得出了研究成果，那让我们通过汇报交流分享吧！想一想，汇报什么，怎么汇报。

指导建议：

（1）汇报内容要简明，形式要多样，分工要明确。

（2）语言要流畅，条理要清楚，声音要洪亮。

（3）认真倾听，然后想一想，从别人的汇报中你学到了什么，能提出哪些建议。

五、减塑保护环境

（想一想）

生活中你还见过哪些塑料垃圾。

面对塑料垃圾破坏环境、影响植物生长的现象，你想怎么做？

减塑环保行动计划。

时间最好定在周末，可以邀请家长和邻居一起来参加我们的活动。

塑料制品重量较轻，风一吹很容易挂到树枝上，甚至夹杂在繁茂的树丛、草丛、灌木丛里。捡拾塑料垃圾遇到这样的问题时怎么办？

（1）团结合作，最好三人一组合作进行。

（2）高个子的同学可以用钩子将树枝上挂着的塑料袋钩下来。

（3）中等个子的同学保护高个子的同学，防止被树枝划伤。

（4）矮个子的同学可以用夹子捡拾草丛和灌木丛中夹杂的塑料垃圾。

一切准备就绪，约上同学、家长或者好朋友一起行动吧！

你有哪些劳动作品或行动时的照片，让我们交流一下成果吧！

（说一说）

在减塑行动中，你遇到了什么困难？是怎么克服的？通过这次减塑行动，你的收获是什么？

请同学们参照评价单，先进行自评，再进行同伴互评，最后请家长和老师评价。

第二节 冬藏小能手

一、冬藏食物介绍

冬藏，即冬季农家把收获之物贮藏起来。冬季储存食物的方法有很多，每一种方法都是人民智慧的结晶，也是在漫长的生活中总结出来的宝贵经验。比如，北方的贮藏方法有：冷冻保存法、埋藏法、窖藏法、腌制保存法。方法不同，用到的工具就不同。

窖藏白菜的方法

1.窖藏白菜前期管理

一般来说，从立冬到大雪这两个节气之间是窖藏白菜前期管理阶段，这个时候应该使地窖的温度保持在零度左右，必须做好晚上的通风降温工作。一般在早上 6～7 点的时候打开地窖通风，一直持续到晚上 12 点。如果温度过高，可以通宵开窗通风。另外，倒菜要勤快，刚开始一般连续三遍，在倒菜的时候，一定要戴手套，这样可以有效减少人的体温对白菜的影响。有烂叶要及时摘除，尽量使用竹片刀，不要使用铁制刀具。

2.窖藏白菜中期管理

从大雪后至立春前是气候最冷的时候，这时白菜一般每隔 15～30 天需要倒翻一次，同时还要根据地窖的温度适度放风。一般是在白天上午气温较高时进行放风，下午 4～5 点即可关窗。以保持地窖内白菜不冻为原则，依靠天窗和气孔排放不良气味。

3.窖藏白菜后期管理

立春以后就进入了白菜窖藏的后期管理阶段。气温逐渐升高，这个时候我们一定要注意做好防热防冻工作，夜间和早晚一定要做好通风管理工作，白天开窗通风一定要避开阳光充足的时候，以防止太阳照射造成地窖温度过高。中午气温比较高的时候我们一定要做好通风降温工作，可以打开地窖的窗户及门使空气迅速流通，以免外界的热空气在地窖内长时间停留。另外，还要及时拣出已经腐烂的白菜叶，以防止腐烂。大规模蔓延而造成更大的损失。

4.窖藏白菜注意要点

冬天储存大白菜是需要非常大的耐心的，而且在日常的管理工作中我们一定要足够细心，时刻观察白菜的变化，一旦出现什么不良情况，一定要及时采取措施，这样才能够将损失降到最低。一年的辛苦不容易，千万不能因为一时的大意让自己蒙受损失。

北方冬季储存食物的方法

1.冷冻保存

对于我们国家北方地区的人民来说，尤其是冬天天气比较寒冷的时候，室外就是一个天然冰箱，所以会把一些蔬菜放在外面，这样可以保存很长时间。在冬天的东北，人们还会用这种方式来储存水果，把梨、柿子、山楂、海棠果等水果放在室外，做成冻梨、冻柿子、冻山楂、冻海棠果，想吃的时候拿回来，在水里放置一会儿，就可以吃了，口感特别好。

2.窖藏保存

在我们国家北方地区的农村，一般会采用窖藏保存的方式储菜，也就是在自家院子里挖出一个地洞来保存食物，这也是经济不是特别发达的时候，人们常用的一种储菜方法。因为地窖方便控制温度，还可以防止蔬菜变质，因而比较利于保持蔬菜和水果新鲜。

3.埋藏保存

埋藏保存跟窖藏保存有一定的相似度。埋藏保存是在院子中挖出一个坑，把蔬菜密封之后再埋起来。把食物埋在地下，可以防止水分、温度对蔬菜的损害，还可以让食物保持新鲜，避免遭受污染。时至今日，还有很多家庭购买大量蔬菜后没办法保存，就把蔬菜埋在院子里。

4.腌制保存

腌制保存也就是我们经常说的腌咸菜，因为在过去，冬天的食物不多，也没有办法储存大量蔬菜，所以一般家庭就会把蔬菜腌制起来，做成咸菜，这可以在很大程度上保持蔬菜的新鲜程度，还可以随用随取，比较方便。

南方冬季储存食物的方法

1.苕窖

在中国南方一些地区，有打苕窖贮藏食物的习惯。在湖北省土家族苗族自治州恩施市，当地一些农村普遍把苕窖建在自家的屋子里，这样既可以防盗，又方便自己随时取用食物，还可以防止下雨时食物被淋湿。建在自家屋子里的苕窖，一般不深，搭着楼梯就可以去下面放取物品。为了安全，苕窖上面会用木头做的盖子进行封闭。这种接地气、低调、朴实的地窖，冬暖夏凉，储藏食物方便、快捷、安全、实用。

2.腊味

腊味是南方独有的特色美食。在南方，气温较高，冬日宰杀家禽后，如果不尽快吃掉，很容易变质。于是，南方人便将肉类用盐和香料一同浸渍，再将其风干，便有了今日大家口中所说的腊味。如果走在南方冬日的街头，可以随处看到挂在窗前、屋檐下的腊味。每家人都把家中的腊肉、香肠、腊鸭、腊排骨等一排排整齐地挂在晾衣竿上，那场面壮观极了！这些诱人的腊味，在阳光的照射下显得愈加可口。飘着的腊香味，更能满足你的口腹之欲。春生夏长，秋收冬藏，吃腊味，其实是品尝时间的味道。在中华美食的食谱中，腊味已有上千年的历史。

相传，腌制腊味是为了躲避怪兽“年”。凶猛异常的“年”，常年深居海底，但每逢除夕就会上岸伤人。人们为了躲避伤害，一到年底就闭门不出。所以，在这之前需要储备很多食物。于是，聪明的人类就将鸡、鸭、鱼、肉等食材腌制存放。再后来，逐渐演变成了今天的腊味，冬藏蔬菜，首先要选择质量较好的蔬菜，然后根据不同蔬菜的特点选择合适的冬藏方法。在冬藏过程中，有的需要做好通风，有的需要密封，有的需要充足的阳光，有的需要经常翻动，有的还需要加盖防寒物品。另外，还要注意温度和湿度等贮藏条件。

二、冬藏能手

每当冬天快来临的时候，北方地区的人们总会大批量购买一些蔬菜。通常人们都是买几百斤大白菜储藏起来过冬。怎样储藏大白菜呢？查资料，写一写。

冬储大白菜的条件和方法

（一）大白菜冬季储藏的条件

（1）温度。大白菜储藏的最适温度为 0～5℃，温度高于 5℃大白菜呼吸作用增强，易脱帮腐烂；温度低于-2℃会受冻腐烂。

（2）湿度。大白菜储藏的相对湿度为 80%～90%。空气湿度小，大白菜易失水干瘪，反之易腐烂。

（3）透气。一般将大白菜放在阴凉通风的地方，固定一段时间后，上下倒一回，使这些大白菜能“呼吸”顺畅。温度适当，透气才顺畅。

（4）其他条件。不要用塑料膜等物品单独包裹大白菜，这样容易加速大白菜的腐烂。

（二）储藏方法

1.家庭储藏法

（1）把大白菜先在室外晾晒 2～3 天，不易折断时为宜。

（2）堆放在室外，在 0℃左右的环境中存放。温度低于-5℃时，要加盖防寒物品。堆放时，先在地上铺垫木板，叶球向外，根向里堆紧，初期每周倒动一次。

2.埋藏法

（1）选地势平坦干燥、土地较黏实、地下水位低、排水良好、交通方便的露天地上挖储藏沟，深度依当地冻土层厚度及是否越冬储藏而定。一般沟宽 1.7 米，深 1.5～2 米，以东西向为佳。挖出的土在沟四周做成土境。

（2）在沟底铺一层稻草或菜叶。大白菜拔起后，晾晒 3～5 天。天气变冷时，把菜根向里堆起来。选气温降到 0℃左右的冷凉天，将大白菜趁凉入沟。排菜时，根朝下排紧菜棵，使上面菜头平齐。

（3）大白菜入沟后，先盖一层草苫子，或盖 2~3cm 的土。以后，随着气温下降，冻土层加深，可分 2～3 次覆土。最后一次覆土，使覆土总厚度与当地冻土层相当即可。

（4）每次覆土时，都应仔细检查，如沟内温度过高，或有烂叶时，应及时倒菜，剔除烂叶、病叶、黄叶。

3.窖藏法

大白菜入窖后，随着外界气温的变化，窖内温度也相应有所变化，白菜的呼吸强度也在不断变化。因此，需要适当地通风、翻倒、加工、除烂。

几种日常蔬菜的冬藏小技巧

白菜：在储存之前，应该选择叶色绿、含水量低、成色比较好的白菜。在室外放置要注意加盖防寒物，正常的楼房阳台都可以，但是要避免雨水。北方的冬季，白菜是不能放到室外储存的，温度太低。室内储存要放到通风的凉爽地方，温度不宜过高，否则容易导致叶面变黄、干枯。这种现象出现时，不要将白菜外层的干枯叶子扔掉，要保留在白菜上，这样能更好地保护内里的菜叶不受损耗。最好是铺上木板，采用叶球向外、根向里的堆放方式。每隔 10 天左右进行一次翻倒，注意通风和温度，久不通风白菜内里会腐烂。如果可以，用白纸或者报纸将白菜包裹起来，一棵一棵地摆放。如果量小，有保鲜柜，可以淋一些水，用纸包裹起来，将白菜以直立的姿势放置。

萝卜：准备纸箱，将萝卜头的一面削掉，不让其生长，如果萝卜头的位置继续生长，会吸取萝卜的养分，萝卜会变质，出现干枯的现象，也就达不到储存的目的了。接下来就需要密封，用保鲜袋紧紧地把萝卜包裹好，几近于密封的状态就可以了。然后摆在纸箱内，摆放好后一定要放到阴凉通风处。

马铃薯：马铃薯直接放到铺好报纸的纸箱中就可以，然后放到阴凉处。如果放到冰箱里，就需要密封后再放入冰箱，可以在里面放一个苹果防止马铃薯发芽。

大蒜：这种日常必备的调味品，用途也是非常广泛的，几乎没有一餐可以离开它。大蒜最怕的就是生芽，大蒜生芽之后就会变质，口感也会变差。储藏大蒜，首先将大蒜放到一个保鲜袋中，拿一张纸巾，在纸巾里放一点盐，然后将盐包裹好后，与大蒜一同放入保鲜袋进行冷藏储存，这种方式利用的就是低温原理。一定不要放到冷冻层，要放到冷藏层。

三、冬藏美食

诱人的美食总能刺激人们的味蕾。各种各样色香味俱全的冬藏美食一齐上阵，为同学们带来了一场美味盛宴。现在请你说说这些美食的特点。

各地特色冬藏美食

1.湘西腊肉

湘西腊肉是湘西的一道美食，其具体做法是把新鲜的猪肉切成长块，每块1.5～2.5kg重。把食盐在锅中炒热，加拌适量的花椒粉，然后把肉一块一块抹好，一起腌在木桶里。过个把星期，把肉从桶里取出，挂在火塘上面烟熏火烤。腊肉，可以保存两三年不坏，而且放得越久，味道越香。

2.四川泡菜

四川泡菜又叫泡酸菜，汉族特色菜肴，属川菜系。味道咸酸，口感脆生，色泽鲜亮，香味扑鼻，开胃提神，醒酒去腻，老少皆宜，是居家过日子常备的小菜，是四川家喻户晓的一种佐餐菜肴。四川泡菜一年四季都可以制作，但制作的气候环境十分讲究。2010年，四川泡菜成功申报为国家地理标志保护产品。保护区域涵盖四川21个市（州）144个县，保护面积2000万公顷。

3.东北酸菜

东北酸菜是东北地区的一种家常特色食物，采用大白菜腌制而成，极具东北地方特色。酸菜，古称菹，《周礼》中就有其名。北魏的《齐民要术》，详细介绍了白菜等原料腌渍酸菜的多种方法。白菜经乳酸杆菌（乳酸杆菌是对人有利的菌）发酵后，产生大量乳酸，不仅口感好，而且对人体有利。

4.江西咸蛋

咸蛋又称腌鸭蛋、咸鸭蛋，古称咸杬子，是一种中国传统食品，以江苏高邮所产的咸鸭蛋最为有名。不少中国食品如粽子、月饼也会加入咸鸭蛋黄。其中，广东月饼的鸭蛋黄越多，价钱越矜贵。咸蛋以蛋黄“颜色红而油多”为上品。

5.宣威火腿

宣威火腿，云南省著名汉族特产之一，因产于宣威而得名。它的主要特点是：形似琵琶，皮薄肉厚，肥瘦适中；切开断面，香气浓郁，色泽鲜艳，瘦肉呈鲜红色或玫瑰色，肥肉呈乳白色，骨头略显桃红，似血气尚在滋润。其品质优良，足以代表云南火腿，故常称“云腿”。孙中山先生曾为宣威火腿题词“饮和食德”，宣威火腿从此名声大振，远销中国香港和海外的新加坡等地。

6.桂林腐乳

桂林腐乳是以黄豆为主要原料制成的，分为五香腐乳和辣椒腐乳两种。它的特点是皮薄肉嫩，质地细滑松软，味道鲜美。尤其是辣椒腐乳，辣中有甜，甜中喷香，香中又能品辨出川椒、桂酊、八角、蒜泥以及三花酒的混合馥郁，可以说滋味无穷。人们在盛夏酷暑或病后初愈，吃腐乳配稀粥，更能刺激食欲。

桂林腐乳历史悠久，颇负盛名，是传统特产“桂林三宝”之一。清代诗人袁枚在《随园食单》中称赞道：“广西白乳腐最佳。”现在则被誉为“腐乳中之上品”。桂林腐乳选材讲究，制作工艺细腻严谨，从磨浆、过滤到定型、压干、霉化都有严格的要求。制出的腐乳块小，表面橙黄透明，味道鲜美奇香，营养丰富，既是人们常用的食品，又是烹饪的佐料。做扣肉、红烧肉、白切鸡等，用腐乳作配料，香味四溢。用以凉拌豆腐、皮蛋、椿芽、小笋等，更是风味别具，回味无穷。

冬藏让寒冷的冬季生活有备无患，让人们品尝到独特的美食。冬藏方法简单易操作，又凝结了广大劳动人民的智慧和经验。冬藏劳动快乐多！

第三节　敬老院服务一日行

一、劳动目标

（1）弘扬中华民族尊老爱幼的优良传统与美德，加强青少年尊老爱幼的观念。

（2）增加学生与社会的接触机会，锻炼学生的社会实践能力，让学生在与人相处的实践中，懂得更多为人处世的道理，也懂得孝悌之道。

（3）增强换位思考的意识，明白人终有一老的道理，同时让学生切身体会到时间的宝贵，珍惜美好的人生，并为之努力奋斗。

二、工具使用要求

（1）准备适量的慰问品（水果、零食等）。

（2）根据实际情况，可以提前编排节目。

（3）准备生活必需品。

（4）制作条幅、彩旗等标语性工具。

三、安全保护要求

（1）选举实践队长，由队长负责外出事务的统筹和协调。

（2）尽量选用公共交通工具到达各实践活动开展地点，跟随集体，服从统一指挥。

（3）与老人聊天注意话题的选择和老人们的情绪，避开敏感话题。

（4）控制活动区域在实践地点，不得私自离队，如有异常，必须报备到队长。

四、考核评价标准

（1）全体队员安全完成本次敬老院服务实践活动，无安全问题或事故出现。

（2）全体队员能够听从指挥，服从安排。

（3）完成敬老院卫生打扫、内务整理和院区活动实施损坏登记的实践任务。

（4）与老人们聊天愉悦，无不和谐、不开心场景出现，交流氛围融洽。

五、劳动设计

（1）时间安排。

（2）材料、工具准备。

（3）劳动对象。

（4）劳动过程记录。

（5）劳动成果展示。

参考文献

[1]程杰.新时代高校劳动教育与学生社区管理的深度融合[J].科教文汇,2022(13):51-53.

[2]胡小桃,张心如.江恒源劳动教育思想及其当代价值诠释[J].江苏高职教育,2022,22(02):69-76.

[3]杨秋静.家校衔接的劳动教育[J].中国现代教育装备,2022(12):43-45.

[4]费晓丹.新时代高职院校劳动教育分析[J].现代商贸工业,2022,43(16):71-73.

[5]刘文静.新时代劳动教育课程发展现状与改革路径探析[J].福建轻纺,2022(06):62-64+68.

[6]闫慧兰,柳宏波,姜岩,等.新时代应用型本科高校劳动教育的实践路径研究[J].金融理论与教学,2022(03):111-113.

[7]李洪修,刘笑.数字时代劳动教育发展的理论逻辑与实践路径[J].天津师范大学学报(社会科学版),2022(04):79-84.

[8]廖美盛.立德树人背景下高校劳动教育现状和实践路径探究[J].豫章师范学院学报,2022,37(03):10-14.

[9]刘瑞,韩同友.基于核心素养的高中生劳动教育探析[J].淮阴师范学院学报(自然科学版),2022,21(02):160-163.

[10]董景伟,方贤绪.习近平劳动教育观研究[J].今传媒,2022,30(06):1-5.

[11]段静毅.跨界融合视角下高职院校劳动教育课程的设计与实施[J].湖北开放职业学院学报,2022,35(11):144-146.

[12]马耀秀.三方协同劳动教育与小学语文的融合探讨[J].品位·经典,2022(11):148-150+172.

[13]梁宏中,曾丽雯.大学生劳动教育的德育功能和实现路径[J].锦州医科大学学报(社会科学版),2022,20(03):75-79.

[14]江国云,杜萍.新时代高职院校大学生劳动教育探析[J].广东交通职业技术学院学报,2022,21(02):106-109.

[15]曹红,刘洁."三全育人"背景下劳动教育在高职人才培养中的价值与实现[J].黑龙江教师发展学院学报,2022,41(06):51-53.

[16]王轶哲.新时代高校劳动教育与思想政治教育融合：价值、困境与路径[J].黑龙江教师发展学院学报,2022,41(06):7-9.

[17]段溥,李能华,刘於清.劳动教育融入高中与大学思政课教学一体化建设研究[J].现代农村科

技,2022(06):95-97.

[18]毛金玲.邵阳县农村中小学劳动教育的现实困境与路径探索[J].现代农村科技,2022(06):99-100.

[19]张成魁,魏晓云,韩爱华.初中劳动教育校本课程育人价值的提升策略[J].教育科学论坛,2022(17):52-54.

[20]丁瑞.SPOC 混合教学模式在高职院校劳动教育课程中的应用[J].教育与职业,2022(11):90-95.

[21]莫灿灿.新时代高校劳动教育价值内涵与实现途径——以服务性劳动为视角[J].科教文汇,2022(11):38-40.

[22]王冬青.新时代背景下高职院校劳动教育现状与对策研究[J].黑龙江科学,2022,13(09):58-59+62.

[23]林锶泓."双减"政策下中小学劳动教育的价值回归与优化路径[J].成都师范学院学报,2022,38(05):1-7.

[24]邓军彪.新时代高校劳动教育融入资助育人工作的路径探索[J].高校辅导员学刊,2022,14(03):8-13.

[25]王明珠.新时代农业高职院校劳动教育课程建设与实施研究[J].湖北开放职业学院学报,2022,35(10):55-57.

[26]杨淑莉,王全智,解振强,等.新时代农业类高职院校劳动教育模式的探索与实践[J].湖北开放职业学院学报,2022,35(10):58-59+62.

[27]洪菁.以劳模工作室为依托的大学生劳动教育探析[J].湖北开放职业学院学报,2022,35(10):60-62.

[28]于菲.劳动教育视域下高职思政教育思考[J].公关世界,2022(10):112-113.

[29]朱元至.高职院校劳动教育实践探索——以河南农业职业学院为例[J].河南农业,2022(15):18-19.

[30]谢肆山.新时代高校劳动教育课程体系构建：理论审视、价值分析与实现路径[J].武夷学院学报,2022,41(05):79-82.

[31]岳鑫,刘德旺,包保全,等.加强高校劳动教育的思考与实践[J].中国中医药现代远程教育,2022,20(10):172-174.

[32]陈绪新,董梦茹.习近平关于劳动教育重要论述的伦理意蕴[J].继续教育研究,2022(06):59-63.

[33]周家璇.人工智能赋能高校劳动教育变革的发展与实践路径[J].继续教育研究,2022(06):64-68.

[34]张丹,李霓.高职院校劳动教育的内涵特质与实践路径探析[J].科教文汇,2022(10):57-60.

[35]刘向兵,党印.高校劳动教育实施推进的多元与统一——基于 80 所高校劳动教育实施方案的文本分析[J].中国高教研究,2022(05):54-59.

[36]张克宏,郭丽.中学"一体两翼"劳动教育融合课程体系构建[J].现代教育,2022(05):39-42.

[37]唐玉春.新时代高校劳动教育现状与对策研究[J].科教文汇,2022(10):53-56.

[38]张策华.新时代劳动教育的价值追求和实践进路[J/OL].江苏社会科学:1-8[2022-06-30].

[39]张健,时慧.铁路高职院校劳动教育模式的构建[J].职业技术,2022,21(06):52-57.

[40]徐铭铭,朱银龙,赵亚琴,等.新时代工科学生劳动教育的价值、困境及路径探究[J].现代商贸工业,2022,43(14):54-56.

[41]白艳香.新时代劳动教育思想的价值指向[J].现代农业研究,2022,28(05):142-144.

[42]魏浩天,魏宪朝.中国共产党劳动教育的百年征程[J].陇东学院学报,2022,33(03):1-5.

[43]李建蕊,吴荣.国内学界劳动教育问题研究的再审视[J].井冈山大学学报(社会科学版),2022,43(03):87-94.

[44]时伟.劳动教育的逻辑透视[J].学术界,2022(05):122-130.

[45]冯永刚,师欢欢.新时代劳动教育的价值意蕴及其实现[J].陕西师范大学学报(哲学社会科学版),2022,51(03):112-121.

[46]李仙娥.习近平劳动教育观研究[J].理论学刊,2022(03):14-21.

[47]何妃霞.我国劳动教育研究现状、热点与未来趋势[J].教育导刊,2022(05):18-24.

[48]徐曼,张治夏.新时代推进大中小学劳动教育一体化建设的思考[J].内蒙古社会科学,2022,43(03):179-185+213.